# 人心至上

雾满拦江 著

台海出版社　博集天卷

# 自序　智慧改变命运

杜月笙，是个湮灭于历史大潮中的风云人物，也是个永不湮灭的传奇人物。

此前，人们更多地关注杜月笙的非社会属性，更多地把他置于一个极端的情境下进行评判。

而历史带给我们的智慧，更多的是探究人物的社会属性。

唯有人的社会属性才能穿越时光铁幕，体现出人性的痛苦与喜悦，让生活于不同时代、环境中的人从中获得教益或教训。

这就是本书的创作之由。身为作者的我，希望恢复杜月笙作为一个人的本来面貌，希望看到他的哭，看到他的笑，看到他的泪水和春风得意。我们需要看到，他是如何小心翼翼地绕过人性的暗河，在那样一个混乱不堪的时代登上人生顶峰的——当然，这个顶峰可以有争议，但就个人而言，做到这一点就够了。

历史上，很难找到比杜月笙更复杂的人物。

这和他所处的时代有莫大的关联。

杜月笙身处的旧中国堪称鱼龙混杂，泥沙俱下。尤其是在冒险家乐园的旧上海，形形色色的势力莫不争逐于其间，跑马占地。旧军阀、北伐军、青年新锐、清朝遗老，再加上各类凶残的帮会势力，设想一个无任何势力背景的年轻人，是没有可能在这样的地方站住脚的。

但，杜月笙站住了。

他聪明地选择了天然属于底层人士的地下秘密帮会，以此为起家之根基。但与他处在同一个起点甚至有相同想法的人，也为数不少。

杜月笙崛起于法租界华捕黄金荣的公馆。在杜月笙到来之前，黄公馆里已经聚集了许多人，他们中有很多是与黄金荣一起打拼天下的老兄弟，为黄金荣的事业立下过汗马功劳。这些人都在眼巴巴地等待着黄金荣的回报，等黄金荣拉他们一把。但黄金荣谁也没有拉，只扶持了后来的杜月笙。

为什么偏偏是杜月笙？事实会告诉我们答案。

此后，杜月笙以一己之力强拖着黄金荣疾速奔行，把黄金荣、张啸林这些原本摆不上台面的江湖草莽人物，一起拉上了旧中国"上海三大亨"的位子。

这就是杜月笙的本事和价值。

相比黄金荣身边的老兄弟们，杜月笙更谙熟人心，更能顺应人性的基本法则，知道什么时候该进，什么时候该退，知道什么时候需要昂头，什么时候应该俯首。

这就是他比黄金荣身边的那些老兄弟更易于赢得机会的原因。

杜月笙的人生充满了无数次选择——在不同的军阀势力之间的选择，在旧势力与新锐势力之间的选择。如果选择对了，多半无关紧要、不痛不痒，但如果有一次选择错了，顷刻之间，他就会被打回原形。

在大的选择上，可以说，他没有犯过错误。

然而，杜月笙是个未受过教育，基本上没读过书的人。在他那样的大时代，无数人陷入迷惘，连知识分子都不知道何去何从。而他这么一个近乎文盲的人却能保持高精确率的判断，其中的原因究竟为何？

或许仍不过是对人性的洞察。

说到底，所谓时代走向，不过是人心走向而已。杜月笙虽然没有读过书，但是他有个嗜好，喜欢和读书人来往，对名士钦服有加，这并不是他故作姿态，而是他希望找到和他一样对人性有足够洞察力的人。

正是出于对人性的洞察，杜月笙绝不会拂逆世道人心。所以他才会在晚年毅然拒绝日本人的拉拢引诱，出走香港，并让自己的弟子们以军统的身份在上海展开锄奸。这期间，他付出了极为惨烈的代价——他只是一个社会人，晚年完全是靠了弟子们才得以存活，在上海锄奸战中每折损一名弟子，他都心如刀绞。

实际上，杜月笙一生的路都是因为别无选择才会铤而走险，只有如此，才能绝境逢生，才能闯出自己的一条生路，不然只会走投无路。他用自己的行动证明，没有路也要走出一条路，并且要走得风生水起、耀眼夺目。所以，他才会成为旧时代的风云人物，并至今仍然成为价值性话题。

这就是本书的角度：从社会的角度，从人性的角度，研究并解析杜月笙这样的人。

同一时代，比他更有价值的话题人物或许也有，但他是最谙熟人性、人心的。我们需要从他身上获得解读人性的密码、钥匙。

一个社会，无论怎样发展、怎样变化，终究是人类的社会。其中起主导作用的，仍然是永恒的人性。

只要人性不变，人类社会的基本规律与法则就不会变。

杜月笙这样一个读书极少、文化层次不高的人，仅仅因为把握了人性、人心，就避免了在那样一个复杂的时代迷失自我，相信今天我们中的任何一个人同样也能做到，也应该做到。

相对来说，我们现在和此后的时代，比杜月笙时的旧上海纯净了许多，条理了许多。但在这样的环境中，仍然有许多人陷入迷惘而不知所措。单从这个角度来说，这本书不过是一本人性导引手册。它从极端情境下实战的角度，告诉你如何不触碰人心的敏感之处，绕过人性的暗河，抵达人生的彼岸。

唯此而已，别无其他。

是为序。

雾满拦江

2016年11月28日

# 目 录

人心至上

- **序章　永不湮灭的传奇** _001

- **第一章　草莽英雄闯上海**

  / 005

  残酷命运碾压而来 _006 / 渴望成为芸芸众生中的主角 _007 / 为求出人头地，孤身勇闯上海滩 _009 / 第一堂政治教育课 _011 / 落难时刻，交情尤为重要 _012 / 因为害怕失去，所以尽情享受拥有 _014 / 拜的不是大哥，是社会背景 _017 / 规矩总是被打破 _019 / 凡事不能超出限度 _022 / 因为懂得，所以慈悲 _024 / 大病不死，必有后福 _026 / 生命中不能承受之诱惑 _029

- **第二章　潜龙在渊等风来**

  / 033

  人脉带来人生的转机 _034 / 劳心者治人，劳力者治于人 _035 / 善于织网，才能坐享其成 _037 / 既然要做善人，就要做到底 _040 / 必将在黄金荣之上 _041 / 小心做事，用心探秘 _043 / 女人是男人的统治者 _045 / 无法招老板喜欢，只好走夫人路线 _046 / 有些生意要靠抢 _048 / 不仅要斗力，还要角智 _049 / 没有抬出靠山，说话就没有分量 _052 / 潜力决定前途 _054

- **第三章　扶摇直上九万里**

  / 057

  靠山就是通行令 _058 / 千金散尽还复来 _059 / 虚张声势，轻松筹款 _062 / 富在深山有远亲 _065 / 不会看人，娶错

妻收错徒 _068 ／初生牛犊不怕虎，长出犄角反怕狼 _071 ／只有钱才是硬道理 _071 ／慧眼识人很重要 _073 ／朋友高于政治，友情重于立场 _075 ／只要掌握正确方法，就能一击致命 _077 ／领导使绊子，下属要装傻 _079 ／姜还是老的辣 _080 ／有些生意不需要本钱 _082

## 第四章　纵横上海起风云

／
085

先礼后兵，情义已尽 _086 ／控全局，知进退，才能自保 _087 ／强将手下无弱兵 _088 ／最恐怖的地方就是最安全的地方 _090 ／非法生意也要授权 _092 ／说话是一门艺术 _096 ／气场强也是一种特长 _099 ／人脉就是财源，背景就是财香 _102 ／可以以柔克刚，何必非要动武 _104 ／处理好亲情关系也是一门学问 _107 ／别人存钱，我存交情 _109 ／情场竞争也要拼背景 _110 ／关系取决于利益 _114 ／含而不露，引而不发 _115 ／劫后余生须尽欢 _118 ／借步登高，动机不纯 _119 ／红杏出墙，情人被绑 _122 ／土匪也是人，同样要民主 _125 ／世间自有公道，厚道总有回报 _127 ／英雄迟暮，淡出江湖 _130

## 第五章　与官联手发横财

／
133

困难越大，越要勇于挑战 _134 ／投人所好，也要讲究方法 _135 ／春申门下三千客，小杜城南五尺天 _137 ／做人有原则，对敌人讲道义 _139 ／人脉没了，财源就断了 _141 ／天下乌鸦一般黑 _142 ／饱汉不知饿汉饥 _145 ／妙牌并不管用 _146 ／关键时刻必须出王牌 _148 ／有胆有人脉，才能干大事 _149 ／知己知彼，百战不殆 _150

# 目 录
人心至上

## 第六章　山雨欲来风满楼
/ 153

"五卅惨案"爆发 _154 / 英国人横插一杠子 _155 / 没有最蠢，只有更蠢 _157 / 没有文化，所以羡慕有文化 _158 / 同道中人，惺惺相惜 _160 / 宽宏大量，不跟文人计较 _162 / 看人难看准，烈火炼真金 _163 / 一旦看错人，就要自食其果 _165 / 道不同，不相为谋 _167 / 高人不露相，露相非高人 _169 / 骗中有骗，防不胜防 _171 / 大乱即将开始 _172

## 第七章　革命骤起大风潮
/ 175

情报决定命运 _176 / 没有罪名，就要放人 _178 / 做记者要讲良心 _181 / 宁欺白须公，莫欺少年穷 _182 / 犯上海者，虽远必砸钱 _185 / 每个人的喜好就是他的弱点 _186 / 战士军前半死生，美人帐下犹歌舞 _189 / 动手之前先动脑 _191 / 失职、渎职就要承担责任 _196 / 重整山河，匡正规范 _198 / 十字路口的抉择 _201 / 各怀鬼胎，同床异梦 _202 / 痛下狠心，借路杀人 _203 / 低调是为了安全 _208 / 是福不是祸，是祸躲不过 _209 / 遇事要懂得变通 _213 / 玩可以，但不要过界 _215

## 第八章　人生转型要规划
/ 219

三分上海盼一统 _220 / 坏人比军阀更没有底线 _221 / 谁更接近权力核心，谁就更有优势 _223 / 杜月笙人生规划教程 _225 / 收弟子，要谨慎 _227 / 斗争要讲究方法和手段 _229 / 能救一个人，也能对付这个人 _232 / 鸡蛋与石头，永远站在鸡蛋这一边 _236 / 股市有风险，投资须谨慎 _237 / 股市可以操控，国难不可避免 _239

## 第九章　江山无情人有情

/ 243

约法三章才进门 _244 / 要生存，还得闹"工潮" _245 / 自掏腰包，解民倒悬 _247 / 公关也可以走曲线 _249 / 江湖上没有人是干净的 _250 / 气盛之辈，多半内虚 _251 / 奉命于危难之间 _253 / 人活在这世上，最好要有点脑子 _255 / 首创义演救灾民 _256

## 第十章　痛望河山变战场

/ 259

国家有难，匹夫有责 _260 / 有些事是不讲道理的 _263 / 人无远虑，必有近忧 _265 / 杜月笙的驭人之法 _268 / 缺乏大局观，必将付出代价 _269 / 敢于竞争，才有可能赢 _270 / 只要能击败对手，敌人、朋友都能用 _272 / 谋算五年，一朝功成 _274 / 人挪活，树挪死 _276 / 为了抗日，好事脏活都干 _280 / 誓死抵抗，寸土必争 _282 / 进亦忧，退亦忧 _286 / 为了保全名节，必须找公证人见证 _290 / 敌人再强大，也有小辫子 _291 / 会表演也是一种本事 _294 / 尾巴不要翘上天 _297 / 能者自然当大任 _300 / 对付讲理的，就要不讲理 _303

## 第十一章　忍看刺杀惊人心

/ 307

只有揪出凶手，才能保护自己 _308 / 客人有难，即使有罪也要保护 _309 / 模仿也是一种进步 _311 / 彪悍的人生，也有大起大落 _313 / 大音希声，大象无形 _314 / 杀人只是手段，夺权才是目的 _316 / 龙蛇混杂，凡圣同居 _319 / 懂得借力，才能使力 _321 / 己所不欲，勿施于人 _322

# 目录

人心至上

## 第十二章　铁血抗日永不屈

/ 325

造假也要一丝不苟 _326 ／一声号令万人随 _328 ／装疯卖傻不上钩 _331 ／为了利益，兄弟阋墙 _332 ／不过是个美好的误会 _335 ／临危受命，视死如归 _337 ／师徒同心救国难 _338 ／挣的不是钱，而是人 _340 ／不可不走，不走不可 _343 ／捞人是为了减少汉奸 _346 ／忍看朋辈成新鬼 _349 ／卖什么都不能卖国 _351 ／同室操戈，相煎何急 _353 ／绞尽脑汁太聪明，反误了卿卿性命 _355 ／为了当官，丧失气节 _356 ／助纣为虐必须除 _359 ／身边的人也不可靠 _361 ／"76 号"魔窟 _362 ／跨界也可以展开营救 _364 ／不是你死，就是我亡 _366 ／恶人自有恶人磨 _370 ／有钱才能办大事 _373

## 第十三章　与虎谋皮智者胜

/ 375

谁关系硬，就承认谁 _376 ／凡是我的人，暂不考虑 _378 ／有钱有闲，也会惹祸 _379 ／政治逻辑与人际逻辑 _382 ／升官自有升官的道理 _385 ／与虎谋皮需要智慧 _386 ／救人救到底，送佛送到西 _389 ／步步行步步难 _392 ／天下第一智识之士 _393 ／看穿人心是智慧 _395 ／英雄垂暮被勒索 _396 ／凡事讲究以德服人 _397 ／终于迎来抗战捷报 _399 ／政见相左，骨肉相残 _401 ／发财有道，致富有方 _402 ／低调隐忍，明哲保身 _403

## 第十四章　龙虎争霸上海滩

/ 405

土匪也应该讲规则 _406 ／期望越大，失望越大 _407 ／有人味就得讲人情 _409 ／柿子拣软的捏 _411 ／上海第一奇案 _413 ／狗血才是正常人生 _414 ／美人如玉剑如虹 _416 ／有权任性，自取灭亡 _417 ／沦陷时上海无正义，胜利后上海无公道 _418 ／师徒反目成仇人 _420 ／道不同，分道扬镳 _422 ／人不可貌相，海水不可斗量 _425 ／技艺再高，只为自保 _427

## 第十五章　用尽智慧渡劫难

／429

最大的对手蒋经国 _430 ／打虎总要有人当炮灰 _433 ／一击不中，老虎何在？_434 ／无用的旧式政治经济学 _436 ／骗子拼的是智商 _439 ／垃圾也有生存的权利 _441 ／自古名将如美人 _443 ／黄金荣的悲惨时代 _445 ／杀人偿命，天经地义 _446 ／委婉说话，弄巧成拙 _448 ／不会说话，作茧自缚 _449 ／巾帼英雄成绝响 _450 ／有人脉才能回香港 _451 ／子子孙孙无穷尽 _454 ／有惊有险，死里逃生 _456 ／死人硬是被气活 _458 ／年轻人才是未来 _459

## 第十六章　英雄长逝成传奇

／463

岁月如砥人已老 _464 ／人之将死，必见最得意弟子 _464 ／生命中最后的希望 _466 ／经济学解读一切 _467

## 附录一　杜月笙大事年表 _470
## 附录二　杜月笙处世金句 _472

## 序章　永不湮灭的传奇

杜月笙，旧上海时代的不灭传奇。

他崛起草莽，承袭古风，终生惯行一种温和的人际规范。这样的人物不会再有，古老的传奇终将湮灭。

杜月笙的人生传奇，一如既往，清水长流。这个传奇，从一位传奇女性开始。

1888年，杜月笙出生时，同为未来"上海三大亨"的黄金荣恰好21岁[①]。

青年黄金荣，生性顽劣，不喜读书，也不耐烦手艺人的枯燥工作。他渴望的是水浒英雄人物的生活方式，走江湖路，会八方友。这种过于外向张扬的个性，决定了他的职业选择不会那么顺利。

旧上海堪称"犯罪天堂"。租界治外法权的存在，导致租界形成了鱼龙混杂的独特局面。当时法租界不堪其扰，不得不招募熟悉市井的华人捕探，给他们每人发一张卡，所以华捕又称为"捏卡的人"。

法租界一共招募了13名华捕，发了13张卡。黄金荣，是第13个捏卡的人。

他年轻气盛、精明能干，替租界破了许多案子，只是个性太强，向来我行我素。

这一年春节，13名华捕结伴去给洋上司拜年，其中12名同事全都穿得简单朴素、低调含蓄，只有黄金荣一身绫罗绸缎，显得极为刺眼。

同事劝他："小黄，你到底还是年轻啊，不懂潜规则。你穿这么好的衣服去见上司，上司就会疑心你是不是捞得太多。一旦上司对你有了看法，你可就难混了。"

黄金荣不以为然："我不信洋老板也跟你们一样龌龊，这身衣服我就穿了，

---

① 本书中人物的年龄均以虚岁计。——编者注

今天非要跟你们抬这个杠！"

黄金荣就这样去见洋上司，果如同事们所言，洋上司一见他穿着华丽，顿时就皱起了眉头，说："黄金荣，你怎么穿得这么好？你这个样子是不行的。"

黄金荣气道："我们是侦探啊，侦探就要善于和形形色色的人打交道，乞丐面前不张狂，富人面前不畏缩，这样穿有什么不妥？"

洋上司听不懂中国话，厌恶地板起脸，对黄金荣用力摆手，大声说："不行！不行！"

见上司听不进去自己的话，黄金荣勃然大怒，把手上的卡往桌子上一拍："少他妈跟老子来这一套，老子不受你的气，不干了行不行？！"

就这样，黄金荣把自己的饭碗砸了。

丢了捕探肥差的黄金荣去苏州闯荡天下，没多久就开了家戏馆。

戏馆向来属于是非之地，免不了要和衙司打交道。遇到这种情况，黄金荣就直眉瞪眼，单骑闯宫，和对方面对面讲道理。有一次，他和一个姓陆的捕快发生了点纠纷，直接找到了陆捕快的家里。

陆捕快有家有室，最怕好勇斗狠的江湖人物来家里找麻烦。见黄金荣大模大样地找上门来，陆捕快一时惊恐万分，诚惶诚恐地请黄金荣落座。黄金荣大马金刀、粗声大气，拍着桌子对陆捕快大吼大叫。陆捕快吓得战战兢兢，不敢仰视。黄金荣没有注意到，陆捕快的妻子正在内室的门缝后窥视着他，把整个过程都看在了眼里。

陆捕快答应了黄金荣的全部要求，黄金荣这才心满意足地回到自己的住处。

回来没多久，忽听门外有人敲门，黄金荣皱眉问道："哪个？"

门外一个女人的声音："红拂。"

"红拂？啥个红拂？"黄金荣满头雾水，开门一看，外面站着一个女人，身材不高，相貌平平，衣着朴素，不施粉黛。只是这女人的一双眼睛极为明亮，一眨不眨地盯在黄金荣的脸上，让他心里烧起了一把火。

黄金荣问："你找哪个？"

女人干脆利落地回答："我就找你，黄金荣！"

黄金荣再问："啥子事情？"

女人大声反问："黄金荣，你走南闯北，见多识广，听说过红拂夜奔没有？"

"红拂夜奔？"黄金荣糊涂了，"记得好像听说书的说起过，叫什么'大唐风尘三侠'。少年英雄李靖身材伟岸、英姿勃勃，拜访权臣杨素。当时屏风后有一美貌侍女，叫张出尘，手执红色的拂尘，偷看到李靖的英雄气概，顿时就动了心，当夜逃出杨素府门，夜奔李靖……"

"你说对了，"女人推开黄金荣，自顾自地走进屋子，"你现在就是遇到了夜奔的红拂女，明白了吧？"

"什么红拂女，"黄金荣终于认出了这个女人，"你明明是陆捕快的老婆。"

"现在已经不是了，"女人说，"现在我是你老婆。对了，你这里没女人吧？"

"你这样……"黄金荣纵是行走江湖多年，见多风浪，也从未遇到过如此胆大的女人，当时就惊呆了，"你这样妥当吗？"

"太妥当了。"女人说，"黄金荣，从现在开始，你家里家外的事全由我说了算，遇事你要先问我，没我的许可，你不得擅作主张，听清楚了没有？"

"凭什么？"当时黄金荣的鼻子都气歪了。

这个夜奔的女人，名叫林桂生。就这样，她留在了黄金荣身边。[①]

难怪她说话口气如此之大，甚至不许黄金荣擅作主张，几天后，黄金荣就领教了她的厉害。她虽然模样平凡，但聪明过人。黄金荣遇到事情，听她分析指点，不知比黄金荣高出多少。在遇到她之前，黄金荣闯荡江湖无非好勇斗狠，全凭了一股子蛮劲才得以安身立命，但自从遇到林桂生，黄金荣才知道，遇事动脑子比拼蛮力更有效果。

就这样过了一段时间，黄金荣发现自己已经离不开她了。遇事如果没有林桂生吩咐，他就不知道应该如何处理。不听她的话肯定会有麻烦，听了她的话就顺风顺水。

他从此开始享受这种简单的人生。

忽然有一天，黄金荣手下的兄弟徐福生跑来告诉黄金荣，他在茶馆遇到了上海法租界的西捕大首脑和二首脑，也就是捏西捕一号卡和二号卡的两个洋人。他们认出徐福生是黄金荣手下的兄弟，就对徐福生说，自从黄金荣走后，大家非常想他，希望他能回去。

听了这个好消息，黄金荣喜不自胜，立即向林桂生报告。

林桂生听了，笑着说："明摆着，人家让你回去，肯定是有天大的疑难等着

---

[①] 关于黄金荣与林桂生的相识，另有说法为林桂生本为妓院老板，后与黄金荣相识结婚。——编者注

你。这样好了,你告诉他们,你会破案,全是因为手下兄弟们卖力帮忙。如果让你回上海,就必须有个地方安顿兄弟们。嗯,你叫他们允许你做点旁的事情,比方说,在租界开个戏馆。"

黄金荣一听就急了:"这不可能!"

林桂生反问道:"怎么不可能?"

黄金荣说:"你不懂,租界是有严格规定的,捕房中人不得兼营他业。"

林桂生不以为然:"规矩也是人定的,他们不答应,你就不要回去了。"

不回去,岂不是错过了大好机会?黄金荣虽然心里很不满,但又不敢忤逆林桂生,只好硬着头皮去答复。

没多久,黄金荣回来,进门就抱怨林桂生:"你看看,你们女人家就是头发长见识短,人家洋人一听你这条件,顿时就生气了。"

林桂生问:"洋人是怎么说的?"

黄金荣道:"洋人说条件太苛刻,他们根本做不了主。"

林桂生安慰他道:"这也不算拒绝嘛,再等三天,肯定会有好消息的。"

到了第三天,法租界给黄金荣寄来一封信:"所有条件悉遵台命,务请克日动身,来沪接任新职。"

黄金荣欣喜若狂。他在租界开了一家舞台,从此财源滚滚而来。

奇女子林桂生效红拂女夜奔,将黄金荣从一介蛮汉推上了大上海有头有脸的阔佬位置。但此后,黄金荣就停留在这个位置上,再也无力向前一步。

直到20年后,杜月笙到来,新的传奇才开始。

# 第一章
# 草莽英雄闯上海

杜月笙把人分为三类：

第一类：有本事，没脾气——有本事是智商高，没脾气是情商高，这是上等人才。

第二类：有本事，也有脾气——这类人智商高，但有脾气，控制不了自己的情绪，情商不高，这是中等人才。

第三类：没本事，但脾气不小——这类人智商低，情商更低。杜月笙将这类人列为劣等，他们不仅没希望成事，而且绝对会坏事。

### ▰ 残酷命运碾压而来

1888年8月22日,杜月笙出生于上海浦东高桥镇。出生时恰逢上海阴雨绵绵、疠疫大作,庄稼烂在地里无人收割,田野之间尽是染疫而死的累累伏尸。

假如杜月笙晚生100多年,能有机会参加电视选秀,他一定会感动评委,并获得人气值满分,因为他的身世实在太惨,惨得不可名状。

2岁时,生母朱氏虚弱而死。

5岁时,父亲杜文卿病死。此后,开始跟随继母张氏生活。

8岁时,继母张氏失踪。当地人认为,张氏失踪事件与活跃于乡间,专门拐骗年轻寡妇,凌辱之后转卖他乡的蚁媒党有关,不知张氏被他们拐卖到哪里去了。

**杜月笙从此无依无靠,茫然无措地呆立在人生的门前。他还没有做好准备就被迫独自面对这个陌生的世界,残酷的命运如同高速运转的巨轮,朝着他瘦小的身体疾速碾压而来。**

**如何在命运的缝隙中挣扎求生,自此成为杜月笙一生的永恒主题。**

沦为孤儿后的杜月笙,起初还东邻讨一口,西舍求一口,勉强活了下来。但接连遭遇白眼,最终他流落街头,混迹于一帮乞丐中,整天游荡于茶馆、赌棚,硬讨软求,明偷暗抢,偷到什么吃什么,过着席地幕天的生活。

在四处游荡的日子里,他见得最多的,是赌桌上滴溜溜转动的骰子;听得最多的,是赌徒们掷骰子时的吆喝声。耳濡目染之下,他对赌博产生了浓厚的兴趣和强烈的冲动。

少年杜月笙最大的愿望就是像个大人那样站在赌桌前,敞着胸口,抓起骰子,对着手心吹口气,然后用力猛摇骰子,再突然停住,往桌子上一拍,豪迈地大赌一场。

他以为这就是人生全部的意义,渴望向所有人证明自己。他渴望强化自己的存在感，却只能选择他所知道的唯一方式——赌博。

但要上赌桌，没有赌本是不行的。可是，上哪儿弄钱呢？杜月笙左思右想，脑子里突然灵光一闪，想起了自己那个封门已久的家。

他回到蛛网密布、灰尘厚积的家，把家里的东西全部搬出来卖掉，终于凑足了他人生的第一笔赌本。

于是，在13岁那年，杜月笙做了他人生的第一件大事——上台押宝，像他所羡慕的成年人那样开始了赌博。

他说，此后一生，他都记得当时人们看他的眼神，那些眼神里有惊讶，有怜悯，有嘲笑，但无论出于善意还是恶意，都在看着他。

"月笙哥，你果然了不起……"

"小赤佬（上海方言，粗话，小鬼）！"

"月笙，你掮了招牌（上海方言，有了依靠，很威风）格（上海方言，相当于'的'）！"

所有人都在议论他，有人怂恿他多押点赌本，有人催促他快点下注，有人嘲笑他不知天高地厚，有人叹息他不可救药。

**成为众人关注的焦点，这正是杜月笙渴望而又陌生的感觉。**这种感觉让他心跳加速、面红耳赤，让他的大脑变得亢奋、狂热，让他感受到一种前所未有的愉悦与舒适，体验到存在的快感。

渴望成为芸芸众生中的主角，杜月笙这个一生不变的行为准则就此初露端倪。

## 渴望成为芸芸众生中的主角

13岁时赌桌上的记忆，让杜月笙念念不忘。他渴望重新找回被众人瞩目的愉悦感，并意识到要达到这个目的，就必须行非常之事，比如去闯荡上海。

对他这个孤儿来说，上海与高桥镇并无区别。但是杜月笙知道，这个想法一旦说出来，就会迅速传开，并再一次引来当地人对他的惊讶羡叹。**食骨知味，他太渴望被人关注，甘愿为此付出一切。**

他的一切，其实不过是父母留给他的那幢房子。于是杜月笙对人宣布，他要卖掉祖宅，去上海打拼天下。

果如他所料，一放出风声，他很快就成了镇上人们议论与关注的焦点，远处的人对他指指点点，近处的人用惊异的眼光上下打量着他。杜月笙重新找回了被众目所瞩的感觉，整个人都陷入了亢奋的状态。

**投向他的目光，像阳光一样灿烂。他就像一株青嫩的树苗，贪婪地汲取着这一道道阳光。他在心里暗暗发誓，到了上海，一定要干出一番大事业，甭管这个事业是什么，反正不能小，小了就享受不到万众瞩目的快感……**

正想入非非之际，他忽然看到一条壮汉满脸怒气地向自己快步走来。

当时杜月笙就有种大事不妙的预感，身体不由自主地向后缩了缩。没等他开逃，壮汉就已经冲到了他面前，居高临下地俯视着他，问："你是月笙？"

杜月笙回答："我是。"

壮汉高声道："我是你的老娘舅。"

杜月笙刚要说话，壮汉已经一拳打了过来，轰鸣声伴着怒骂在杜月笙的耳畔回荡："小瘪三！败家子！"

还没明白过来怎么回事，杜月笙已被打倒在地，又被壮汉揪住衣领拖走。杜月笙一直被拖到杜氏祖宅堂屋，看见许多人早已等待在那里，全都是杜氏族人。杜月笙认出姑丈万春发，急忙喊救命。万春发冷着脸，说："不急不急，月笙啊，等你老娘舅开导过你，姑夫再请你'吃生活'（上海方言，吃苦头）。"

"什么？"杜月笙还没反应过来，已经被老娘舅掀翻在地，劈头盖脸就是一顿痛打，一边打还一边骂："杜家的不肖子，天生的败家精！打小就不学好，今天不给你吃点生活，你就不知道正道该怎么走！"

一顿痛打下来，杜月笙被打得肝胆俱裂，连连求饶。看老娘舅打舒坦了，姑丈万春发走过来，杜月笙再次尖叫起来。

"闭嘴！"姑丈呵斥他道，"月笙，你个败家子，竟然想到售卖祖屋，你对得起你死去的爹娘吗？你两岁时，你娘生你妹妹，因为身体虚弱，你妹妹一出生，你娘就死了，家里不得已把你妹妹送了人。而你爹在上海闯荡了一溜十三遭，连给你娘置棺下葬的本钱都没有，只能把你娘的薄棺厝在田塍上。你五岁那年，父亲又病死了，继母一个女人带着你这个丧门星，更没有能力替你爹下葬，只好把他的薄棺和你母亲的并排厝在田塍上。你去田塍上看看，现在你爹娘的薄棺还放在那里。这叫什么？这叫暴尸荒野啊，月笙！"

万春发继续说道："月笙，你是你家的长子，你九泉之下的父母正等着你有点出息，收殓他们下葬。可是你不学好，每天只知道赌博、偷窃。你要是再这样下去，下一次就是你老娘舅不动手，我也饶不过你！"

杜氏族人上前，指着杜月笙，齐齐斥骂。杜月笙蹲在地上，慢慢地醒过神来，心里想的却是：惨了，今天被老娘舅痛殴，高桥镇已经混不下去了，我一定要去上海，闯出一片天地来给你们看……

杜月笙售卖祖屋，老娘舅怒而出手。此事发生后，杜月笙在高桥镇的地位一落千丈，沦为当地人的笑柄。

他思前想后，觉得在这高桥镇无论如何也难以出头，一定要去上海。到了上海如何闯荡，姑且别论，但要去上海，至少要带点路费和生活费用，可祖屋不能卖，上哪儿弄钱去呢？

他想起了自己的外祖母，她是高桥镇上最疼爱他的人，只是因为家里太穷，无力照料他，只能任由他如野狗一样在荒野游荡，自生自灭。如今杜月笙有了难处来找外祖母，可是外祖母又有什么法子？唯有抱头痛哭。

哭过之后，外祖母就扭着小脚四处求人，最终找到一位认识十六铺一家水果店老板的乡邻，央求他写了封荐函，让杜月笙收好。这样等杜月笙去了上海，起码有个落脚之地。如果他真的有出息，也未必不是一条出路。

外祖母把身上所有的钱都掏了出来。那钱少得可怜，看得杜月笙潸然泪下，这是他生平第一次体会到什么叫辛酸。

外祖母说："明朝，我送你一程。"

## ◼ 为求出人头地，孤身勇闯上海滩

1902年春，15岁的杜月笙上路了，白发苍苍的外祖母扭着小脚给他送行。

15岁的杜月笙已经长得很高，身穿粗布衣衫，背着一个小包袱，包袱里是几件换洗衣服，还有外祖母积攒的几个小钱。祖孙二人走到八里桥，外祖母再也走不动了，杜月笙劝她回去，她心里一万个舍不得，忍不住放声大哭。

杜月笙也失声痛哭起来，跪倒在外祖母面前，对她说："外婆，高桥家乡，人人看我不起。我将来回来，一定要一身光鲜，让我们一家风光！我要起家业，开祠堂。不然，我发誓永远不再踏上这块土地！"

说罢，他强忍着眼泪，头也不回地大步上路。

29年后，杜月笙履行诺言，衣锦还乡，重起家业，再开祠堂。追随他回乡的弟子门人和各界贤达，逾3万人。

杜月笙到了十六铺，找到鸿元盛水果店。

店老板看了乡邻的引荐信，上下打量了一番杜月笙，见他憨头憨脑，身子骨结实，可以干点粗活，就留下了他，让他当了一名学徒。

学徒的第一个阶段是伺候人，给老板端茶递水，给老板娘倒尿罐、端屎盆，再由高到低，伺候店里的师兄、店员。这样一来，杜月笙每天都要第一个起床干活，晚上把所有人伺候入睡后，自己才可以睡觉。

杜月笙忘不了外祖母的眼泪和哭声，他心甘情愿吃苦，无论学徒的活多么繁重，他从不叫苦，不喊累，不抱怨，对老板不欺不瞒，对老板娘随叫随到，对师兄们言听计从。

就这样过了一段时间，从老板到老板娘，从大师兄王国生到店员，都对杜月笙印象极好，高度信任。

于是他进入了学徒的第二个阶段，听从老板安排，干些肩扛手提的粗活，主要是到码头上接货。据晚年的杜月笙回忆，这是他人生的第一次小成功，从厨房、卧室，闯到了外面的码头。但是，老板每天给他的吃饭的钱，只够买一碗蛋炒饭。而他正处于长身体的时期，一顿吃四碗蛋炒饭都吃不饱，可只有一碗蛋炒饭吃，每天饿得头晕眼花，走路摇晃。

饥肠辘辘的杜月笙站在码头上，遥望十里洋场。

这里是犯罪的天堂、冒险的乐园，各路江湖好汉出没，八方人士聚集，赌徒、骗子、小偷、拆白（方言，用流氓手段进行诈骗）党、盗贼、山匪，形形色色的人物尽聚于此，各自逞心智，斗机锋，要在这上海滩头搏出一片天地。年轻稚嫩的杜月笙是深受不法之徒喜爱的猎物，为了得到他手中的一枚铜板、两根黄瓜，一个又一个江湖骗局在他面前相继展开。

杜月笙憨头憨脑、天真无邪，见当就上、见套就钻，经常被骗得找不着北。被骗之后，杜月笙回到店里，被师兄斥骂，老板抄起门闩就打。每当这时，杜月笙就双手抱头蜷缩在墙角，心里却偷偷地乐："嘿嘿，笨老板，你被我骗了还不知道呢……"

将近50年后，在生命垂危之际，杜月笙才对人说起自己当年的骗局。

这个骗局说起来很可笑，就是当年他太饿，饿得两眼昏花、六神无主，于是打起了店里水果的主意。老板开的这家水果店是小本经营，每次进货的水果都是按个数，想偷吃根本不可能。杜月笙每天站在码头上接货，船上的人把西瓜抛过来，他就用手接住。接了一段时间，他就练出了一种奇特的本事：一个西瓜落在他的手上，他就立即知道这西瓜熟没熟，几成熟。

于是，当船上抛来一个熟透的好瓜时，他就会假装失手，"咚"的一声，西瓜落地跌碎。

工作失误正常，这事不能怪他。等到卸完货，他再悄悄地把碎西瓜收起来，连吸带啃，聊以解饥。

单用手一碰西瓜就能判断西瓜的成色，这种本事绝非一般人所能有，而是需要极为细腻的感知能力。

杜月笙具备这种能力，表明他是个心思和感受极为细腻的人，也反映出他思维缜密。

## 第一堂政治教育课

眨眼工夫，杜月笙在鸿元盛水果店干了两年。

整整两年，老板竟不知道杜月笙对水果有着独特的感受。在老板眼里，杜月笙只是个不知高低轻重的乡下蠢汉。事实上，杜月笙也的确如此，所以他试图在群众游行中寻找一个根本不存在的机会。

杜月笙17岁那年，正逢日本和俄国在中国东北开战，沪上震动。

日俄战争的起因极为复杂，大致情形是甲午之战，大清帝国北洋水师全军覆没，日军从平壤进发，击溃沿途阻截的清军，势不可当地渡过鸭绿江，进入中国东北地区。清帝国自知国难临头，就与俄国签订了秘密条约，约定两国任何一国如遭受日本进攻，另一国有义务入境作战。自此，俄军进入中国境内，在北洋军的秘密支持下与日军展开激战。

俄国和日本都对中国觊觎已久，为了争夺中国肥沃的国土，双方都派人入沪，或是号召沪人拒俄，或是号召沪人抗日。每天大街上游行的人群都浩浩荡荡，激昂的口号震动着杜月笙年轻的心。

杜月笙无法抵制游行人群沸腾的感召，无法抵制自己内心的骚动，连忙丢下手中的西瓜，加入游行队伍。这是他生平第一次感受到群众的强大力量，并试图在这个过程中找到自己的位置。

杜月笙晚年回忆说："（我17岁时）已能策动群众，予问时事。"

他效仿别人分析局势，慷慨陈词，并组织群众游行。此时，他发现自己并非汪洋大海中的一滴水，而是那个引导滚滚洪流冲击并改变这个世界的人。

就这样游行了一天，到了黄昏，激昂的人群开始感到疲惫，口号声越来越微弱，所有的人都耗尽了精力，拖着疲惫的步子回家吃饭。长街之上，杜月笙形单影只，满脸憔悴，失魂落魄，他也必须回水果店了。

一进门，就迎来老板一顿劈头盖脸的臭骂："杜月笙，你有多蠢？你一个饭也吃不上的乡下人，玩什么游行示威？你玩得了吗？你是支持日本人还是俄国人？支持日本人，你就是汉奸！支持俄国人，你更是汉奸！你好端端的中国人不当，当什么汉奸呢？你身无长技，身无分文，出门还不知道自己能不能活着回来，下顿饭还不知道有没有的吃，居然学着有钱人玩政治。有钱人玩政治就是在玩你，被人家玩了你还高兴成这样，你肩膀上顶的是尿罐子吗？鸿元盛小门小店，做的是小本生意，养不起你这种蠢人！滚！"

他进城时背来的小包袱，被老板从门里扔出来，包袱里的东西纷纷散落在他的脚下。"砰"的一声，店门对着他的鼻尖关上了。

杜月笙呆呆地站在门口，满脸绝望，鼻尖淌汗，他生平第一次被扫地出门，生平第一次为自己不可救药的鲁莽冲动行为所带来的后果而后悔。

他的群众运动生涯就这样戛然而止。现在的他必须要考虑如何活下去，而不是怎么玩得更开心。

杜月笙被赶出鸿元盛水果店，是他有生以来上的第一堂政治教育课。他的政治观念由此而固化，一生再也未能改变分毫。

## 落难时刻，交情尤为重要

杜月笙流落街头，一连几天没有饭吃。他体会到了什么是真正的饥饿，饥饿就像一只野兽钻进了他的五脏六腑，掏空了他的心，撕扯着他的肺，让他整个人陷入空茫无际的状态。他全身上下，连脚指头都在呐喊：我要吃饭！

他开始效仿那些乞丐、骗子的招数，壮起胆子去敲诈摊贩老板，想骗口吃的。但对方都是见惯场面的成年人，拿眼睛睥睨着他："小赤佬！你不要命格！"一巴掌拍在他后脑勺上，拍得他一个踉跄趴在地上。

他的生存挣扎，就此宣告失败。

只剩下最后一招：明抢！

饿红了眼的杜月笙一看到拿着食物的路人，就会立即跟上去，趁对方不备，突然抢过食物就跑，一边跑一边飞快地把食物往口里塞，来不及嚼，先囫囵咽下去再说。边奔跑边吞咽之际，对方已经追上，对他重重一击，就把他打趴在地，而后劈头盖脸一顿暴打。杜月笙把身体蜷缩起来，双手护头，把口中最后的食物咽下。好了，反正现在肚子填饱了，只要没死，就还会有明天。

就这样过了一段时间，他竟然奇迹般地没有饿死，但每天都在鬼门关徘徊。

这一天，他又在街上寻找机会。鸿元盛水果店的一个伙计忽然跑过来，大声喊道："杜月笙，你怎么在这里？王大哥找你好几天了。"

"王大哥？"杜月笙一头雾水。

"对啊，"伙计说，"就是鸿元盛大师兄王国生。他现在离开鸿元盛了，自己开了家潘源盛，也是卖水果，要找几个朋友帮忙，你来不来？"

"来，来，这么好的机会怎么会不来？"杜月笙顿时有种天无绝人之路的感觉，天地之间仿佛一片光明，立即跟伙计去找王国生。

王国生从鸿元盛小店出来单干，他的店面比鸿元盛小。见到杜月笙，他说："月笙，在鸿元盛时，我就注意你了，你话不多，肯吃苦，又有心计，你帮我把店做起来，我不会亏待你。"

杜月笙看着王国生，心里想：原来是这样，话不要多，肯吃苦，长点脑子，再加上注意观察，别人才会认可你，才会给你机会。

王国生是杜月笙的第一个人生导师。从王国生这里，他学到了如何观察人、品评人。

他没有学过"智商""情商"这些极抽象的术语，而是依据人生经验，把智商具象化为本事，把情商具象化为脾气。

**他把人分为三类：**

**第一类：有本事，没脾气**——有本事是智商高，没脾气是情商高，这是上等人才。

**第二类：有本事，也有脾气**——这类人智商高，但有脾气，控制不了自己的情绪，情商不高，这是中等人才。

**第三类：没本事，但脾气不小**——这类人智商低，情商更低。杜月笙将这类人列为劣等，他们不仅没希望成事，而且绝对会坏事。

杜月笙落难之际，王国生拉他一把，这让他感激不尽。到了王国生的潘源盛，他卖力苦干，不叫苦不叫累，摒除此前的恶习，没多久，就和王国生把这家小店经营得蒸蒸日上。

一眨眼，杜月笙在王国生的店里干了3年。这时，他已经20岁。

他专注磨砺，练就了一门神奇的手艺：顺手抬起一只梨子，一边与客人闲聊，小刀贴上梨后，手指一转，就削下一条完整的皮。把皮立起来，外形宛如一只未削过的梨。

这门手艺无疑会为店里带来更多的生意，杜月笙也因此获得一个荣誉称号——"水果阿笙"。

王国生把杜月笙视为店员，每月支一份薪水给他，逢年过节还会给他分红。

拿到钱后，杜月笙做的第一件事就是给自己置一身新衣。一身破衣烂衫遭人白眼的日子，他早受够了。他渴望衣着光鲜地走在众人注目中，渴望获得惊羡的目光。

他终于从社会最底层挣扎上来，身上有了鲜衣，腹中不再饥饿，衣兜里有了铜钿，还有了个能睡上安稳觉的小屋。

走在街上，看着那些依然在市井抢劫、敲诈的乞丐，他心里一股自豪感油然而生。

## 因为害怕失去，所以尽情享受拥有

杜月笙站在路边，靠着石墙，悠闲地看着路边的一个赌摊。几个衣衫破烂、通红的眼睛下挂着肮脏眼屎的乞丐，正凑在摊前聚精会神地赌博。

他已经站在那里看了好久，但全神贯注赌博的赌徒根本没有注意到他的存在。这种感觉对杜月笙而言可谓蚀心噬骨，早在他13岁时，就牢牢地攫住了他。那是一种漠视、无视、轻视、蔑视，仿佛大海将他淹没。当年他极力挣扎，想要从这种被人忽视的绝望中挣脱出来，直到有一天，他卖掉家当，上台押宝，才在人们惊讶的目光中找回了存在感。

现在，这种被人视如无物的可怕感觉又回来了。

没错，他现在有个店铺栖身，每月有薪水，逢年过节还有分红，已经淡忘了饿肚子的滋味。但是，这种状态的他不过是大上海无数人中的一个，根本不会引起任何人的注意。存在感的缺失，让他心里空空荡荡，无所依凭。

他很清楚，现在这种衣食无忧的日子不过是沙中塔、水中月，无法为他带来真正的安全感。只要发生一点变故，他就会立即被打回原形，与眼前这些肮脏的乞丐为伍。

既然眼前的这一切无法带来足够的安全感，它的价值也就荡然无存，杜月笙对眼下的安逸突然生出无限的担忧。

**抓住机会，努力打拼，你的命运就会改变。这是20岁的杜月笙目睹鱼龙混杂的旧上海街头时心中的想法。**但在深夜，他突然从噩梦中惊醒，坐起来，双手抱肩，心脏"怦怦怦"地剧烈跳动，有种大祸临头的不祥之感：身处乱世，犹如风中烛火。衣食无忧的日子比蛋壳还脆弱，稍有风吹草动，他就会被残酷的命运抛回原点。这种衣食无忧的平安日子，究竟能够持续多久？

他的眼睛盯着那粒滴溜溜转动的骰子，骰子在动，他的心也在动。**他心里再也不能忍受被人无视的痛楚，他要走入人们的视野中，让所有人注意到他的存在。**

他最早获得存在感是从一粒骰子开始的，现在的他如果想找回那种熟悉的感觉，仍然要从这粒骰子开始。除了摇骰子，他不知道第二个办法。

他迈着轻快的脚步走过去，俯视着那几个赌徒，说："阿拉（上海方言，我）来一把。"

赌徒们闻声立即抬起头来，瞪着一双双惊讶的眼睛看着他。霎时间，杜月笙心里涌出一股满足感和优越感，仿佛自己鹤立鸡群，跟他们不是同类。

有了跟乞丐对比的优越感之后，杜月笙感觉飘飘然，觉得自己不需要每天那么卖力干活，于是开始对王国生的水果店不再像以前那么上心。

他每天沉迷于街头的赌博，结交了一些与他年纪相当的赌友。

在这些人中，他算是混得好的，所以很快就赢得了这些人的尊重。他喜欢他们叫自己"月笙哥"，为了更多地听到这一称呼，他每天都与这些人厮混在一起，只要他们有事找他，他都愿意出面、出手。

酒越喝情越厚，钱越赌情越薄。这伙赌徒每天为了几文赌资争吵不休，每天都有打得不可开交的赌徒找上他："请月笙哥评评理。"

杜月笙因此自然而然地成了公道主持者。这也几乎成了赌界解决矛盾的一条不成文的规矩。

最让杜月笙兴奋的是，他结识了一些成年人，这些人对他这个毛头小子不但不轻视，反而极为尊重，言必称"月笙哥"，这让杜月笙的虚荣心获得了极大的满足，他感觉自己在八仙桥一带正声名鹊起，在旧时的大上海多少算是个人物了。

那些人经常陪杜月笙聊天，他们的话题都是成年人的话题，无非哪家书寓又新来了个姑娘，书画双绝，一口苏州唱腔，唱醉十里洋场。当然，这些书寓姑娘太高端，只有腰缠万贯的阔佬才有资格一亲香泽。处在杜月笙这个地位的人，羡慕的是二等长三，眼馋的是三等幺二，最经常说起的，则是最底层的妓女。

杜月笙虽然年轻，但已经是老江湖了，心里明白这些人是在给自己下套。他在心里一再提醒自己要小心，千万别上他们的当。这些人无非看自己过得滋润，就想把自己诱入花街柳巷。那种地方绝对去不得，一入花街巷，在世难为人，轻则一身病，重则声名裂。自己是有志向的人，绝不能走出这一步。

他心里极为警惕，对方看得很透，更是拿定主意非要拉他下水，毁了他。

很快，他们就抓住了杜月笙爱慕虚荣的心理，于是改变战术，从众星捧月转为冷嘲热讽，刻意弱化他微乎其微的存在感。

他们嘲笑他道："杜月笙，你到底有没有种不是靠嘴巴说的，要到场面上见个真章。你要是真有种，就跟我们一道白相（吴语方言，意为游玩、戏耍）去。倘使你能过赌档不下注，看见姑娘不动心，那才算你狠！"

对方越是嘲讽他不是个人物，他越是极力表白自己有胆敢为。

"去就去，阿拉怕了你不成！"杜月笙气愤地叫道。到了这一步，杜月笙想不上套也不行了。

几名成年男子相视一笑，弹出烟蒂："走起！"

从此，20岁的杜月笙开始踏入花烟间，深陷花街柳巷，放纵无度。

他原本只是想在那些人面前表现自己的勇气，但去了一次之后，就有了第二次、第三次。此后，他就整天流连于花烟间，沉醉不知归路。

花烟间是人世间最污浊之地，这里只有简单明快的皮肉交易，所有的情操、节操、道德在这里都会土崩瓦解，荡然无存。

年轻的杜月笙不知天高地厚，在这里放荡不羁，很快就遭遇了一场大难。但究竟遭遇了什么，他终生讳莫如深，从未对人说起。从保存下来的资料来看，只知他惹下的祸不小，险些因此丧命，幸亏一位开妓院的大阿姐（老鸨）及时出现，伸出援手，帮他解了围，他才躲过这一劫。

杜月笙拜大阿姐为干娘，此后就在这家妓院里认认真真地工作起来，无非替妓女拉拉客，替嫖客跑跑腿。如果一定要给他的职业命名，那他就是个"大茶壶"。

他把自己置于所有"职业"的最底端。在这个位置上，他抬头仰望，看到的是引车卖浆、三教九流的江湖人物。这些人成群结队地呼啸而来，呼啸而去，一怒拔刀，流血五步，在杜月笙眼里相当有派头。

杜月笙渴望的人生就是这样。

他的生存环境决定了他的视野。他在人生阅历中，看到的最有派头的场面就是这个，他将自己的人生追求牢牢地锁定在这个不堪入目的目标上。

要怎样做，才能成为呼朋唤友、呼风唤雨的场面人物呢？

干娘告诉他："月笙啊，你要是想有出息，出人头地，就必须拜个大哥。有大哥护着你、罩着你，遇事替你出面，有难帮你解忧，你才能慢慢打开局面，撑开场子。没有大哥，你一个人单打独斗，说不定哪一天惹到了不知哪路煞星，那就是你的死期了。所以，你无论如何都要找到自己的大哥！"

大哥？杜月笙的心开始激动起来：大哥，你在哪里？

**从这一天起，他踏上了寻找大哥之路。**

**直到20多年后，他拥有弟子门人过万，独霸上海滩头，蓦然回首，他才突然发现，自己要寻找的大哥就是自己！求人不如求己，大哥就是自己！**

## 拜的不是大哥，是社会背景

当杜月笙萌生出寻找大哥的念头时，一个现成的大哥"嗖"的一声跳了出来。

这位大哥名叫陈世昌，胸无大志，沉迷于赌嫖。他每天挎着篮子，篮子里装着花生、糖果和一只赌筒，在小东门一带游走，遇到赌徒，就从赌筒中抽赌签比大小，可以赌钱，也可以赌他的花生、糖果。赚到几文钱，他就跑去妓院，忙不迭地把这点钱花在姑娘们身上。

共同的"人生追求"让陈世昌和杜月笙走到了一起。从此，他们既是赌友，也是嫖友。

听杜月笙说想拜大哥，陈世昌便一拍大腿："月笙，想拜大哥你不早说？我就是现成的大哥啊！"

"啊？"杜月笙大吃一惊，"你在帮里？"

陈世昌拍了一下杜月笙的肩头，道："当然，'悟'字辈的！"

杜月笙说的"帮"是指青帮，青帮在当时的中国是仅次于洪门的第二大帮会。

青帮、洪门，追溯起来实际上是一家。这段帮会史，始自明末，其间曲折离奇、血雨腥风，说起来让人不胜唏嘘。

明朝灭亡之后，清军打败李自成，入主中原。史可法在扬州抗清，兵败殉国。他帐下有个幕僚，名叫洪英，在史可法死后招部众两万，继续抗清，最终于三叉河兵败，伤重而死。临死前，洪英命将蔡德英南下福建，往投郑成功。

此后，郑成功为反清复明，派蔡德英潜入珠江流域联络江湖志士，密谋反清。于是在雍正年间，蔡德英于湖北红花亭纠集江湖同道，歃血为盟，义结金兰，共谋大举。当时天色晦暗，红光闪现，众人惊异，以为天意相助，以洪英之名，号"洪家大会"，揭竿起义。这就是"洪门"之由来。

郑成功死后，台湾被清军攻破，郑成功之孙郑克塽失败前将洪门兄弟的花名册和一枚金印封于铁箱，沉入海底。

可万万没想到，郑克塽这边刚刚把铁箱沉海，那边划来一条船，一个渔民一网撒下，竟然把这只大铁箱捞了上来。

又过了一段时间，有位洪门中人到金门联络同道，借宿在渔民家中，惊奇地发现这家的米缸盖上赫然刻着洪门兄弟的联络讯号。细问之下，得知究竟，于是他将金印赎回，此后洪门兄弟联络，就盖此印为凭。但是洪门兄弟数量庞大，一枚印不够用，于是洪门中又发明出许多联络暗语，名为"海底"——因为洪门印信是从海底捞上来的，所以洪门中人见面，相互盘海底（用隐语相互试探、诘问），就可知道是不是会中兄弟。

到了乾隆年间，天地会人士到北京揭皇榜，建议朝廷组织青帮负责漕运，于是青帮的势力也迅速发展起来。但青帮与洪门同属反清复明的地下组织，都起源于郑成功的汉留（郑成功建立的反清复明的组织）。为免两家在江湖上对抗，所以有"青洪原本是一家""只有金盆开花，没有青洪分家"等联络暗语。

杜月笙要加入青帮，就是想找个靠山，但他苦无门路，只能靠陈世昌收自己入门。但陈世昌在青帮中的辈分排在倒数第二，杜月笙拜他为师，就此沦为帮中垫底的最小一辈。这件事，成了杜月笙心中难言的尴尬。

后来他声名鹊起，但因为所拜之师是无名小辈陈世昌，帮中人大哗，不断有人找上门来表示愤愤不平之意，实际上不过是暗讽杜月笙。

杜月笙对此心知肚明，只能海涵大度，佯装不知，把苦水全都咽到肚子里。

然而，终于有一天，他对人说出了这么一番话：

> 看看我们今朝的排场，像煞鲤鱼跳过了龙门，化鱼为龙，身价百倍了。但是你要晓得，我跳龙门比你难得多。你好比是条鲤鱼，修满500年道行就可以跳，我是河滨里的一只泥鳅，先要修行1000年才能化身为鲤，再修500年才有跳龙门的资格。因此之故，我无论做任何事体，都是只可成功，不许失败的。譬如说我们两个同时垮下来，你不过还你的鲤鱼之身，我呢，我却又要变回一条泥鳅喽。

**泥鳅，钻行于污腥的泥中；杜月笙从最底层的赌嫖陋业起步，一步步向上爬。这样一个低到不能再低的事业起点，成了杜月笙一生无法释怀的沉重压力，也让他的人生始终充满了强烈的危机感。**

## 规矩总是被打破

那天夜里，小东门一带的气氛异常诡异。惨淡的月光下，时见三两黑影匆匆走过，脚步声中透着紧张与兴奋。

杜月笙就是那一夜的十数条黑影之一，与他并肩而行的是一个叫袁珊宝的小兄弟。两人都板着脸，心事重重。

为了加入青帮，两人曾发生过激烈的争吵。按道上的规矩，入门拜师，为表诚意，要向师傅献上孝心，就是要奉上一笔钱。当时杜月笙和袁珊宝两人把所有的钱凑在一起，共有三块大洋。

杜月笙的想法是：把这三块大洋分成两包，每人一块半，孝敬师傅。

袁珊宝却觉得杜月笙太神经了，不过是拜个老头子，就把身上的钱倾囊以出，明天拿什么吃饭？吃屎吗？

两人吵了一番，杜月笙发现，自己真的不善于和人吵架，一遇争端，只能退让。最后，袁珊宝收起一块大洋，自己包起一块，另一块交给杜月笙包起。而杜月笙却瞒着袁珊宝去找店主王国生借了一块大洋，这样他的包里就有了两块大洋。

跟人谈判，无条件退让，缺失的部分就得由自己悄悄补上。这个做法，成了杜月笙一生的固化模式。他最大的弱点就是气场太弱，镇不住对方，性格上的缺点只能用金钱上的损失来弥补。

杜月笙、袁珊宝等十几人从小东门一路奔行，赶往市郊一座破败的小庙。前方一片漆黑，伸手不见五指，好不容易到了庙前，杜月笙抬手轻轻叩门。

门内一个声音传出："你是何人？"

"我是杜月笙，特来赶香堂。"杜月笙恭恭敬敬地回答。

"此地抱香而上，你可有三帮九代？"门内再问道。

杜月笙回答："有格。"

"你带钱来否？"

"带格。"

"带了多少？"

"129文，内有1文小钱。"

"答对了。"

庙门"吱呀"一声打开了——这是从明清时代传承下来的切口，每一句话都隐含着一段帮会血泪史，所以，入帮之人对这番对答极其谨慎，倘有一字答错，轻则终生无缘入帮，重则必有性命之忧。

入了门，引见师带着杜月笙等十几个人来到神案前。神案上供奉的，第一位是达摩祖师，而后是禅宗二祖任慧可、三祖彭增灿、四祖叶道信、五祖万弘忍、六祖杨慧能。再往下是金清源，以及青帮始祖罗净修、陆道远，入京揭皇榜立青帮的三位祖师翁德意、钱德正和潘德林。次下王文敏、姚文全、明建号"隆武"的唐王、建号"永历"的桂王。入门者要向每位祖师磕头，一串长头磕下来，直接磕到了门外。

门外供奉着民族英雄史可法，因为祖师中有两位明朝皇帝，史可法是臣子，不便和帝王平起平坐，只好委屈在外守门。

这一串祖师，从东来的达摩到禅宗的列祖，到郑成功的部将，最后再到明朝的两代亡君，这种组合堪称匪夷所思，从至高的智慧到最底层的江湖叛乱，其间的勾连串合天衣无缝。这实际上是特殊时代爱国主义历史教育的江湖版本，最适宜用来教导如杜月笙这种天然丧失了受教育机会的底层人士。正是通过这么一长串莫名其妙的长头，入帮之人一下子就获得了传统文化从高端到底层的结构性知识。

对杜月笙这样的有心人来说，瞬间打通从儒、释、道到赌、嫖、抽之间的隔阁，只花了两块大洋，太值了。

磕过头后是净手，一盆水端过来，大家依次在水里洗手。然后是斋戒，一大碗水，依次传递，每人喝一口，喝时嘴巴不许碰到碗边。喝了这口水，从此就是青帮列祖身边的人了。以后的杜月笙，再也不是一个人战斗，他将与禅家六祖、抗清义师、明末皇帝等无数历史人物相伴而行，从此有了强大的心灵力量。

再经过一系列隆重庄严的仪式，本命师陈世昌出场，他站在坛前，俯视跪在面前的十几个人，问道："你们进帮，是自身所愿，还是经人劝来？"

众答："自身所愿。"

于是，陈世昌厉声道："既是自愿，要听明白。本青帮不请不带，不来不怪，来者受戒。进帮容易出帮难，千金买不进，万金卖不出！"

众人应诺，递上拜师帖和贽敬。拜师帖将由老师永远收藏，帖子的背面写着："一祖流传，万世千秋，水往东流，永不回头！"

接下来，陈世昌对门徒们进行爱国主义教育，讲述一帮三代的古远历史，以及青帮的规矩切口。

继王国生后，陈世昌成为杜月笙人生中的第二个导师。据杜月笙本人回忆，陈世昌教导他的十大帮规，成了他这个缺乏教养、浪迹沪上的孤儿安身立命的行为准则。

这十大帮规是：

第一，不准欺师灭祖。

第二，不准藐视前人。

第三，不准爬灰放龙（指吃里爬外，出卖帮中兄弟）。

第四，不准奸邪淫盗。

第五，不准江湖乱道。

第六，不准引水带跳。

第七，不准扰乱帮规。

第八，不准以卑为尊。

第九，不准开闸放水。

第十，不准欺软凌弱。

最后，陈世昌告诫弟子们，除十大帮规之外，最严格的是保守帮中秘密，任何人入了青帮，上不传兄弟，下不传妻儿。帮会里只有纵的关系，没有横的联系，师知其徒，徒知其师，与帮会中人通过江湖暗语建立联系。

陈世昌讲完规矩，杜月笙抬起头，仰望着师傅的脸。

他发现了一个秘密：规矩这玩意，立出来就是供人打破的。青帮最严厉的规矩是严守入会之秘密，但他们这伙人还没入帮就已经四处炫耀，吵得尽人皆知了。

## 凡事不能超出限度

加入青帮之后，杜月笙的人生就开始势不可当地走下坡路，命运快车急转直下，载着他冲向九幽冥府。

先是钱不够用。此前，王国生每月支给他几块大洋，吃住之外，再买上几身光鲜的新衣，绰绰有余。但现在他是在帮之人，整日里兄弟往来，吃喝嫖赌，这些场面上的事一样不能少，每样事都要花钱，几块大洋一下子就用完了。

可怜老板王国生还不知经营危机已至，听说杜月笙在帮顿时大喜，就让杜月笙跑码头收钱，心想在帮之人兄弟多，别人如果拖欠，月笙可以叫来兄弟帮场子，讨回欠账。

杜月笙这边有着庞大的开销，缺的就是钱。王国生水果店回收的账款，一旦进了他的手，瞬间就消失了。

收回来的钱花光了，他不好再和王国生打照面，就干脆卧睡烟花场，等到万不得已，才硬着头皮回来点个卯。

店员杜月笙动辄旷工，老板王国生很上火，就劝他几句：事情归事情，白相归白相，凡事总要有个限度。

限度？杜月笙这边的限度就是横竖横，拆牛棚。他索性卷走王国生的一大票账款，于赌桌上骰子的悦耳转动声中，那些钱就烟消云散了。

拐王国生的钱逃走，那是因为杜月笙早就想跳槽了。店员的生活平淡如水，缺乏刺激，花会航船的营生，才是他向往已久的。

花会是一种赌法，源自广东，进入江南，在上海风靡一时。这种赌法最诱人之处，就是可以以小博大：押1元，赢了能赚28元，净赚28倍。没押中也不要紧，无非1元钱而已。花会堪称现代博彩业的始祖，迎合了人性中最软弱之处，永远都有市场。

有产业，就有竞争；有竞争，就有促销。当时的上海花会要雇用大量营销人员，奔赴大街小巷，到处去拉生意。男营销员专门在摊贩处闲逛，寻找如杜月笙这类的店员，花言巧语诱其入彀。女营销员则穿堂入室，诱惑三姑六婆、少妇长女，让她们也投入兴旺发达的赌博行业。

花会的男女营销人员都没有工资拿，但他们可以在拉来的客人处抽头，每拉一票单，就可以获得10%的提成。

当时花会的营销人员既不叫业务经理，也不叫销售，而是叫"航船"。航船的意思就是促驾，催促别人来赌博。杜月笙正是被这些营销高手蛊惑，从王国生的店里拐了货款，全部投入花会。

开始时，杜月笙也没想对不起王国生，他希望的是能够一票押中，就可获利28倍。归还了王国生的本钱，他也能大大地赚上一票。但等到他的钱输光之后，他才醒悟过来，花会中只有两种人能赚到钱：一是花会的老板，二是营销人员——航船。

花会中，赚钱最多的是"花会大王"高兰生。此人生性凶狠，杀人不眨眼，打架时手提机关枪沿长街狂扫。就是凭着这股子狠劲，他才得以独霸花会市场。

杜月笙输掉的钱，全都进了高兰生的口袋。

十几年后，花会大王高兰生专程登门递帖子，拜杜月笙为师。当时杜月笙看着他，差点脱口吼出一句："侬个大赤佬，先把阿拉的铜钿还回来！"

杜月笙在花会里表现积极，希望能成为一名营销人员——这时他与高兰生之间的距离，好比求职者与大型企业董事长之间的距离。经过一段时间的努力，他终于如愿以偿地拉近了自己跟高兰生的距离，成为高兰生手下众多营销人员中的一员。

当上营销人员之后，他开始东奔西走，拉人来赌。花会正如今天的彩票，许多人会蹲坑守候，矢志不渝地买同一个号码。像这样一些人，就会把钱交给杜月笙，让他替自己去押固定的号。

钱拿到手上，杜月笙的赌性又压倒了理性，忘记了花会中只有老板和营销人员才能赚到钱，他心想：这些钱，我不妨自己先押一记，倘若中了，那就是28倍的利！有了钱，还愁这点赌本还不上吗？

于是，他就把收上来的钱都押到了赌桌上。

一开盘，杜月笙押上去的钱很快就分文不少地归了花会大王高兰生。

钱没了，只能再去收点，再上赌桌。一旦赢了，就是28倍的利，这点小赌本，根本不算个事！

于是他到处去收钱，钱到手，全都自己押上了。然后，这些钱也全消失在花会的血盆大口中。

然后，就没有然后了，杜月笙失踪了。

唯恐那些人找他算账，杜月笙脚底抹油——溜了。

## 因为懂得，所以慈悲

害怕花会的债主追杀，又不敢回王国生的潘源盛水果店，杜月笙再一次流落街头。

光鲜的新衣破烂了，白净的双手满是污垢，穷困潦倒的杜月笙蜷缩在垃圾桶边，心里无比懊恼。

杜月笙怪只怪自己运气太差，押了那么多钱，居然一票也没中。只要中上一票，一票就行，就可以获利28倍，那就赚大发了。说到底，都怪自己运气不好……运气不好，最对不起的就是王国生了。如果能够押中一票，拿王国生的钱，早就可以还上了。不仅可以还上，还能附上利息……现在说什么都晚了。就算自己告诉王国生，只要押中赢了钱，就连本带利归还，人家能信吗？

正在自怨自艾之时，忽见远方有几个人怒气冲冲而来。杜月笙毫不犹豫地跳起来，贴着墙边迅速溜走——债主们正在找自己，千万不能被他们逮住，逮住了准保被打个半死。

再怎么东躲西藏，也还需要找个夜晚睡觉的地方。可现在身无分文，哪有钱租房子呢？

幸亏在大上海，如杜月笙这般穷途末路的人为数不少，杜月笙遇到一个每算必错的算命先生。因为每算必错，这个算命先生也混不下去了，没地方可住，但是他发现了一个可供二人落脚的宝地——十六铺有家烟纸店，店里有间密不透风的亭子间，给钱就让住，夜晚可以落宿在这里。

此后，杜月笙就在这间密不透风的亭子间里落了脚。

他在这间亭子间里居住的时间不长——如果再长些日子，他肯定会脱胎换骨，成为另一个人。与他在一起的算命先生，原本有机会让杜月笙对算命这个行业有个清醒的认识，但由于时间太短，远未到可以掏心窝子的程度。结果，杜月笙终其一生，对星相命术迷信至极。

即使是一间小亭子，也要花钱才能住。为了弄点钱，杜月笙去找师傅陈世昌。陈世昌让他跟着自己，挎着篮子，揣着赌筒，沿街招揽套签子的生意。有一天，杜月笙正给师傅打下手，招呼赌客套签子，忽然远远地看到了同拜陈世昌为老师的袁珊宝。

人逢末路，最是自卑。当时杜月笙的反应是立即转过身去，不愿意让袁珊宝看到自己的落魄样，怕被他嘲笑。但忽然又想起袁珊宝是个憨厚实在人，未必会嘲笑自己的窘状，就硬起头皮招呼袁珊宝。

袁珊宝过来，先问师傅陈世昌好。陈世昌那里正有几个赌客要套签子，生意要紧，顾不上理他。

袁珊宝趁机把杜月笙拉到一边，问道："你怎么不回潘源盛？"

"算了吧，"杜月笙懊恼地摇头，"我用了店里不少铜钿，王国生一定恨我入骨，我何必回去自讨没趣。"

"天地良心！"袁珊宝大声喊叫起来，"王国生天天都在惦记你，他常说：'不晓得月笙跑到哪里去了，自从他一走，我们店里就少了个角色，生意越来越差。'至于你欠店里的钱，这么久了，我不曾听他提过一个字。"

"真的吗？"杜月笙听了，喜出望外。

"当然是真的。"袁珊宝埋怨道，"月笙哥，不要把人想得那么坏。王国生是个善良人，他只念你曾经的好，只记得你在店里时生意红红火火。即使你做了对不起他的事，他也不会记在心上。"

"要是这样的话，那我……是不是可以回潘源盛呢？"杜月笙心里突然感受到一种温情。他是个孤儿，从八岁起就不得不闯荡天下，没有人疼过他，没有人关心过他。如今突然遇到王国生，不计较他的劣行，仍然拿他当兄弟，这前所未有的情感，让他一生铭记。

于是，杜月笙就转身向陈世昌请求道："师傅，我以前在潘源盛的老板王国生待我真诚友善，不计较我的过错，我可不可以……先不套签子了，回去跟王国生见个面呢？"

陈世昌道："月笙啊，你在店里当店员，可比跟着师傅套签子体面多了。这个机会不要错过，一定要回去。但你回去之前，为师有几句话要对你讲。"

杜月笙急忙站好："请师傅训诫。"

只听陈世昌道："月笙啊，江湖上有句话，'百年修得同船渡，千载修得共枕眠'。这一生中同船共渡的机缘，要修百世才能够得到。要想修个挚朋诤友，更不知要修几生几世。这王国生，就是你前世修得的挚友。所谓人生得一知己，足矣。他不计较你的错失，拿你当朋友，你可要领这个情。实话告诉你吧，月笙，别看这上海滩人群熙攘，但愿意像王国生这样待你的人绝不会太多，所以你回去之后，一定要洗心革面、戒嫖戒赌……呃，除了帮师傅套套签子，别的赌摊，能不去就尽量不要去了。"

杜月笙和袁珊宝兴高采烈地回到潘源盛，王国生果然喜出望外，立即迎出，没有责怨杜月笙一句，只是希望他好好干，店里仍然像以前一样支付他薪水。

刚刚回到潘源盛时，杜月笙在心里发誓，要对得起王国生待他的真挚友情，一定要洗心革面，再也不……不过，"再也不"有点绝对了，以后赌场、嫖局尽量少去几次吧。

这样一想，他故态复萌，又溜达回赌场烟花地。

## ◪ 大病不死，必有后福

每次从赌场烟花地出来，杜月笙都在心里痛骂自己：杜月笙，你怎么这么没出息？人家王国生待你那么好，你少去几趟赌场烟花地会死吗？唉，死倒是不会死，就是感觉生之无趣。

"恶习难改"这四个字，好像说的就是自己。横竖横，拆牛棚。横竖是恶习难改了，索性就破罐子破摔，变本加厉吧！

这样一想，他彻底放下了心理包袱，从此大赌特赌、大嫖特嫖，不可救药。这辈子就这样了，就算自己不赌不嫖，也根本没机会出人头地，还不如今朝有赌今朝赌，明朝无嫖明朝说。

就这样，他晨昏颠倒、放任自流、荒唐无度地过了一段时间。有天半夜，他拖着疲惫的身体回到潘源盛，觉得浑身酸痛、困倦至极，倒头就睡下了。

睡梦中，他感觉自己仿佛跌入了一个黑暗的深渊，那黑暗有千钧重，压得他透不过气来，他拼命地爬，却怎么也无法从黑暗中挣扎出来。迷迷糊糊之际，听到有人喊自己的名字："月笙，月笙，你醒醒……"

他勉强抬起沉重的眼皮，看到袁珊宝与王国生正凑近自己，满脸焦急的神情，刺目的阳光从他们肩上漫洒下来。忽然忆及应该开店做生意了，他尴尬地一笑，正要爬起，却觉全身绵软无力，只欠了一下身子，就重重地栽在了床上。

他病了，身体无力，浑身发烫。不到半天工夫，他就陷入昏迷状态，烧得不省人事。

幸亏有王国生和袁珊宝照顾他。王国生立即掏腰包请来大夫，袁珊宝则把他背进隔壁自己房间，以便照料他。

请来的大夫开了方剂。袁珊宝熬了药端过来，却发现杜月笙仍然处于昏迷中，根本无法服药。强行掰开他的嘴巴，想把药灌下去，浓稠的药汁却顺着他的嘴角流淌下去，一滴也未入腹。

王国生慌了神，再把大夫请回来。大夫进来看了看，方剂也未开，说道："凶多吉少，另请高明吧。"

"什么？"王国生难以置信，"月笙他这么年轻，怎么会……再换个大夫来！"

重新请了一个大夫来，这次大夫翻开杜月笙的眼皮，认真地检查一番，说："没救了，准备办丧事吧。"

王国生和袁珊宝面面相觑，他们都是与杜月笙年纪相仿的年轻人，从未经历过生死大事，听了大夫的话，彻底慌了手脚。

最后，大夫提醒了他们一句："他有什么亲戚没有？要办丧事，他亲戚得出面啊。"

亲戚？两人守在杜月笙床边等了足足一天，才听到杜月笙发出一声微弱的呻吟，从昏迷中缓缓苏醒。

袁珊宝见此情形，大喜过望，趁杜月笙清醒，赶紧问道："月笙哥，你在高桥乡下还有什么亲眷吗？"

"亲眷？"听到这两个字，两行泪水顺着杜月笙惨白的脸颊淌了下来。

**他知道自己要死了，但他不甘心年纪轻轻什么世面都没见过就死去，他有很多大事要做，他要成为人上人，要衣锦还乡，要回去看自己的外祖母。**

可是，不甘心又能奈何？在病魔面前，只能听从命运的摆布。

垂危之际，杜月笙悲从中来。

就这样死掉，真的不甘心。这短短的人生中，已经有太多的悲惨。2岁丧母，5岁丧父，唯一的妹妹生下来就被送给了别人。8岁时，继母也失踪了，没人照顾自己，也没有人管教自己。还没成年，就被人引诱染上了恶习，嗜赌如命，坑蒙拐骗。老娘舅因此不喜欢自己，姑丈埋怨自己，唯一疼爱自己的外祖母，根本不可能扭着小脚来上海照料自己，唯有流泪而已。

但他的好友袁珊宝根本不知道他心里的悲恸，见他不说话只流泪，更加急切地催促道："月笙哥，你快说，你有什么亲眷要去知会一声？"

听袁珊宝的口气，杜月笙感觉死神就在自己身边狞笑。他强迫自己去想到底有什么亲戚，边想边说："要么，侬去告诉我格姑母，伊是我爷格阿姐，我姑丈在高桥乡下种田，名叫万春发。伊拉（上海方言，他们）有个儿子，叫万墨林，今年10岁。前一晌听说伊也到小东门来了，勒浪（吴语，在）一家铜匠铺里学生意。"

说完这番话，杜月笙又陷入昏迷。

王国生和袁珊宝立即跳起来，商量好兵分两路，把小东门附近的铜匠铺挨家找过来，终于找到了万墨林。

一个刚刚10岁的小孩瞪着一双惊恐不安的眼睛，茫然地看着袁珊宝和王国生。他只是个孩子，根本没有能力处理这样的大事。他所能做的，就是告诉两人自己家在高桥镇的具体住址。

王国生托了个恰好去高桥镇的朋友给万家带个口信。

一听到消息，杜月笙的姑母就立刻撂下家里的事情，扭着小脚奔赴上海。她吃力地走了多半天，来到了王国生的潘源盛。

进门来，看到杜月笙气若游丝、奄奄一息的样子，忍不住放声大哭。哭罢，姑母板起脸，要求袁珊宝出去另找地方住，她要睡在杜月笙身边，把这个倒霉的孩子救活。

袁珊宝翻起白眼，拿起自己的小包袱让路。

姑母就在屋子里打了地铺，四处烧香，到处拜佛，搜罗单方，买药熬药，开始了她老人家一生中最漫长的实验生涯。

姑母只要听说什么法子有效，就立即照方抓来药，用在杜月笙身上。不见效？没关系，反正药方多，一个不行，再换一个试试。

姑母在杜月笙房里义无反顾地实验了恰好100天，给杜月笙吃了无数谁也叫不上名字的怪东西，但仍没有任何效果，杜月笙始终处于高烧昏迷状态，整个人憔悴不堪，只剩一副骨头架子撑着一张皮。

但是姑母依然信心满满，她觉得，这都100天了，杜月笙居然还没死，说明什么？说明这稀里糊涂的治疗还是有效果的！

百日实验后，姑母听到了一个据说能治好这种病的神奇方子：蛤蟆粪！

上海人所说的"蛤蟆粪"，其实指的就是癞蛤蟆所产的蝌蚪。这种东西裹在一团透明略白的黏液中，生长出黑色的长尾，在池塘里游动成长。民间称此物性最温凉，理论上来说应该治得了杜月笙的病。

于是姑母就出门去捉蝌蚪，捉回来半盆，撬开杜月笙的嘴，不由分说就往他嘴里灌。

奇迹终于发生了。吞下蝌蚪之后，杜月笙的眼睛缓缓睁开，高热渐退，人慢慢清醒过来。

再接再厉，再来一盆蝌蚪！

"不要啊……"杜月笙哀号起来，"姑母，求求你，我不要再吃这怪东西，太难吃了！"

姑母说："必须吃，除非你的病好了。"

"好了，我好了，"杜月笙吃力地翻身下地，"我的病真的好了。"

姑母长舒了一口气："谢天谢地，你先躺着休息，喝口稀饭。我也得回家看看了……"

救活杜月笙之后，姑母就扭着小脚回家去了。于是，照料杜月笙的工作落到了王国生和袁珊宝身上。

到底是年轻，经历了这么一场大病之后，杜月笙很快恢复过来。虽然身体仍然很虚弱，不能干重活，但死神已经远离他而去，人生得以重新开始。

## ◪ 生命中不能承受之诱惑

袁珊宝照料了半个月，杜月笙差不多康复了。这时候，杜月笙的心里忽然感受到生命不能承受之诱惑：哎呀，好久没听到骰子转动的悦耳声音了，人生好无聊啊！

"有铜钿拿点给我，"杜月笙对袁珊宝说，"阿拉熬不住了，赌赢了就把本钱还给你。"

"完了，"当时袁珊宝呆呆地看着杜月笙，心里无限悲凉，"完了，这熊孩子算是没救了，刚刚死里逃生，想到的第一桩事就是赌。杜月笙的脑子里，就装不进点正常的东西吗？"

袁珊宝善良软弱，待杜月笙真诚友善。杜月笙的回报是索性吃死了袁珊宝。

袁珊宝后来回忆赌情燃烧的岁月时，说："月笙哥赌铜钿输脱了底，他就喊我缩在被窝筒里不要起来，他把我的衣服裤子裹成一卷，送进当铺，当点钱来做赌本。每逢碰到这种事情，我总是躺在床上暗里祝祷：南无阿弥陀佛、观世音菩萨，保佑月笙哥赢到铜钿赎当回来。否则的话，我身上只有一套汗褂裤，岂不是一生一世都爬不起来啦！"

终究是交心换命的好朋友，袁珊宝已经尽可能替杜月笙遮掩了，但杜月笙不可能每天都赢，这就意味着，袁珊宝只能光着身子躺在被窝里，郁闷地等把他的褂裤输光了的杜月笙另想办法。

杜月笙能够想到的法子，无非敲诈而已。当然，这段历史丢人现眼，杜月笙终生三缄其口，只字未提，但当时是有报纸的，媒体可不知道这白相人（旧上海俚语，在上海话里，"白相"是玩的意思，"白相人"也就是在社会上玩的人，相当于现在说的花花公子、游手好闲之徒、为非作歹的人、流氓）日后会大红大紫，难得地披露了当时靠拆梢（方言，敲诈）为生的小赤佬一名。

1911年，杜月笙24岁。这一年的4月28日，上海《民立报》有条短讯报道：

> 捕房解冒探索诈之杜月笙至案请讯。人和栈伙吕和生、茶房朱彩心禀称："寓客带有烟具吸烟，杜月笙等二人前来，指商人栈中私售洋烟，言如能出洋五元，可免拘解公堂，否则定当重罚。商人系生意人，不欲多事，当给杜月笙五元，有账簿书明为凭。"杜供："小的与张阿四同去，实系张起意，现张不知匿在何处，小的分用一元，余洋均张取去是实。"

情况是这样的：那一天在小东门的人和客栈，住进来一个携带烟具的客人，并在客房中兜售洋烟。而后杜月笙和一个叫张阿四的小瘪三昂然闯入，叫道："侬是掮了招牌格，阿拉是日吃太阳，夜吃露水格。识相点，放阿拉一条生路，否则要侬好看！"

杜月笙和张阿四气势汹汹地指控客栈中有人私售洋烟，违反法律，如果对方识相点，拿出点钱来消灾，这事就算了。如果不识相，那就别怪他杜月笙去捕房举报了。

客栈见多了杜月笙这样的小赖皮，假装害怕，表示愿意拿钱消灾，但哄着杜月笙在账簿上画押，这样就留下了杜月笙敲诈的证据，再叫来客栈相识的捕探。

这时候，神秘的张阿四早已消失不见，懵懂不知世事的杜月笙就被抓了去吃官司。

这是杜月笙一生不敢提起的耻辱，却是他人生最大的转机。

## 第二章
# 潜龙在渊等风来

　　杜月笙遇到的这种事，属于最典型、最常见的纠结性泥潭，几乎每个人在成长过程中都会遇到——你在前行，你想上进，但所有人似乎都不认可你，他们的理由堂堂正正，他们的态度充满敌意而且冷冰冰。你纵然想申诉也无从说起，明明在有些事情上，你很有道理，可在别人眼里，你才是那个不懂人情世故、无理取闹的无聊之人。

　　遇到这种人际纠葛，当事人自己是无计可施的，只能寄望于自己的支持者能尽责尽力，替自己把道路铺平。如果自己的支持者不这样做，这所谓的机会就会成为一个恶毒的玩笑。

## ◪ 人脉带来人生的转机

当杜月笙实施诈骗，又被同伙所骗，被抓入衙门吃官司时，有个人正津津有味地观赏着这一幕。

此人绰号"饭桶阿三"，大名黄振亿。

之所以荣获"饭桶"称号，是因为黄振亿这个人吃啥啥不剩，干啥啥不行。他整日混迹于十六铺，跟杜月笙干的是同一个营生：拆梢敲诈。老实说，杜月笙在这个"专业领域"已经算是够蠢的了，但黄振亿比他更蠢。

在黄振亿心里，杜月笙就是他的偶像：月笙哥真是了不起，大家一起拆梢，偏他能想到客栈兜售洋烟是违法的，竹杠一敲就是五块大洋，月笙哥真是太聪明、太伶俐、太机警、太活络了。

黄振亿的年纪比杜月笙大许多，但杜月笙的形象在黄振亿心中无比高大。他是过来人，看得明白，杜月笙就这么混下去，迟早万劫不复，说不定哪天得罪了厉害人物，被一条索子捆成硬板，抛进黄浦江种了荷花。

作为一个有良知的混混、重情义的瘪三，他不能眼睁睁地看着杜月笙这块好材料毁掉，他决定做点有意义的事情，拉杜月笙一把。

于是有一天，杜月笙正在路边袖笼双手，百无聊赖地窥伺着路人，寻找机会时，黄振亿走了过来，在他肩膀上拍了拍，很诚恳地说："月笙，你这样下去不是事体。假使你有心向上，我荐你到一个地方去，好格？"

杜月笙打心眼里鄙视这个饭桶，这么大年纪混成这模样，也好意思大言不惭，说什么指点自己，真是勿要开玩笑。虽然心里这样想着，但杜月笙还是懒洋洋地回了一句："啥场化（方言，指场所、地方）？"

"八仙桥，同孚里！"黄振亿满脸神秘的表情，"黄金荣黄老板的公馆。"

杜月笙的耳边顿时"轰"的一声巨响，茫然转头，看着黄振亿那张怪脸。

这会是真的吗？我没听错吗？我杜月笙怎么可能攀得上黄金荣这样的大人物？

## 劳心者治人，劳力者治于人

24岁那年，当黄振亿向杜月笙说起八仙桥同孚里时，黄金荣已经是上海滩响当当的一块金字招牌。

黄金荣，这位特殊时代的特殊人物，当年在法租界捕探中排名最后一位的华捕，因为与洋上司脾性不合，愤然辞职而走。他走后，法租界才意识到此人的价值，又不惜屈尊枉驾，把他请回。

得林桂生之助重返上海滩的黄金荣向法租界狮子大开口，要了一块地皮盖了老共舞台。此后，黄金荣又开了戏台赌场，从此财源滚滚，日进斗金。有钱有势，家里又有一位头脑过人的奇女子相助，黄金荣从此过上了不再需要大脑的幸福生活。

黄金荣根本不懂刑侦为何物，但自有门徒弟子替他破案；他一句法语也不会说，但法国人找来翻译与他沟通；他也不会做生意，但有了林桂生这样的聪明女人，他只需要别把钱的数目点错，就万事大吉了。他甚至连开枪都不会，却是上海滩头提起名字来人人丧胆的大煞星。纵然是打架最狠、视人命如草芥、喜欢提着机关枪沿街狂扫的花会大王高兰生，在黄金荣面前也没有个说话的地位。

而杜月笙连花会大王高兰生的鞋边都碰不到，更不要说与黄金荣之间的距离，用"天差地远"四个字来形容毫不夸张。

听到黄金荣的名字，杜月笙顿时大受震撼，过强的刺激让他的大脑瞬间崩溃。黄振亿又说了几句什么，他根本没听到。

黄振亿不得不用力拍着他的肩膀，大声喊他的名字，杜月笙才从震愕中清醒过来。

当时杜月笙心如电转，瞬间就决定了应该如何回答对方。这个回答不能太热烈，以免引起黄振亿以为他有所觊觎的疑虑；也不能太冷淡，以免降低黄振亿的热忱，产生杜月笙这孩子不识好歹的抱怨。这个回答，必须不温不火、不卑不亢，既能让对方感受到自己的诚意和感激之心，又委婉得体，不让对方产生心理不适。

杜月笙语调平缓地回答道："爷叔，你照顾我杜月笙，给我这么个机会，月笙感激。虽然我杜月笙没什么本事，但一定不敢任性张狂，做出让爷叔失望的事体来。"

不想黄振亿上前一步，说道："要么，你现在就去收拾行李，我马上带你一道去！"

现在就去？杜月笙的身体剧烈摇晃，机会来得太突然，他全无准备，大脑里乱作一团。

原来，黄振亿是个做事小心的人。他想向黄公馆推荐杜月笙，但因为自己地位卑微，怕人家不答应。如果事先对杜月笙承诺，而后事情又没办成，难免会被小辈们埋怨。

所以，黄振亿是在没和杜月笙打招呼的情况下先行向黄公馆说了这事，获得了黄金荣的许可，才来告诉杜月笙。

杜月笙不知道这一层，但看黄振亿信心满满的表情，就知道这事有很大的把握。于是，他飞跑回潘源盛水果店，向埋头检视水果的袁珊宝说："你进来，我有事情要告诉你。"

袁珊宝放下手头的工作，跟杜月笙进了房间。杜月笙把门关上，把黄振亿对他说的话全告诉了袁珊宝。

袁珊宝喜形于色："这真是再好不过的事情，黄老板那边场面大，来往的都是体面人物，月笙哥，你这次算是一步登天了。"

"就怕……"杜月笙却不敢相信命运会眷顾自己，"黄振亿不过说说罢了，他没有这么大的面子。"

袁珊宝提醒他："别小看黄振亿，他虽然没混出名堂，在帮中的地位却不低，是'通'字辈的爷叔。爷叔不会在我们小辈面前开玩笑。何况，他这个人原本热心又老实，何苦拿这种事寻你开心？"

要是这样的话，这事八成是真的。杜月笙立即收拾衣物，跟着黄振亿动身。

杜月笙永远记得那一天下午四点左右的辰光，他手提一只小布包袱，跟在黄振亿身后，朝着同孚里的黄公馆走去。夕阳把他们的影子拖得极长，远远地，看到黄公馆高高的门楼下立着六名龙精虎猛的汉子，个个黑香云纱褂裤，挽起袖子，对襟纽扣，板带宽厚。六道冷漠凶狠的目光齐齐落在他的身上。红漆的兽环大门犹如怪兽张着血盆大口，向他疾噬而来。

一瞬间，他感觉自己是那么渺小。

这是他人生难得的机会，还是他年轻生命的归宿？他不知道。他只能向前走，一步步走向命中注定的渊薮。

## 善于织网，才能坐享其成

走到黄公馆门前，黄振亿满脸堆笑，热络地和门前的六条壮汉打招呼。六壮汉鼻孔朝天，喷出冷气，就算是和黄振亿招呼过了。

黄振亿急忙拉着杜月笙进门楼，凑近他的耳朵，低声道："看到了没有？他们都是黄老板的保镖，在弄堂口随时听候差遣的。一声'老板要出去'，他们统统跟着走。"

杜月笙的心当时就凉了半截，起码保镖这碗饭，自己是端不动的。自己的腰身还比不上壮汉们的脚指头粗，就算进了黄公馆，自己又能干什么？

走到门厩下，天井里，只见来来往往都是人。黄振亿热情地和每个人打招呼，并把杜月笙介绍给他们，教杜月笙如何称呼。这时候杜月笙的脑子已经麻木，问答全是顺着黄振亿的指点，至于见到了谁、怎么招呼的，脑子里一片空白，全都记不得了。

进了客厅，迎面是一幅关公读《春秋》的彩绘巨画，画中的关公如真人大小，栩栩如生。两侧是泥金绣字长联：

赤面秉赤心，骑赤兔追风，驰驱时无忘赤帝。

青灯观青史，仗青龙偃月，隐微处不愧青天。

黄振亿走到一张方形桌前，大声道："我介绍个小囝（方言，小孩）给你。"

"啊？"一个大脑壳、大耳朵、大嘴巴、大块头的矮胖子转过头来。

这就是上海滩头有名的人物——法租界说话占地盘的黄金荣，他的特点是矮而胖、肥又壮，紫色的宽脸盘上有一块麻皮，所以江湖人称"麻脸金荣"。长袍、布鞋、白布袜，是他标志性的打扮。与人交谈，开口就是粗话、脏话。一句粗话、脏话，便能将他喜怒哀乐的万千情绪表达得清清楚楚。

黄金荣用铜铃怪眼注视着杜月笙，亲切地说道："蛮好。"

杜月笙心里的石头"砰"的一声落地。谢天谢地，黄老板已经答应他了。从现在开始，他就是黄公馆的人了。

杜月笙如释重负，脸上现出一丝微笑。

黄金荣和颜悦色地打量着他："小囝，你叫什么名字？"

杜月笙以为自己会紧张得说不出话来，但是没有，他听见自己用清亮的声音回答："小姓杜，名月笙。"①

黄金荣开心起来："真奇怪，来帮我的这帮小朋友，怎么个个都叫什么生？"

方桌同座之人，顿时齐声称赞起黄金荣来。尽管从这句话上找不到应该称赞的荏口，但大家仍然成功地称赞了。现场气氛热烈，红火融洽，杜月笙也兴奋不已，这时候他集中注意力，抬眼往方桌上一看，顿时大惊：黄金荣几人正围着桌子打麻将。

麻将？赌博？要是做个人物，有这本事就可以了，那可是自己的强项啊！霎时间，他对成为人物充满了信心。

黄振亿毕竟地位太低，趁黄老板高兴，急忙告辞。黄老板微笑点头，看着杜月笙："马祥生，你总认得咯？"

黄振亿走了，杜月笙心里又没了着落，听黄金荣对他说话，吓了一跳，急忙点头："是。"杜月笙记得，马祥生与自己同日拜陈世昌为师，是自己的同门师兄。

"你去寻他，"黄金荣肥腻腻的大手一挥，"你就和他一道住吧。"

"是，是。"杜月笙诺诺退下。退回到天井处，心里一阵茫然：黄公馆这么大，自己又是第一次来，上哪儿去找马祥生？

还有……他看着自己空空的两手，突然惊慌起来："我的包袱呢？"

他记得自己是拎着包袱走进黄公馆的，可是包袱怎么不见了？

初入黄公馆，自己的小包袱不翼而飞，杜月笙既困惑又诧异，可又不敢寻找。毕竟这是自己第一次进黄公馆，万一惹起纷扰，激怒黄金荣，就没法在这里混了。

茫然之际，突然过来一个人，对他说道："杜月笙，过来过来。"

"来了。"杜月笙也不知这人是谁，急忙跟在对方身后，去了黄公馆厨房。厨房极大，有桌有椅，杜月笙心里纳闷：莫非还有人在厨房里吃饭？这黄公馆，真是怪异。

再往里走，是一间小屋，屋里有两张单人床，一张床上放着杜月笙神秘失踪的小包袱，另一张床上支腿坐着一个与他年纪相仿的健壮青年。

---

① 杜月笙原名杜月生，"国学大师"章太炎晚年与杜过从甚密，认为杜的名字不够文雅，与其身份地位不相称，故引经据典为其改名杜镛，号"月笙"。——编者注

"马祥生！"杜月笙如见亲人，"终于见到你了，这里好大，我好心慌，我的包袱丢了。咦，丢了的包袱怎么会在这里？"

马祥生直眉瞪眼地看着他："杜月笙，你病得不轻啊，满嘴净说胡话！"

"啊？"杜月笙惊异地看着马祥生，"马祥生，你怎么这么说阿拉？"

马祥生跳起来："杜月笙，你是真傻还是装傻？你忘了你刚进来时，咱俩已经在天井打过招呼了？是我接过你的包袱，拿到这里的，你怎么忘了？又来说这些胡话？"

"真的吗？"杜月笙惊呆了，"咱俩在天井见过面了？我怎么一点记忆也没有？"

此后，杜月笙经常对人说起这件事，实际上他是试图回忆起在黄公馆见到马祥生的情形。但无论他怎么努力回忆，脑海中仍然是空白一片。那一天，他的大脑处于极度亢奋、高热的状态，所经历的事、所见到的人都如同光影掠过水面，没有留下丝毫印痕。

从这一天起，杜月笙正式成了黄公馆的人。但是他知道，如果他不能洗心革面、痛改前非的话，那么用不了多久，他仍然会像以前那样，再一次从平庸的生活常态滑落下去，跌回烟纸店那间密不透风的亭子间里。

他不想再回去。所以，他下定决心要克制自己的赌瘾，必须做到！

此后，无数人问过杜月笙，他在黄公馆是如何为自己创造机会并牢牢抓住机会的。

杜月笙回忆他当时足不出户，耳听六路、眼观八方，把全部的心思都用在了研究黄公馆的日常和结构上。

他观察的头号目标当然是黄金荣。他惊讶地发现，黄金荣不出门，不办公，不穿号衣，一天到晚就坐在那张方桌前打麻将，再就是晚饭前一定要去澡堂，做个全身按摩，通体舒泰，吃饱喝足，安然高卧。

黄金荣有个本事，就是法租界只要出点什么事，他就知道是什么人干的，只要嘴唇一动，吩咐下去，弟子们立即跑去找来合适的人，顺顺利利地把事体解决。没这个本事，法租界也不会倚他为支柱。

黄金荣创建的体制也极简单，他虽然是在法租界拿薪水的正规"包打听"，但手下有小"包打听"无数。法租界雇用了他这么一个人，再给他一定的经济许可，由他雇用一批门路熟、人头广的小"包打听"。这等于黄金荣部分地承包了法租界的侦探业务，于是法租界波澜不兴、顺风顺水。

黄金荣就如同一只肥胖胖的大蜘蛛，整天趴在他的黄公馆里打麻将，但他所织的一张隐秘的蛛网延伸到了上海滩每个不起眼的角落。

这就是黄金荣好整以暇、坐享其成的秘密。

杜月笙关心的是，黄金荣这张庞大的关系网究竟是怎么编织起来的。随着他观察得越来越多，发现得越来越多，他对黄金荣的看法也在慢慢发生改变。

## 既然要做善人，就要做到底

冬天来了，黄公馆突然忙乱起来，所有人都在东奔西跑，把一箱又一箱的银角子抬进门来。杜月笙在心里估了一下，这些钱至少有3000元。

3000元是杜月笙生平所接触的最大数额的一笔钱。除了钱，还有一担担棉衣棉裤，全都是崭新的，整整3000套。

黄公馆要这么多棉衣棉裤干什么？难不成这黄老板还要组织起一支军队？

正疑惑之际，有人来叫杜月笙："月笙，别傻愣着了，马上出发，跟老板去八仙桥。"

杜月笙不知道去八仙桥干什么，稀里糊涂地跟着黄公馆的大队人马出了门。

时值隆冬，寒风凛冽，天寒地冻。到了八仙桥，杜月笙顿时吓了一跳。只见八仙桥下，黑压压密麻麻，一万多名乞丐正挤作一团叫喊"黄老板"。

早有手下搬来一张竹椅，黄金荣四仰八叉地坐下。手下的兄弟们立即行动起来，有人维持秩序，呵斥乞丐们排队，有人拿出棉衣，有人打开钱箱，开始发放。每个乞丐不分老少，都可以分到一套棉衣、四角洋钱。

杜月笙恍然大悟，原来黄金荣这是在发放冬赈。

他留神观察，发现了一件蹊跷事：所有领到棉衣和钱的乞丐都不许散开，而是被赶入近旁的宏国寺，由许多人严密看守。

杜月笙大惑不解，悄悄地问同门师兄弟马祥生："为什么要把这些人关起来？已经发了棉衣和钱，为什么不让他们走呢？"

马祥生冷冷一笑："你寻开心，发过铜钿衣裳不关起来，他们排头领了再去排尾继续排队，像这样转来转去，他们一辈子也领不完你送的衣裳，你一辈子也满足不了他们。小开，四个角子、一套棉衣，拿到市面上卖，究竟也值两个铜钿吧？"

"哦，是这样。"杜月笙恍然大悟。这正是不经一事不长一智，谁能料到这些沦落底层的叫花子还有这么多心眼？

佩服归佩服，但杜月笙打心眼里不认同黄金荣的做法。你要施舍，要做善人，那就必须把善人做到底。你不满足那些人想多领几套衣服的愿望，他们就不会真的敬佩你——11年后，杜月笙35岁，在中法学堂赈济乞丐，上海3万名叫花子蜂拥而至，杜月笙给每个叫花子发放4角大洋，任由叫花子们排头领到钱，再去排尾重新排队领取第二份，以此蔑视黄金荣的小家子气。当时的叫花子对此欣喜至极，齐声称赞杜先生真乃"古往今来第一大傻帽"。

看着一套套棉衣发下去，一只只钱箱清空，杜月笙心里更加困惑，悄悄问马祥生："这么多钱，都是黄老板从捕房里拿出来的吧？"

马祥生嗤之以鼻："外国人才不管这种事呢，钱和衣服都是黄老板自家出的。"

"黄老板自家出的？"杜月笙大为震惊，"那咱们黄老板这么有钱？"

马祥生没有说话，只是向杜月笙挤了挤眼睛。

## ▨ 必将在黄金荣之上

到了春天，黄金荣静极思动，叫上杜月笙，去城隍庙逛逛。

黄金荣大模大样地走在前面，杜月笙跟在后面亦步亦趋。他心里很激动，终归是自己小心做事，才赢得黄老板的首肯。逛城隍庙肯带上自己，这就表明黄老板已经不拿自己当外人了。

说到在黄公馆做事，也很古怪。大多数在黄公馆做事的人，如杜月笙这种，是没有薪水拿的。当然黄公馆是管大家吃饭的，但说到要发薪水，大家揣摩黄老板抠门的心思，都大声宣布："在黄老板家里做事，不仅不应该拿钱，按理来说逢年过节，反倒应该孝敬黄老板几文。"

为什么呢？因为你在黄老板身边做事，有机会结识上海滩头有头有脸的体面人，还可以打着黄老板的旗号在外边为所欲为。给你这么大的一个平台，你还做不出事来，还要朝人家黄老板要钱，你说你昧不昧良心？

其实，这些高调并非大家的原意，但大家知道黄老板这人表面上非常"四海"，实际上嗜钱如命。这个肥胖子，实则是属貔貅的，没有肛门，只吃不拉。

大家在他身边混，明白人都知道是指望不上他的，只能自己另想办法。

这也是杜月笙的发现，他早就注意到聚集在黄公馆的这些人表面上亲切热络犹如一家，实际上貌合神离、同床异梦，每个人都在打自己的小算盘。黄老板没事时身边一聚就是一堆人，一旦有事需要有人去办的时候，除了杜月笙，根本找不到人。

这也正是杜月笙入门没多久就被黄金荣带着出门的真正原因。

就这样，黄金荣和杜月笙一前一后在城隍庙闲逛。迎面来了个形貌古怪的僧人，见到黄金荣就双手合十道："这位施主留步，你这面相，英气内敛，华光闪现，头角峥嵘，气势不凡。哎呀呀，施主，你这是大富大贵之相，主施主一生风光无限，富贵无穷。"

黄金荣哈哈大笑："和尚不念经，却跑来算命，这也算是异事一桩。算命这事嘛，无非上天说吉祥，见面说好话。好啦好啦，别说了，我自己的命我知道。喏，这些大洋给你，你给我身后这位小兄弟算一算。"

"黄老板……"见黄金荣让僧人给他算一算，杜月笙顿时急惶起来，"黄老板，还是不要算了吧。"

"算一算怕什么？"黄金荣嬉笑道，"反正也无事体可干。"

那僧人转向杜月笙，目光讶异，只见他猛一拍大巴掌："我的天！这位小施主，虽然你衣衫破烂、面露饥寒，但你英气内敛，华光闪现，头角峥嵘，气势不凡。你将来的作为，必将10倍于你身边这位老板，将来这位老板的衣食饭碗还得指望你照料……"

"丢你姆妈（上海方言，脏话，×你妈）！"杜月笙一听就急了，破口大骂，"侬可是瞎脱了眼乌珠，侬晓得我老板是啥人？敢拿我来跟老板比？"急忙拉起黄金荣："老板，我们走，这僧人是个疯子，故意说晦气话给老板添堵，老板别理会他。"

黄金荣被杜月笙拉着离开，一边走一边转过头来，以极为惊讶的目光看看那古怪僧人。

送黄金荣回公馆后，杜月笙熬到夜晚，悄悄地溜出来，直奔城隍庙，进庙就打听那古怪僧人所在。最后，他在一条阴暗的长廊里见到了那位古怪僧人。

杜月笙"扑通"一声跪下："这位大师，白天我不该骂你，我那也是没办法。大师你没看到我的老板就在身边吗？当着老板的面，说我将来的前程比他好10倍，还说我老板的饭碗将来要靠我施舍，这话老板肯定不爱听啊，所以我才当面辱骂大师，其实是骂给老板听的。我在心里对大师是不敢有丝毫不敬的，烦请大师费心，再为我相相面。"

杜月笙寺庙遇奇僧，黄金荣小气失异人。这段故事，杜月笙一直藏在心里，直到临终那年，才悄悄地告诉身边人——但这个异僧究竟是何许人物，他是如何发现杜月笙的人生成就远在小气的黄金荣之上的，已无稽可考。

## 小心做事，用心探秘

城隍庙异僧事件之后，黄金荣明显对杜月笙存有几分忌惮，有意无意地疏远了他。

但这时候，杜月笙已经发现了黄公馆的秘密。这个秘密就是，在这座黄公馆里，黄金荣跟大家一样，也是混日子的。在自家的黄公馆，肥腻腻的黄老板说话根本不占地方。

黄公馆中真正的主人，是隐藏于幕后的林桂生，那个效仿红拂夜奔的白相人阿嫂。

黄金荣在黄公馆每天都是很忙的——忙着打麻将，停牌合牌，忙得一塌糊涂。白相人阿嫂林桂生也是很忙的——忙着发号施令，指挥一些影子般的神秘人物和飘忽不定的暗夜行动。

暗夜行动？做什么呢？杜月笙不知道，也不敢打听。但每至深夜，都是黄公馆最紧张的时候，这时候所有人都严令不许出房，不许走动，违此令者，捆起来丢进黄浦江都算便宜你了。每天夜晚，杜月笙就静静地躺在床上，竖起耳朵听着外边的动静。

那声音极为低沉、恐怖，粗重的喘气声、匆忙的脚步声、金属枪械碰撞时发出的叮咚声，间或能听到黄金荣和林桂生低声说话的声音，以及沉重的东西被人吃力地抬进来的声音。

这诡异的黄公馆里到底在搞什么名堂？杜月笙虽然好奇，但不敢表露出来，只是小心做事，绝不多话，悄悄用心寻找答案。

终于有一天，马祥生从外边回来，满脸兴奋，对杜月笙说出了黄公馆的大秘密。

有一段时间，黄公馆的气氛突然变得紧张起来：所有人走路都变得小心翼翼，彼此相见，谁也不说话，只拿眼睛打招呼，惶恐的目光里又带有几分猜忌。

有些名声不好的人被带到黄金荣处问话，还有些人满脸狐疑地围着杜月笙转来转去。

不知道发生了什么事，但感觉像黄公馆遭了贼。杜月笙奉守只做事不说话的原则，不打听，不询问，无论发生什么事，他都泰然自若。夜里躺在床上时，他会在脑子里回顾自己这一天行事为人是否有差池。

就这样过了一段时间，他始终不知道黄公馆发生了什么事，但也没惹上无端的麻烦。这一天晚上，他正躺在床上反省，与他同住的马祥生大步流星地走了进来，进门就脱衣服，准备上床睡觉，一边脱一边说："哎呀呀，咱们家的老板，肚量真是太大了。"

杜月笙："唔。"

自打进入黄公馆，杜月笙像换了一个人，变得老辣深沉，不多言不多语，不询问不打听。**他知道，有些事情你越想知道，别人越不愿意说；你视若寻常，反倒会激起对方的倾诉欲望。所有人最终都会把他的秘密告诉你，你需要的只是耐心。**

马祥生是知晓黄公馆秘密的人，和杜月笙又是同时拜陈世昌为师的兄弟，但在黄公馆的气氛突然变得诡异之后，他从未对杜月笙说起过黄公馆。杜月笙于沉静中等待着，终于等到了马祥生自己熬不住的时候。

只听马祥生大声道："家里的贼，终于找到了。"

杜月笙："唔。"

无喜无悲，无忧无惧，你说我听，如此而已。

马祥生坐在床板上，继续道："那个贼，是老板一个朋友的亲戚，他跟老板的朋友来过一次，认识了门路，后来他自己来了。那小赤佬不曾见过世面，进门之后见财起意，趁着四周无人，打开了麻布袋，偷了两块红烟土。他自己也晓得，从此不能在上海混了，一脚逃回了家乡，真是白白便宜了他，两块红烟土卖了几百大洋，听说他已经在乡下买房子成家嘞。"

杜月笙："唔……红烟土？"

马祥生："嘘……就是烟土。"

杜月笙："唔。"

马祥生："咱们老板，真的是宰相肚里能撑船，大人有大量。虽然查出了贼，却由他去了。"

杜月笙："唔。"

杜月笙虽然表面上不动声色，心里却疑惑重重。

马祥生所说的黄公馆被盗的"红烟土"，就是鸦片。黄金荣自己并不吸鸦片，黄公馆中人也无一吸食者，可这里怎么会有成包的鸦片？黄公馆经常在夜间禁止走动，是不是在运鸦片？两块烟土的价值，就足以让一户人家买房置地，被偷被盗了，黄金荣却不追究，这个小气的胖子何以突然变得如此大度？

如果黄公馆秘密贩运烟土，那么，是谁在背后主持此事？杜月笙的脑子里浮现出一个模糊的女人身影。

白相人阿嫂林桂生！

## 女人是男人的统治者

黄公馆中，真正主事的并不是黄金荣，而是他的妻子林桂生。

那个模样丝毫不起眼的女人，才是这座黄公馆的灵魂人物，才是真正的幕后老板。

杜月笙发现的事实，其实不只是黄公馆的秘密，也是人类社会的基本规律——老板并不是老板，老板娘才是幕后的老板。

所有来黄公馆的人都在极力巴结黄金荣，但巴结这个胖子是没有用的，他说了根本不算。只有巴结上林桂生，才有可能打开一片天地。

杜月笙热切的目光从黄金荣身上移开，落到了林桂生身上。

巴结黄金荣是容易的，毕竟他是老板，只要找机会凑上前，说上几句让他开心的话就行。而林桂生是老板娘，你没事往老板娘身边凑，老板会看你不顺眼，老板娘会感觉别扭，旁边人会瞧你不对劲，就连你自己都感觉不妥当。

越过老板，直接巴结老板娘，听起来很美，做起来却极为艰难。

话虽如此，但杜月笙毕竟人在黄公馆，他相信，只要有足够的耐心，慢慢地等待，机会迟早会到来。

事实上，机会的到来比杜月笙预期的要快。

林桂生病了，病得很重。

仿佛被一壶开水当头浇下的蚂蚁窝，黄公馆顿时热闹起来，所有人都跑前跑后，到林桂生的床前嘘寒问暖，出主意，想办法，叫大夫熬汤药。

不知谁提议说，老板娘之所以患病，是因为冲了阴神，必须找几个年轻力壮的小伙子守在病床前，用他们的阳气驱散阴神，老板娘才能康复。

于是，杜月笙如愿以偿地走进了老板娘的内室。当然，并不是只有他一个人，黄公馆中另外一些年轻人也获得了同样的机会。

但那些人被安排在林桂生的病房里，心里很不情愿，人在房间，心在屋外，既没有照料病人的意愿，也没有这个能力。待在一个病得半死的老女人房中，对这些还不成熟的年轻人来说，是一种残忍的折磨。但杜月笙并不这么认为，他笑了。

15岁那年，他初到上海滩，在鸿元盛水果店里足足伺候了老板和老板娘两年。只有干过这种伺候人的活，才会知道病人的需求是多么无理而烦琐。不是心思足够细腻，体力足够充沛，拥有无限耐心的人，根本干不来这活。

这就成全了杜月笙。

林桂生卧床的那些天，杜月笙衣带不解、茶饭不碰，全神贯注，耳到，眼到，手到，脚到，心到。往往林桂生嘴角一动，他就知道她需要什么，立即把东西递到她的手边或嘴边。

当林桂生的身体慢慢恢复，睁开眼睛时，她想不注意到杜月笙都难。

她躺在床上，看着这个眉眼精明、手脚勤快的年轻人。这个人在心思细腻方面，不知比自己的丈夫强出多少，但男人在这世上打拼，单靠细腻还不够，还必须有足够的悍勇、足够的气魄。

黄金荣在细腻上虽然比普通男人强许多，但在悍勇和气魄上仍显不足，所以黄公馆的事业做到这个程度就止步了。

杜月笙这个年轻人，能不能把自己心目中的事业再向前推动一步？林桂生不知道，但她很好奇，非常想试试看。

## 无法招老板喜欢，只好走夫人路线

黄金荣是个极为贪婪且小气的人。当初林桂生效仿红拂夜奔，替他谋划借重返法租界的机会，在租界弄了块地，盖了座老共舞台。可是舞台的收入，黄金荣自己一口全吞下了肚，连点汤水都不给林桂生留。

林桂生知道这个男人靠不住，所以不惜撕破脸皮和他大闹了一场，最后争取到了老共舞台的水果盘子钱归自己。

所谓水果盘子钱，就是客人来舞台跳舞，侍应生就会端上一盘水果，客人吃或者不吃，盘子钱都是要收的。这点盘子钱，与老共舞台的总体收入相比，不过是九牛一毛。林桂生拼了命才从黄金荣手里抠出这么一点点钱，可知这黄金荣真的比饕餮的胃口还大，比貔貅的贪性更狠。

总之，黄金荣这个人心里只装着自己，谁也甭想从他那里获得丝毫好处。

林桂生要想维护自己的利益，就必须在黄公馆寻觅自己的亲信。病床前殷勤照顾她的杜月笙，算是进入了试用期。

杜月笙领命之后就立即出门，凑巧的是，他刚刚走到楼梯口，就遇到了黄金荣。

黄金荣随口问道："月笙，到哪里去啊？"

杜月笙心如电转，知道老板娘吩咐的事不能告诉老板，就回答道："我随便出去走走。"

黄金荣"唔"了一声，没有再追问下去。两人的对话，全被林桂生听在耳朵里。当时林桂生心里一宽：嗯，月笙这孩子不错，知道事情轻重大小，值得依赖。

第一关就这样过去了。林桂生从此视杜月笙为自己人。

很快，杜月笙的又一个重大机会来了。

法租界有两个华人最有地位，此二人被誉为"一文一武"，"武"是指华捕黄金荣，"文"是指法租界工部局总翻译曹振声。黄家和曹家，因为地位相当、休戚与共，所以往来极多，算是通家之好。黄公馆林桂生病愈后不久，曹振声的太太也不知患了什么怪病，叫了许多大夫都治不好。

曹振声是留法学生，但他的太太深信邪祟之说，坚信自己的病是冲了阴神，指名叫黄公馆的杜月笙来照料。黄公馆当然乐意，杜月笙也没意见。于是，杜月笙就去了曹公馆，在曹太太房间里又照料了一个星期。

就这样，杜月笙成了曹、黄两家的心腹，获得了极大的信任，可以在两家自由穿堂入室。

他走的是夫人路线，成为夫人们的专用品。但说到底，这个世界是男人的世界，男人不可能认可走夫人路线的小狼狗成功模式。这就意味着，此时杜月笙在黄公馆里的地位极为尴尬。黄公馆里那一道道目光，都充满了不怀好意的揣测与阴毒。这种群体阴暗心理，迟早会把他送入万劫不复之地。

所以，杜月笙急需做一件显示出他阳刚之气的事，遮掩他走夫人路线的事实，至于事情的真假倒无所谓，重要的是洗白！

## ◪ 有些生意要靠抢

据杜月笙亲述，他在黄公馆之所以能获得机会，受到重用，是因为他曾孤身追贼，替黄公馆夺回被偷走的烟土。

在当时的英法租界，贩运烟土是被禁止的。但在华界，政府军警是贩烟土的主力军，因为烟土获利极高，可以解决高昂的军费问题，所以每日黄浦江上贩运烟土的船只络绎不绝。各路豪强窥见如此厚利，也都纷纷介入。长时间以来，上海滩头杀得血流成河，无数英雄豪杰都栽在了这烟土生意上。

法租界不堪其扰，干脆彻底禁烟。于是上海滩头，盘踞于英租界的以沈杏山为首的"大八股党"成了最强横的烟土势力。

"大八股党"，以沈杏山为首，余者为季云卿、杨再田、鲍海筹、郭海珊、余炳文、谢葆生、戴步祥——此八人崛起于烟土战役，成为上海滩最后的赢家，但随着家业日大、财势日阔，渐渐没了昔日的锐气。

白相人阿嫂林桂生审时度势，向黄金荣提出了抢烟土之策。

所谓抢烟土，就是招邀敢死亡命之徒，去江面或英租界抢劫烟土。这是把脑袋别在裤腰带上的营生，一旦失手，必死无疑。黄金荣表面上风风火火、神威惊人，内心却胆小如鼠，眼巴巴地望着英租界的烟土流口水，始终不敢染指分毫。

最终林桂生怒而自立，从此黄公馆形成一明一暗两套神秘体制。表面上是黄金荣当家，见人就打哈哈，背地里却是由林桂生做主，暗夜潜行，布局谋划，干起了抢烟土的危险勾当。

由于烟土是抢来的，又属于违禁品，所以黄公馆里的烟土被人偷了之后，黄金荣也不敢追究。不追究？不追究就好办，很多看准了黄金荣这一心理的人都来偷黄公馆的烟土。

有天夜里，八九点钟的光景，林桂生手下忽然有人跑来报告，说本来抢到一麻袋烟土，由一名兄弟负责雇黄包车拖到公馆来，但在半路上，那名兄弟连同烟土一起莫名其妙地失踪了。

失踪？不可能！其实就是手下人欺负林桂生是个女人，黄金荣又徒有其表。事实上，每当林桂生布局抢烟土时，黄金荣就找个借口躲起来，生怕被人找到，至于黄公馆里那些凶神恶煞的壮汉，也在同一时间消失了。林桂生茫然四顾，眼前只有"小狼狗"杜月笙。

林桂生茫然的目光落在杜月笙身上。这种情况，杜月笙想躲也没地方躲了，只好上前一步，说："老板娘，侬可以让我去跑一趟。"

林桂生："要不要人相帮？"

要不要人相帮？当然要！这种血拼搏命的活，帮忙的人越多越好。可是，杜月笙环顾空荡荡的黄公馆，心下凄然。他走夫人路线，让所有人不齿，没有人愿意与他同路，除非他能够利用这个机会洗白自己。

杜月笙向林桂生借了一把手枪、一柄匕首，头也不回地向着漆黑的门外走去。

临出门前，他真的很想说一句：夫人路线，可不是你想象的软玉温柔，那是比任何地带更黑暗的所在，处处隐藏着死亡与陷阱。

## 不仅要斗力，还要角智

出了门，杜月笙招手叫来一辆黄包车，上了车，只说了一个字："走！"

黄包车夫回过头问："去哪儿？"

杜月笙没好气地说："侬管阿拉去哪儿？先跑起来再说！"

先跑起来？黄包车夫心说：这人莫非是个疯子？大晚上的，上了车不说去哪儿，就让人拉着你瞎跑，阿拉把侬拉到黄浦江边，侬莫非真的跳下去不成？虽然心里赌气，但毕竟是一桩生意，还是低头快步小跑了起来。

杜月笙坐在车上，心里有种说不出的悲凉。今天夜里，他实际上是中了人的圈套，那抢走黄公馆烟土的人，他面也没见过，也不知长什么模样，认识劫烟土者的打手们，却一个也不出来，就让他杜月笙一个人瞪着两只眼睛瞎找。这么大的上海滩，他上哪儿去找？

只怕这黄公馆，他今夜出得来，却再也没脸回去了。

不回去也罢……不对！心里想到不回去时，他的脑子突然清醒起来，那位抢劫者可是携带了整整一麻袋烟土，从麻袋里随便拿出两块来就能买房置地，过上阔绰的生活。他抢到手的烟土的价值，岂不是个怕人的数字？抢劫者等于拉着一车黄金在赶夜路！

那家伙坐着黄包车，车上是满满的黄金，一旦遇到识货之人，必然杀个血流成河。所以，那家伙此时心里一定惊慌失措，只想快点找个安全的地方藏起来。

对那家伙来说，什么地方最安全？答案是：英租界！

货是在黄金荣的法租界里抢的，那家伙此时最害怕的就是黄公馆里的人追上来，所以他想要顺利逃脱，唯一的选择就是逃入英租界。黄金荣在英租界没有势力，那里是沈杏山"大八股党"的天下，只要他逃到英租界，黄金荣就无计可施了。

想清楚这一点后，杜月笙大为亢奋，催促车夫道："快点，往洋泾浜那边走！"

洋泾浜是英租界与法租界相隔的一条小河沟。在当时的上海滩，只要一提洋泾浜，人人都知道。此时夜深，无星无月，冷风刺骨，暗影幢幢。杜月笙坐在车上，手里紧紧握着手枪，沿途仔细观察往洋泾浜方向去的黄包车，忽然见到前方一辆车上有只大麻包，麻包上坐有一人，黑纱礼帽，膀大腰圆，正急切地催促车夫快走。

杜月笙确定抢劫者坐的就是这辆车！那一麻袋烟土，足有100多斤。虽然那家伙拼命催促车夫快跑，可是黄包车载重过量，怎么跑也跑不快，所以才会被杜月笙追上。

追上是追上了，但杜月笙一看对方体魄强健，就觉得自己根本不是他的对手。幸好有把手枪，于是他慢慢举起枪，提高嗓门道："朋友，你失风（出问题，出麻烦）了！"

那辆车上的大汉慢慢转过头来，杜月笙在他的脸上看到的是惊恐与茫然。惊恐就好办，对方的惊恐就是自己的胆气。杜月笙忙把手中的枪扬了扬，表示自己是玩枪的高手，进一步威慑对方。

那大汉脸上的肌肉扭曲，颤声问："兄弟……你是哪条道上的？"

听到对方声音颤抖，杜月笙顿时豪气冲天。对方恐惧成如此模样，明摆着他身上没有枪。如果有的话，早就一枪把自己撂倒了。没枪就好办，眼下头一桩事是赶紧摆平对方的黄包车夫，别让他们合伙跟自己血拼。

杜月笙轻轻地咳了一声，说出一句话来："喂，我晓得没有你的事。不过，我倒要请你帮个忙，你把车子拉到同孚里黄公馆，我赏你两只洋。"

在后来的岁月中，杜月笙无数次对人叙述他这句话。他解释，这句话是他脱口而出，恰到好处，多一个字累赘坏事，少一个字威仪不足，也不足以成事。一定是恰恰好好37个字，才能够达到目的。

就这么一句话，可以分出三层意思来：

第一层：喂，我晓得没有你的事——这一层用来安抚车夫，避免车夫因为恐惧或慌乱而做出让自己无法应对的事情来。

第二层：不过，我倒要请你帮个忙——这一层大气恢宏，不卑不亢，轻易地占据了上风，夺得了主动权。

第三层：你把车子拉到同孚里黄公馆，我赏你两只洋——这一层先说出黄公馆来，是施之以威，让车夫不敢抗拒；再承诺两块大洋，是诱之以利，让车夫无法拒绝。

杜月笙对他随口说出来的这句话，满意到了无以复加的地步。但每次对人叙述，他都要故作谦虚，一再声称自己只是随口这么一说，意思是让别人承认他天生有一个机智的头脑，让别人更加佩服。

杜月笙这句话成功地达到了目的，那辆黄包车果然掉头，与杜月笙并排往黄公馆奔行。此时，车上的大汉已经吓破了胆，苦苦向杜月笙哀求，求杜月笙不要难为他，放他一条生路。

这时候的杜月笙脑子更加清醒，潜在的智慧被激发出来，与抢劫者展开了几句对话。

杜月笙义正词严地问道："你只想保全这条性命，其他什么都不要了吗？"

大汉颤颤巍巍地回答："是的，是的，兄弟，求你务必帮这个忙。"

杜月笙说："这件事，用不着我帮忙。你跟我回去，横财是发不成了，性命总归是有的。"

大汉恳求道："兄弟，求求你，求求你，我上有白发的老母，下有吃奶的娃娃……"

杜月笙笑道："哈哈，你放心好了，黄公馆里啥辰光做过人呀！"

大汉："以前是没有，可是这一次……"

杜月笙："跟我一道回去，挨桂生姐骂两句是难免的。骂过以后，一脚踏出大门，从此你就离开黄浦滩，另找生路吧。"

大汉："兄弟，你肯帮我讨饶，说个情？"

杜月笙："你用不着买我这份交情，我说不说情，都是一样的，充其量叫你走路。黄公馆里，向来不会动刀动枪，各种事体，你又不是不晓得。"

后面的事情，果如杜月笙所言。偷烟土的贼被带回来，林桂生戳着他的鼻头，劈头盖脸一顿臭骂，再一脚踹出门外，这事就算完结了。

杜月笙能够料知此后的事情，只是因为他在黄公馆里的观察结果是非常正确的——黄家尽皆酒囊饭袋，根本没有能做成事情的人。所谓的大人物，不过是硬充大瓣蒜，摆出一副吓人的架势，恐吓那些蠢呆之人而已。

在这样的世界，做个大人物，又何妨？杜月笙心想。

## ◼ 没有抬出靠山，说话就没有分量

孤身夜行，夺回烟土，杜月笙为黄公馆立下了汗马功劳。

回来之后，他摆出一副轻松洒脱、若无其事的样子，向老板娘报告。

老板娘一边听，一边用眼睛惊讶地打量着他，心里说：这孩子，有出息！干出这么大一件事来，却不居功，不兴奋，若无其事，轻描淡写。这孩子迟早会出人头地，我若是不帮他一下，将来他发达了，襄助之功岂不全归了别人？

于是林桂生就开始找机会，琢磨了几天，终于把杜月笙叫过来，对他说："月笙，你过来。"

杜月笙走过来，问道："老板娘，啥子事体？"

林桂生道："月笙，公兴记就在巡捕房的隔壁，你去寻他们的老板，就说我喊你来的，要帮帮他们的忙，照例吃一份俸禄。"

"公兴记？"当时杜月笙就惊呆了。

公兴记是法租界的三大赌场之一，生意最是火爆，日进斗金。来来往往的全都是有钱人，一掷千金，不改颜色。杜月笙是嗜赌之人，但他所谓的赌博无非在路边街摊押上两枚铜板，从不敢奢望自己能有资格踏入公兴记半步。

而现在，林桂生竟然让他去公兴记吃俸禄，这让杜月笙如何不狂喜？

此前，杜月笙在黄公馆，为了表示自己稳重可靠，喜怒从不形于色，遇上再大的事，也要装出一副泰然自若的样子。现在他终于端不住了，亢奋之下，连声感谢林桂生："谢谢老板娘，谢谢老板娘！老板娘抬举我，给了我这么一个好机会，我一定……一定好好干，不负老板娘所望。"

杜月笙兴奋地冲出黄公馆，一路飞奔到了华商总会。这里就是公兴记的大门口。

门前一排黑衫壮汉拦住了他："哪来的小瘪三？也不看看这是什么地方，就敢瞪着眼睛往里闯，想吃生活了是不是？"

"几位兄弟……"叱骂他的那几个人，杜月笙常在黄公馆见到他们，他们也应该认识杜月笙，可他们偏偏装出不认识的模样，出言不逊，让杜月笙心里惊恐莫名，"几位兄弟，我是黄公馆的水果阿笙啊，是桂生姐让我来这里找你们老板说话的。"

"哼！"壮汉们鼻孔里喷出白气来，"黄公馆里来的，更应该知道规矩，在这里老实等着。"

"是，是。"杜月笙被镇住了，不敢作声，老实地站在门口等着。

过了一会儿，一条大汉出来，道："你跟我来，进门后给老子小心点，低头贴墙根走，别东张西望的，听清了没有？"

"听清了。"杜月笙倍感屈辱，眼下这光景，跟他想象的完全不一样。此前他还以为，自从他单身追贼，替黄公馆抢回被劫走的烟土之后，他在黄公馆就有了地位。现在看来，这完全只是自己的幻想。

被大汉们的夺人气势压住，杜月笙就像被针戳破的气球，一下子回到了当年卖水果时的状态。

进了公兴记，他不敢抬头，更不敢东张西望，像老鼠一样贴着墙根走，被大汉带到了一张赌桌前。

赌桌旁围坐着一圈人，个个衣冠楚楚、财大气粗，没人理会杜月笙。杜月笙也不敢吭声，低头站在桌前，听着众人豪赌喧闹，在屈辱中绝望地等待他们招呼自己，理会自己。

他等了很久很久，赌桌上已经赌过了几圈。终于，喧闹的声音慢慢沉静下来，众人的赌兴已尽。杜月笙悄悄地抬头，看到一个身材宽胖的汉子把冷冷的目光转向他，问道："啥子事体？"

"哦……"杜月笙鼓足勇气说，"桂生姐说，让我来领份俸禄。"

大汉"唔"了一声，向他摊开一只巨大的巴掌。

啥子？杜月笙茫然地看着那只大巴掌，不明所以。

大汉不动声色，慢慢地收回巴掌，用冰冷的眼神斜睨着杜月笙："小朋友没在道上混过，不知道什么叫规矩吧？"

"规矩？"杜月笙更加茫然，"桂生姐她说……"

"桂生姐说了什么？谁听到了？"大汉愤然而起，把手中的牌用力一摔，

"空口无凭这句话,想必小朋友你总懂得吧?"

"哈哈哈……"整座赌场里爆发出一阵巨大的嘲笑声,所有的赌客都向杜月笙投来极其鄙视的目光。那放肆的大笑声让杜月笙再也无法承受,泪水顺着脸颊汹涌而下,他低着头,匆匆逃出了赌场。

他逃得远远的,逃到一个再也听不到那刺耳嘲笑声的地方,抹一把脸上的泪水,想了很久,终于明白了自己为什么会有这样的遭遇:老板娘欣赏自己,给自己机会,但老板不欣赏自己,又或者老板的故人旧友们不喜欢自己。

如此而已。

## 潜力决定前途

在公兴记吃瘪(方言,意为被迫屈服、认输)之后,杜月笙在黄公馆里更加小心翼翼。他不知道自己在多大程度上触怒了黄金荣,也不知道黄金荣还会忍他多久。从黄公馆到公兴记赌场,他感受到的是冷森森的强烈敌意。他的社会地位上升得太快,这已经构成了对那些跟随黄金荣多年的老友旧人的侮辱。

现在的杜月笙,仇敌遍布。他只能牢牢抱住老板娘林桂生的大腿,这是他继续待在黄公馆的唯一资本。他甚至不敢把自己在赌场里遇到的事情告诉林桂生,万一激起老板与老板娘之间的矛盾,那自己真是连死都找不到个坑。

就这样过了一段日子,漫长的日子,漫长到连杜月笙自己都已经忘记了公兴记赌场的屈辱。这一天,林桂生随口问了他一句:"月笙,你身上的衣服有几天没换了啊?"

"啊……"杜月笙无言以对。

林桂生问:"你是手头紧吗?不应该啊,公兴记那边给了你多少俸禄?"

俸禄?杜月笙鼓着两眼,呆望着老板娘:天哪,老板娘竟然不知道赌场里发生的事情。莫非连老板黄金荣也不知道这件事?那就是说,自己在这件事情上顾虑重重,全是想多了,事情也许根本没有那么复杂?

见他神色古怪,支吾不答,林桂生很惊异,问道:"月笙,怎么回事?怎么不回答我的话?"

如果说这世上真有运气的话,现在杜月笙碰到的就是。

杜月笙遇到的这种事,属于最典型、最常见的纠结性泥潭,几乎每个人在成长过程中都会遇到——你在前行，你想上进，但所有人似乎都不认可你，他们的理由堂堂正正，他们的态度充满敌意而且冷冰冰。你纵然想申诉也无从说起，明明在有些事情上，你很有道理，可在别人眼里，你才是那个不懂人情世故、无理取闹的无聊之人。

  遇到这种人际纠葛，当事人自己是无计可施的，只能寄望于自己的支持者能尽责尽力，替自己把道路铺平。如果自己的支持者不这样做，这所谓的机会就会成为一个恶毒的玩笑。

  幸好林桂生力挺杜月笙，并无丝毫取笑之意。见杜月笙神色古怪、欲言又止的模样，她连声追问，终于迫使杜月笙说出了那天的遭遇。

  听完之后，林桂生勃然大怒，拍案而起，厉声道："好格，我自家带你去！"

  听了这话，杜月笙长舒一口气。老板娘亲自出马，这就意味着，从这一刻起，他的人生之路已经铺平，再也没有谁能阻碍他走向一个更高的位置。

  接下来，就要看他的本事——看他是不是林桂生等待的那个男人，是不是那个有勇有谋，能够把他们共同的事业再向前推进一步的人。

## 第三章
# 扶摇直上九万里

> 杜月笙其实没什么政治观念，如果一定要说他有的话，那么，他的政治观念就是朋友高于利益、友情重于立场。既然他已经成为革命党的同道中人，又与杨虎、王柏龄结交，那么无条件地支持党人就成了他的必然选择。

## ◪ 靠山就是通行令

林桂生带着杜月笙,怒气冲冲地闯入公兴记赌场。霎时间,赌场里鸦雀无声,所有的门丁、赌客全都站了起来,一个个脸上乌云密布,他们都知道今天有大事要发生。

一片死寂中,突然响起一声爽朗的大笑。只见那天拒绝杜月笙的赌场老板满脸堆笑,健步而来,先热络地和林桂生打了个招呼:"桂生姐,今儿个刮的什么风,把您老人家给刮来了?哈哈哈……"笑声中,他亲昵地转向杜月笙,拍了拍他的肩膀,装模作样地说:"阿笙啊,那天是我不好,有点小误会,我这不正要去找你解释吗?账房,你过来,快点过来,拿账本给阿笙看看,老板娘的头面,也是阿笙你做人漂亮,咱们给你吃一份'长生俸禄'。嗯,每个月支领30块大洋,你看怎么样?"

当时杜月笙的身体不由自主地摇晃了几下。

每月30块大洋,是个什么概念?当时的上海滩,一个警察局局长的薪水也不过7块大洋,足以养活全家老小,吃得好,穿得好,还能买房置地。杜月笙每月可以领30块大洋,那是吓死人的高薪,而且赌场给他吃的还是"长生俸禄",就是正式的高层管理人员的意思。

从半块大洋打发一个月的辰光,到每月可以支领30块大洋,杜月笙可谓一步登天。

这就是赌场老板的高明之处,上一次开罪于杜月笙,原以为没什么后患,岂料老板娘亲自登门问罪,一场塌天大祸即将到来,非如此厚待杜月笙,不足以消老板娘心头怒火,不足以保全自己的饭碗。

赌场老板来了这一手,林桂生有火都发不起来,但终究怒气难消,于是嘀咕了一句:"你不是要凭据吗?现在凭据自家来了,你们看着办吧!"

赌场中人索性耍起死狗,排成一队任由林桂生训斥,只是一迭连声地道歉,拼命弯腰认错。这让林桂生的心情大为宽慰，她也知道场面上的事最不可迫人情面，毕竟大家给自己面子，自己应该就坡下驴。

怎么个就坡下驴法呢？她把目光转到了赌台上，说："我来推几副。"

"轰"的一声欢呼，众人如众星捧月一般，把林桂生捧到赌台上，赌场老板亲自上场陪赌，左右两边也是最知趣的高手。大家玩起了一翻两瞪眼的牌九，32张牙牌，一次每人发4张，配搭成双，逐一和庄家比大小。

陪林桂生玩的都是高手。"高手"的意思，不是只会赢钱，还会不动声色地输钱。不长时间下来，林桂生就赢了两三百元。

林桂生心里明白，再玩下去就有点过分了。她笑吟吟地把手中的牌一推，对杜月笙说道："来，月笙，你帮我接下去。"

几个玩家立即听懂了这句话，年轻的杜月笙此时已经成为老板娘的代言人。你面对的不是他，而是后面的老板娘。于是，林桂生虽然走了，但大家继续输钱，好在开赌场的手边就是金山银山，不怕输，就这样输了3个钟头，杜月笙赢了3个钟头，赢到手的钱，已经有2400元之巨。

这样一大笔钱，是当时绝大多数中国人想都不敢想的天文数字。

看几个玩家的脸色，杜月笙心里清楚，这已经玩得过火了，再玩下去，大家就顶不住了。于是他站起来，双手抱拳，团团作个四方揖："辰光不早，公馆里还有事体，我想要先走一步。"

"不行不行……"赌客们如释重负，口中说着不行，手上在急急地收拾摊子，心里直骂：妈的，今天一口气输掉这么多，老板娘该消气了吧！

## 千金散尽还复来

杜月笙把赢到手的筹码兑换成钞票，居然有好大一包。他坐黄包车急急返回黄公馆，来向林桂生交账。

林桂生看到这些钱，吓了一跳，但她已经认准杜月笙是可靠之人，就笑着摇摇头，说："月笙，这真叫是你的运道来了。我喊你代几副，原想挑你赢两个零用钱，输了呢，算你触霉头（方言，倒霉），哪里想到你会赢这么一大票？拿去吧，这笔钱统统归你，我一文也不要！"

杜月笙哪里敢要这么多钱，当即说："桂生姐，这钱我不能拿。我是代你推庄的，赢铜钿是你的运气。"

林桂生说："不是我的运气，是你吉星高照了。拿走吧，这钱是你的。"

杜月笙更加不敢拿，执意让林桂生把钱收下。两人争执半晌，林桂生无奈地说："好吧好吧，我拿400块的红钱，那2000块你拿走。"

杜月笙："不不不，应该是桂生姐拿2000块，我就拿400块好了。"

林桂生终于火了："我说月笙你这孩子，怎么没完没了？叫你拿去你就拿去，不要再多说了！"

杜月笙不敢再争下去，只好收下2000块钱。

夜里，林桂生在床上跟黄金荣说起这事。黄金荣当时就"腾"的一下坐了起来："杜月笙不过是个小囡，你怎么给他这么多钱？！"

"这钱真的多吗？"林桂生冷声反问道，"他替咱们家夺回来的那麻袋烟土，从里面随便拿出几块就已经超过这个数目。你是驭下之人，应该有足够的豪气，人家冒生死之险替你夺回烟土，你又何曾回报人家？"

"不是……"黄金荣面皮青白，支吾道，"阿拉的意思是，就算给杜月笙这些钱，那也应该……应该吩咐他一句，把这些钱好好存起来，不要胡吃滥嫖，把这些钱糟蹋了。"

林桂生知道黄金荣小气，就一字一句地说："我不告诉他这句话，是因为我心中另有考虑。"

黄金荣："你考虑什么？"

林桂生："到时候你就知道了。"

杜月笙捧着2000块钱，回到厨房后的房间，正见同屋的室友马祥生双手抱头躺在床上，一副闷闷不乐的样子。

杜月笙问："祥生，要用铜钿哦？"

马祥生白了他一眼，意思是说："我缺钱，你还能给我不成？"

杜月笙把2000块钱往床上一摊："怎样，你想要多少？50块够不？要不给你100块？"

马祥生没看到那些钱，懒得理他，嘀咕了一句："不要寻阿拉开心，你真要能给我个10块、5块的，我就蛮欢喜嘞。"

"那好，"杜月笙拿起一沓子钱，数出100块，扔给马祥生，"这是你的了。"

马祥生大惊失色："月笙，你哪来的这么多钱？"

杜月笙心花怒放，这才把详细经过一五一十地告诉了马祥生。听了之后，马祥生比杜月笙还要激动："月笙，你的运道真的来了，有桂生姐罩着你，以后你起码不会缺铜钿用了。不过，月笙，你一次得到这么大一笔钱，打算用来做什么？存起来？还是买幢房子开个店铺，成家立业呢？"

"这……"杜月笙被问住了，沉吟道，"我还没细想过，不过……不过，我好久没回十六铺了，蛮想那边的朋友们。"

于是，杜月笙重返十六铺，先找到潘源盛水果店老板王国生，记得自己挪用了人家30多块钱，现在他回来，立即掷出200块钱，赔偿王国生。

下一个，是知心好友袁珊宝。

再下一个，是师傅陈世昌，必须给他一笔孝敬钱。

然后是爷叔黄振亿，是他给了杜月笙机会，除了把厚厚一沓钱砸在爷叔脸上，砸他个目瞪口呆，杜月笙不知何以回报。

再接下来，是杜月笙任职花会营销员时被他吞掉了赌本的各家债主。虽然杜月笙欠每个债主的钱不多，但债主的数量多。现在杜月笙回来，给了每个债主双倍赔偿。

继续接下来，是十六铺一带看着脸熟的人，只要以前见过面，杜月笙就觍着脸凑过去，不由分说地塞过去三五十块，谁敢不拿，他就跟谁急。

杜月笙这边见人就塞钱，还不到半天工夫，2000块钱就被他塞出去大半。他自己倒是无所谓，可把跟在他身后的王国生和袁珊宝心疼得咬牙跺脚，叹息不已。

看脸熟的人都已经塞过钱了，杜月笙心事已了，就和王国生、袁珊宝进了一家饭馆吃饭。

落座之后，王国生和袁珊宝齐声追问："月笙，你给债主们还钱，加倍偿还，这我们能理解，可外边那些人，有许多你连认识都不认识，最多不过是点头之交，你一出手就是三五十块，你这样做的目的是什么？"

"这个嘛……"杜月笙满脸笑容地说道，"这班朋友，平时想个三角五角都得不到，整日里为钱所苦，如今突然到手三五十块，你想他们有多么高兴。"

王国生、袁珊宝不以为然："纵然他们高兴，又关你屁事？不要以为他们会感谢你，他们只会认为你缺心眼，是个白痴。"

杜月笙叹息了一声："不要忘记，我们自家也曾过着他们现在这种日子。"

**这就是杜月笙与众不同的心智模式。这世上绝大多数人不择手段地赚钱，只**

想让众人羡慕的眼光投向自己，杜月笙也是这个目的，但他渴望成为所有人的债主，让所有不管自己认识还是不认识的人，都能够因为自己而获得利益。

事实上，他一生都在重复自己，不断地重复，最终成为独一无二的杜月笙。

许多人也曾有杜月笙这样的幻想，但最终善财难舍。把手中的钱一股脑儿地撒出去，连个响声都不稀罕，能做出这种事来的人，少之又少，所以杜月笙才成为杜月笙，而其他人终究难以望其项背。

## ◪ 虚张声势，轻松筹款

杜月笙获得一只赌台的收入，霎时间身价百倍。他选择做的第一件事是回报朋友，第二件事就是满足自己的公知愿望。

中国人向来善于大思维，都有一个指点江山、挥斥方遒的梦。杜月笙也不例外。

来到上海滩的第三年，杜月笙就曾参加群众运动，渴望振臂一呼，应者云集，只是因为自己工作的水果店怕惹麻烦，将他扫地出门，他的社会政治梦想就此破灭。

现在他有了钱，有了社会地位，就寻思着重拾少年梦想，积极投入伟大的政治事业。

杜月笙起点太低，读书未成，这是他一生最大的隐痛，所以他最羡慕读书人。而他的政治理念，则来自茶馆酒楼的说书先生，听《水浒》，听《三国》，听《说唐》，他尽量把自己往仗义疏财的角色上靠拢。但到底应该做些什么，又应该怎么做，他脑子里一片懵懂。

适逢革命党人黄兴意欲于湘湖起事，推翻清朝。奈何事机不密，走漏了风声，一大票革命党人遭到清廷通缉，逃到了上海法租界，想走海路逃往日本，却空无一文，无计可施。

走投无路的革命党人就来找杜月笙："我们有位同志说了，黄公馆里的杜月笙同情革命、热情慷慨，如果有急难，可以找你求助。烦请帮我们筹措点路费、生活费用，我们要去日本，将革命进行到底。"

说到革命党，那是江湖道上最让人害怕的势力，他们人多势众、敢打敢杀，道上之人，不管多大的名头，莫不以能和革命党攀上交情为荣。如今革命党自家找来，是给了杜月笙天大的脸面，所以杜月笙胸脯一拍，大包大揽："闲话一句，需要多少铜钿尽管说！"

来人道："至少要800元，务必请杜先生帮这个忙。"

"800元？"听到这个数目，杜月笙傻了眼，"你们要是早几天找来，我手头的钱还真够，可现在……"

来人失望道："如果杜先生不能帮忙，那我们的革命事业就会蒙受损失了。"

杜月笙赶紧劝慰道："你先别急，让我想想，想个法子……有了！"

杜月笙把嘴凑近党人的耳朵，悄悄地说出了他的筹钱之法。

来人听了，顿时愕然："杜先生，这样做……妥当吗？"

"当然不妥当！"杜月笙正色道，"但再不妥当，也比不了革命事业蒙受损失更严重。我杜月笙身无长技，无知无识，但革命还是晓得的。为了诸位的革命，再不妥当的事，我杜月笙也会做。"

来人想了想，回答道："好，杜先生果然有革命觉悟，那这桩不妥当的事，咱们就干啦！"

隔日，公兴记赌场开门，只见一排长衫大汉面目冷峻，每人手托一只烟罐昂然而入。

赌场的管理人员一见这情景，心里就发毛，这些面目陌生的奇怪客人是哪条道上的？

再看这些大汉，进入赌场后，分明是训练有素、有备而来，每人各自占据一张赌台。这些怪客，一样的穿着打扮，一样的姿势动作。恰好每张赌台上，各有一条大汉。只见他们神色漠然，把手中的烟罐放在赌台上，然后静静地坐在那里，不说话，不动作，不下注，似乎连气都不喘。

现场气氛极其诡异。赌场里的人越发惊恐：这些人到底是何来路？有何目的？他们手中的烟罐又是什么意思？

众人惊恐莫名，相互询问，可是问来问去，谁也不清楚这些怪客的来历。这时候，杜月笙挺身而出："诸位莫急，待阿拉上前盘盘海底。"

杜月笙上前，向怪客们中的一个低声询问了几句。等杜月笙回来时，但见他脸色惨白，目光惊恐，连声音都打着战："不得了，不得了，这些人大有来头，来头太大，他们是……是……"

"是哪条道上的？"

"是死道上的，是血道上的！他们是革命党！"

"革命党？"这三个字像一颗炸弹，霎时间炸飞了赌场人员的魂魄。

说起革命党，哪个不怕？谁个不惊？这世上之人，无论是不是在道上混的，所求者财，所谋者色，哪个不想在这花花世界上多活几天？偏生这革命党一意求死，拿自家性命全不当回事，而且专门找势力最大的朝廷死磕。

最可怕的是，党人无所不在，尤其记仇。一旦你碰了他们中的一个，党人就会络绎不绝、浩浩荡荡地寻上门来报复，不死不休。所以，不管是哪条道上，最怕的就是党人。而道上之人，如能够与党人攀上交情，就意味着身价百倍。

"党人是专门和朝廷死磕的悍勇之士，他们突然跑来公兴记赌场干什么？还有，他们手中的烟罐又是什么名堂？"

杜月笙低声道："这些党人手中的烟罐里装的全都是炸弹，只要一枚炸响，公兴记赌场和在场的所有人俱无噍类（指连城门上的守望楼都没有了，形容屠城）矣。"

"可这是为什么？"赌场中人吓得面无血色，"党人你造你的反，我赌我的博，双方有什么仇什么怨？这些党人干吗要来炸我们赌场？"

"不为什么，就为了钱。"杜月笙给他们详细地解释，"刚才党人说了，他们舍弃身家性命，与朝廷死磕，所为者何？就是为全天下人主持公道。按理来说，这公兴记赌场也是党人行动的受益者。现今党人欲谋大举，可偏偏差了几个铜钿，所以希望公兴记赌场能以国事为重，有点民族尊严感，掏出几文来赞助一下。"

"党人想要多少钱呢？"

杜月笙低声道："800块。"

"哎呀，"赌场中人长舒一口气，"我以为党人有多大的胃口，原来只是想要这么点小钱，快点拿800块给他们送过去。800块不过是赌场一天赚到的零头，为这点钱打打杀杀，还搞这么多炸弹，真是吓死人了。"

杜月笙把800块钱送过去，党人神色严肃、冷漠，说了声"有劳"，手托烟罐，鱼贯而出。出门之后，扔下空烟罐，立即向码头狂奔，买船票奔日本去了。

不久，他们还会再回来，带动对残酷的政治充满天真幻想的杜月笙，进入一个晦暗无光的地带。

但现在，杜月笙的名气在党人中，比之于在上海滩更大。这潜在的影响力，决定着他最终的人生成就。

只不过，并非每个人都能认识到这一点，比如黄金荣。

## ◪ 富在深山有远亲

忽然有一天，林桂生把杜月笙叫上楼："月笙，上次去公兴记赢来的2000元铜钿，用得差不多了吧？"

"这……"杜月笙支支吾吾。这段时间以来，他就像一个善财童子，那2000元的巨款见人就塞，已经挥霍一空。这事他怎么敢告诉林桂生？可又不敢隐瞒，只好尴尬支吾。

但林桂生一定要问个清楚，杜月笙只好把这些钱的用途一五一十地向林桂生交代清楚。

林桂生听了，没有吭声。但晚上睡觉时，她正式向黄金荣提出："月笙这小囝，可堪大用。你考虑一下，准备让他独当一面吧。"

"可堪大用？"黄金荣一听这话，反感至极，冷声道，"如何一个大用法？"

林桂生说："很简单，法租界里的三家赌场都是咱们的，你考虑挑一家给他，这是一。二呢，喊他也在同孚里租幢宅子，方便相互联络，有事也好有个照应。还有，你以后截长补短，要多多给他脸上贴点金，抬高他的地位，这也算是给咱们家留条后路吧。"

"凭什么？！"黄金荣一听这话就气炸了，"你可知道有多少人跟了我十几年，到现在还未有个出头机会，杜月笙算什么？我如果撇开那些苦兄弟，单单给杜月笙这个机会，又如何让别人心服？"

林桂生哂道："跟了你十几年的兄弟，竟无一人获得机会，这足以证明你自己心眼太小，嫉贤妒能。这个杜月笙可不一样，你如果给他一个机会，他肯定会还你一个惊喜。"

"惊喜？我看未必！"黄金荣悻悻不已，"我就不明白了，杜月笙到底有什么过人之处，让你这样抬举他，你不会和他……"

林桂生气恼道："你敢再说？敢再说，信不信老娘掐死你！"

黄金荣急忙把话岔开："我说了又怎么着？今天你给我说清楚，杜月笙他到底有什么了不起。"

"他当然了不起！"林桂生道，"我观察的是他如何花掉那2000块钱。那么大一笔钱,他如果狂嫖滥赌、恣意挥霍,就证明他是个有胆量、有肩胛,手条子(方言,手段)宽的义气之徒,但充其量不过是个小白相人,不会有什么大出息。他如果把那笔钱存银行,买房子,开个店铺,不过是个普通的守财奴,最多是第二个黄金荣罢了。一个我就腻了,再来一个,更消受不了。但现在,杜月笙把这些钱都用在清理旧欠、结交朋友上。他这样做,是因为他不但要做人,而且要做人上之人。从这一点上,我断定他是我们最需要的得力帮手,我们一定要好好培养他、扶植他,免得他从别人那里获得机会,等日后发达了,倒显得我们自己太小人、太下作。"

黄金荣听了,呆怔半晌,道:"就算你说得有道理,那也不能操之过急。嗯,不可操之过急,以免欲速则不达。嗯,欲速则不达。"

"不达什么?"林桂生怒目而视,"你还是过不了自己的小人心,我可警告你,再一味压制他,你迟早会后悔的。"

"你懂什么!"黄金荣气愤地叫了起来,"你替我想想吧,我手下众多兄弟,有的为我流过血,有的为我拼过命,有的替我赚来大钱,有的为我建过大功,可这些人我一个机会也未曾给过他们,如今把这个机会给了杜月笙……总之,这事得慢慢来,一定要慢慢来。"

"嗯,"林桂生眼珠一转,"要不这样好了,杜月笙要成亲了,你好歹给他个面子,在众人面前抬举抬举他。"

"他要成亲了?"黄金荣大吃一惊,喃喃道,"看不出来这小囝心计颇深,聪明过人,在我的公馆里打杂,居然什么事也没耽误。"

苏州南桥有个行商,姓沈,带着妻子、女儿远赴东北哈尔滨做生意,但时运不济,钱没赚到,沈姓商人连性命都搭上了。他死后,妻子无依无靠,就带着女儿沈月英,回到上海居住。

沈月英是个典型的江南美女,秀发如云,长眉入鬓,尤其是那双黑白分明的眼睛,像婴儿的眼睛一样纯净。杜月笙不知因何缘故见到了她,从此神魂颠倒,三天两头找借口去沈家串门。

杜月笙迷上了沈家姑娘,被林桂生看在眼里。于是,她把杜月笙叫过来,问道:"听说你有了女朋友?"

"唔……"杜月笙满脸通红,想承认又感觉不对,不承认又不敢,只好扭扭怩怩,站在林桂生面前低着头捻衣角。

见他如此羞怯的模样,林桂生感觉好笑,径直道:"我只问你一句,你欢喜她？"

"这……"杜月笙只好点头。

"那好，"林桂生吩咐道，"你就把她讨回来吧。"

"讨回来？"杜月笙吓了一跳，"桂生姐，现在我的情形……"

"你的情形怎么了？你的情形蛮好嘛。"林桂生道，"娶亲的钱，你不用担心，媒人嘛，我叫老黄替你出面，你看如何？"

"这怎么敢？"杜月笙惊呆了，"老板出面为我求婚，我……我担当不起。"

林桂生鼓励道："只要你好好干出一番事业来，这世上就没什么担当不起的！"

林桂生逼迫"小气鬼"黄金荣出面说媒，目的就是要找个事由，把杜月笙抬起来。无论黄金荣手下有多少兄弟对杜月笙眼红，杜月笙大婚这件事，他们总不好横插一杠子搅浑水。然后再借着给杜月笙养家的理由，悄无声息地把公兴记赌场转到杜月笙名下，让这件事成为既定事实，旁人就无话可说了。

黄金荣是上海滩有名的人物，他亲自出面，给足了沈家面子。沈老太太只提了一条要求，她要跟着女儿过来，让女婿养老。这件事容易，黄金荣一口应承下来——黄金荣就这样钻进了林桂生下的套子里，他既然替杜月笙承诺下来，就必须给杜月笙安排好前程，否则就会砸了自己的招牌。

于是，黄金荣不得不考虑替杜月笙在同孚里买幢宅子。此外，有了宅子就有了日常开销，单靠赌场的一点收入是远远不够支撑的。这时候，他就是不想把公兴记赌场给杜月笙也不行了。

这次婚事成了杜月笙人生上升的一个台阶，让他从一个江湖白相人一跃而成了有头有脸、有产业的人物。

终于发达了，杜月笙如愿以偿、心花怒放，于是开始筹办自己的婚事，想到自己这边应该叫几个亲戚来捧场才好。

说到亲戚，杜月笙忽然想起伺候了他整整100天，把他从死亡的边缘拯救回来的姑母万老太太。他有钱了之后，见人就满地撒钱，唯独忘了救过自己性命的姑母。幸好这件事没人注意到，要不然就会被人指责忘恩负义。于是，杜月笙急忙找人把姑母接来，还替姑母打了一对乡下人最喜欢的金镯子。

姑母来了，看着杜月笙双手送到眼前的金镯子，却连连摇头，叹息不止。

杜月笙很诧异姑母看到镯子不但不欢喜，反而有这样的反应，于是问道："姑母，你不喜欢吗？"

姑母语重心长地说道:"阿笙啊,你有了出息,姑母岂有不喜欢的道理?可是你要大婚了,高桥镇那么多的亲戚,你应该全部请到才对啊。"

"我在高桥镇还有亲戚?"杜月笙惊讶地眨了眨眼,说,"没有吧?我就记得姑母一个人。"

"有,有很多呢。"姑母假装没听出杜月笙心里的怨气,说道,"你的老娘舅、舅母,还有个嫁到黄家的阿姨,还有……"老太太一口气给杜月笙拉出一张长长的亲戚清单,让杜月笙全部请来。

列完亲戚清单,姑母又拿起那对镯子,笑眯眯地说道:"阿笙啊,这副金镯头,我不要,你最好送给你舅母。"

"你这是……"杜月笙不明所以,以为她在讲客气,"姑母,这副镯头你一定要收下。舅母和嫁到黄家的阿姨,我再叫人给她们置办一副。"

"这样才对头嘛。"姑母满意地将金镯子收了起来。

经过姑母这番含而不露的点拨,杜月笙总算醒过神来了:所谓"穷在闹市无人问,富在深山有远亲",既然你发达了,那数不清的亲戚自然而然就全冒出来了。要让这么多亲戚满意,可不是一件容易的事体,只能把好人做到底。

但好人难做、好事难为,必须把事业做到足够大,让所有人都满意。如果事业太小,哪怕一个人你未能满足,你也没资格称好人。

## 不会看人,娶错妻收错徒

杜月笙的事业步步高升,头一个点拨他,给他出难题的是姑母,然后是妻子和岳母。

原本沈老太太对女婿是无所求的,只让他给自己养老就够了。但当她跟女儿过来后,发现杜月笙这边场面极大,老太太顿时高开高走,提高了条件,要求杜月笙替自己的两个亲戚安排事情做。

杜月笙答应了,把沈月英的两个亲戚安排在自己正在置办的杜公馆工作。

然而,接下来,杜月笙发现新娶的娇妻沈月英很不对头。

沈月英这姑娘,生得美艳,性情贤淑,对杜月笙温柔体贴。要说毛病,也只有一个——爱吸鸦片!

没人会想到,这美貌的新娘子居然是一杆"老烟枪",鸦片瘾极大。自从嫁过来之后，她就大门不出二门不迈，从早到晚躺在床上吸鸦片，从早吸到晚，从晚上吸到天亮。她全部的人生意义，就在吞云吐雾中。如果她没有吸鸦片，那么一定是正在吐烟雾。鸦片烟严重摧残了她的身体，以至于她在杜月笙的人生事业中形同于无，除了替杜月笙生了个儿子，她的生命毫无价值。①

不是一家人，不进一家门。娶了个爱吸鸦片的姑娘回家，是因为杜月笙看人的眼光有问题！

有什么问题呢？这可以从杜月笙收的开山门徒江肇铭身上看出来。

江肇铭，字小棣，苏州人氏，操着一口吴侬软语。不过，最奇特的是他的相貌，第一次见到他的人都会不由自主地站起来，失声叫道："陛下，你怎么出皇宫，来这里闲逛了？"

他的相貌与末代皇帝溥仪极为相像，有如孪生，毫无区别，所以江湖人称他"宣统皇帝"。

就因为他长成这副模样，再加上他善于揣摩，很会来事，所以成了妓馆中最受姑娘们欢迎的客人。他长年流连妓馆，纵欲无度，结果患了一种极为奇怪的病，每一发作，两条腿就会抽筋，相互交缠起来，扭成麻花状，纵然是力气再大的人，也无法掰开他的两条腿。

就这么个奇怪的人，不知怎么被杜月笙看中了，立即收了他做自己的门徒。

收他为徒之后，杜月笙后悔莫及。

杜月笙之所以后悔收他为徒，是因为就在杜月笙风生水起，入居同孚里，要执掌公兴记之时，江肇铭给他惹来了一场大祸。

英租界有家赌场，坐镇的是上海滩头的"赌神"严老九。严老九其人赌风凌厉，干脆利落，喜欢用一只缸子摇晃几枚骰子比大小。这明快的风格吸引了江肇铭，于是他竟然跑到英租界，去砸人家的场子。

到了严老九的赌场，江肇铭就用了个蹲守的法子，死盯着三点押注，开缸一看不是三点，赌注就输了进去。再押三点，再开还不是，还押三点。就这样，他死盯着三点不放，却一直输个不停。终于，他输红了眼睛，拿出身上全部的钱——100多块大洋，一次性全部押上，这实际上等于向庄家叫板，让庄家也惊出一身冷汗。

庄家不敢怠慢，使出浑身解数摇那只缸子，"砰"的一声缸子落桌，开盖一

---

① 另一种说法是沈月英没有生育，长子杜维藩为领养。——编者注

看，赫然两点。

江肇铭彻底输惨了。

庄家长舒一口气，哈哈大笑，顺手把摇缸的盖子合上，就来收江肇铭的赌注。却见江肇铭疾跳而起，拿手护住自己的赌注，叫道："明明是三点，我赢了，你怎么可以收我的赌注？！"

庄家怔了怔："乱讲，明明是两点嘛，是你输了。"

江肇铭哈哈笑道："勿要开玩笑，如果不是三点的话，你怎么会把摇缸的盖子合上？"

盖子？庄家拿眼睛一扫，顿时面色如土。

原来，玩摇缸比大小，赌场上的规矩是，庄家开缸，让大家把点数看清楚后，必须动作缓慢地把摇缸放在众人目光所及之处，最大的忌讳就是在收清赌注之前就将摇缸的盖子合上。因为赌注尚在桌上，倘若一合上缸盖，万一对手抵赖，那就是空口无凭，只有经验不足的庄家才会犯这种严重的错误。

与江肇铭对赌的庄家，本来经验是很丰富的，但江肇铭一次性掷出上百元这么大的赌注，仍然给庄家带来了巨大的心理压力。紧张之下，一时疏忽，庄家竟然在收取赌注之前，就先行把摇缸的盖子给合上了。

这就给了精明的江肇铭以机会。他理直气壮地吼叫起来，非说刚才摇出来的点数是三点。而庄家千不该万不该，不该犯了赌场大忌，纵然他一再辩解说刚才明明是两点，可是证据已经被他自己亲手毁了，再怎么说也是枉然。

事情闹大了，黄浦滩头的"赌神"严老九不得不出面摆平。

姜是老的辣，妖是老成精。严老九出场，先命赌场原数赔江肇铭，不管是几点，既然庄家自己坏了规矩，只能任打愿罚。趁江肇铭兴奋不已，鼻尖淌汗，一个劲地往兜里揣钱的工夫，严老九旁敲侧击，只几句话，就盘清了江肇铭的海底。

得知江肇铭是来自法租界的人，是青帮最小辈分的杜月笙的弟子，严老九当时就气炸了，长身而起，厉声呵斥道："了不起，了不起，真是强将手下无弱兵！想不到我这片赌场，只好照你的牌头打烊了！来人，与我关门，收档！"

"轰"的一声，全赌场的人惊得跳起来，疯了一样向门外狂逃，生恐等一忽儿（方言，一会儿）砍杀起来，刀枪无眼，把自己的小命搭在这里。

赌场里，只剩下目瞪口呆的江肇铭面对着数十个容貌狰恶、虎背熊腰、手持利刃的护场打手。

## ▨ 初生牛犊不怕虎，长出犄角反怕狼

那一天，江肇铭认为自己根本不会活着走出赌场，他觉得自己死定了。

他是法租界的人，却砸了人家英租界的场子，严老九要是放过他，那才叫怪事！

但是，就在江肇铭双手捧着钱，战战兢兢地走出去的时候，脸色铁青的严老九，手激烈地颤抖着，最终也未说出那个"杀"字。

终究是投鼠忌器。"赌神"虽然不把杜月笙放在眼里，可是在杜月笙的后面，还有个黄金荣。

如果砍了江肇铭，杜月笙肯定会央求黄金荣出马，而这就意味着法租界和英租界的两大势力必定会发生一场你死我活的斗争。严老九纵然是"赌神"，也不敢轻易挑衅。就这样，在犹豫不决、举棋不定之间，他最终眼睁睁地看着江肇铭走出了他的赌场。

而严老九既然落了门，自己的赌场就再也不能开门了。于是，上海滩疯传正在崛起的杜月笙胆大包天，只派了一名弟子就将"赌神"严老九挑翻马下，封了严老九赌场的门。

这场仇，结得大了。

江肇铭虽然是个惹祸精，却也知道事情非同小可，不敢隐瞒，回来后就告诉了杜月笙。

杜月笙听了，眼前一黑，劈头盖脸就把江肇铭一顿臭骂。

杜月笙一边骂一边心如电转，急寻解决问题的方案。骂了一会儿，终于想出来一个办法。

## ▨ 只有钱才是硬道理

严老九落门下闩，轰走江肇铭后，忽然感觉有点不对劲。

落门下闩，是盛怒之下脑子一热未加思考发布的号令。现在门已关上，再开

可就难了，知道的会说黄金荣无礼、杜月笙以小犯大，不知道的会说自己惧怕法租界的势力。再者，自己开赌场是为了赚钱，现在放着钱不赚，任性赌气，岂不是堵自己的财路？只能看黄金荣是不是明白事理，给自己一个台阶下了。如若不然，自己是不怕黄金荣的，但靠赌场吃饭的手下兄弟们就不好打发了。

正在犯愁之际，忽听门外骂声不断。严老九大惊，急忙出门一看，顿时心凉了半截。

门外杜月笙威严而立，押着惹事的弟子江肇铭。见到"赌神"严老九，杜月笙恭恭敬敬地鞠躬，连声赔罪，又呵斥双手捧钱的江肇铭，命他把从严老九赌场弄来的钱统统归还。

然后，杜月笙语气诚挚，态度谦和，恳请严老九开门抽闷，并向他承诺，自己一定会亲带朋友们来捧场，当时把个严老九差点活活气死。

你杜月笙上门赔罪，还要带人来捧我的场子，你够这个分量吗？我严老九纵横上海滩头时，你杜月笙还在娘胎里！要赔罪，理应黄金荣自己来！

可是，江湖自有江湖的道理。虽说眼下这事错在黄金荣身上，可严老九心里也清楚，以黄金荣的为人，断不可能亲自来给自己赔罪。杜月笙来了，已经算给面子了。如果连杜月笙也不来，自己以后的日子就难熬了。再者，如果不答应杜月笙，赌场不开门，自己手下的兄弟们又如何吃饭？不开门吧，没了日进斗金，这是自断财路，实属不智；开门吧，等于承认杜月笙这个小玩闹跟自己这个成名已久的"江湖赌神"平起平坐。这事弄得进亦忧退亦忧，左右为难！

杜月笙有句话："世间有三碗面最是难吃：人面、情面和场面。"现在的严老九就被这"三碗面"堵得心塞，不吃不行，吃又咽不下去。

思前想后，犹豫再犹豫，最后严老九一咬牙：什么面子不面子？什么赌神不赌神？这世上，只有铜钿才是王道，赶紧趁着这个机会就坡下驴，赌场开张，快点赚钱，才是正道！

于是，严老九只好收起怒容，客客气气地对待杜月笙，吩咐赌场开门。

这一开门，严老九发现自己又上套了。

严老九是上海滩有名的"赌神"，跺一下脚，整个黄浦江的江水都要泛滥。可是，他被小白相人杜月笙拿捏住，砸了你的赌场，你"赌神"屁也不敢放一个，让你开门，你就老老实实开门，就算是杜月笙自家养的狗，也没这么听话吧？

严老九绝望地发现，要想恢复自己"赌神"的声誉，就必须把杜月笙高抬起来。杜月笙地位高了，自己的让步才有道理，否则就意味着他混来混去，还不如一个混子。

无奈之下，严老九只好在朋友面前把杜月笙说得非常了不起，称杜月笙为人"四海"。经"赌神"如此一捧，杜月笙声名大振，不复昔日吴下阿蒙。

杜月笙名气大了，林桂生趁热打铁，逼着黄金荣把公兴记赌场转到杜月笙名下，理由是，只有这样才配得上杜月笙的名头，让杜月笙成为"法租界的严老九"。

如此一来，杜月笙终于成了大人物，连带着黄金荣的地位也迅速上升。

这一年，杜月笙刚刚23岁。

## 慧眼识人很重要

杜月笙24岁那一年，革命党人蜂起，激战正酣。

就在这一年，中国同盟会外围革命团体共进会大举进入武昌，其门下弟子发动了辛亥革命。黎元洪出任革命军大都督。黎元洪心里很清楚，以武昌弹丸之地，绝非凶悍的北洋军之对手。于是，他召集党人死士，派他们潜入各省展开游说。一时间，四方响应，南方18省齐齐易帜，转入革命阵营。

北洋袁世凯遣人秘密联系黎元洪，双方一边在战场上血战，一边在谈判桌上唇枪舌剑。鱼龙混杂的上海滩头，更成为双方必争之地。大批党人纷纷入沪，密谋大举。

黄公馆里热闹非凡，每天都有些奇怪的客人秘密来访。此时的杜月笙已成为黄金荣手下头号干将，这些秘密人物入沪，都由他亲自安排。

来的第一个人物，是名角梅兰芳。

与梅兰芳接触，让杜月笙莫名其妙地染上了戏瘾，从此附庸风雅、说学逗唱，希望自己也能像梅兰芳那样深受欢迎。

杜月笙替黄金荣接待的第二个人，是杨虎。

杨虎，字啸天，安徽人。他一来到上海，就直奔主题，登门拜访黄公馆。杜月笙出来一见，顿时心惊，急告黄金荣，此人深沉隐忍、豪气干云，必有大事在身，请黄金荣赶紧出迎，以免开罪潜在的权力人物。

黄金荣亲自为杨虎设下小宴，但凡杨虎有求，要人、要钱、要枪，黄金荣因为有杜月笙的告诫，虽然不知杨虎的底细，但有求必应。

刚刚接待了杨虎，又来了个王柏龄。杜月笙静观其人，但见其气度沉稳、长身玉立，言谈举止莫不透出大将之风。杜月笙知道此人必是与杨虎一起潜入沪上密谋大举的党人，于是急忙再叫黄金荣亲自迎请，并答应王柏龄的所有要求。

杨虎和王柏龄离开黄公馆后，就失去了消息。几日之后，上海闸北突然枪声大作，帮会人士与党人一起缴了警察局的械，向制造局发动了猛烈进攻。

攻打制造局，是辛亥年有名的战事，主持人是蒋介石的结义兄长陈英士，其麾下的两支队伍打起仗来最为骁勇。这两彪人马的首领，一个是杨虎，另一个是王柏龄。

这场战役，堪称罕见的"狗血之战"。攻打制造局的，是同盟会、共进会和光复会各路江湖会党。据守制造局的，是晚清名臣李鸿章的外甥张楚宝。事实上，攻打制造局并无丝毫军事意义可言，但会产生一个象征意义，表明民军在行动，张楚宝必须投降，以成全上海转型为革命军政府的政治目标。

但张楚宝这人犯了牛劲，说什么也不肯弃械投降。制造局拥有六尊排炮、无数小钢炮和水冷式机关枪，其优势火力轻松压制住了民军的四十几条步枪。但张楚宝也知道清廷已经失去道义、丧失民心，因此不敢反抗得太过激烈，只是象征性地搞了一轮扫射，当场打死民军一人，打伤二人。

民军气馁，顿时四散。陈英士气愤不过，挺身而出，单枪匹马进入制造局劝降，结果被张楚宝顺手捉住，捆在了一张条凳上。

随后，党人不断杀来，向制造局猛投烟土炸弹，并四面放火。张楚宝吃不消，干脆撇下陈英士不管，率亲信乘小火轮逃入租界，从此不问世事，退出江湖。

上海就此光复，沪上革命成功，杨虎成为沪上军政府的要员，黄金荣和杜月笙的地位也随之上升。

此时的黄金荣，本来已经完全落伍过气，跟不上时代的步伐，全是因为听了杜月笙的话，才接连押宝成功，说起来也算是跳到了革命的战船上，随了革命的大溜向前行进。

晚上睡下时，黄金荣想想这一系列事情都觉得不可思议，不由自主地说了一句："月笙这小囝，果然有眼力。"

林桂生在一边冷哼道："早告诉过你了，抬举杜月笙就是抬举你自己。如果不是他慧眼识人，于芸芸众生中认出杨虎与王柏龄是非凡之辈，你就错过了这个机会。"

黄金荣嘀咕了一句:"可是阿笙终究太嫩,于赌桌上总是把持不住,我还得截长补短,多多提醒着他。"

林桂生说道:"还是管好你自己吧。"

## 朋友高于政治,友情重于立场

杜月笙其实非常想参与军政事务,但当时上海的情形过于复杂,军政府中各方势力纠结,有奉孙文为首的激进派党人,有听北洋袁世凯之命的立宪派,还有不看好民国、渴望清廷复辟的保守势力。几大势力每日激斗,暗杀不断,枪击事件连连。虽然杜月笙智力过人,但一看到诸方势力轮番激战,打得不可开交,他就头大,更遑论参与了。

面对民国建立之初的复杂政治势力对决,涉世尚浅、头脑单纯的杜月笙犹如狗咬刺猬,不知从何处下嘴。

**杜月笙其实没什么政治观念,如果一定要说他有的话,那么,他的政治观念就是朋友高于利益、友情重于立场。既然他已经成为革命党的同道中人,又与杨虎、王柏龄结交,那么无条件地支持党人就成了他的必然选择。**

这一年是1913年,杜月笙26岁。

这一年,日本三井财团暗中赞助中国的革命党人,出钱出枪,蛊惑党人起事,推翻北洋政府。但党人如果想要起事,首先要过扬州徐宝山这一关。

徐宝山,字怀礼,江苏镇江人氏,其人气宇轩昂,威风八面,气势雄浑,声如洪钟。他祖上世世代代都以篾匠为业,他和弟弟徐宝珍从小就被家人安排学习篾匠手艺。但这兄弟二人各有大志,好勇斗狠,最终走上了他们的必然之路,进入黑道成为盐枭首领。

徐宝山对枪械有种天然的亲近感,第一次碰到枪就会射击,仅开过几枪就达到了百步穿杨的境界,成为令人叹为观止的神枪手。他的拿手好戏,是在黑夜中一枪击灭线香火头。此种眼力与枪法,江湖上无人能出其右。

盐枭生涯充满刺激,镇江对岸的七濠口成了徐宝山与各路江湖人士争夺的战场,枪声不断,血染黄沙。每日里少说也有十数条性命栽于徐宝山之手,暴尸荒野。

很长一段时间以来,徐宝山及其手下盐枭成为当地人挥之不去的噩梦。他手下的杀手，整日里四处游窜，寻找仇家。他们最喜欢的是在乡间戏台下，趁着热闹之时，挤入密不透风的人群中杀人。一旦发现仇家，他们就会一左一右慢慢地挤到近旁，两人各执匕首，只等戏台上演出个搞笑段子，目标仇人和所有观众齐齐大笑之时，两把匕首就会"嗖"的一声，从仇家左右腰穴刺入，刀尖直抵脊骨的笑筋。此时仇人虽然痛不可忍，但由于笑筋被刀尖戳着，仍然会发出失控的大笑。

然后，两名杀手也会同声大笑，一边笑一边将目标仇人慢慢从人群中架出，慢慢架远。实际上，仇家此时已经死了，但仍然在发出大笑。等到了无人之处，尸体已冷，但笑声仍然在夜风中回荡，像阴魂一样摄人心魄。等到两把匕首齐齐拔出，笑声才戛然而止，冰冷的尸身"扑通"一声倒在地上。

这种杀人手段极为诡异可怖，让人想想都毛骨悚然。于是，徐宝山闻名四海。他在盐枭道上座次排第五，所以人称"徐老五"，又以谐音称其"徐老虎"。

徐老虎杀人如麻，视人命如草芥，天怒人怨，朝廷再不来管一管，就实在说不过去了。于是官兵出动，围剿徐老虎。一时间，徐宝山四面楚歌。

据徐宝山后来自述说："当匪首时，从没有按时吃过三餐饭，有时连一餐饭也不得到口。更是没有睡过一夜安生觉，有时睡在土地庙里，有时睡在麦田或芦苇里。不管睡在哪里，手上总缠一支线香，等香燃到手指时，就要赶快起来换个地方，以防被捕。甚至睡到死人棺材里，这样可以多睡一会儿，但很麻烦，要先把棺材盖撬开，进去后还要弄一块大砖头，把棺盖垫起来，才不会闷气。"

徐宝山且战且退，极力逃亡，朝廷拿他毫无办法。这种状况持续一段时间后，双方都顶不住了，朝廷最先表示和解，招安徐宝山。徐宝山在逃亡的日子里没有一天活得像个人样，他太想过几天人类的正常日子了，于是热烈响应，双方一拍即合，从此徐宝山成了官兵。

辛亥革命时，镇江的上游、下游全都举旗光复。徐宝山孤军难立，也顺应潮流，通电反正。

北洋袁世凯最喜欢徐宝山这种悍匪出身的干将，让徐宝山的次子在自己身边当了侍从武官，又以徐宝山的弟弟徐宝珍为北洋大将。至于徐宝山，袁世凯命其驻扎镇江、扬州，扼住长江咽喉，控制京沪要道。党人欲谋起事，就必须先过徐宝山这一关。

可是这一关，党人即使有天大的本事也过不去。

无奈之下，蒋介石的拜把子兄弟陈英士对王柏龄下达了命令：采用暗杀手段除掉徐宝山，打开通向京畿的门户。

可是，徐宝山一身武艺，枪法如神，江湖上无人能敌。党人这边的敢死之士原本数量就极为有限，更别说大半已经折于辛亥之役。剩下来的人，论身手根本无法与徐宝山相比。

找不到合适的人手行刺，王柏龄坐困愁城，苦思多日，束手无策，只好找杜月笙商量个法子。

杜月笙的脑子果然灵光，给王柏龄出了个好主意。

## 只要掌握正确方法，就能一击致命

起初，王柏龄也没想把谋刺徐宝山之事告诉杜月笙。说到底，杜月笙虽然热心革命，但终究是个不明真相的群众，可以团结，可以利用，但党务秘事不可与闻。

但是，杜月笙对王柏龄极力巴结，因为王柏龄的人生正是杜月笙羡慕至极、求之不得的人生。于是，他热情对待党人，供茶奉酒，递钱送物，让党人们宾至如归，聚在他这里密议革命事宜。

密议了很长时间，也议不出来个能和徐宝山相匹配的杀手。无奈之下，王柏龄不得不群策群力，搞死徐宝山。

王柏龄能够找到的人，当然就是杜月笙。

见党人拿自己不当外人，让自己与闻党务秘事，杜月笙兴奋莫名。自打他在林桂生的全力扶持下获得财富与地位，他发现自己智力飙升、心思灵动，即使遇到天大的难题，也张嘴就能说出解决方案，而且极尽完美。

杜月笙道："既然徐老虎如此厉害，无人可敌，为何不用炸弹？"

"对啊！"王柏龄如梦方醒，"你看我这猪脑子……等等，徐宝山杀人无数，仇家满天下，所以他对自己的安全最是警惕，陌生人根本近不了他的身，就算找到敢死之士，这炸弹也丢不过去啊！"

杜月笙道："那就想法子把炸弹送过去，确保炸弹到了他身边时才会炸，如何？"

"就这样干了！"王柏龄一拍大腿，爽快地决定道。

王柏龄立即开始行动，找到了对炸弹极为精熟的老手黄复生。黄复生曾与汪精卫一道去行刺清朝摄政王载沣，用的就是炸弹，虽然行刺失败，但一举成名天下知。

黄复生根据杜月笙的建议，设计了一颗奇特的炸弹，行动开始进入执行期。

徐宝山坐镇扬州，眼见党人汹汹，知道必有大乱，于是对身边的人和事更加留心。

1913年5月23日，徐公馆门外忽有客人到访，送来一只朱砂红花瓶。花瓶放在一只小铁箱里，此外还有徐宝山最熟识的一位古董商人的信笺，里面装着铁箱钥匙和写有花瓶报价的字条。

徐公馆卫士收下花瓶，给徐宝山送去了。徐宝山当时正忙于其他事情，就说："先放那儿吧，等有时间再看。"

一直到了第二天，徐宝山才腾出空来，叫来理发匠给自己理发，顺便拿钥匙打开铁箱。

钥匙插进去，轻轻一扭，铁箱里突然发出"咻"的一声，随之冒出一道细细的黑烟，徐宝山大叫一声："不好，这是党人的炸弹！"赶紧将铁箱一丢，但已经迟了一步，只听"轰"的一声巨响，盖世枭雄徐宝山连带理发匠一并被炸得粉身碎骨，当场惨死。

徐宝山被炸死，党人趁机宣传，说是袁世凯炸死了徐宝山。袁世凯一方当然极力否认，反称是革命党人所为。如此一来，徐宝山之死就成了一桩疑案、悬案。

此事再掀暗杀风潮，党人杀人飘忽不定，不时有袁世凯的支持者或不支持党人暴力的名人被暗杀。每杀一人，照例搅动浑水，指袁世凯为凶手。

袁世凯不为所动，迅速以北洋悍将段芝贵、张勋、倪嗣冲、雷震春、殷鸿寿、徐宝山的弟弟徐宝珍数人，统师沿京浦铁路南下，以扼制党人北上。与此同时，日本三井财团的赞助经费到位，孙文先生发布"二次革命"的战令，于是战火再起，其势已不可逆。

上海滩头党人身影闪现，每日里双方激战，杀得血流成河。

这么惊天动地的大事，杜月笙全然摸不着头绪。他是个地地道道的平民百姓，一生只认朋友，对政治斗争一向隔膜。如果党人带着他，他也会卷入战争中。但杜月笙自打拥有了公兴记赌场，智力飙升，党人不以暴力行为诱惑他，所以当大战在即，杜月笙立即被边缘化了。

没人搭理他，杜月笙好生无聊，就想：要不，我正好趁这工夫整理一下赌场事务，解决几个老大难问题，如何？

## ▨ 领导使绊子，下属要装傻

公兴记赌场的麻烦，实际上是黄金荣暗中给杜月笙上的眼药。

老实说，如果不是林桂生一再逼迫、吵闹不休，黄金荣才舍不得把这么好的一家赌场白白送给杜月笙。黄金荣是个吃相很难看的人，胃口极大，从来都是饭菜俱吞，一点汁水都不肯留给别人。如今不得已把个金银山公兴记赌场给了杜月笙，黄金荣的心里如何能够平衡？

所以，自打杜月笙接掌了公兴记赌场，就面临着两个大麻烦：一是"剥猪猡"，二是捕房抓赌。

所谓"剥猪猡"，就是杜月笙接掌了公兴记赌场之后，江湖兄弟、黑道中人成群结队地来到公兴记门外，暗中窥伺，一个个脸上笑嘻嘻，抽着纸烟，拿着枪械，只要看到衣衫华丽的赌客想进入公兴记赌博，他们就会突然冲上来，将人架走。被架走的赌客轻则出血本破财，重则一去不返，唯见黄浦江上浮尸具具。

天天发生这种事，公兴记赌场哪里还有赌客敢登门？公兴记在黄金荣手上时，从来没有谁敢来"剥猪猡"。换了杜月笙掌管就血案不断，杜月笙再笨，也知道是黄金荣在难为他。

但杜月笙对此从来都只字不提——事实上，他一辈子都没对人说起过这件事。他仍然在黄金荣面前毕恭毕敬，只是借用自己身在青帮的人脉暗中寻查门外那些"剥猪猡"的首脑。

不久，那些幕后的首脑人物全都被找了出来。于是杜月笙设下酒筵，请这班道上的朋友来，好言好语请对方放弃剥自己的"猪猡"。

但这些兄弟不肯买账："月笙哥，现在你发达了，难道我们这些苦哈哈（指穷苦的人）就活该饿死吗？江湖道，大家走；天下饭，大家吃。兄弟们不识文没本事，只有一身用不完的'剥猪猡'力气，你不让兄弟们剥，岂不是断我们生路？"

这些人谋财害命，还说得这么振振有词，让杜月笙大开"耳"界。他毕竟有备而来，当即回答道："想不到兄弟们的日子过得如此窘迫，是我杜月笙疏忽

· 079

了。现在我向兄弟们赔罪，你们看这样行不行，兄弟们以后就不要冒生死之险'剥猪猡'了，咱们化暗为明，把'剥猪猡'的钱堂堂正正地拿出来，分给兄弟们。嗯，这样好了，我公兴记赌场每个月的盈利拿出一成，拜托几位分给手下兄弟，如何？"

"这个好！"道上兄弟顿时亢奋起来，"不过嘛，只有你一家公兴记的十分之一，怕真的不够兄弟们分。万一分配不均，再激起哪位兄弟的杀性，给你弄出大事来，那可就弄巧成拙了。"

杜月笙问："那依兄弟们的意思，又该如何？"

对方一锤定音："必须是你们法租界的三家赌场每家各出一成，这样才马马虎虎。"

"这……"杜月笙为难了，"公兴记我可以做主，但另外两家赌场，我只能去说说看，成或不成，这就不敢确定了。"

对方冷笑道："月笙哥，你最好能说服他们。否则的话，我们也难以说服兄弟收手啊。"

杜月笙绝没想到，谈判竟然谈出这么个天大的麻烦。

## 姜还是老的辣

杜月笙知道黄金荣小气得要命，绝对舍不得拿出自家赌场盈利的十分之一白白送人。杜月笙只能去找另两家赌场的负责人金廷荪和顾掌生，私下里商议这件事。

果不其然，这建议一提出来，金、顾二人摇头不迭："想也别想，三家赌场十分之一的红利，那是多大的一笔钱！黄老板一个铜板都舍不得掏出来，这事根本不可能答应。"

"二位，"杜月笙温和地说道，"我不是强求二位答应，只是让二位分析一下。横竖我公兴记是要出这一成钱的，那些人已经'剥猪猡'剥得上瘾，一日不剥，全身不舒服，倘若他们拿到了我公兴记的钱，不好再难为我，肯定会转到你们两家门下，专门剥你们两家'猪猡'为快。请二位想想，到时候你们扛得住吗？万一搞到赌场关门，黄老板怪罪下来，还不是你二位担着？"

说这番话，是因为杜月笙吃准了金廷荪和顾掌生二人都是理财圣手，是优秀的职业经理。这种人最怕的就是不要命的江湖人捣乱,而且以他们的智力,应该知道所谓的"剥猪猡"实际上是黄金荣暗中撺掇所为。

听了杜月笙的话,金廷荪和顾掌生才猛然醒悟。杜月笙所言不错,"剥猪猡"这种事怕就怕有个开始,一旦开始尝到甜头,就难以停手了。一旦杜月笙与"猪猡帮"达成和解,出了钱给他们,那些人肯定会转到自家赌场门口,大剥特剥。到时候黄老板才不会责怪自己打开魔盒放出恶鬼,只会骂他们没本事,镇不住场子。

思前想后,金廷荪和顾掌生一咬牙一跺脚:"这一成的钱,我们出了。如果黄老板反对,我们一同来说服他。"

三家赌场把这笔钱拿出来,平定了"猪猡帮",霎时间上海滩头气象一新:

第一,犯罪率大幅下降,那些以"剥猪猡"打闷棍为营生的地痞流氓此时突然有了收入,不再一贫如洗,自然就不再会为几个小钱越货杀人。法租界的治安,产生了空前的好转。

第二,黄金荣和杜月笙在法租界的三家赌场平白获得了无数免费保镖。所有的"猪猡党"有事没事,都自觉跑到赌场附近,严令任何人不得在赌场犯案,因为他们自己就是赌场的股东,赌场赚到的钱多,他们分到手的才会多。除此之外,"猪猡党"还转型为职业保镖,有大赌客赢了钱,就由他们护送,平安送到家,只希望赌客们再来赌,服务周到而且体贴。

第三,赌场的生意节节走高,收入迅速翻番,虽然拿出盈利的一成来送人,但总收入远高于此前。因为法租界的赌场最安全,去的时候没风险,回来时有人护送,上海的赌客们闻风而来,几度挤爆三家赌场。

第四,杜月笙从此有了大批追随者,所有在赌场拿钱的小赤佬、小瘪三,无不是靠杜月笙才有了一笔体面的收入,从此对杜月笙敬佩有加,将其奉若神明。但凡杜月笙有一个字交代下来,他们无不积极应命。能为杜先生做点事,大家都感觉脸上有光彩。

但获益最大的,还是黄金荣本人。

由于法租界治安迅速好转,犯罪率几降为零,让其他租界惊诧莫名,纷纷赶来向法国佬求教。法国佬平白享此盛誉,饮水思源,觉得原因在于黄金荣有本事、名气大,镇得住那些江湖兄弟、黑道中人。于是,黄金荣再受法国人嘉奖,成为法国人心目中的得力干将。

黄金荣再一次搭上杜月笙的顺风车,坐享大名,心里极为感动:月笙这小团，果然有一手。林桂生也真的有眼力，没看错他这个人。既然如此，那就再"提携提携"杜月笙好了。

于是，黄金荣传令各捕房，即刻出动，去公兴记赌场把所有的赌客捉起来，再让这些赌客全部游街示众，让每个踏入公兴记的赌客从此没脸见人！

杜月笙，你还嫩得紧，想跟我玩，那我就玩死你！不死不休！

## ◪ 有些生意不需要本钱

要化解黄金荣对公兴记的妨碍和刁难，难度极大，因为法租界是黄金荣的地盘，他不让你好好干，你就甭琢磨赚铜钿。

但对杜月笙来说，这件事又易如反掌，因为说到底，他是黄金荣的人，法租界也等于是他的地盘，再加上他这边有林桂生的绝对支持，以及他能够以体面的身份经常出入法租界总翻译曹振声的家，很容易说服曹家支持自己。

所以，要完成这件事，只需要林桂生与曹振声双双出马。

这是黄金荣与杜月笙的关系在极为紧密又龃龉的状态下所特有的解决矛盾的方式。说到底，杜月笙仍然是黄金荣的手下，黄金荣再不愿意看着他起来，终究是利益相关、休戚与共。心情不痛快时给杜月笙下个绊子添点乱，这是免不了的，但要是在明面上为难对方，黄金荣是不好下手的。

于是，杜月笙装作若无其事，借助自己的人际关系与法租界展开交涉，希望对方放自己一马，别再堵在自家门口抓赌了。

这一交涉，新的麻烦又来了。

原本法租界对界内赌场是默认的，但这段时间受到黄金荣的蛊惑，突然搞起了抓赌，这一抓就成了台面上的正式工作。这个工作既然已经开展了，再想停止下来就不容易了。

好在杜月笙脑子灵活，提出一个折中建议："诸位，你们看咱们这样行不行？这个抓赌呢，既然已经开始了，就不好说停就停。但抓赌总得有个规律，有个时间吧？阿拉建议，兄弟们白天上工时，想抓就抓，堵着门口抓也行，我们赌场呢，白天就不营业，等到了晚上再开张。晚上兄弟们就不要抓了，让我们消停消停，赚赚铜钿，如何？"

办法倒是个好办法，法租界人面有难色："可是，那些法国佬又不是你亲爹老祖宗，凭什么这么惯着你？你说什么时候抓就抓，什么时候不抓就不抓，你以为你是谁？"

"因为我和你们一样，都是赌场的股东啊。"杜月笙说。

这句话说出来，就把话说开了。黄金荣之所以能在法租界开上三家赌场，那是因为租界里的法国佬都要在这里面拿钱。而法国佬之所以静极思动，突然抓赌，是因为他们想扩充股本，加大筹码，从赌博的生意中拿到更多的钱。

这些法国佬想要多少钱呢？不多不多，明面上的账，每人每月2万元。

法国驻上海总领事范尔迪和总巡捕费沃里每人每月各拿12万。除此之外，三大赌场每月还另外给总领事范尔迪18万元的暗账。

范尔迪的30万元，再加上总巡捕费沃里的12万元，加起来犹如一座金山，让小气的黄金荣感觉像身上被挖去了一块肉。

他的眼睛转向杜月笙："阿笙，法国佬太贪婪了，好不容易赚到点铜钿，差不多全给抢走了，你有什么好法子没有？"

"有！"杜月笙胸有成竹地回答。

"什么好法子？"黄金荣精神一振。

杜月笙说："进军烟土业！"

"烟土业？"黄金荣怫然变色，"你上哪儿去弄烟土？又哪来那么大的本钱？"

杜月笙笑了："有些生意，是不需要本钱的，比如抢。"

# 第四章
# 纵横上海起风云

人在江湖，唯有眼力才是唯一的、真正的本事。

说到眼力，必须做到能够在一瞥之下，不高估对手，也不低估对手。高估对手，就会错失机会；低估了对手，必然会断送自己的小命。

## 先礼后兵，情义已尽

1916年，杜月笙29岁。

这一年，他的长子杜维藩出生。这个孩子一出生就背负着沉重的蜗壳，他的父亲正在上升之路上奋力攀爬，这将构成他生命中的不可承受之重，让他终生透不过气来。

日清公司的"岳阳丸"号轮船驶入浦东张家浜码头。

船上有个小矮个，浑身透出精悍，身手敏捷，携带着两只大皮箱和一件行李。码头上有个西装礼帽、满嘴黄牙的汉子，正在焦灼不安地等待皮箱客。黄牙汉子的身后，另有两名黑衣打手。

皮箱客下了船，黄牙汉子如释重负，迎上前去："兄弟就是雷鸿，沪上的朋友给面子，兄弟我在这上海滩头多少也算是个人物，你又是我的乡里乡亲，自家人当然要照料自家人，这一万余两川烟土，从现在开始就由兄弟护送。"

小个子急忙抱拳，道："久闻上海滩头有雷鸿雷大哥一号人物，你可是我们湖北人的牌头。以后还望雷大哥多多照顾，有财大家发，有钱大家赚，兄弟这厢有礼了。"

雷鸿豪爽一笑，正要说话，忽然几个人吵闹着冲过来，一下子将他挤到一边。只见那突如其来的几个人中有个身板瘦小的年轻人，黑衫黑裤，黑布腰带，明显也是在道上混的。他从怀中掏出一张名片，递给刚刚下船的皮箱客："这位兄弟，在下姓杜，小字月笙，道上的兄弟给面子，都叫我水果阿笙。兄弟我除了会削水果，在保价运送这一行也有点经验。阿笙这厢有礼了。"

皮箱客一脸茫然，问他道："你叫杜月笙？咱们认识吗？"

"当然不认识。"杜月笙满脸堆笑，"不过兄弟你来到上海，就是我杜月笙的客人了。兄弟我眼力不济，但也看得出你这两大皮箱多半是川烟土，值很多的铜钿。但这上海滩头，鱼龙混杂啊，兄弟你若是相信我杜月笙，就让我来替你保价运送，保证不出一点岔子。"

"去去去，这都他妈的什么人啊！"一边的雷鸿听到杜月笙的话，险些气歪鼻子：这个杜月笙是从哪儿钻出来的小赤佬？懂不懂规矩？面前这两皮箱川烟土早在上船前就已经安排妥当，由他保价运送。这是人家湖北老乡自己做生意，这个杜月笙竟然跑过来横插一杠子，想来抢这活，也太不要脸了吧！

雷鸿气急败坏，上前一步，用湖北话对皮箱客说："老表，不要理睬他们，这些都是上海滩没廉耻的小瘪三，咱们自家的生意，还是要交给老表来做。"

"那是那是，我只认雷鸿雷大哥。"小个子急忙点头，然后转向杜月笙，"兄弟，对不起了，凡事有个先来后到。虽然兄弟抬爱，但我跟雷大哥早就约好了，还请兄弟回去削水果吧，不要计较。"

杜月笙满脸失望，还在做最后的争取："兄弟，你再考虑考虑？这上海滩，可不像你想的那么容易啊。"

皮箱客一笑："兄弟我心意已决，请不要再纠缠了。"

说罢，皮箱客在雷鸿和两名彪形大汉的保护下昂然离开码头。杜月笙满脸不情愿地让开路，恋恋不舍盯着那两只皮箱。

等到雷鸿和皮箱客走远，杜月笙突然沉下脸："先礼后兵，情义已尽。阻我财路者，杀无赦！动手吧！"

## ▨ 控全局，知进退，才能自保

两大皮箱川烟土堪比两大皮箱黄金。为了将其平安运到分销商处，雷鸿做了充足的准备。他把手下兄弟全找了来，兄弟们还另约了道上朋友帮忙，10多人雇了条中号的驳船，将皮箱搬上去。驳船开动，走水路入吴淞口。

一路行来，平安无事。但越是接近登岸地点，雷鸿心里越紧张，他吩咐了一声："兄弟们小心着点，我这右眼跳得厉害，千万可别出什么事。"

说完这句话，雷鸿的脸色就变了：驳船前面，突然出现了六条小船，两条在前，四条在后；后面也出现了六条小船，也是两条在前，四条在后。于狭窄的水面上前后夹击，将雷鸿的驳船堵于水面上。

前后的四条小船上，各有一条大汉傲然而立。雷鸿拿眼睛一扫前后四条大汉，虽然面目陌生，但突然感觉如遭雷击，叫了声"娘亲"。

混过黑道的人都知道，闯黑道，本事并不重要，能力也不重要。黑道上那一具具倒伏的尸体，哪个没本事，哪个又没能力？正因为有本事又有能力，才有胆子闯入有死无生的黑血之地，干起刀口上舔血的买卖。但最终，黄浦江上每天漂浮着无数具尸体。这条道上，从来就不认本事和能力，认的是眼力！

人在江湖，唯有眼力才是唯一的、真正的本事。

说到眼力，必须做到能够在一瞥之下，不高估对手，也不低估对手。高估对手，就会错失机会；低估了对手，必然会断送自己的小命。

黑道求财，必须有绝对精确的判断力，控全局，知进退。只有这样，才能保全自身，获得百倍之利。

雷鸿在上海滩头日久，别的不好说，但识人看人的眼光算是登堂入室了。

他一瞥之下，发现前后小船上的四条大汉都有一种可怕的气质，于沉稳淡静中透露出来。这类人混迹于人群中，往往并不引人注意，因为他们习惯于低调、隐忍，就如同一柄入鞘名刀，于静默中积蕴力量，一旦出鞘，无血不还。

让雷鸿骇然的是，这类人物是道上兄弟最不敢招惹的。而且这类人极为低调，平日里遇到一个都难，今天竟然一下子钻出来四个，这岂不是太吓人了吗？

好像还嫌把雷鸿吓得不够，此时两侧水岸上忽然又出现了四条大汉，各自带着手下，以平静的目光看着雷鸿这条船，丝毫不掩饰他们的来意。而岸上的四人，一如水面上的四人，也全都是见之惊心的不凡之辈。

雷鸿失神地跌坐在甲板上，这些可怕的人物到底是个什么来历？

雷鸿并不知道自己的运气实在"太好"，正好碰上了"小八股党"崛起沪上，上海滩头彻底易主的时代。

大为惊恐、震撼之际，忽听水面上一声呼哨。水面上的拦截者发动攻势，四条大汉齐声沉喝。霎时间，雷鸿眼前一黑，只看到漫天斧影疾速飞旋而来。紧接着，他与手下的兄弟们被利斧砍开脑壳，凄厉的惨叫声响彻江上。

抢烟土生涯惨烈如此，从一开始，伴随的就是汩汩的鲜血，与江面上数量激增的浮尸。

## 强将手下无弱兵

很长一段时间以来，"小八股党"在上海滩头纵横风云，杀掠无数。当时的媒体胆子也够肥，为了抢到最新鲜的新闻，豁出性命都在所不惜。杜月笙率领"小八股党"劫掠雷鸿一案，后来终于被记者扒出来，公之于众。

1920年7月21日，《时报》记者亢奋莫名，对这起事件进行了毫不隐晦的报道：

> 有某土贩由汉口夹带川土一万余两，分装二大皮箱及行李一件，附搭日清公司的"岳阳丸"轮船来沪，停泊在浦东张家浜码头，当由该处湖北人雷鸿见担任保价运送。杜月笙等得悉，向雷争奔保险未遂，即于当日二时许，纠合党徒十余人，各执斧棍，乘坐划船，在浦江守候。雷等没有预防，贸然登轮提土，一经运上划船，即被杜等拦住，所有私土，悉遭劫夺无遗。

这篇报道刊登出来时，正值昔日威震上海滩头的"大八股党"被杜月笙所率的"小八股党"打得丢盔弃甲、溃不成兵，甚至逃往东北避祸。

短短三四年时间，杜月笙已经雄霸上海滩头，成为黑白两道叱咤风云的人物。

对于这件事，道上的兄弟都坦然接受。黑道嘛，就是强者胜弱者亡，无论何时，总会有智力超群的人物出现。"大八股党"暮气沉沉，被"小八股党"取代，这是江湖常事，不足为奇。

唯一感到震惊至极、惶恐不安的人是黄金荣，因为黄金荣是亲眼看着蜷伏于自己卵翼之下的杜月笙如何一步步崛起的，他不能理解，更不能接受：这个在黄公馆里整日替自己端茶水、倒尿壶的小囝，究竟是从哪儿找来这些可怕的帮手、助手的？

说到杜月笙的帮手，他们曾是上海滩头被人津津乐道30年之久的不世枭雄。这些人的名字，至今依然被人铭记。

第一个叫顾嘉棠，小名泉根，世代居于上海。此人个子不高，方头大耳，武艺过人。习武之人有暗中观察对手的习性，淡泊物欲，不事张扬，他曾在北新泾当花匠很久，绰号"花园泉根"。就连黄金荣都不清楚杜月笙是如何把他从花园里寻出来收为手下的。

第二个叫高鑫宝，皮肤白净，眼光灵活。此人小时候在网球场上给洋人当球童，无师自通学了一口流利的英语。长大后在怡和洋行当职员，因为升迁无望,转而在美国人开的飞星车行做司机。再后来他的脑子就有点乱,想发财想到发疯,组织了"斧头党"四处乱砍。有家赌场因为不肯给他分红,高鑫宝就率了"斧头党"狂砍赌客,砍得赌场哭爹叫娘。他应该就是堵在杜月笙的公兴记"剥猪猡"的势力之一,但杜月笙用十分之一的分红轻易收服了他。

第三个叫叶焯山,传奇人物,他最大的特点就是随意让人向空中抛一枚铜板,他看也不看,挥手一枪,便可把铜板击得粉碎。除了枪法外,他堪称运动型的全面人才,会开车,善使斧,天天开车送美国人去领事馆,来去途中还要在街上大砍一番,砍完后衣衫上不沾丝毫灰尘,淡然驱车而去。

前面这三个人,都是一等一的身手。单说他们会开车这门技术就很了不起,在当时的中国,见过汽车的人不多,而他们能够自己找机会无师自通,这表明他们在当时都属于高智商的人物。得此三人相助,杜月笙实力大增。

第四个叫芮庆荣,铁匠出身,力大如牛,悍勇无双。他在行动上丝毫不亚于前面三个人,但在智商层次上明显不及。之所以将他与前三者并列,是因为他靠着对杜月笙的忠诚,弥补了自己智力上的不足。

得此四人,便可横行上海滩。但这四个人需要能力相匹配的助手,所以杜月笙又深入群众,淘出来四名工人,分别是杨启堂、黄家丰、姚志生、侯泉根。

此八人各怀绝技,彼此配合,当他们被请到黄公馆与杜月笙歃血为盟时,就决定了"大八股党"的末日。

## 最恐怖的地方就是最安全的地方

杜月笙组建"小八股党",针对的目标就是垄断了上海烟土生意的"大八股党"。

"大八股党"盘踞于英租界,以华人总捕头沈杏山为首。这伙人起家之初,也像杜月笙的"小八股党"一样充满了传奇性。但他们坐稳江山之后,就开始不思进取,暮气沉沉。虽然如此,但以他们为主体的庞大江湖势力已经形成。若非杜月笙这般人物以绝高身手的人来组建队伍,普通江湖人物是无法撼动"大八股党"分毫的。

"小八股党"一出,首先是在码头上暗藏耳目,一旦有烟土进来,顾嘉棠、高鑫宝、叶焯山、芮庆荣就立即出动,先行登船摸底,进行调查,然后由杜月笙亲自策划，布置行动。行动时一般选择水路或陆路，以顾嘉棠四人上前劫杀抢货，货到手后，立即由四名工人率队飞速运走。他们行动之时，疾如鹰隼，退如狡兔，砍得"大八股党"人死货失，损失惨重。

眼见一麻包又一麻包的烟土络绎不绝地被运入黄公馆，在黄公馆堆成小山，黄金荣吓坏了。

此前，负责坐镇黄公馆抢烟土的是林桂生。说起来，林桂生已经是个了不起的女性，但终究力弱气短，十天半个月抢回一麻包烟土来，就已经是不小的成就了。那时候黄公馆十天半个月消化一麻包烟土，还不算个事。

不承想林桂生慧眼推出个杜月笙，玩得那叫一个大，每天都有几麻包烟土运进来，堆在黄金荣家里，看得黄金荣心里发毛，急忙来找杜月笙，商量另找个地方存放这些"烧手货"。

杜月笙也没想到，堂堂黄金荣竟然如此怕事。此时他的老巢就扎在黄公馆，这么多的烟土不放在黄公馆，再上哪儿找个足够大又足够安全的地方？

说到底，是黄金荣心眼太小，从未想过要干如此之大的事情。所以，场面一拉开，就暴露出后方不给力的缺陷。幸好这个问题不是太严重，不知道是谁发现了一个天然的藏宝之地——鬼屋！

鬼屋位于三马路的潮州会馆后面，其实是一排阴风惨惨的殡房。那年月交通不畅，许多外地人远道来到上海，或者患病或者遇劫，往往会把性命丢在这里，这些尸体就由心善的乡党收殓了装入殡房的棺材里。一排排棺木积年陈列，多年无人认领。于是，这里就成了恐怖之地，哪怕是大白天，寻常人经过这一带，都会感到阴风惨惨，吓得心惊胆战，只好选择绕行。

正常人不敢涉足，像杜月笙这等江湖人物却是鬼屋的常客。因为他们在落魄时被人追杀，慌不择路，就会逃到这里，棺木里的每一具尸体都是他们亲切的老朋友。

于是，抢劫的后续工作突然变得复杂起来。烟土一旦被抢入法租界，只见租界出现数十辆麻包车，呼啸过市，忽东忽西。这些麻包车多数只是掩护，车上麻包里装的是假烟土。真正的烟土麻包车由四名工人率领，绕行一道极为复杂的曲线，最后神不知鬼不觉地被送到鬼屋里来贮存。

货到手了，也有地方藏匿了，但新的问题又来了：这么多的烟土，怎么出手？

这时候，法租界几家烟土经销商一听到消息，就派了个光鲜代表来找杜月笙接洽："月笙哥，我们的货向来是从英租界那边进，可是他们近来总是说什么生意难做，凭空抬高价码，让我们难以为继啊。都知道月笙哥是场面人物，义薄云天，能不能照料一下我们苦兄弟，帮我们打听打听价格低点的货源？"

杜月笙这才突然发现，原来法租界一家烟土行也没有。对了，法租界是禁烟的。

禁烟好，禁烟就意味着这个市场是一片空白。于是，杜月笙兴冲冲地去找林桂生："桂生姐，你看咱们也开家烟土行如何？"

林桂生斩钉截铁地告诉他："不可以！"

杜月笙疑惑地问道："为什么不可以？"

林桂生说："因为……因为你家老板是个窝囊废，徒有其表，他没有这个魄力。"

杜月笙说："既然如此，干吗非要带他玩，咱俩玩不行吗？"

林桂生说："咱俩玩？怎么玩？"

杜月笙说："瞒着老板，开家公司。"

## 非法生意也要授权

法租界的首家烟土行就这样成立了。

这家烟土行，道上所有的兄弟都声称黄金荣对此不知情，是杜月笙和林桂生瞒着黄金荣开设的。但这个污秽的经济实体的股本，是由黄金荣占三分之一，杜月笙占三分之一，负责营运的经理型人才金廷荪占三分之一，这家公司名叫"三鑫公司"。[①]

三大股东中，黄金荣负责摆平道上可能妨碍三鑫发展的势力，杜月笙负责所有不可能摆在明面上的事项，而金廷荪负责所有可以摆在明面上的工作。此外，杜月笙还要承担一项大家心照不宣的支出——以"小八股党"为核心的黑道朋友的收入。

除此之外，杜月笙还开出一张支付清单：

第一，高高在上的实力人物，要定期支付巨款。

---

[①] 另一种说法是三鑫公司是由黄金荣、杜月笙、张啸林三人创立。——编者注

第二，衙门机关的相关部门，都要按时抽成。

第三，新闻界、报人和记者，他们的笔能杀人，得罪不起。

第四，相关帮会首脑人物，这些人不付他们钱，就少不了你的麻烦。

第五，各路过往江湖人物。这些人，有的得势，有的落魄，共同点是拿身家性命不当回事，要小心侍奉。

第六，遭逢难处，有可能铤而走险的人。这类人没发现没办法，发现了一定要周济一番，否则被他们缠上，必是鱼死网破。

第七，旧日好友。一个人发达了，就需要一个安全的交际圈子保护自己，没有什么比多年的交情能带来更多的安全感了。所以，一个人发达了，一定要携带朋友同行，否则越走越孤，生生把财路走成死路。

第八，不在上述七种人中，但必须掏钱的情形。这类多是个案，但处理不妥就会演变成血案。

就这样，三鑫公司开张三年，财神一样地见人就扔钱。道上朋友和各行各业提到黄金荣和杜月笙，莫不竖起大拇指："好！讲义气，够朋友！下次分红是什么时候啊？能不能再加点钱？这些日子，家里开销越来越大了。"

四面八方的人都把拿杜月笙的钱视为理所应当之事，杜月笙倒是没怎么计较，但到了公司清账时，金廷荪翻开账目，让黄金荣、杜月笙看清楚："看清楚了，看清楚没有？"

杜月笙看得清清楚楚，账本上是一行行鲜红的数字！赤字！亏本！

"妈的！"黄金荣不满的目光转向杜月笙，"你干的是什么营生？是拦路抢劫啊！抢了三年，你给老子抢出来个亏本！拦路抢劫居然还亏本，你是怎么抢的？"

开办三鑫公司，年纪轻轻的杜月笙一跃成为上海滩"亨"字级别的大人物。

三鑫公司的进账，堪称财源滚滚，但进的多，出的更多。为了掩饰黄浦江面上那一幕幕惨烈的劫杀，三鑫公司靠着金钱铺路才获得平安。而让三鑫公司更窝囊的是，纵然他们杀掠四方、公然越货，但这种生意终究是强盗的买卖，无法摆到明面上来，也就无法做大。

英租界的"大八股党"虽然每天都有烟货被掳，但比较起来，杜月笙的"小八股党"对其造成的损失，不过是苍蝇舔屎，恶心固然恶心，但损失可以忽略不计。

这里有个要命的原因，就是烟土生意虽然获利不菲，江湖道上人人都想染指，但终究道义有亏。英租界沈杏山的"大八股党"初干这桩生意时，也是恶名傍身、骂名天下。但世上万事都有其存在的合理性，虽然这桩生意名誉有亏，但当沈杏山等人做得久了，无论英租界、法租界还是华界，都认可了沈杏山的黑色生意法统。

这桩生意，极像中国世代的帝王传承。历史上每一个朝代都是靠杀掠起家，都不具有合法性。要获得合法性，一定要从前朝的禅让中获得认可，才能获得名正言顺的权力。

简单地说，杜月笙的黑道生意必须获得"大八股党"的"认证"。没有这个认证，就很难走出经济困境。可是，杜月笙天天提棍操斧地抢掠沈杏山，还想再让沈杏山"授权"给他，这岂不是太扯淡了吗？

总之，获得非法生意的转让，从而使其从非法变成合法，从理论上说，这是完全不可能的。但时局的演变，往往会把不可能变成可能。

《申报》登出消息："万国禁烟会议将于一月十七日在上海举行。"

禁烟？看到这个消息，杜月笙眉头一皱，计上心来：禁烟，这不就等于说沈杏山的生意不合法吗？既然他的生意不合法，为什么不找他商量商量，让他把生意转让给自己？

沈杏山的生意虽然被认定为不合法，但如果他肯转让给自己，这就赋予了自己合法性。这就如同中国皇朝的权力传承，上一朝的权力是不合法的，但这个不合法的权力禅让给下一朝，下一个王朝就理直气壮地获得了合法权力。

杜月笙的思维，恰到好处地切合了中国的传统。历史上的中国人，从来就没有完成公正规则的程序化，一个规则的法统来源于其持续性。这个规律就是，甭管你的规则多么不合理，只要持续的时间久了，就自然而然合理了。同样，甭管你的规则多么公正，如果持续的时间不够长，大家就不认你的规则。

想清楚了这个道理，杜月笙立即叫来经理人金廷荪，与他商议游说黄金荣。

金廷荪是黄金荣手下的老字号干将，长期替黄金荣执掌赌场。但真正让他发财的是杜月笙，是杜月笙给了他三鑫公司三分之一的股份，让他获得了上海大亨实际的地位与权力。

所以，他唯杜月笙马首是瞻，听了杜月笙的指点，立即与杜月笙一道去找黄金荣。

黄金荣坐在八仙桌后，满脸忧伤，呆呆地望着金廷荪和杜月笙。

为了避免激起黄金荣对杜月笙的反感或敌视，金廷荪首先发言。

金廷荪严肃地道："英国这个国家坏透了，但是英国人有个要脸面的怪毛病。早年的鸦片生意，始终是英国人最大的避讳，生怕有人指责他们是鸦片贩子。如今这万国禁烟会议一召开，英国人为了自己的脸面，必然会在租界横扫烟土行，禁绝烟土生意。如此一来，现在扎窝在英租界的大量烟贩与烟客就必然要转移战场。他们能往哪儿转移？只能往要钱不要脸的法国佬这儿来。既然法国佬不要脸，迟早会把这烟土生意接下来。与其让别人干，还不如自己干，发了这票横财。不知老板心意如何？"

"这……"黄金荣面有难色，他觉得把英租界庞大的烟土行业搬过来，这完全超过了自己的理解能力。凭他的智力，只知道这事千难万难，想做也不知从何做起。

所以，杜月笙适时开口，呈上解决方案。

杜月笙说："要接下英租界庞大的烟土业，就必须找到最佳的控制点。这个控制点，就在英租界华捕沈杏山处。现在，上海的烟土业唯沈杏山马首是瞻，全都是从他那里进货。如果让沈杏山开金口，把这个授权转让给您，这样大家就能顺理成章地接下烟土盘子了。"

听了杜月笙的话，黄金荣半晌无语，好半天憋出一句话来："放屁吹灯草，你想得容易。沈杏山吃起人来，连骨头渣子都不吐，你竟然想入非非，想让他把如此厚利拱手相让，他怎么会肯呢？"

这个回答，早在杜月笙意料中，所以他不再说话，说话的是金廷荪。

金廷荪问："大英捕房的沈杏山不是爷叔的好朋友吗？"

黄金荣回答："嗯，蛮要好格。"

金廷荪就等他说出这句话，于是趁机进一步发动游说的攻势："爷叔请他吃顿饭，不妨跟他商量商量看。"

"这……"黄金荣的心里是非常害怕的，"你手下的兄弟，抢了人家那么多货，居然还要请人家吃饭，万一饭局变杀局，被人家当场砍了呢？"

话虽如此，但黄金荣心里很清楚，如果露出自己心里的怯意，不肯点头，以后自己还怎么混？又拿什么来统御这些手下人？

思前想后，黄金荣一咬牙，心说：妈的，说到底，杜月笙终究是我的马仔，手下人又凶狠嗜杀，杀起来说不定谁砍了谁呢。再者，就算砍杀起来，也会先由杜月笙他们挨刀，我肯定是最后一个。

"那就砍吧！"黄金荣豪迈地说，"要格，阿笙你去安排一下，明天晚上，请沈杏山到四马路倚虹楼吃饭。"

"老板放心，一定安排妥当！"杜月笙脸色冷肃，转身去安排。

## 说话是一门艺术

倚虹楼坐落于四马路会乐里口，位于英租界。之所以选择这个地方，就是为了避免沈杏山起疑心，让他错以为是英法两租界的捕头会面。也不知是沈杏山真的上当了还是他的"大八股党"已经作鸟兽散，到了约定的时间，他居然孤身赴宴，而黄金荣这边却摩拳擦掌。

沈杏山真的过气了，居然穿着长衫，脚踏拖鞋，就像从卧室走到厅堂一样悠闲地迈着步子走来。反观黄金荣这边，左侧有杜月笙和金廷荪，这是动脑子的；右边是顾掌生和马祥生，这两人的力气足以扛起一头蛮牛，来了就是准备动手的。

"小八股党"虽然骁勇凶悍，但还不够资格陪伴老板。此时，他们扮作形形色色人等，腰藏斧头、短枪，分散于倚虹楼四周。一旦听到楼上有动静，就立即冲进去，大砍大杀。

如此杀气腾腾的阵势，给了黄金荣重新评估自己的机会。他不无惊讶地发现，自己这边兄弟众多，真是人才济济，可见自己在这上海滩是相当有地位、有排场的。妈的，老子这么厉害，他沈杏山居然不说自动、自发地把烟土保护权拱手让给我，真是太不识相了。

黄金荣心里有气，对沈杏山说话就自然而然地粗声大气起来，就像在黄公馆随意斥责手下人一样。他的气势助长了经理人金廷荪的嚣张气焰，于是这个最不能打的家伙第一个冲了出来。

金廷荪说："沈老板，听说英租界要禁烟，大小烟土行不是搬家便是关门。要搬，自然该到法租界来。英界各位朋友，吃牢这炷财香，也该吃够了。300年风水轮流转，侬可以把个保护的差事，挑挑我们来做。"

金廷荪这番话，很有点盛气凌人的味道。如果是杜月笙先开口，肯定会引着沈杏山说话，问他英租界禁烟的情形下，"大八股党"何以自处。一旦把沈杏山引到无可选择的境地，就夺得了道义权，事情基本上就算成功了。

按说金廷荪也应该有这套本事，否则他凭什么做个成功的经理人？

后来的历史证明，这种话说来简单，但金廷荪真的不会。不只他不会，就连在道上浸淫日久的黄金荣也不会。此时黄金荣和金廷荪一个德行，发现自己这边人多势众，满脑子只恨沈杏山不乖乖地把财路奉上，根本就没考虑过巧妙说话，顿时气势汹汹起来。

沈杏山见金廷荪一个小小的赌场老板说话竟如此不留余地，一上来就指责他垄断财香，敌意强烈。按道理讲，这时候黄金荣应该站起来，狠狠地给金廷荪一个耳光，骂一句："轮得到你说话吗？！"可是黄金荣居然不加以制止，而且对方几个人都在用愤怒的目光死死地盯着自己。

沈杏山心里惨叫一声：完了，这根本不是什么老友叙阔，这是鸿门宴啊！搞不好，自己的性命就要丢在这倚虹楼了。

但沈杏山终非泛泛之辈，想当年他单枪匹马闯上海，身上只带了两块大洋，其中一块是不能花的哑板。就凭了一块大洋，他赤手空拳，打出今日的天下，什么场面没见过，又何惧今天这小风小浪？当下只听他哈哈一笑："你们不晓得咯，英国佬不是东西得很，所谓禁烟之事，哪年不说，哪年不提？不过说说罢了，都是应付公事，当不了真的。"

沈杏山说的是实情，他比任何人都更了解英国佬。他这么轻飘飘一句话带过，顿时将黄金荣、杜月笙全噎了回去，但没噎住金廷荪。

金廷荪步步紧逼道："假使真要实行了呢？"

沈杏山懒沓沓地说了一句："那到时候再说吧。"

这句话把金廷荪也给噎了回去，不提防粗人顾掌生却冒了出来——这就是人多的好处，总有个人会适时地接上一句，让己方顺利抢到道义制高点。

顾掌生说："现在就是时候。"

顾掌生这句话是十足的耍横逞无赖。他充其量不过是黄金荣手下的跟班，竟然如此对沈杏山说话。沈杏山连瞟都不瞟他一眼，冷声回道："八字还没一撇呢，要你们猴急个什么？"

这句话扔出来，杜月笙在心里击节赞赏。这句话带着帮中爷叔对小辈的鄙夷、不屑与轻蔑，提醒了他们辈分尊卑，又暗示了道义规则。这句话听起来虽轻，却比千钧还要重。

在这句话面前，杜月笙、金廷荪、顾掌生、马祥生没有丝毫抵抗能力，他们只能把目光转向黄金荣。

手下攻势受挫，只能看老板的了。

黄金荣沉默半响，慢慢开口了。他说："杏山，我们是老朋友了，所以我今天单请你来商议。我们明人不说暗话，英租界禁烟，势在必行，几家大烟土行都在做搬场的打算。俗话说得好，肥水不流外人田。我们是自家弟兄，你们肯早点把保护权让过来，我派人给那些烟土行寻房子。至于将来怎么拆账，全好商量。

我晓得你们打出这个局面来不容易，顶好不要糊里糊涂地收了场。"

这番话说出来，杜月笙当时就震惊了。

这实际上是杜月笙第一次见到黄金荣出手，此前他在黄公馆被林桂生视为心腹，黄老板暴露在他眼前的，尽是些极端龌龊的小心眼，嫉贤妒能、暗中使坏。类似的事情一多，黄金荣的形象就越来越猥琐，杜月笙的潜意识里已经不认为黄老板有什么本事。

但黄金荣说出这番话，杜月笙立即领教到什么叫老谋深算。

黄金荣这番话，表面上不温不火、和颜悦色，其实杀气腾腾、步步紧逼。他语气真诚，表现善良，但字字句句把沈杏山往必须让出烟土保护权的死路上逼，都已经把沈杏山逼得没有了退路，他还要装得慈眉善目、满怀悲悯。

这番话堪称绵里藏针的典范。它适用于对手的情绪极端化状态，得意忘形的人听了，会被逼得狗急跳墙；狗急跳墙的人听了，只有直接跳黄浦江了。

这段话的精妙之处，在于四点：

一是态度要真诚，要有情怀。所谓伸手不打笑脸人，有了真诚的情怀，你就占了天大的理。

二是极端化对方的处境，把有可能发生的事都当成真事，渲染危机。如黄金荣声称英租界禁烟势在必行，辖内烟土行必将搬场，就是这么个意思。

三是极端化自己的想法，把自己的想法混同于现实。如黄金荣所谓在法租界替烟土行买房之类，都是没影子的事，但被他一说，好像真的已经做了，黄金荣就占领了道义的制高点。

四是以势压人，明明自己和对方平起平坐，却非要故意贬斥对方，显示自己高高在上的气势。比如黄金荣的最后一句话："我晓得你们打出这个局面来不容易，顶好不要糊里糊涂地收了场。"这是长辈教训晚辈，意在激怒沈杏山，让他反应错乱。

黄金荣这一手，说起来也没什么大不了的，无非捕房审案时对嫌疑人常用的伎俩。按理来说，沈杏山也是玩这套的高手，但这种高手是摆弄别人的高手，一旦自己入局，其表现仍如正常人一样，难免恼羞成怒。

当时沈杏山就炸了，脱口道："金荣哥，你的手段我真佩服！你吃捕房的饭，做的是没有本钱的买卖，手下又有这许多三头六臂的人物，你何必要我们让出什么保护权呢？鸦片进口就在吴淞口，要不，干脆点，你喊人搭了兵舰，统统去接过来吧！"

沈杏山的回答也十分可圈可点。可问题是，在话术之外，还有一个更重要的势力背景。黄金荣这边人多势众，说什么都有道理；沈杏山势单力孤，怎么说都是理亏。

沈杏山的话直接剥掉了黄金荣的脸皮，黄金荣恼羞成怒，猛地站起来，抡起大巴掌，就听"啪"的一声，沈杏山的脸上已然多了五个大指印。

好好说着话，突然动手打人，黄金荣这一步走错了。但错是相对的，一旦有更大的错发生，前面的小错就显得微不足道，甚至有可能是公正的了。

马祥生、顾掌生两名打手大吼一声，霍地站了起来，猛虎一样向沈杏山扑过去，大打出手。

与马祥生、顾掌生的暴打相比，黄金荣打的那记耳光霎时间变得温柔而善良，厚道而悲悯。

## 气场强也是一种特长

眼见马祥生、顾掌生双双扑来，沈杏山吓得魂飞天外，惊叫一声："不要动手，有话好讲格！"

沈杏山在屈辱的状态下认癟服输，以书面形式把烟土保护权拱手让给黄金荣。至此，此事终于尘埃落定。

黄金荣终于登上权力之巅，成为上海滩头第一号人物。他手中的烟土保护权意味着无尽的财源，无论白道还是黑道，想要在这行业中蹭点油水，就必须奉黄金荣为首。

沈杏山早已吓得魂飞魄散，他猜测黄金荣杀他或灭他满门势在必行，断无可能就此罢手。于是，当天晚上，沈杏山连鞋子都没有穿好，就匆匆爬上一列货车，亡命去了哈尔滨。

到了哈尔滨，人生地不熟，又没有谋生的手艺，沈杏山更混不下去。走投无路之际，他不得已托人走中间人的路子，央求黄、杜放他一马，请他们看在他已经穷途末路、一无所有，同在江湖道上的情面上，饶他一条老命，不要杀他。

接到中间人的央求，黄金荣和杜月笙面面相觑：这个沈杏山，搞什么名堂嘛，谁说要杀他了？谁说了？大家发财还发不过来呢，哪有工夫杀人？还有，沈杏山不能走啊，说到烟土行业，再也没有人比他更门儿清的了。他走了，这边许多事情就不知道如何解决了。沈杏山必须回来，大家一起发财。

沈杏山提心吊胆、惴惴不安地回来，发现确实没有什么杀局，非但没有杀局，而且黄金荣根本不敢视他为马仔，而是让自己的二儿子娶了沈杏山的三女儿，两家成了儿女亲家。

此后，沈杏山虽然名声受损，但重新恢复了财势，担任了三鑫公司的顾问，而且拿到的钱并不比以前少。

"大八股党"以沈杏山为首的八个人，沈杏山豁出老命和财势得以保住，就等于整个"大八股党"被黄金荣、杜月笙收服。

保住了财势和性命，沈杏山从此见人就称颂黄金荣高义，杜月笙"四海"。公正地说，杜月笙此次是强拖着黄金荣重新定义了江湖。此前的江湖杀戮横行、打杀不断，但杜月笙明白，杀人劫财，杀人是手段，劫财是目标。如果能不杀人而劫财，何乐而不为呢？

全面接管了上海滩的烟土行业，三鑫公司的摊子又大了，从公司支钱的形形色色人物激增。

公司营运再次遭遇瓶颈，货源不足——至少，现有的货源所带来的滚滚利润已经不足以满足挤过来拿钱的那一大批人。可是大家都窝在上海，上哪儿去找新的货源呢？

就在这一年，有三个人分道进入上海，再一次改变了上海滩的黑道格局。

第一个来到上海滩并彻底影响当地权力格局的人物，是张啸林。

张啸林，杭州人，中等身材，圆头大耳，一双豹眼，不怒而威。再说细点，他的颧骨极高，双颊凹陷，脖颈不是一般长，而是特别长。杜月笙一见此人，顿时惊为天人，说为他所倾倒也不为过。

让杜月笙惊叹的，不是张啸林的外貌，而是他说话的气质风格。话说他到了上海滩之后，就托人介绍与杜月笙相识，甫一见面，就照着杜月笙的后脑勺给了一记大巴掌："早听说你杜月笙为人特别'四海'，想不到你长这么个小鸡崽子模样。"

杜月笙被打糊涂了，茫然后退两步，不知所措地望着张啸林，忽然掉头就走。

张啸林在后面大声吆喝道："杜月笙你去哪儿？给老子滚回来！"

杜月笙并不回答，径直去见黄金荣，对黄金荣说："老板，来了个厉害人物，你得亲自出面见一见。"

自打在倚虹楼抽了沈杏山一记大嘴巴,成功夺得上海烟土的控制权后,黄金荣地位陡升,自信满满,视杜月笙蔑如也。听了杜月笙的话,他先不理会,慢条斯理地呷了口茶,才慢吞吞地开口问道:"啥人啊?你也不说清楚,噢,你说让我见我就见啊?"

杜月笙低声道:"老板,此人与众不同。"

黄金荣道:"我不正在问你吗,怎么个与众不同法?"

杜月笙小声道:"这个张啸林天生有副大排场,镇得住大场面。如今我们在上海的天地已经打开,要想坐稳这块福地,必须有这么个人镇住场子。少了他,我们的地位就不稳。"

"哦。"黄金荣仔细看看杜月笙,猛然发出一声大笑。杜月笙顿时羞红了脸,不由自主地倒退了两步。

黄金荣一眼就看透了杜月笙的心病。原来,杜月笙虽然脑瓜灵活,也有手腕,但长得其貌不扬。

其实杜月笙的外表也没什么不妥当,但他打小营养不良,混迹街头,长年受人欺凌,长成了一副普通得不能再普通的外表。而世上之人看人只看外表,谁也看不到你脑子里的谋略智慧,更看不到你家里的万贯家财,所有人都是依据人的外表做出判断。此时杜月笙虽然声名鹊起,但多数人见了他,都会流露出一股无法掩饰的失望,真真切切地体会到"见面不如闻名"这句话的含意。

一句话:杜月笙的气场不够大,镇不住人。这也是他虽然统率"小八股党",于上海滩头杀掠四方,但临到大事,还得把黄金荣请出来的原因。

但黄金荣的气场也差得远,单说他那张大麻脸就让人望而生厌。倚虹楼上,他带了那么多手下,可是沈杏山还敢直面讥刺,说到底,就是因为黄、杜二人的气场都不够大,才不得不采用暴力手段。

而张啸林虽然是个地地道道的大草包,但天生一副大大咧咧的模样。这个大大咧咧不是装出来的,而是天生的气质与性格,再加上不怒自威的外貌,让人一看就心生畏惧。杜月笙深知,要想坐稳上海大亨的位置,没有强大的气场,就无法镇住场面。

从某种程度上来说,这世上的一切行业都是表演行业。杜月笙早就在心底盘算过,自己和黄金荣加在一起,也镇不住大亨应有的场面。要想让人望而生畏,就必须再拉上一个张啸林这样的人,以满足世人对上海滩大亨的气场要求。

张啸林不仅天生一副威风凛凛的外貌,更重要的是,他身上自然而然地流露出一股强势力量。这种人，杜月笙还是头一次遇到，所以他急不可耐地向黄金荣引荐。

黄金荣假装考虑了一番，他是场面上的人，心里知道杜月笙说得没错，而且他这辈子还真没见过所谓气场大的人，于是当即决定："好，你带他来见我。"

"是，老板。"杜月笙转身回去。

杜月笙再次见到张啸林后，对他郑重其事地说："张啸林，你非池中之物。我已经向老板推荐了你，这就带你过去。"

张啸林哈哈一笑："看不出来，你还算识相嘛。"

张啸林说罢，又一巴掌拍过来，杜月笙急忙躲过："张啸林，我可要警告你，你张嘴就骂人的臭毛病可不好，我杜月笙不跟你计较，但我老板不是普通人物，你必须先答应我，见了我老板之后要表现出起码的尊重。如果你做不到，今天这事就算了。"

"别，别别别！"张啸林哈哈大笑起来，"这是我的习惯了，不过你既然提醒我了，我肯定会留神注意的。总之，都听你的就是了。"

"那好，咱们过去吧。"杜月笙兴冲冲地带着张啸林去见黄金荣。

可万万没想到，见到胖墩墩的黄金荣，张啸林照旧豪爽大笑，开口就来了一句："原来黄老板你长这么个模样，我说你的脖子哪儿去了？"大巴掌抡起来，亲昵地向黄金荣粗大的脖颈上拍了过去。"啪"的一声，拍得黄金荣一张胖脸平贴在八仙桌上。

当时黄金荣就不干了，跳起来咆哮一声："什么东西这是？！杜月笙，你给我带来个什么玩意？知道什么叫规矩吗？"

盛怒之下，黄金荣掉头就走了。

张啸林呆立在原地，茫然地看着自己的大巴掌："你说我这个见人就骂、伸手就打的臭毛病，怎么就改不了呢？"

杜月笙在一边也气得七窍生烟："张啸林，老子费了多大劲才说动老板见你，被你一巴掌给拍砸了，我看你这辈子就是个吃屎的穷命！"

## 人脉就是财源，背景就是财香

惹怒了黄金荣后，张啸林再三央求杜月笙再想办法为他引荐一次，说他可是真心诚意来上海滩"拜码头"的。

张啸林此来，可以说是扛着一座金山来的。这座金山，是个什么来历呢？

原来，就在这一年，浙江官场上有一连串的人事变动，新上任的浙江警、政、军三方高官都是当地人。张啸林是浙江道上在帮的人物，上有青帮大哥，下有肯出力的兄弟。这种微妙的黑道背景，隐约透露出浓烈的财香。

所以，张啸林来沪，就是要把他的黑道情谊转化为滚滚财源。但是他深知强龙不压地头蛇，自己空手打天下难如登天，必须仰仗地方势力，才能借力使力。

这就是他与杜月笙结交，并力图说服黄金荣的原因。

杜月笙再次游说黄金荣，道："张啸林这人，不仅排场大，而且天生大亨模样，更重要的是他在浙江警、政、军三方面的人际关系。这种人际关系意味着什么？意味着一条安全而畅通的烟土运输渠道！张啸林可以说动浙江的水警和军队把烟土顺利地运到上海，而上海这边，三鑫公司已经垄断了烟土销售的下游行业，就差货源了。如果与张啸林联手，大家赚到手的钱将是一个想都不敢想的天文数字。"

"原来是这样。"黄金荣恍然大悟，"既然如此，那就再叫他来吧。但我有话在先，这一次他可不能张嘴就骂、伸手就打了。"

"老板放心，我会提醒他的。"其实，此时杜月笙已经后悔不迭。

这一次，张啸林拼了老命约束自己，但只改了个伸手就打的毛病，没有一见面就一巴掌拍过来，但是骂人的毛病，他到死也没有改。

张啸林改不了毛病，杜月笙和黄金荣只能认瘪。此后，这"上海三大亨"中的黄、杜二人每次见到张啸林，都要听到他无数句粗话，两耳饱受蹂躏。

民国初年，一些地方军阀一向以营运鸦片为主要的经济来源，这种生意，做是可以的，但因为属于违法行为，所以不能明说出来。而军方、警方对鸦片运输缉查极严，尤其是淞沪护军使何丰林、缉私营统领俞叶封，对进入上海的鸦片的打击向来雷厉风行，毫不手软、从不姑息。

张啸林告诉黄金荣，何丰林和俞叶封之所以严厉缉查烟土走私，并非他们爱国爱民、痛恨烟土，而是他们自己没有货源，没法介入这个厚利行业。既然自己捞不到，就只能严打烟土走私，不遗余力。

但这种情形一遇到张啸林出马，就完全变了。此后的上海烟土业突然化暗为明，从烟贩子冒着生命危险偷偷贩运变成了军、警押船护送，只是因为军、警两方的高官终于介入这个行业。

这是民国史上最污秽的一页，军阀、租界与帮会三方合而为一，有钱同赚。三鑫公司的利润一路猛增，达到了令人咋舌的地步。

据1944年上海出版的杂志透露，当年的三鑫公司每年盈利高达5600万元之巨，而其资本额则达1000万元。

杜月笙的支出相比以前更加庞大，达官贵人、地痞流氓、巡捕军警、散兵游勇纷纷跑来他的杜公馆支领俸禄，滚滚财源从杜月笙左手进，右手出，只要能买到世人对他恭恭敬敬地叫一声"杜先生"，他愿意付出更多。

## 可以以柔克刚，何必非要动武

三鑫公司的货，军、警一体押送，沿途严禁骚扰，杜月笙的生意实现了一次大逆袭。

昔日持刀抡斧、杀人无数的"小八股党"终于修成正果。现在的他们穿着长衫，夹着账簿，潮流一点的还要在鼻尖上架一副金丝边眼镜，匆忙奔行于光线暗淡的柜台之间，摇身一变，成了经理人。

上海滩头突然一片和谐，那些漂浮在黄浦江中的尸体也不见了踪影——说到底，道上兄弟杀人夺命，到底是为了什么？无非为了争夺一点生存的权利而已。

现在，道上的地痞流氓在三鑫公司都有钱拿，自己的性命顿时变得值钱起来，再打打杀杀未免太划不来。但劫杀仍然在继续，杜月笙的三鑫公司收入虽然高，但更多的贫困人口拥入上海，三鑫公司就无法顾及了。

就在三鑫公司的发展形势持续走高的情形下，上海街头突然出现数千名大汉，不少于4000人。人人身着黑衫黑裤，手提锃亮的小斧头，满脸冷漠、悄无声息地向安徽旅沪同乡会集结。

安徽旅沪同乡会位于牯岭路132号，由晚清名臣李鸿章一手创建。李鸿章是安徽人，他在平定洪秀全的太平天国时，率淮军入沪，从此占有沪上膏腴之地。为了照料安徽乡亲，他创办了安徽旅沪同乡会，如果有安徽老乡遇到困难，可以向这里求助。

从晚清到民国初年，李鸿章已去世多年，但拥入上海求生的安徽人越来越多。当年的同乡会早就断了财源，根本没有经济收入。有落难的安徽兄弟寻上门来，只有冷脸相对，没有一文解囊。

在当时的上海，这样的同乡会有119所，而由安徽人设置的同乡会就有9所。这些同乡会大多只剩下空壳，除了地面上的一幢幢房屋，根本没有余力履行救助义务。

那一天，数千名大汉突然出现在破败的安徽旅沪同乡会门前，领头的是一个矮小精悍的汉子。

此时的同乡会只有几个说不出名字的老夫子，偷偷把同乡会的房屋出租作为经济来源，混口饭吃。此时突然见到黑压压的持斧大汉拥入，都惊呆了，缓缓起身问道："这位大爷，你们来这么多人，是有什么事吗？"

领头的大汉笑道："没什么事，就是好奇你这里是什么地方，所以来问一下。"

"哦，"老夫子急忙告诉矮个大汉，"这里是安徽旅沪同乡会，是李鸿章李中堂大人早年一手创办的。"

"哦，是李鸿章办的。"领头大汉眉宇间的笑意越发明显，"请问老先生，李中堂他创办这个同乡会，用来干什么？"

"当然是用来周济同乡啊。"老夫子眉飞色舞地解释道，"安徽老乡，来到这大上海，若是遇到难处，都可以向这同乡会求助……"

"有这好事？"领头的汉子顿时大喜，"你看好了，今天来的这些兄弟，全都是落魄在上海的安徽兄弟。可怜我们这些苦哈哈，黄金荣不管，杜月笙不问，幸好还有这家同乡会没有忘记我们。烦请周济我们这些兄弟每人10块大洋吧，兄弟我在这里谢过了。"

"啊，这不妥。"老夫子慌了神，"这位老乡，不是同乡会不帮你，自打李中堂大人过了气，清国改元，同乡会早就断了财源，根本拿不出钱来周济……"

只听大汉一声虎吼，"砰"的一声，手中利斧落下，将一张八仙桌劈为碎片："你说这里是安徽旅沪同乡会，却对求助的安徽老乡不闻不问，请问这里还叫什么同乡会？！"

"这……"望着汉子手中的利斧，老夫子早已吓得魂飞天外，"莫动手，且莫动手，有话好好说，好好说。"

"还有什么好说的？"矮个大汉冷声道，"枉你这里称同乡会，却对自己乡党的死活不闻不问。老子且问你一句：你有何颜面面对后面这4000安徽老乡？"

老夫子茫然抬头，只听那4000壮汉突然怒吼一声："滚！"

数千名持斧黑衫大汉强夺了李鸿章创办的安徽旅沪同乡会，这是当年发生在上海道上的一件大事。

被赶出同乡会的几个老夫子被人搀扶着去捕房报案，捕房立即派出几名巡捕，去同乡会探查情况。

几名捕探一路寻来，越走越感觉情形不对劲。

前面路上，站着三三两两的黑衣汉子，宽腰带上插着明晃晃的利斧。见到捕探行来，大汉们的脸上立即露出诡异的阴笑，一双双可怕的眼睛斜睨着捕探的脖颈，分明是在寻找下斧的最佳部位。

几名捕探慌了手脚，急忙掉头，迎面却见一群大汉拥了过来："哈哈哈，吃衙门饭的兄弟，到了我们的地盘上，不喝杯茶就走，这像话吗？"

于是，不由分说，众大汉扭胳膊架腿，将几名捕探扛到了同乡会。

同乡会的房间格局如旧，矮个大汉仰躺在一张太师椅上，跷起的脚架在桌子上。见几名捕探被押进来，矮个大汉哈哈大笑道："吃衙门饭的好兄弟，什么风把你们吹来了？"

几名捕探躬身作揖："这位英雄好汉威风凛凛、仪表堂堂，今儿个可真让我们这几个泥沟里的小虾子开眼了。英雄可否告知名姓，也好让我们兄弟长点见识？"

矮个汉子摇头："你们说自己是泥沟里的小虾子，未免过谦。但你们竟不识得我王亚樵，这可不应该。"

王亚樵？人的名，树的影，王亚樵这个名字说出来，惊得几名捕探失神慌张起来，连退几步。

王亚樵，安徽人氏，家里以小买卖为生，长年受人欺凌。这屈辱的经历，养成了他狂暴狠辣的个性。既然这世界上没有人替自己主持公道，那就靠自己手中的利斧杀出一片天地来——这成为他一生的信条。

王亚樵与杜月笙算是一类人物，都是草根无依，借助暴力从黑道上血拼出来。但杜月笙占了个"柔"字，而王亚樵则占了个"霸"字。

杜月笙之"柔"，表现在他只认可江湖暴力，而对党派暴力隔膜。

江湖暴力，无非争财而已。对杜月笙来说，财富是人类一切行为的目标和依据，非暴力不足以获得财富，那就铁下心来走暴力路线。但如果不使用暴力，也能达成获得财富的目标，那又何必动用暴力呢？以柔克刚，未尝不可。

王亚樵之"霸"，就在于他是个暴力主义者。他的暴力主张，就连孙文先生都有点吃不消。

始终热衷于党人暴力的王亚樵,建议孙文先生轰炸北京城,再派暗杀团队入京刺杀北洋要员。孙文先生智珠在握,正义凛然地驳斥了王亚樵的暴力主张。

"二次革命"失败后,党人纷纷逃往日本。王亚樵却只身赴沪,要在上海滩头闯出一片天地。此人虽然崇尚暴力,但并非无脑之辈,于是以安徽人的身份,聚集数千名安徽乡党,占领了徒具虚名的同乡会。这在江湖上是有道理的,虽然他没有地契,抢占同乡会终究是非法行为,但面对数千名凶神恶煞的持斧大汉,捕房根本不敢过问。

王亚樵入沪,组建"斧头帮",彻底改变了上海滩的黑道格局——原来的暴力分子黄金荣、杜月笙实现了三级跳,从底层的杀戮帮派一跃而进入财界,留下来的底层暴力空间就由王亚樵这类人物填补。

## 处理好亲情关系也是一门学问

1919年,杜月笙32岁。

这一年有三人入沪:第一个是张啸林,他改变了上海的财富格局;第二个是"杀手王"王亚樵,他改变了上海的暴力格局;第三个是曾救过杜月笙性命的万老太太,她给杜月笙送来一个终生依赖的助手。

万老太太是杜月笙的姑母,她是一个人扭着小脚寻到上海来的。正如当年她一个人扭着小脚来到上海,伺候病重的杜月笙100天,才把杜月笙从鬼门关救回来。

老太太叩响了同孚里杜公馆的门。

闻知姑母前来,杜月笙连忙放下手边的事情,一路小跑奔回:"姑母,你要来先派人送个信给我,我好去接你老人家啊。"

老太太道:"莫须烦劳,我自己认得路。阿笙啊,我来找你,是有事体的。"

杜月笙垂手而立:"什么事体?姑母你吩咐。"

"吩咐可是不敢的,"姑母冷笑道,"现在你有了这么大的场面,可以挑挑穷亲眷了。墨林在十六铺做铜匠,工钱少,生活苦,你帮个忙,把他安插到大公司去,多赚两个钱,将来成家立业。"

听了姑母的话,杜月笙悄然转身,轻轻抬手,偷偷给了自己一个大嘴巴。

按说杜月笙不是忘恩负义的小人,可是对姑母忘恩负义,这事他已经干了不止一次。

第一次是杜月笙生平赢到最大数目的2000元钱。当时他拿着这笔钱，在十六铺见人就塞，所有不认识的人都塞到了，单单就忘了姑母一家。

这一次，他的三鑫公司节节走高，已是上海财富巨无霸。连最不起眼的小混混、素不相识的苦哈哈都从他这里拿到了钱，但他唯独就忘了姑母一家，没给他们一分一毫。

为什么总是把姑母一家给忘了呢？这个原因，杜月笙一生也不会说出来。一旦说破这个实情，大家都不好做人了。

人与人的感情，越近越难以相处。姑母救过自己的性命，按说自己无论如何回报都理所应当，但这种回报一旦形成紧密的人际关系就复杂了。人的天性十分复杂，所谓"近之则不逊，远之则怨"，越是存在亲情和恩情，越难以处理好彼此之间的关系，一旦有一方把握不准，双方的关系就会变得极为糟糕。

正是由于这个原因，杜月笙才在潜意识里总想回避姑母一家，而自己则在繁荣之地尽享纸醉金迷，任由万墨林在铜匠铺里卖苦力。真正的原因是，杜月笙不知道一旦双方走近，事态会朝什么方向演进。

这实际上是一种隐忧，虽然从未说出来，也未曾想到过，但杜月笙的行事本能会绕过这个可能的危险地带。

但现在姑母生气了，亲自登门说这事，杜月笙再也避无可避。

杜月笙把万墨林叫了来，仔细端详。

他发现万墨林这孩子的脑壳明显有点问题，他在上海居住了10年，却仍然是一副刚从乡下进城时的气质打扮。大脑壳，壮体魄，一张憨厚的脸，除此之外，别无所取。

杜月笙看着他，心里在琢磨：这孩子往哪个地方摆放呢？去公司做职员，他肯定不够格，外表太憨，心眼太实，这类人适应不了职场上的复杂关系。让他替自己管理家务？可是太太沈月英这边的亲戚已经占领了杜公馆，现在自己家里全是沈家的人，自己回家极度不适应。既然不适应，那何不……

想到这里，杜月笙不由得暗喜，于是带着万墨林回到杜公馆，带他上楼进了沈月英的卧房。沈月英像任何时候一样，躺在床上吸大烟，这个漂亮女人这辈子跟鸦片磕上了，不吸死不算完。

杜月笙没有叫她起床，因为他知道叫也叫不起来，于是对她说："这是我高桥乡下的亲眷，我唤他来服侍你。"同时，让万墨林上前一步。

沈月英眼睛一亮，破天荒地坐了起来，一双眼睛眨也不眨地盯着万墨林。

少奶奶的生活无比寂寞，终于来了个好玩的，沈月英打算好好玩一玩。

杜月笙为什么让万墨林服侍自己的妻子？这跟杜月笙的人生之路有着莫大的关系。

想一想，杜月笙在黄金荣的公馆，面对一生从未给过别人机会的黄金荣，是如何拼出自己的一片天地的？因为他走了夫人路线，被林桂生视为家人。

杜月笙内心深处的想法，是让万墨林学会和女人打交道。女人是心思最为细腻的，许多男人终其一生也摸不透女人的心思——如果你能轻松地看穿女人，那么，你就能看穿这世上的所有人。

不过，这要看万墨林个人的悟性与品行了。

万墨林开始在杜公馆任劳任怨地干起家务活来。有一天，他正忙碌着，拎了一壶开水上来，忽然看到楼梯口处有一张五元的钞票，当时他把脖子一押，大声问道："这张五块头是谁的啊？"

这一声询问中气十足，传入沈月英的房间。当时沈月英把烟枪一放，眉宇间绽出笑意。

这五块钱是她闲极无聊故意放在楼梯口处的，她就是想瞧瞧，这个万墨林的品行到底可靠不可靠。

喜欢试探别人，这是女人的通病。年轻时的杜月笙伺候过鸿元盛的老板娘，伺候过林桂生，伺候过法租界总翻译曹振声的老婆。他比任何人都了解女人，多半也曾遭遇过女人们的试探。

现在终于轮到万墨林了。还好，这孩子过关了。

从此，杜月笙有了可以推心置腹的手下，万墨林则注定要为杜月笙的"四海"排场付出沉重的代价。

## ◪ 别人存钱，我存交情

1920年，杜月笙33岁。

这一年爆发了直皖军阀大战。直系吴佩孚只用了四天就击败了皖系段祺瑞，被称为"安福系"的达官贵人仓皇逃入东交民巷和六国饭店，但英国、美国和法国等列强拒绝接收这些人。

这一年，杜月笙的慈善事业做出了点模样，高桥镇的鳏寡孤独每人领到一个折子。逢节过节，这些人就可以在杜月笙的三鑫公司领一份钱。

钱财如潮水，聚入杜月笙手中，再四下散开。

**杜月笙说：我不做守财奴，我只想交朋友。**

**黄金荣则说：朋友算什么？钱才是亲爹！**

三鑫公司开张短短几年，赚到的钱超过了黄金荣此前赚的总和。凭良心说，这些钱是老婆林桂生替他赚到的，如果不是林桂生慧眼识杜月笙，瞒着黄金荣开了三鑫公司，只凭他黄金荣，最多不过是个烟土财主的排场，跻身大亨根本无望。

但黄金荣不这样想：我有本事啊，我的本事非常非常大。什么杜月笙，什么沈杏山，什么金廷荪，不过是靠了我指头缝里漏出点福运，就足够胡吃海喝了。可惜啊，我这么有本事的人，这么善良厚道的人，却因为太重情义，道德太高尚，而错失了人世间的花情蜜意。

世上那么多的莺莺燕燕、南国佳丽、北里娇娃，尽汇于这大上海的纸醉金迷之地。可我黄金荣，对她们的温柔一点没看懂，把自己这一生与那个比爷们还糙的林桂生捆在一起，凭什么啊？

黄金荣慢慢抬起头来，拿定了主意。

我不要再委屈自己，我的本事这么大，赚到的钱这么多，请给我一个继续委屈自己的理由？我要享受正常人都渴望的人间极品富贵。

可是，黄金荣是个粗人，情感世界比电线杆子还要粗。这个人间极品富贵，如何一个享受法呢？

黄金荣经过严肃的思考，终于拿了把折扇，昂着一张大麻脸，让小团端了茶壶，摇摇摆摆地进了自家开办的老共舞台，捧个角儿。

以黄金荣的智商和情商，想要挥霍人生，唯一想到的就是这个。

## 情场竞争也要拼背景

1921年，34岁的杜月笙在上海社交圈广交朋友，翻手为云，覆手为雨。而54岁的黄金荣则天天泡在老共舞台的戏馆，开创了中国戏剧的新时代。

此前，中国的舞台剧，女性是不允许登场的，戏台上的所谓美女都由男人来扮演。比如梅兰芳，明明是个大男人，但扮演起杨贵妃来，比女人还要千娇百媚。

当时，坤伶也不是不可以登台，但规矩是，男角、女角不可以同台出演。到了黄金荣关心舞台剧的时代，这老兄勇于创新，开全国风气之先，让男角、女角同台出演。这前所未有的新局面，霎时间震惊了整个上海滩。不过数日，汹涌的人潮就涌向了老共舞台，来欣赏三位登台的坤伶。

这三位绝色坤伶分别是：小金铃、粉菊花、露兰春。

说到最后那位露兰春，还要从黄金荣的势力说起。江湖上有个秘密——黄金荣根本不在帮。

也就是说，黄金荣根本没有入过青帮。未入青帮，原因也很复杂。他年轻时找不到人，没有门路进去，后来势力大了，又不可能拜小辈为师，有资格拜师的人又高他一截，对他不理不睬。所以，年轻时的黄金荣一咬牙一跺脚：老子我自己创建个帮会行不行？

所以，黄金荣就按照青帮的规矩，开始自己收门徒，比如金廷荪对他口称爷叔，就是帮中小辈对长辈的称呼。

但帮外之人篡改帮会规矩，这是江湖道上的大忌。小人物敢这么玩，直接就会被一条索子捆了，丢到黄浦江去喂鱼。但黄金荣倚仗自己有法国人撑腰，在巡捕房中收弟子，帮会之人远在江湖，根本摸不清他的底细，无人敢过问。

当年黄金荣就曾收下了法租界的翻译张师，作为自己的弟子。

张师这个人很善良，和妻子收养了一个孤女，视如己出。这收养的孩子长着一张圆圆的脸，大大的眼睛，皮肤雪白，极讨人喜欢，见人怯生生的，更招人怜爱。她小时候常到黄公馆来玩耍，黄家人看她可爱，都称呼她"小毛团"。

小毛团长大了，亭亭玉立，顾盼生辉。她迷上了唱戏，养父母替她延请了名师，让她尽情地舒展歌喉。黄金荣听了她的唱腔，就决定帮这小家伙一把，由老共舞台斥重金把她推为名角。

小毛团登台，顿时震动上海滩，于是她的艺名"露兰春"越发响亮，成为当时倾国倾城的坤伶。

54岁的黄金荣将捧露兰春当成正事来干，每天派保镖、车子接送露兰春，并在戏院里为她捧场。他这株老树的枯心在少女露兰春的美貌滋润下，渐而复苏，焕发青春。

但是，沉浸在白日梦中的老疙瘩皮黄金荣疏忽了他的竞争对手——"四大公子"。

"四大公子"是哪四位？第一位是袁世凯的二儿子袁克文，号寒云。第二位是东北张作霖的儿子张学良。第三位是南通状元张謇之子张孝若。第四位就在黄金荣的老共舞台，专程为砸场子而来。

那一天，露兰春登台唱她的拿手好戏《镇潭州》，在戏中扮演岳飞。没想到，一向婉转的歌喉这次一唱起，第一声就跑调了。已经跑调了，只能硬着头皮继续往下跑，越跑越远也没办法，毕竟舞台戏是现场艺术，错了也无法纠正。

观众多是老戏骨，都听出来了，但没人敢吭声。黄老板黄金荣就坐在那里，谁敢喝倒彩，敢情是不要性命格？

但这世上，偏偏就有不要命的人，那边的包房里突然传出一声中气十足的倒彩声。露兰春什么时候受过这个？当时眼泪就下来了，匆忙唱完一段，逃到后台，号啕起来。

黄金荣虽然对喝倒彩者满怀愤怒，但还是先赶来看看露兰春，见美人粉泪盈盈，顿时心都要碎了，当即吩咐下去："你们几个，都是死人吗？把那个小白相人给老子捉来，老子要让他知道，在这上海滩头，谁才是老大！"

保镖们气势汹汹地朝喝倒彩的包房冲了过去，见喝倒彩者是一个身着青衫的年轻人，当时保镖们一点没客气，"啪啪啪"，抡起手臂就狠抽了这年轻人一顿大嘴巴，然后把年轻人脚前头后地拖到了黄金荣面前。

"敢在我黄金荣面前撒野，我倒要瞧瞧你爹娘怎么有胆子把你给生出来！"黄金荣阴声冷哼道，"给我把他的头扳过来！"

保镖们扭住年轻人的脑壳，把他的脸转向黄金荣。

看到年轻人脸上那双喷火的眸子，黄金荣当时就惊呆了。好长时间，他才挤出一句："好格，你走好了。"

"还不快滚！"保镖们一脚飞踹，把年轻人踹得老远。

年轻人狼狈不堪地爬起来，回头戟指黄金荣："姓黄的，不扒了你的皮，我的姓以后倒着写！"

年轻人狼狈离开，黄金荣迅速站了起来："快回去，叫杜月笙、张啸林两个来，我有要事商议。"

黄金荣匆忙回到黄公馆，等了一会儿，杜月笙和张啸林一前一后地进来了："老板，啥事体啊？"

黄金荣满脸惊恐不安："今天在老共舞台，我打了个人。"

张啸林架起他的水晶烟嘴，说："打个人算什么。"

杜月笙知道事不对头，急忙问："老板，你打了谁？"

黄金荣："打了卢筱嘉。"

杜月笙、张啸林齐齐大惊："打了谁？"

黄金荣既害怕又委屈，急得大汗直冒："卢筱嘉！与袁克文、张学良、张孝若齐名的'四大公子'之一卢筱嘉！权倾东南的浙江督军卢永祥的儿子卢筱嘉！"

张啸林破口大骂起来："黄金荣你啥本事也没有，闯起祸来却一点也不含糊。你惹上了浙江督军，趁早找根绳子上吊算了，老子才懒得理你！"

骂过，张啸林转身就走。杜月笙急忙拦住："老张，这事你不能甩手，你要是不管，老板他可就完了。"

"完了很正常。"张啸林冷笑道，"就为他这一张没出息的麻皮脸，搭上咱们辛苦不易打下的江山，甭想！"

推开杜月笙，张啸林怒气冲冲而去。

张啸林扬长而去，黄金荣更加惊恐，死死抓住杜月笙不放："阿笙啊，这时候可就指望你了，你要是也学张啸林无情无义，我可就真的完了。"

"老板，你别急。"杜月笙试图掰开黄金荣的手，"张啸林就是这个臭脾气，虽然他甩手而去，但我有办法让他帮忙。老板，你撒开手，你不撒手，我怎么出去摆平这事啊？"

黄金荣不得已松开了手，杜月笙匆匆去追张啸林。张啸林在浙江地面上人头熟，要想摆平这件事，非得让他出面不可。

杜月笙前脚刚走，后脚就有人来黄公馆报信，说露兰春那边又遇到了麻烦，央求黄老板去一趟。听到露兰春有求，黄金荣的心霎时间就柔软起来。他把自己殴打卢筱嘉惹上麻烦之事抛诸脑后，匆忙赶往老共舞台。在门口，他刚刚下了黄包车，一群东奔西走的人突然扑过来，把猝不及防的黄金荣当场扑倒在地。

"咚咚咚""啪啪啪"，拳打、脚踢、大耳刮子狂抽，还有许多叫不出名字的器物雨点般地砸在黄金荣身上。黄金荣独霸法租界以来，已经很久没吃过场面亏，没尝到过挨打的滋味。但是今天不同，他不仅身体饱尝疼痛，而且心中的恐惧更甚。

他双手抱头，像虾子一样把身体蜷缩起来，以防被打到要害部位，同时在雨点般的殴打中蠕动爬行。他想呼救，他在等待门人、弟子的救援。这里是法租界，只要弟子一声喊，不消一时三刻，巡捕就会迅速赶来救下他。正当他感觉还有点希望之时，一只黑头套"嗖"的一声罩住了他的头。

他的胳膊和腿随即被人架起，抬上一辆汽车。车笛长鸣，眨眼间驰出了法租界。

"完了。"黄金荣的心陷入无边的黑暗中。在法租界，无人敢惹他，可出了法租界，他就像只软弱的羔羊，只能任人宰割。

"完了，这次是真的完了，彻底完了！"

## 关系取决于利益

黄金荣在自家的老共舞台门前被人公然掳走，吓坏了他的门人、弟子。他们一个个惊惶失措，四下乱跑，全都乱了方寸。

随后，这些人拥入黄公馆，来找杜月笙。老大被抓走了，"亨"字级别的杜月笙就成了大家的主心骨。

林桂生也匆忙下楼："阿笙，到底是谁这么大胆，竟敢在租界掳走老板？"

"桂生姐，"杜月笙的脸上带着绝望与欲哭无泪，"已经打听清楚了，是淞沪护军使何丰林亲自下的令，老板现在被关进了龙华护军使署的看守所。"

林桂生顿时变了脸色："不好，那地方可是阎罗殿，活人进去，死人出来，老板他可是凶多吉少啊！张啸林呢？护军使那边只有他有关系，他怎么没来？"

"张啸林他……"杜月笙叹息道，"桂生姐你莫急，我这就去找张啸林。"

杜月笙找到张啸林时，张啸林正把脚跷在茶几上，见杜月笙来了，知道他是想让自己去救黄金荣，于是嘴里一迭连声地骂："让黄金荣去死！你说他这个老东西有什么用？三鑫公司，他可曾出过一点力？屁本事也没有，闯起祸来却惊天动地。你要救他，你自己去好了，少拉上老子！"

杜月笙知道他说的是气话，于是赔着笑脸，低声下气道："啸林，不要这样说老板嘛。我们能够发财，就是因为老板在法租界扎下的根。这里是我们的老巢，让我们发财的都是老板的人脉。如果老板遇到麻烦，我们整个生意都要受损啊。"

"受损就受损，老子说不管就不管。"张啸林不为所动。

杜月笙劝道："啸林，你说咱们做了这么久的生意，和何丰林那边算起来也是儿女亲家，这么大的事，他不看僧面你也得看佛面，是不是？"

张啸林怒目而视:"狗屁儿女亲家,你拿钱去才是儿女亲家;你惹到了人家,谁还认你这个亲家!"

张啸林一句话道破了旧时官场的规则:**与有势力的人攀亲,人家认你,你就是亲家;不认你,你啥也不算。**

这就是张啸林拒绝出面的原因,他心里明白,这个问题他解决不了,军方才不会给他这个面子,此时如果自己上门求人,只会自取其辱。

问题严重了,杜月笙沉吟半晌,突然醒悟,说道:"军队那边,也多有道上兄弟,如果我们双管齐下,你去找军队里的朋友,我来联络江湖同道,这样说不定能把老板捞出来。"

"你愿意干你干,反正老子不管。"张啸林扔过来一句话。

"不管怎么行?"杜月笙不由分说,强扭着张啸林,"我们兵分两路,你马上去找你的儿女亲家、缉私营统领俞叶封,我找门路去拜青帮老太爷张镜湖。张老太爷在道上分量最重,如果能够说动他,纵然是何丰林,也不敢不卖他三分情面。"

"试试看吧。"张啸林根本没信心,"黄金荣这废物点心,只能死马当成活马医了。"

## 含而不露,引而不发

说起来,杜月笙已是上海"亨"字级别的大佬,但在帮中,他的辈分太小太小,根本没法跟"大"字辈的张镜湖相比。

说透了,以杜月笙的势力和身家,根本没资格见张镜湖一面。他最多只能另找门路,见一见张镜湖的弟子吴昆山。

吴昆山与杜月笙不同,是地地道道的场面上的人物,留着八字胡须,生得唇红齿白、玉树临风、翩然欲仙,有着让人一见倾心的外表。他拥有多重身份:在江湖道上,他是青帮大佬张镜湖的开门弟子;在张老太爷家里,他当得一半家。此外,他还是军方的营长,既在军也在帮,这是辛亥革命后一些军阀部队的一大特色。

吴昆山在他的海格路范园会见了杜月笙。在他面前,杜月笙虽然名头如日中天,但也不过是个暴发户。幸好杜月笙为人谦和,不卑不亢,把黄金荣的情形一说,请求张老太爷出面说和。坦白说,除了张老太爷张镜湖,就算"四大公子"

齐至，也难以转回场面。

吴昆山云淡风轻地听完杜月笙的恳求，只回答了三个字："没问题！"

杜月笙如释重负，长舒一口气，可是吴昆山后面还有话："只是，有一桩小事体，需让我在太爷面前有个交代。"

杜月笙急忙趋前，恭恭敬敬地道："您说。"

吴昆山说："听说黄老板是悾子啊。"

"啊？"杜月笙一下子吓傻了。

悾子，意思就是帮外之人。吴昆山这是在告诉杜月笙，黄金荣根本就不在帮。

然后，吴昆山给出了最后一句话结束这场谈话："但是你家老板，他在收学生哦。"

惨了，这下可惨了。原来，黄金荣就是个跑单帮、吃独食的货，根本不在帮，但是他采用青帮的门规大模大样地收门徒。这种事，往轻里说，是假冒伪劣；往重里说，就是犯了江湖道上的大忌。平时你躲在法租界不出来，帮中兄弟们想找你算账也找你不到，现在你终于落到帮中兄弟们手中，也该给帮中兄弟们一个交代了吧？

这就是吴昆山要说的话。当然，他老练沉稳，不会这么赤裸裸地挑明，但明白人一听就能明白。

杜月笙还不知道的是，自打他组建"小八股党"把黄金荣步步往高处推，推到了风生水起的高度，黄金荣俨然忘记了自己根本不是帮中人，竟然公开收起门徒来。就在最近，他收了个炒股炒得一塌糊涂的股民蒋志清，现在这位炒股失败的蒋志清已经跑到了广东。

不久，蒋志清就会恢复自己的原名——蒋介石，率北伐军杀回来。等到那时，黄金荣的地位才真叫尴尬：黄金荣自己根本不是青帮中人，却收了蒋介石入帮，那蒋介石到底应该算怎么回事？

总之，黄金荣弄出这笔烂账，能让正常人彻底疯掉。

幸好杜月笙还不知道黄金荣收了蒋介石为徒的事，他只知道，有吴昆山这句承诺，黄金荣从牢里出来已经是板上钉钉的事了。至于青帮兄弟要找黄金荣算账，黄金荣只能走一步算一步了。

黄金荣被关了七天，被杜月笙成功捞出。

出来后，听说张啸林不情愿营救他，黄金荣骂不绝口："他个王八蛋！他亲娘死了,还是老子给抬的棺!现在这么点小事让他帮忙,他就给老子甩冷脸,真是喂不熟的门外狗!"

听着老板破口大骂,杜月笙绝望地想:张镜湖与吴昆山师徒,真是场面上的人。登门有求,一句话就替你把人救回来了,可是自己这面,如何向人家交代?

想来想去,好像也没别的办法,除非让黄金荣公开拜山,拜张镜湖为老头子,否则就没法跟人家交代。

杜月笙把这个要求跟黄金荣一提,黄金荣的脑袋顿时耷拉了下去,不吭声了。

其实,不是帮中之人却冒帮中之名收徒,这种事并不少见,但很多人成就不大,也就不值一提。但黄金荣不同,黄金荣现在的头脸太大,他已经是"亨"字级别的大佬。护军使何丰林为卢筱嘉出面报仇,如果不是何丰林派便衣突入法租界将黄金荣掳走,任何人都拿他没办法。

黄金荣拜张镜湖为老头子,也不是不可以,但如果被人知道他假冒青帮之名收徒,终究是件烦心事。可是,人家张镜湖、吴昆山与你不搭干系,却一句话把你捞出来,你总得有所回报吧?

黄金荣的喉咙里艰难地挤出几个字:"要不,你拿我的帖子,给张老太爷送去?"

杜月笙长舒一口气,立即拿了黄金荣的名帖再去找吴昆山,转达黄金荣感谢张老太爷出手相助,愿意拜张老太爷为师之意。

吴昆山静静地听了杜月笙的话,脸上堆起灿烂的笑容,说道:"多承黄老板的盛意,前些时候我也在老太爷面前提过这个话,但他老人家说,黄老板的场面这么大,我们还是各行其道为好。请你上复黄老板,就说我们老太爷说的:树大根小,不敢从命。"

当时杜月笙就惊呆了。

张镜湖、吴昆山终不愧是青帮大佬,玩的这一手花活实在太漂亮。

其实,张镜湖压根就不想要黄金荣这个门徒。拜师这种事,要的是两相情愿。你黄金荣现在玩大了,把谁也不放在眼里,根本不情愿拜师,人家又何必收你这个徒弟?

张镜湖要的就是黄金荣登门拜山这件事。他就是要让道上的兄弟们都知道,黄金荣排场大吧?大也不放在咱的眼里,他来拜山,咱瞧不上他那副暴发户的模样,不乐意收他这个没出息、没见识的徒弟!

最精妙的是，整个过程中，人家张镜湖连面都没露过，就是你杜月笙舔着脸央求吴昆山，让你对这个结果既要认瘪，还得服气。

这就叫老谋深算。张镜湖捞你黄金荣，不为财不图利，要的就是你承认我的尊严、地位，如此而已。

杜月笙对青帮两位大佬的高招叹服不已。

终其一生，杜月笙就是想学到张镜湖这种含而不露、引而不发的处世绝技，但最终的结果极不理想，不理想也不能怪杜月笙，他已经很尽力了。

世道变了，人心也变了。第一个变心的，就是老板黄金荣。

## 劫后余生须尽欢

龙华护军使署看守所七天的日子，让黄金荣真切地感受到了人生无常，产生了强烈的危机意识。

旧中国的世道，人活得还不如一条狗，命不值钱，说没就没。有什么未了的心愿，赶紧了结，否则等哪天两眼一闭、两腿一蹬，后悔都来不及喽。

他未了的心愿，是露兰春。黄金荣重返他的老共舞台，加入紧张而又激烈的露兰春争夺战。

露兰春走红大上海，几乎是个男人就想赶到老共舞台碰一碰跟她结识的运气。来追她的人，有钱的有，有势的有，腰包空空就凭了张小白脸想空手套白狼的也不少。黄金荣虽然年迈，但论财论势，他无疑能排到前三名。

这意思是说，就在他蹲看守所的七天里，又杀出来两个财力丝毫不逊于他的竞争者：薛家两兄弟薛二和薛四。

说起此二人，就必须提到当年上海滩头的一段传奇故事。

话说旧中国，那叫一个热闹，没有个正经人管舆论，西洋报纸满天乱飞。有个名叫薛宝润的商人放着生意不做，天天收罗西洋报纸看。看来看去，忽然有一天，他抛房弃产，到处借钱，把所有的钱都用来购买不值钱的颜料。

人们对他这种转变十分讶异，紧接着恍然大悟：这厮是不是天天读西洋报读疯了，买那么多颜料干吗？疯了好，如果竞争对手全都疯了，自己岂不就好混了吗？

正当人们欣慰之时，突然一个惊天动地的消息传来：欧战爆发。

欧洲那边，一群国家扎堆打了起来。打起来好，欧洲人全都打死了，中国人就好混了。不过，战争爆发，战略物资顿时走俏，什么帆布、颜料这些不值钱的货，都是行军作战的必需品，薛宝润囤积在手的颜料价格霎时间翻了几十个跟头，而且价格还在水涨船高。

一夜之间，薛宝润就跻身世界级富豪行列。这时候人们才醒过神来：不是薛宝润疯了，是自己傻了！

薛宝润大发横财，他的两个宝贝儿子薛二和薛四就将挥金如土视为"高尚的追求"。兄弟俩每天铆着劲比赛花钱，要把老爹积攒下的偌大家业挥霍一空。奈何薛宝润赚到手的钱太多，产业也广，薛二、薛四拼了老命折腾，花掉的钱不过九牛一毛。

但是，薛家兄弟成功地找到了一条花钱的快速通道，就是来老共舞台捧露兰春的场。兄弟两人同时追求露兰春，展开了友好而和谐的热烈竞争。薛二送一篮花上台，薛四就送10篮花上去，单说在一掷千金眉头不皱这方面，就轻易地把其他追求者压了下去。

感觉自己已经打动了露兰春的芳心，薛二、薛四同时发力，向露兰春求爱。

露兰春痛苦不堪，举棋不定：薛家两兄弟，一样玉树临风，一样千金豪掷，一样风趣优雅，一样多愁善感，应该选择哪一个呢？

正为难之际，黄金荣横插一杠子进来，说："你要嫁的人，应该是我。"


## 借步登高，动机不纯

54岁的黄金荣悍然向25岁的露兰春求婚，这消息如一颗重磅炸弹，"轰"的一声，把黄公馆炸开了锅。

听到这个消息，第一个被惊呆然后东躲西藏的人，是"妹妹"。

"妹妹"名叫李志清，这一年她刚刚17岁，黄金荣和林桂生都管她叫"妹妹"。

她是上海老捕探李祥庆的女儿。李祥庆其人，江湖人称"生铁弹"，喻其质坚力猛。他和黄金荣是多年老友，女儿李志清出生后，两家立即商量婚事，决定等李志清长大，就嫁给黄金荣的大儿子黄钧培。等了十几年，好不容易等到俩孩子大了，李志清收拾头脸嫁过来，可没几天，黄钧培那熊孩子竟然莫名其妙地死了。

一个女孩子，年纪轻轻就守了寡，黄金荣和林桂生都感觉对不起李志清，所以平日里待李志清特别好。就这样，时日长久，她成了黄公馆具有决定性影响的人物。江湖道上的打打杀杀，李志清管不了，但家中的情感世界，向来都是她说了算。

闻知黄金荣要娶露兰春，李志清吓坏了，她知道这件事婆婆林桂生绝对不会答应，黄金荣一定会来找自己帮忙当说客；林桂生不会让黄金荣胡来，也会来找自己帮忙当说客。这样一来，他们都会轮番来找自己，让自己去说服另一方，自己就会烦死。

于是，李志清在这幢小小的黄公馆里见洞就钻，到处躲藏。

可这么大的事，她怎么躲得过去？林桂生成功地把她揪出来，对她说："妹妹，你去跟他说，我不反对他娶小。现在的男人，大凡有俩臭钱，都鼻孔朝天不知自己姓什么了，连杜月笙也娶了俩小老婆。你家老板想要娶小，也没什么不妥，可是露兰春不行，你要知道露兰春小时候，黄老板曾经牵着她的手，就在这个院子里捉蝴蝶。说起来，露兰春相当于他的孙女啊。这事一想就让人恶心，绝对不可以！"

婆婆吩咐完之后刚出去，公公黄金荣又走了进来："妹妹，跟你婆婆说一声，让她理性点。闹什么闹，有什么好闹的？没听说过家和万事兴吗？我娶个小怎么了，招谁惹谁了？今年我已经54岁了啊，还能再活几天？想当初你婆婆进门，自己拎个包袱卷就来了，打那天起，我就再也没看别的女人一眼。我如此对她，还不算深情厚意吗？我就是想晚年身边有个可心的人，支撑这么大的家容易吗？就这么点小要求，也值得说三道四大闹一场？"

妹妹李志清夹在中间，越想越觉得委屈，心说：我才17岁，还不知道爱情是什么味道，已经够冤的了，居然还要夹在你们老头老太太中间，听你们这些猫三狗四，这样的人生真是太滑稽了。

她解决不了问题，哪一方也不敢得罪，只能以一双凄惨绝望的眼睛呆望着公公婆婆，希望这失心疯的一家人放过她。

黄金荣和林桂生都感觉自己已经完成了对妹妹的争取工作，于是两人精神饱满，转入下一个战场，各自去争取杜月笙的支持。

这次轮到杜月笙东躲西藏了。

相比妹妹李志清足不出户、无处藏身，杜月笙大有不同，因为他狡兔三窟，有许多可以藏身的安全屋。他拣了个绝对不会有人找到的地方，进屋坐下来，长舒一口气：这几天就当我死了，坚决不出这个门半步。

正想着，忽听外边有人敲门，凑近门缝一看，顿时呆了：门外是一张肥胖的大麻脸。

惊异之余，杜月笙对着门缝说道："老板，你是怎么找到我的？"

黄金荣在门外怒道："老虎不发威，你当你家老板是病猫是不是？忘了我是干什么的吗？我可是上海滩头第一神探，找你个杜月笙，还不容易？"

"可是这……"杜月笙快要哭出来，"老板，我劝你还是打消这个念头吧。"

"为啥呢？"黄金荣在门外不紧不慢地问。

"因为，"杜月笙回答道，"桂生姐无法接受啊。在她心里，是拿露兰春当孙女的，所以这事……"

黄金荣不以为意，愉快地接道："所以，这事就需要你去劝劝她，让她冷静点、理性点。"

一边是自己的老板，一边是扶自己上位的老板娘，杜月笙陷入与李志清同样的尴尬局面，只能硬着头皮去劝说林桂生。

林桂生视杜月笙为心腹，见面就对他说："阿笙，你跑哪儿去了？到处找你不见，你快去劝劝老板。我不是反对他讨小，他讨谁都可以，唯独这个露兰春不行。我真担心他一世的威名毁于这个有心计的丫头之手。"

这句话让杜月笙心里一惊：露兰春有心计？

他其实对露兰春并不了解，只知道她打小在黄公馆长大，或许是黄金荣看她看久了，内心深处的畸恋之情在她成年后就流露出来。这虽然有点变态，但也在情理之中。只不过，杜月笙深知林桂生虽然是个女人，但那双眼睛是上海滩头最具洞察力的。她既然说露兰春有心计，此事多半另有蹊跷。

于是杜月笙出来，把满脸写满凄惨的李志清拉到一边，说道："妹妹，眼下这事，咱俩难办了。"

李志清不吭声。

杜月笙分析道："你呢，老板和桂生姐都视你为己出，都在争取你。我呢，一边是老板，一边是待我宏恩厚义的桂生姐。我们两个被夹在中间，处境一般可怜。解铃还须系铃人，要想摆脱这个局面，只能让妹妹出马，去找露兰春谈一谈，最好能够说服她拒绝老板。如若不然，也要摸清她的来路、底细。"

听了杜月笙的要求，李志清冷冰冰地说："不要说了，我已经偷偷找露兰春谈过了。"

"她怎么说？"杜月笙急切地问道。

李志清一字一句地道："她回答说，她要嫁给黄老板，无非借步登高而已。"

"完了，黄老板这次真的完了。"杜月笙的心里发出一声惊叫。

露兰春并不喜欢黄金荣，但她要嫁给黄金荣，这里面隐含的用意，堪称险恶之至。

无论杜月笙还是李志清，都不敢把这层话说透。谁知道露兰春所为何来？这种脂粉圈套，最让人惊恐的是，当事人黄金荣自陷其中，谁敢对他当面点破，他就会视对方为破坏他人生幸福的大敌，与你死拼到底。杜月笙和李志清都是聪明人，只能坐观黄金荣一步步坠入他人生黑暗的深渊。

以林桂生的精明，她当然不会让自己陷入这个可怕的布局。所以，她只能孤身脱逃，宣布与黄金荣离婚。她主动离婚最好，黄金荣求之不得，正好扫清障碍，迎露兰春进门。

露兰春被花轿抬进门的当日，林桂生挟着一个小包袱卷，黯然离开。只见新人笑，哪闻旧人哭？来也空空，去也空空，这就是她扶助黄金荣的悲哀一生。

白相人阿嫂永绝江湖，此后的社会游戏规则突然变得残酷而狠辣，再也不像以前那样温和了。

## ◼ 红杏出墙，情人被绑

1922年，杜月笙35岁。

这一年，上海道上黑帮残杀激烈，军阀势力介入其中。上海市警察局局长徐国梁在温泉浴室门口被"斧头帮"王亚樵设伏拦截，数十柄雪亮的利斧于半空中划出亮丽的弧线，当场将徐国梁砍成肉酱。

江湖会党竟敢袭杀警察局局长，新上任的浙江督军卢永祥面对媒体发言时极为震惊和愤慨："黑帮分子，素行不轨，竟公然袭杀警察局局长，实在不像话。我定当全力追查，务期将凶手捉拿，侦破此案！"

这一查可了不得，一夜之间，上海滩头充满刀光剑影，每天数十场血拼，现场往往丢下几十具尸体。这些尸体都是无名之尸，即使捕房费尽九牛二虎之力，也无法查出他们的身份。但从目击者在血拼现场听到的口音，以及这些死者的年龄来看，这些人多是潜入上海的军队中人。

血拼了一段时间，警察局局长徐国梁被杀案终于水落石出。原来，下令王亚樵之斧头帮动手杀人的，正是浙江督军卢永祥。卢永祥之所以要杀徐国梁，是因为徐国梁是军方另一系齐燮元的人。这段时间在上海滩头激烈血拼的，就是双方派出来的人手。齐燮元派人秘密入沪侦查，卢永祥则派人秘密劫杀，这才搅闹得上海滩风雨飘摇，血腥弥天。

也亏齐燮元派出来的人手高明，能一边挨刀一边破案，而且还能把这起无头悬案给破了，让人不得不服。

查清楚了，街头血拼就没什么意思了。齐燮元正式向卢永祥宣战。

于是，枪声再起，炮声隆隆，江浙大战就这样开始了。

直到双方进入热战，杜月笙这边才松了口气，总算弄清楚了这些拼杀于上海滩的杀手都是什么来历。

好了，没咱们什么事，咱们继续做生意，去发财。

但没想到，这时候黄金荣突然找来，告诉杜月笙，自己有麻烦了——露兰春红杏出墙了。

"去，把这件事摆平！"黄金荣吩咐杜月笙。

听说露兰春红杏出墙，摆了老头黄金荣一道，张啸林乐得张开大嘴发出大笑："看看，我不是早就说过吗，露兰春不是省油的灯！自打她嫁给黄金荣，就准备玩这一手，可怜的黄老头这一次被玩惨了吧！"

"唉，"杜月笙痛苦地揪着头发，"我就不明白了，薛四退出，露兰春她既然真心喜欢薛二，就应该拒绝黄金荣。你说她一边嫁给黄金荣，一边又和薛二海誓山盟，费这么大劲，所为何来？"

"玩呗。"张啸林漫不经心地说，"黄老头玩了一辈子人，如今老了，也该轮到被这个小丫头玩几天了。哈哈，我算是看准了，这老头铁定会死在这丫头手里。"

"唉，"杜月笙愁眉不展，"老板的意思，是让我警告薛二，让薛二自己远离露兰春，却不许我碰露兰春一下。这怎么可能？如果露兰春不撩开裙子，薛二又怎么敢往里钻？这事太难办了，先撂下吧。"

杜月笙撂下这事，先去忙生意，忙了两天，忽然有人来报他："杜先生，你听说了吗？薛二的家人向捕房报了案，说薛二被人绑走了。"

杜月笙大为吃惊，问道："薛二被绑票了？我还没动手呢，他怎么就被绑了？是谁下的手,莫非是黄老板？"想想又不可能,假如黄金荣绑了薛二,露兰春肯定不高兴,现在黄金荣最不敢做的事,就是让年轻的娇妻不高兴。所谓老夫少妻,龌龊易生,就是这么个情形。

杜月笙想明白了,立即奔去找张啸林,劈头就问:"你把薛二关在什么地方了？"

张啸林讶异地看着他:"就关在仓库里了。咦,我说过不许走漏风声,谁把消息告诉你的？"

杜月笙道:"没人告诉我,是我自己想到的。"

张啸林"哦"了一声,说:"也对,你撂挑子不管,老头他只能来找我。我其实也不想管这闲事,不过上一次老头被关进龙华护军使署看守所,我不愿意营救,老头为此没完没了地骂我忘恩负义。我寻思着这次是个机会,也好修复我和老头的关系,所以就出手帮帮忙。"

杜月笙沉下脸道:"老张,这事你做错了,马上放人吧。"

张啸林一头雾水,问:"怎么就错了？"

杜月笙说:"你想一下,薛二被绑,谁最愤怒？"

张啸林发出"咯咯"的怪笑:"最愤怒的,当然是黄老头的小情人、小娇妻了。"

杜月笙继续问道:"露兰春生气了,会向哪个发火？"

张啸林想了想,道:"露兰春她……哎哟,黄老头又要挨揍挨骂了。哈哈,这次黄老头的屁股铁定被愤怒的小娇妻拿鞋底抽肿。"

杜月笙再问:"你再想一想,黄老板被打被骂,他会找谁发火出气？"

张啸林抓了抓头发,猛然惊醒:"他找……黄老头只能欺负咱们两个,凭什么啊？"

杜月笙劝道:"你别一跳老高了,赶紧放人吧,别给咱们兄弟惹事。"

张啸林气得半死,才弄明白这里面有个死套,就套在他和杜月笙的脖子上。不管他们怎么帮黄金荣,都会惹怒露兰春。露兰春发了火,这道愤怒的火焰就会从黄金荣身上烧到他们两个身上。

张啸林冲进关押薛二的仓库,把薛二揪过来一顿暴打,打完后,一脚踹出门外:"滚！以后不许你再踏进老共舞台,左脚进断你左脚,右脚进断你右脚。你到底能有几多脚？咱们一只只断过来,不信断不尽你。"

薛二从地上爬起来,满不在意地掸了掸衣服上的灰尘,吹了声口哨:"多大点事，不就是睡睡你们老板娘吗？至于这么张牙舞爪、大动肝火吗？拜拜了，兄弟们，你们继续吃屎，我去睡你们老板娘喽！"

张啸林追出去，却又不敢真拿薛二怎样。他总算明白了，露兰春和薛二跟他们距离太近，已经摸透了这些所谓江湖道上虚张声势的伎俩，吓唬不住了。

所有人都被不争气的黄金荣拖进了烂泥潭里，左右为难，进退失据。正当大家心里咒骂黄金荣八辈子祖宗，骂这老头没出息时，黄金荣的人生之路突然吉星高照。

时运到来，黄金荣的名声直线飙升，让他从一个上海滩的大亨，眨眼工夫甚至成了世界级别的名人。

整个北洋政府，上自总统，下至勤杂人员，都在打听询问：知道黄金荣是谁吗？他在哪里？谁能找到他？有重奖！

英国、美国、法国等列强总统或首相向北洋政府提出严正交涉：你们中国政府不行，太差劲了，让黄金荣来，我们信任他。

列国大使组成公使团，在北京活动游行：把黄金荣给我们，我们需要他！

杜月笙、张啸林等人全都惊得目瞪口呆：出什么事了？

## 土匪也是人，同样要民主

仔细一打听，才知道事发于1923年5月5日，盘踞于峄县抱犊崮的一伙土匪闲极无聊之际，突然窜向山东与江苏两省交界处的津浦线，把一列客车给劫了。

这伙土匪的头子叫孙美瑶，军师叫郭其才，他们将行进中的列车一举颠覆，把200多名乘客尽数掠为人质。

乘客中有多名洋人，一名洋人出面抗议，立即被土匪拉到路边，一枪毙了。余者包括法国公使馆参赞茹安、上海首席大律师穆安素、法国人贝路比、英国记者鲍惠尔·史密斯，以及美国人爱伦等，全都被这伙荤素不限、生熟俱吃的土匪吓傻了，一股脑儿地被掳进深山，成了肉票。

这就是民国年间最著名的"临城火车大劫案"。事发之后，列强大为震惊，齐齐向北洋政府提出抗议，并严重质疑北洋政府的执政能力：你们是否有能力管理中国？没这个能力的话，把你们的铁路交给我们管理如何？

北洋政府和地方政府都慌了手脚，那么多的洋人人质，派军队入山进剿是行不通的，惹火了土匪，把人质全"突突"了怎么办？

于是，北京要员、当地高官、天津警察局局长、洪门"大阿哥"都扛着肥猪肥羊，笑眯眯地进了山，向孙美瑶一伙土匪抛出橄榄枝：交还人质，往事不究。以后兄弟们出山就是正规军了，孙美瑶为司令，郭其才为参谋，由政府负责以后的军队供养。兄弟们以为如何啊？

孙美瑶听了，严肃地对他们说："咱们中国，政治制度就是落后，什么事都是当官的说了算，民生民权一无保障，这样怎么行？这样是不行的！"

"不行？"谈判使者听晕了头，"美瑶兄弟，你到底是什么意思？"

孙美瑶说："民主，你们听说过没有？我们要民主！"

"民主？"谈判使者更糊涂了，"美瑶兄弟，咱们的大总统是票选的，你们都有选票，怎么不民主了？"

"不是，"孙美瑶解释说，"你们是民主了不假，可我们这边也得民主啊，是不是？我们要民主决议，开会讨论你们的议案，不能我一个人说了算，是不是？"

"你们明明是一窝土匪，居然闹起了民主。"可是谈判使者们也没办法，人家要民主，你总不能拦着吧？只好呆坐一边，看土匪们举行民主议事会议。

大大小小的土匪头目全都来参加民主会议，居然有20多伙人。难怪这伙土匪要民主，原来这是20多伙土匪扎堆的集体行动，孙美瑶只有军事领导权，大事还得交由土匪头目们开会讨论。

会议热热闹闹地开了好几天，最后投票表决，否决了北洋政府的议案。

听到这个结果，谈判使者们顿时气炸了："孙美瑶，给你个总司令，全部招抚，你还不干，你到底想要什么？想当大总统吗？！"

孙美瑶两手一摊："兄弟们要什么，我也说不上来，反正你们的议案被否决了，快点下山走吧。再磨蹭，当心兄弟们把你们也当肉票绑了。"

使者团无功而返，北洋政府这边彻底麻爪（方言，不知所措）了。无奈之下，军队出动围山，航空署出动飞机，在土匪窝上空盘旋兜圈，对孙美瑶一伙土匪施加压力。

高压果然有效，不几日过去，只见抱犊崮的深山老林中走出一个碧眼金发、瘦骨伶仃、打着一面白旗的人。

原来，这人是被掳走的大肉票——英国记者鲍惠尔·史密斯。土匪们放他下山，是让他把最新的民主决议告诉北洋政府。

鲍惠尔带回口信说："使者团被逐走之后，土匪们又举行了庄严的民主会议，并通过了一项神圣的议案。他们还说叫黄金荣来，否则大家一起死光光！"

北洋政府得到消息后，一下子蒙了："谁叫黄金荣？为什么非要叫他来？"

列强诸国从鲍惠尔这里得到消息后，齐齐对北洋政府提出要求："你们能不能找到黄金荣？必须找到他！找到这个叫黄金荣的人，让他把问题解决。"

可是在中国，叫黄金荣这个名字的人，应该不止十个八个。孙美瑶这伙土匪要找的是哪个黄金荣呢？

回来的肉票鲍惠尔解释说：他们说了，要找的是上海法租界巡捕房总探长黄金荣。

这就对了，于是北京急电，上海要员蜂拥来到黄公馆，敦促黄金荣立即启程。

听了这个奇怪的要求，黄金荣笑了："上茶。"

"今年是民国十二年，老夫已经56岁了。"黄金荣说，"娶露兰春为妻，也已经两年了。几十年来，老夫这双眼睛见多了江湖上的阴谋诡计，见惯了人世间的悲欢离合。老夫什么都见过，唯独没见过孙美瑶这个人，甚至从未听过这个名字。老夫心性已淡，只想跟露兰春相依相伴、花前月下，走完这愉快安详的一生。老夫才不会离开法租界，上什么抱犊崮。这不过是个圈套，想把老夫诱出来杀掉，老夫不上这个当。"

## ▰ 世间自有公道，厚道总有回报

黄金荣是成了精的老狐狸，他感觉到抱犊崮的土匪团伙不怀好意，所以坚决拒绝。

但他不能拒绝。如果他拒绝，北洋政府就无法救出人质，更无法向国际社会交代。

没办法，各路要员一起拥向杜月笙："杜先生，黄老板只听你的话，请你无论如何劝说黄老板启程。孙美瑶那边显然是诚心的，应该不怀歹意。"

杜月笙说："我也感觉孙美瑶不会有歹意，闹得惊动全世界，只为了把我们老板诱出去杀掉，这想想也太离奇。"

于是，杜月笙就去见黄金荣："老板，这次你必须去咯。"

黄金荣："愿意去你去，老子反正不去。"

杜月笙笑吟吟地道："老板，假如我请得张镜湖张老太爷与你一起去呢？"

黄金荣："那我就去，孙美瑶再怎么凶悍，张老太爷的面子他肯定得买。"

于是，杜月笙再赴海格路，去拜访青帮大佬张镜湖的开山弟子吴昆山，请张镜湖出山，与黄金荣共赴抱犊崮。

吴昆山静静地听完杜月笙的请求，回答道："这点小事，不需要张老太爷亲自去。"

"可是……"

吴昆山截住杜月笙的话："杜月笙，你对自己和黄老板的为人有点清醒的认识好不好？你们两个，本事咱不敢说，为人方面是没有丝毫瑕疵的。可以这样说，你和黄老板两个这辈子没得罪过任何一个人，只是倾心结交朋友。若非如此，你以为张太老爷是随便什么人都肯从龙华看守所往外捞的吗？所以，我断定抱犊崮那边八成是有人要报恩，而非报仇。"

"哦，好像有点道理。"

杜月笙被说动了，但他心里想，自己这边好说，可黄老板曾抽过"大八股党"沈杏山一记耳光，还因为强娶露兰春得罪了林桂生和薛二。可琢磨起来，就算这几个冤家想要报复黄金荣，也没本事掀起抱犊崮之惊涛骇浪。可是，老太爷这边，就没个定心丸给我家老板吃吗？杜月笙还不肯罢休。

吴昆山轻松一笑："告诉你家老板，如果有麻烦，就让他提一下老太爷的名号好了。"

"谢谢，谢谢老太爷！"杜月笙听了此话，如释重负。吴昆山既然允许提张镜湖的名号，就意味着到了抱犊崮可以尽情地吹牛，说自己与张镜湖有着过命交情、通家之好，即便当面与张镜湖这边对质，也能获得他的认可。

杜月笙兴冲冲地回来，把张镜湖这边的态度告诉黄金荣。黄金荣信心大增，立即打点行李出门。他虽然一个人上山，但等于有帮中地位最高的张镜湖相伴，活着回来的希望大增。

不承想，黄金荣一到抱犊崮，就受到了小土匪们的热烈欢迎，孙美瑶率20多名匪首以江湖道上的最高礼节恭迎。

黄金荣被恭送到高座上，孙美瑶垂手侍立在他身边，一副气都不敢喘的惶恐模样。黄金荣既诧异又困惑，看对方毫无敌意，心下稍定，刚开口说人质这事，孙美瑶立即恭声道："老太爷，在你老人家面前，没我孙美瑶说话的地方。眼下这事，老太爷你说咋办就咋办，就算老太爷你让我倒剪双臂，自缚出山，引颈受戮，美瑶我若皱下眉头，就是忘恩负义的狼子鼠辈。"

"别别别！"黄金荣被这排场吓坏了，"美瑶，你就依政府的要求吧，放了人质，全伙下山，你做个司令。嗯，做司令。"

孙美瑶恭恭敬敬地道："大恩不敢言谢，美瑶唯待来世结草衔环，以报老太爷之恩。"

"别价（方言，不要这样）别价……"黄金荣困惑至极，又不敢明问，只能就坡下驴了。

于是，所有人质获释，孙美瑶全伙土匪接受招安。人质危机至此得以彻底化解。

在回来的路上，孙美瑶那张怪脸在黄金荣脑子里一遍遍闪过，黄金荣猛然想起一桩陈年旧事来。

很多年前，黄金荣在法租界当神探，整天威风凛凛，到处抓人。有一天，一个一大把年纪的老头落在了他手里。这老头犯的事很严重，关起来可以，杀了也不冤枉。正当黄金荣准备走程序时，忽然注意到那老头还带着个孩子，就是为了养活这个孩子，老头才铤而走险做了犯法的事，栽在了黄金荣手里。当时黄金荣琢磨，如果把那老头抓了，那可怜的孩子说不定会饿死街头。

黄金荣心肠一软，就主动帮那老头销了案，放了他一马。临把那老头踢出捕房时，黄金荣还塞了几块大洋给他，告诫老头不要再走极端了。

现在想起来，当年那个被他救过的孩子虽然面目依稀模糊，但如果把那脸上的稚气除掉，添加几分杀人不眨眼的凶悍，应该就是现在的孙美瑶那张脸面。

原来如此！很多年前种的树，现在终于结了果。黄金荣抚今追昔，不胜感慨。

**看来，做人还是要善良，要厚道。世间自有公道，厚道总有回报。如若没有回报，必是时辰未到。**

## 英雄迟暮，淡出江湖

想明白后，黄金荣归心似箭，想快点回家把这件事告诉露兰春。这件事再次证明了黄金荣的幸运可不是平白得来的，而是靠了心肠善、人品好。

没想到，到了家门口却不见有人来接。黄金荣也没多想，下了黄包车，走进庭院，看到家里的仆佣都在，就是离他有点远，而且都以背对着他。黄金荣喊了两嗓子，那些仆佣似乎更加忙碌了，竟没一个过来问候老爷。

黄金荣恍然明白，不禁失笑：自己才离家一段时间，露兰春就想自己了。有道是小别胜新婚，娶个年轻香嫩的小娇妻，生活充满了期待，充满了香艳的刺激，这样的人生真好。

于是，他疾冲上楼，冲进露兰春的房间："哈哈，爱妻，我回来了！"

没想到，他看到的是空无一物，房间里一片冷冷清清。

"咦，这是怎么回事？露兰春的房间怎么变空了？"黄金荣诧异良久，慢慢转向自己的保险箱。

那只保险箱很大，里面放着黄金荣这些年积攒的黄金、珠宝、债券、道契。现在，这只保险箱仍然放在原地，一动也没动，只是箱门大敞四开，里面的金银财宝全都不见了。

望着空荡荡的保险箱，黄金荣双手抱头，慢慢地蹲到地上，呜咽起来。他的呜咽声听起来极为凄惨："不要这样玩我，我老了，再也玩不起这种忽然捧到天上、忽然摔到地上的游戏了。放过我吧，求你！"

黄金荣躺在床上，气息奄奄，老泪纵横。

杜月笙垂手立在床边，他的动作、姿势与临城劫案的主角孙美瑶在黄金荣面前时一模一样。

屋外远处传来张啸林怒气冲冲的骂娘声："活该！去死吧，蠢老头！也不摸摸你那没牙的瘪嘴巴，啃得动鲜嫩的小姑娘吗？现在舔得自己满脸口水，死心了吧？"

黄金荣发出一声低沉的呜咽："月笙，你去跟露兰春说，我什么都不追究，什么都不计较，她想和谁在一起，就和他双宿双飞好了。千错万错都是我的错，怪我不该娶她进门，只要她把拿走的钱还回来，我一切都不计较。"

杜月笙保持恭敬的姿势不变，但回答冷漠至极："晚了，老板，事情可不像你想的那么简单。"

"怎么了？"黄金荣勉强睁开眼睛，吃力地问道。

杜月笙道："眼下的麻烦是，露兰春仍然是你的老婆，是我们的老板娘。对于你我的底细，她看在眼里，记在心中，比任何人都明白。她知道，我们所谓的'小八股党'，听起来气势汹汹、杀伐满天，不过是一群饿得没饭吃的苦兄弟凑在一起壮胆而已。所谓血雨腥风的江湖杀戮，听起来骇人无比，不过是吓唬那些没有见识的外行人和胆小鬼。别人敬畏我们，对我们恭敬有加，让出财路给我们，那是因为别人被我们的虚张声势给恫吓住了，但是这些花招在露兰春面前无用。她知道，我们比任何人都脆弱，一旦揭开我们的外皮，露出来的就是像你这样任何人都可以宰割欺凌的虚弱内心。"

黄金荣听得一头雾水："月笙，你啥意思啊？"

杜月笙说："我不认为老板你听不懂。"

黄金荣还是不明白，再问："到底啥意思？莫非你是说，我的钱要不回来了？"

杜月笙叹息一声："唉，老板，服侍你，真的让人好累。"

杜月笙请出大法官聂榕卿、清丈局局长许沉，走合议庭路线，来调解黄金荣家这起情感纠纷。媒体适时跟进，调解人所到之处，后面全是黑压压的记者。

这就是杜月笙叹息的缘由。事情闹得太大，任何黑道迹象的介入，都会被媒体炒翻天，没人能承担这个后果。

最终的调解结果是：黄金荣与露兰春正式离婚，双方各走各路。露兰春卷走的大笔金银珠宝，能还回多少就还回多少——其实她根本不把这些钱放在眼里，不过是想让黄金荣痛苦、屈辱而已。

摆脱了黄金荣，露兰春飞向了薛二的怀抱。两人正式成婚，但婚后两人为防杜月笙的门徒报复，从此足不出户，夫妻二人一边使尽力气生孩子，一边没命地吸大烟。两人一口气生了六个孩子，一直生到1927年，黄金荣对薛二的报复才轰然而至。

但在此时，黄金荣已经沦为坊间笑柄，他的名气和声望遭受了无可修复的破坏，而且他再也没有心思问鼎江湖事业了，基本上算是退出江湖了。

此后的江湖，不再有人提起黄金荣这个名字。大上海，唯有杜月笙踌躇满志、高歌猛进、大刀阔斧，开创他那华而不实的空壳天下。

# 第五章
# 与官联手发横财

　　少年时期的经历固化了他一生的行为模式,他渴望赢得每个人的尊重,希望所有人都愿意拿他当朋友,一旦遭受否定与冷落,他就会产生一种孤独无助的凄惶感。

　　他的内心太脆弱。他需要外部世界的不断肯定,才能维系他那脆弱的尊严感。所以,他才会不顾严老九的冷落,执意想要结交他。

## 困难越大，越要勇于挑战

杜月笙开始经营他的杜氏天下，收罗江湖上那些嚣张的豪客。

他收的第一个人，就是昔日"大八股党"的沈杏山。曾经，沈杏山被黄金荣一记大耳刮，夺走了烟土保护权。沈杏山为防黄、杜斩草除根，逃到哈尔滨，但生存无路，只好返回上海。杜月笙让黄金荣登门去拜访，化解双方隔阂。

黄金荣亲自来请，沈杏山终于有了台阶下，大喜过望，于是率"大八股党"效命于杜月笙。

接下来，杜月笙要拿下"赌神"严老九。

他和严老九算是交过一次手了。昔日，杜月笙的弟子江肇铭闯入英租界砸场子，迫得严老九落门下闩。事后虽然杜月笙登门赔礼，但双方的梁子已经结下，不是那么容易化解的。

为了彻底解决这个问题，杜月笙派了个有头有脸的兄弟去严老九那边递话："杜月笙先生说，他想来你这里打麻将。"

"哦。"严老九听了跟没听见一样，继续玩牌。

"什么？不搭理？不搭理不要紧，那就硬请。"杜月笙派人带了帖子，直接叩响严老九的大门，请严老九赴宴。

为了软化严老九，杜月笙还请出了排帮大魁首顾竹轩。

顾竹轩，江北盐城人，只身入上海，赤手空拳打出了一片天下。现今他手下有8000名黄包车兄弟，这些兄弟个个愿意为他出生入死，打架舍命。如果谁得罪了顾竹轩，8000名兄弟一人一口唾沫也能淹死他。

杜月笙觉得如果有顾竹轩出场，应该能压住严老九了。但"赌神"终究是"赌神"，不会把你那8000拉黄包车的苦哈哈放在眼里，所以严老九虽然来了，但态度仍然冷冰冰。不管杜月笙说什么，他只是用两只眼睛眨也不眨地看着他，看得杜月笙心里发毛，心生寒意，话都说不囫囵，居然紧张得结巴起来。

连杜月笙都结巴了，排帮大佬顾竹轩更是如坐针毡。这不过是场酒宴，居然让在场的几个陪客人人都出了一身冷汗。

更尴尬的是，菜还没有上完，严老九忽然起身，说了一句："走起！"

说罢，带着跟他来的几个人扬长而去。

杜月笙慌不迭地追到门口，冲严老九的背影喊了一句："常来啊！"

顾竹轩几人看得当场失笑："杜月笙，你看你刚才的模样，十足一个妓院老鸨。"

严老九如此冷漠，拒他于千里之外，杜月笙又何必非要结交严老九呢？这就是杜月笙与众不同的地方，既是他的优点，也是他的悲哀。

**少年时期的经历固化了他一生的行为模式，他渴望赢得每个人的尊重，希望所有人都愿意拿他当朋友，一旦遭受否定与冷落，他就会产生一种孤独无助的凄惶感。**

**他的内心太脆弱。他需要外部世界的不断肯定，才能维系他那脆弱的尊严感。所以，他才会不顾严老九的冷落，执意想要结交他。**

杜月笙没想到，自己越是这样刻意结交，严老九越是厌烦、冷漠，越是毫不留情地关上了他们之间的心门。

但是，有人从门里面一脚把严老九关上的门踹开了，迫使严老九不得不向杜月笙发出宴请，请杜月笙去赴饭局。

## ◪ 投人所好，也要讲究方法

严老九拒绝杜月笙，也非本意。大家都在上海滩这块地方混饭吃，又没深仇大恨，有必要这样扭劲吗？

他冷冰冰地对待杜月笙，只是端一下"赌神"的架子。可麻烦的是，架子端起来容易，再想放下可就难了。

正僵持之际，严老九的一位知交好友，在孙传芳的部队中任军长的谢鸿勋途经上海，严老九为他接风洗尘。谢鸿勋却提了个要求：听说你们上海滩的杜月笙非常豪气仗义，你认识吧？

为了展示自己混得不赖，人缘广，严老九当然会回答认识。

"那……"谢鸿勋要求道，"让我见见杜月笙呗。"

"没问题。"严老九承诺道。

谢鸿勋好歹也是位军长，何以想见杜月笙呢？有两个原因：

一来，早在清末民初，杜月笙就喜欢往军队里掺和，帮助过革命党人杨虎和王柏龄，还曾献计炸死了徐宝山。这些事，革命党人都记得，当然会把他视为己方在上海的一个臂助。但凡军队中人说事，就会说：上海有个杜月笙，非常仗义，有事可以去找他，报我的名，他就会见你，要钱、要人、要枪，闲话一句。这样一来，杜月笙的名声就传开了。

二来，孙传芳的军队完全是靠帮会体制维系。孙传芳自己都要开香堂，收军官们当门徒，谢鸿勋也不例外。大家都在帮，而杜月笙是帮中大财主，这个关系，不能不笼络。

于严老九而言，有个军长主动向自己提要求，是非常给自己面子的事情。于是他隆重设宴，心里还担心上次架子端得太大，杜月笙不来。

不来才怪，杜月笙太需要人捧场子了，所以接到帖子大喜，立即应诺赴宴。有位军长想见他，这就证明他杜月笙的名声在外，是他非常满意的局面。

就这样，双方各有所需、各有所求，顺理成章地坐在了一起，海阔天空地扯起闲皮来。聊天中，谢鸿勋随意说起他曾在日货公司见到一些西洋工艺品，非常奇特。听到他说这事，杜月笙招手叫听差过来，吩咐道："去我的车子里，把我那只鸟笼拿来。"

听差去了不一会儿，拎了只鸟笼回来，笼子里有只黄莺正在婉转地鸣叫。

杜月笙接过鸟笼，双手捧给谢鸿勋："谢军长请看。"

谢鸿勋失笑，心说：我这里才说西洋工艺品，你就给我送来鸟笼和鸟了。顺手接过，扫了一眼，顿时大惊："这鸟是假的！"

"没错。"杜月笙慢声道，"这就是个西洋玩意，那只黄莺是只机器鸟，能飞会唱，堪可乱真。要说洋鬼子就是不务正事，天天制造这玩意。"

"这个好，太好了！"谢鸿勋手捧鸟笼，舍不得放下，"这东西，上海有的卖吗？"

杜月笙笑道："现下还没有，是位法国朋友送给我的。"

严老九瞧出来了，谢鸿勋想要这件货，又不好意思开口，只好暗示杜月笙："这东西，应该很值钱吧？"

杜月笙道："换算成大洋，应该五六百块吧。听差过来一下，我车里还有一只盒子，你一并拿过来，把鸟笼放进去，等会儿放到谢军长的汽车上。"

"那怎么可以！"严老九断然拒绝，"谢军长两袖清风，肯定不会收的。"

杜月笙道："那就劳你先收下，再送给谢军长好了。"

严老九大喜："好格。"

杜月笙来赴宴，事先带来了这只鸟笼，可见他精心考虑过，算准了这东西会打动谢鸿勋。他这次的手笔，不仅给自己挣了场面，也给严老九挣足了面子。此后，严老九成为杜月笙寸步不离的牌搭子（方言，打牌的搭档）。有此人在，杜月笙就可以放心豪赌，起码那些不成气候的老千在他面前动不了手脚。

凡事总有例外，虽然严老九享有"赌神"之盛誉，但强中自有强中手，不久就会有个手段高明的老千专门在赌桌上骗杜月笙这伙大佬，纵然严老九火眼金睛，也无法看出对方动过什么手脚。后来严老九被逼急了，将对方抓起来拷打，才见识了这绝顶高明的老千术。

## 春申门下三千客，小杜城南五尺天

就在黄金荣成功地解决孙美瑶临城劫车案，返回上海，发现露兰春携带他一生的积蓄与薛二私奔的辰光里，有一位比他更倒霉的老兄来上海寻找平衡感了。

这位老兄，就是被北洋武人挤对下台的民国政府大总统黎元洪。

黎元洪，湖北人，中国近代史上一个充满传奇色彩的人。他本是贫家子弟，少年时怀着一腔热血，加入了大清帝国的南洋水师。甲午之战开始后，他乘"广乙"号战舰为北洋水师运送给养，恰逢双方开打，结果他就这么被动地参加了甲午海战。

这一战，北洋水师劳师败绩，被日军轻而易举地击溃。黎元洪所在的"广乙"号在海面上疯狂奔逃，临近岸边时搁浅。船上统领管带乘小船登岸而走，留下黎元洪等水兵在船上。统领管带走后不久，日本水师追了上来，黎元洪等人誓死抵抗，凿沉战船，然后所有的水兵投水自尽。士有蹈海而死，此之谓也。

黎元洪投海，灌了一肚子海水，却没有死掉，而是被海潮推到岸边。他挣扎着爬起来，侥幸生还。

见他保全性命而还，大清帝国大喜。甲午海战大败亏输，总得有个人出来承担战败责任吧？别人不好找，黎元洪可是自己从海里爬回来的，于是以败军之罪判处黎元洪蹲了半年大牢。

黎元洪老实巴交，比较"肉头"（方言，头脑不清），海战中未死，却要蹲大狱，蹲就蹲吧，这事他认了。出狱后，他到湖北军中寻找活路，因为表现出精湛的操船技巧，迅速在新军中脱颖而出。此后他的官运高开高走，成为湖北新军中极有威信的人物。

紧接着，湖南共进会大佬焦达峰入湖北，在军中发展成员，准备武装起事，推翻清朝。对此，虽然清廷一再严令缉查军中党人，但黎元洪睁只眼闭只眼。他倒也不是对革命有什么热情，而是他的性格与一切暴力斗争相隔膜。在他看来，营中士兵都是自家兄弟，有什么说不过去，何必非要打打杀杀？

在他这种暧昧的态度下，辛亥首义枪声起处，湖北诸军纷纷响应起事。黎元洪极力弹压，甚至手刃一名党人，奈何大势已去，只好逃回家里躲了起来。未几，党人群龙无首，急需一名有影响力的领导人，于是摸到他家中，强行将他拖出，逼迫他出任革命军大都督。

黎元洪是汉人，对清廷固然缺乏好感，但对革命也没什么兴趣。此番革命军赶鸭子上架，黎元洪只好勉为其难走马上任，率领革命军死中求活，派出大批党人学生奔赴各省游说，终于赢得了南方诸省齐齐易帜的转机。此后，黎元洪与北洋袁世凯暗中媾和，迫使清帝退位，袁世凯做了大总统。

民国政坛几经波折，黎元洪获得机会出任大总统。奈何他一不谙政治斗争，二没有兴趣抓兵权，最终被北洋武人挤对，被赶出了北京城。

落魄潦倒之际，他就带着新婚夫人黎本危来上海散心。他在上海没什么势力，只能联络如杜月笙这类闲人。

虽然黎元洪已经不再担任总统，但对上海人来说，前大总统也还是真龙天子。杜月笙为能有机会接待黎元洪，兴奋到鼻尖淌汗。

黎元洪到上海，有两件事值得一提：

第一件事，是老共舞台后面的许多狐狸在当天纷纷搬迁而走。上海人坚信，黎大总统是天上的星宿，他来了，狐仙们不敢停留，只好搬走。

第二件事，是黎元洪的秘书长饶汉祥为杜月笙题了一副楹联：

春申门下三千客，
小杜城南五尺天。

这副楹联是杜月笙一生的最爱，而且联中的典故正切合了他内心深处的愿望。

上海在战国年间是楚国春申君的地盘，所以黄浦江又称"申江"，就是春申君家里那条江的意思。楚国的春申君，与赵国的平原君、齐国的孟尝君、魏国的信陵君，是历史上有名的"战国四公子"，都以养士而闻名。

杜月笙虽然出身贫寒，但内心极度渴望能像"战国四公子"那样结交天下，食客盈门。饶汉祥的这副楹联，正好切中了杜月笙的愿望与性格，让他欢喜不尽。

但天下事向来是乐极生悲，杜月笙只顾迎来送往，浑不知大乱已至，他的三鑫公司正面临一场空前的危机。

## 做人有原则，对敌人讲道义

其实，三鑫公司的经营始终是在危机中行进，只不过杜月笙、张啸林等人并没有意识到这个问题。

这场危机来自曾两次帮助过黄金荣的青帮大佬张镜湖。

杜月笙两次登门，都没有见到张镜湖，是有缘故的——"镜湖"根本就不是名字，而是号。

这个人真正的身份，说出来会把杜月笙吓晕过去——他根本不是江湖中人，而是民国初年苏北三大镇守使之一的通海镇守使张仁奎。

民国初年，苏北设了三大镇守使：海州镇守使白宝山、淮扬镇守使马玉仁、通海镇守使张仁奎。通海镇守使张仁奎所管辖的地盘包括启东、海门以至南通。他是一位有实力、有实权的军阀，岂会见杜月笙这类草莽人物？

张仁奎拒见杜月笙，还有更深层次的原因：他实际上是被杜月笙炸死的徐宝山的部将。

杜月笙不知道张仁奎有一身惊人的武功。张仁奎在徐宝山手下起初只是个低级军官，后来迅速升至旅长，又做了16年的通海镇守使，俨然坐地虎，势力极为庞大。

张仁奎创建了仁社，社中成员都是他的门人弟子，而且全都是高官显贵、军中要人。此外，张仁奎一嘴吃三家，他是北洋政府任命的军事主官，又是青帮中极具影响力的大佬，还是党人喜欢结交的道上朋友。

幸亏，党人在炸死徐宝山后，为防其心腹报仇，就大肆宣传，声称徐宝山是被袁世凯暗杀的。张仁奎了解袁世凯，认为袁世凯并非真凶。他隐约感觉到杜月笙在徐宝山被害事件中起到了什么作用，但这作用究竟有多大，张仁奎也不是太清楚。

这位躲藏在重重迷雾中的张仁奎，也就是张镜湖张老太爷，有自己的做人原则。黄金荣得罪卢筱嘉，被抓进龙华护军使署看守所，他一句话就帮忙把黄金荣捞了出来。黄金荣赴孙美瑶处斡旋，他允许黄金荣使用他的名号。这两件事完全是出于江湖道义，不做说不过去。

此外就是阻碍三鑫公司的经营业务，实际的目的就是为屈死的徐宝山报仇。这件事不做，难免失其道义。

最先发现三鑫公司出问题的，当然是天天看账本的金廷荪。这一天，他拿着账本来找杜月笙和张啸林，让他们两人看上面的数字。

两人拿眼一瞄，顿时惊叫起来："怎么搞的？钱怎么越赚越少？！"

金廷荪一摊手："我哪里晓得咯？两位老板，你们得出去看一看到底哪里出岔子了。不把问题找到，过不了多久，我们就没生意可做了。"

两人派出无数手下，四下追查，没多久结果就报上来了。

原来，通海镇守使张仁奎涉足了烟土行业。他们与上海的另一批人取得联系，在海门、启东一带开辟了鸦片贩运新航线。他们实际上完全抄袭了杜月笙的法子，雇请海外洋轮将鸦片载入长江北汊，再用小船接驳，将大批量的烟土络绎不绝地转运苏北，深入内地。

这招够狠，等于抄了杜月笙的后路，一下子切断了他的市场，让他措手不及。

军队的营生不是普通白相人惹得起的。得知这一消息后，杜月笙与张啸林坐困愁城：军队里的人？他们既然要插手，我们又有什么法子？再说也没人规定这长江水路就归你杜月笙、张啸林独家使用，只能认瘪。

纵是杜月笙多智、张啸林狠辣，也都没有想到，那位含而不露、介入烟土生意的通海镇守使，就是两次帮助过他们的张老太爷张镜湖。

当然，后来他们还是得知了这件事的真相。但在此之前，烟土市场突然发生了一个大扭转、大逆袭：一夜之间，无数人拥入三鑫公司，金廷荪狂喜之际，不假思索地下令打开库房，敞开来卖。

几日之间，三鑫公司的烟土存货告罄。

金廷荪急叫:"老板,上货啊!"

可是货没了。长江辽阔,烟水茫茫,苍凉的水面上见不到一艘烟船。

出什么事体了?

## 人脉没了,财源就断了

上海烟土市场突然断货,不只杜月笙措手不及,就连张老太爷张镜湖也始料未及。

但张镜湖是军方的人,肯定比杜月笙更早知道消息。这个消息就是,自打卢永祥出任浙江督军,密令"杀人王"王亚樵于温泉浴室门前袭杀上海警察局局长徐国梁后,齐燮元与卢永祥就结下了仇。两家自此开始了一场拉锯战。

这场战争堪称战争史上的异事,值得大书特书。

齐、卢二人,派系不同,但到底是北洋同枝。军中诸部,多是兄弟子侄、亲朋好友,仗是要打的,但又不好真的打出火来,所以这场战争就演变成声势浩大的友谊赛。

齐、卢之战,按时掐点。时间到了,双方士兵齐声吆喝,进入战场,相互炮击。炮击时间严格限制,打三个小时,一起停火,双方士兵下场,洗漱吃饭。这期间双方隔炮相望,亲切招呼,哪方面改善伙食就友好地给对方送一部分。

饭后,双方齐齐吹响熄灯号,士兵们脱光了衣服,上炕睡觉。

次日早晨,号兵吹响起床号。两家士兵愉快地起床,吃早餐,然后抽烟聊天。一个小时后,双方齐齐进入阵地,开始打炮。

就这种怪仗,居然也会有人吃败仗,说起来都让人难以置信。

吃败仗的,是卢永祥和何丰林方。失败后,齐燮元策马来到卢永祥处,双方喝茶、聊天,然后卢永祥拿了张船票,走海路去日本。何丰林带着卢永祥的大公子卢筱嘉来到上海找杜月笙,想叫上黄金荣,凑成一桌打麻将。

还打个屁麻将啊!何丰林此前是淞沪护军使,是负责替三鑫公司运送烟土的,他突然下野,撂挑子不干了,杜月笙的三鑫公司可咋办?

事情还没完,齐、卢之战激怒了福建军务督理,后来自封"五省联帅"的孙传芳。孙传芳驱师而入,收编了卢永祥、何丰林的军队,另派前海州镇守使白宝山出任上海防守总司令。

齐、卢大战，直接导致了上海周边的军事力量变换。昔日张啸林的关系人脉不复存在，长江水运的烟土运输渠道被彻底切断。

三鑫公司对此全然不察，还在稀里糊涂地卖货，几天之内，存货卖光，才发现后面的货源断了。下游的无数烟土经销商推着一车车大洋，苦苦哀求爷叔，要求提货，可三鑫公司根本无货可提。

没货就算了。黄金荣从容淡定，他为人小气抠门，此前赚到手的钱除了遭受露兰春私奔的不可抗力的那笔损失之外，还有相当一部分存款，足够他花到死。货源被切断，对他根本没影响，惨的是杜月笙和张啸林。

杜月笙原本不过是个过手财神，大笔钱财进了他手里，立即"哗哗"地流了出去。"春申门下三千客，小杜城南五尺天"，这副楹联可是有巨大成本的。这笔巨额成本支出，需要后续现金源源不断地流入，才能继续支撑。可此时现金流断了，杜月笙顿时傻眼。

张啸林不学杜月笙，舍不得把钱花在别人身上，但他也不是黄金荣，他是个喜欢大排场的人，在莫干山购置了大面积的山林，那里竹影摇曳、风景秀丽，需要大笔的钱维护。现在没有了后续的钱跟进，张啸林顿时有捉襟见肘之感。

张啸林的困窘比杜月笙更甚。当时他几乎狗急跳墙，竟逼迫他的太太——江湖人称"茄力克老四"，把手上、头上的金银首饰全部卖掉，但也不过是杯水车薪，无济于事，还惹得"茄力克老四"满地打滚、号啕大闹。

比张啸林更惨的，是"小八股党"的八位兄弟，这八位都正在铆劲向"亨"字级别冲刺，刚刚添置了几座公馆，娶了几房美貌的姨太太。忽然货源断绝，姨太太们虽然不见得每个都翻脸，但平均下来，每位兄弟都会不幸地遭遇一个翻脸的姨太太，逼得可怜的"小八股党"整日家都不敢回，孤魂野鬼一般在黄浦江边乱逛，极力克制跳江的冲动。

正在仓皇之际，不知是谁打听到一个消息，说是国会议员、大总统段祺瑞的知交好友陆冲鹏手中或许有货。

## 天下乌鸦一般黑

陆冲鹏，江苏海门人，前清秀才。晚清废除科举，他就改攻法律。他家是海门大号的地主，拥有沙田千百顷。他家的佃户，多达数千家。早在安福系当政时,他被选为国会议员,和段祺瑞的关系不是一般的铁。

若搁在往常,以"小八股党"的地位,是不敢仰望陆冲鹏的。段祺瑞的好朋友,那可不是开玩笑的。可现在,大家全都急疯了,竟然不管不顾,径直找到陆公馆,开门就道:"陆老爷,帮帮忙,我们真叫是过年白相相的赌本都没有咧。"

"小事体。"陆冲鹏漫不经心地回答,"你们要用多少钱呢?"

"小八股党"回答道:"陆老爷,我们不借钱,我们是想向你老人家借点烟土。"

"借烟土?"陆冲鹏当时就惊呆了,心说:如此机密之事,这伙烂人打哪儿得来的消息?但他依然保持镇定,不动声色,回答道:"你们一定要借,我去跟朋友商量商量。"

商量商量?"小八股党"听出名堂来了,陆冲鹏这里居然真的有烟土,可这是不可能的事啊!不管怎么说,打蛇随棍上吧,"小八股党"继续试探:"陆老爷,要是办得到的话,我们借20箱好不?"

陆冲鹏摇头:"不要太贪心,最多10箱。"

10箱就10箱,这完全是不可思议的事。"小八股党"抬着10箱烟土回来,正在屋子里坐困愁城的杜月笙吃惊得差点连眼珠子都掉落在地上:"你们这……这是从哪儿弄来的烟土?"

大家急忙回答道:"是从陆老爷陆冲鹏家里借来的。"

"陆冲鹏?"杜月笙使劲摇头,"这是不可能的事体嘛。陆冲鹏是法律人士,又不是做烟土生意的,怎么可能有10箱烟土借给你们?"

"小八股党"解释道:"陆老爷说了,他是从朋友那里匀出来的。"

"这更不可能!"杜月笙猛力摇头,"烟土断档,奇货可居,没有人会匀10箱烟土给别人。"

"小八股党"面面相觑,想想也觉得有道理,对杜月笙的判断深信不疑:"那么,这些烟土就是陆老爷自家的?"

"就是这样。"杜月笙两眼放光,"这些烟土一定是他自家的,而且他家的烟土数量还不少。既然他随意就借给你们10箱烟土,可知他家中至少有200箱存货。"

这一次,杜月笙的判断彻底失误了,陆冲鹏处并没有200箱烟土,而是有1000箱!而且,他的烟土还卖不掉,不然也不会随意借给"小八股党"。

说起贩卖烟土，那是十足的罪恶，是针对全体中国人民的犯罪，是对中国人身体和智能的摧残。杜月笙靠这个行业敛财，最终背负了永世不得卸下的包袱。无论任何时代、任何人来解读他，都绕不过这个坎儿。

唯一能替他辩解的理由是：他无知，他草根，他刚刚上学就辍学，他混迹于黑道底层，沾染上黑道的恶习。即便如此，这仍然是不可饶恕的罪恶，无法替他开脱。

无论如何，杜月笙终究是个没文化的草根。他走上贩烟土的错误之路，有着他必然的人生逻辑，但陆冲鹏就不一样了。

陆冲鹏是当时的高级知识分子、司法界高人。杜月笙都知道贩运烟土是不名誉的事体，陆冲鹏会不知道吗？

杜月笙贩烟土，好歹沾了个"穷"字，沾了个底层。可陆冲鹏家有良田千百顷，佃户数千，又是国会议员、国政要人，他手中的烟土居然多到杜月笙都不敢想象，此事又该如何解释？杜月笙困惑不已。

当他把消息打探明白之后，他和他的小伙伴们都惊呆了：陆冲鹏手中的货，竟是北洋政府大总统段祺瑞的，是政府在贩毒！

在北洋政府大模大样、堂堂正正地贩毒的时代，要求一介底层人士拒腐蚀永不沾，这不是匪夷所思吗？北洋政府何以放着正事不做，干起私贩鸦片的无耻勾当？

这件事还要从被北洋武人赶下台来的前大总统黎大胖子黎元洪说起。

当时，黎元洪的大总统做得好端端的，没招谁没惹谁，日子本来可以过得很安稳。可是，一到逢年过节、每个月令，他的日子就不好过了，因为军队都等着发饷，警察等着发工资，全都是喘气的活人，要吃饭要养家。可是，北洋政府很无奈：没有钱，一个镚子（原指清末不带孔的小铜币，10个当1个铜圆。后把小的硬币叫钢镚子或钢镚儿）也没有。

北洋政府没钱正常，毕竟民国初年百废待兴。兴，大家要吃饭，等政府掏钱；不兴，大家一样要吃饭，也要等政府掏钱。正所谓兴，政府惨；不兴，政府惨。

大总统黎元洪没有钱，就被北洋武人挤对，雇请了社会闲散人员上街游行，搞得黎元洪没面子，只好挂冠而走。

赶走了黎大胖子，段祺瑞往大总统的宝座上一坐，放眼一看，四面八方，无数只手伸过来要钱。

当时段祺瑞眨了眨眼,黎大胖子之所以被大家赶走,就是因为没有钱,现在自己坐在这个位置上了,仍然没有钱。

没钱,军饷没的发,工资没的领,麻烦大了。大批军人杀进门来,要求海军总司令杜锡珪支付军饷。杜锡珪央求段大总统干点"人事",把积欠多年的军饷给发放了。

对此,段祺瑞只回答了他一句话:"你先自己想想法子,不等不靠才是好司令嘛。"

杜锡珪怒不可遏,当场辞去海军总司令职务,跑到上海炒股票去了。

忽然,段祺瑞无比思念黎元洪:这哪是什么大总统宝座?纯粹是个火山口。

困窘之际,日本三井财团又钻出来了,说:"缺钱是不是?小事体。我们日本人帮你们解决。"

## 饱汉不知饿汉饥

三井财团派来的使者叫中泽松男。

中泽松男建议,由他出面垫付一笔钱(实际上是三井财团的钱),每个月打一张日本人主持下的"大连政府"护照,向波斯采购红烟土500箱,由波斯运往上海销售。所获得的利润,北洋政府可以拿去支付欠饷。

中泽松男这条计策,端的毒辣、无耻,至少给段祺瑞下了三个套:一是通过此事迫使北洋政府承认日本人在大连的利益存在;二是牵着段祺瑞的鼻头,把他领上贩运鸦片的罪恶之路;三是从此北洋政府和段祺瑞就欠下日本人一笔巨债,日本人可以随时索还。

面对日本人下的这三个圈套,段祺瑞毫不犹豫,"嗖"的一声就钻了进去——不让他钻也行,你能替他把军饷、工资全付了,他保证不钻。

于是,走投无路的北洋政府就此走上了贩运鸦片的不归路。

段祺瑞政府贩运鸦片,销往上海,就得在上海寻找自己人。隶属安福系的要人陆冲鹏临危受命,成了中国当时最大的烟土囤积商。

可是,陆冲鹏是高级知识分子,又是富二代,家里并不缺钱,也从未干过贩运鸦片这种毒害同胞的肮脏活。几批货陆续进入上海后,陆冲鹏就硬着头皮去自己的朋友圈里透露风声说自己手里有烟土货，价格低廉，质量上乘，欲购从速。

陆冲鹏的熟人、朋友闻风而至，纷纷表态要把陆冲鹏的货全部吃下。陆冲鹏没有经验，大喜过望，当场带着他们去码头提货。

等到提货时，这些人才露出穷酸面目。原来，他们根本没有一文钱，打的主意是先从陆冲鹏这里套到货，出手后再回款给他。最让陆冲鹏无法接受的是，这些人穷得吓死人，提货时根本不敢多要，半箱或一箱已经算是大手笔了。

这下把陆冲鹏气得发疯。要知道，三井财团已经连运两批货1000箱烟土进入上海，陆冲鹏这边要是半箱一箱地零售，得卖多久才能卖完？自己的熟人、朋友又全是卖光货再付款，到时候如果他们揣钱走人，自己上哪儿讨债去？

再者，他陆冲鹏何许人也？他可是国会议员、知名大律师，难道要他放了法律事务不干，天天蹲在码头零售鸦片吗？这要是被人知道了，他还怎么混？

悲愤的陆冲鹏被北洋政府逼得上蹿下跳，不得已联络通海镇守使衙门，先把这1000箱鸦片搬到自己的田庄存放。这一联络，消息就走漏了。

想一想，通海镇守使是哪个？昔日盐枭手下的张仁奎、青帮大佬张镜湖，这俩名字是一个人。

张镜湖的开山弟子吴昆山火速赶到，开口就要500箱，要销往苏北各地。上海军、警两界换人，杜月笙这边麻爪，张镜湖那边也一样。现在大家都疯了一样地寻找货源。可令人气愤的是，陆冲鹏是个走上层路线的富家大少，根本不晓得张镜湖、杜月笙这些人。在陆冲鹏眼里，这些人都是不靠谱的苦哈哈，你要是借个十箱八箱烟土还是可以的，但说到大手笔的买卖，他只能摇头再摇头。

了解这些前因后果后，杜月笙从容淡定，祭出了他的一张妙牌——"大八股党"沈杏山。

## 妙牌并不管用

当初，杜月笙率"小八股党"强夺了"大八股党"沈杏山的烟土保护权，吓得沈杏山逃往哈尔滨避祸。那时候，如果杜月笙派人杀了沈杏山，也不会有人说三道四。江湖嘛，黑道嘛，刀口上舔血的营生，残酷有什么不妥？暴戾有什么不对？

但是，杜月笙渴望成为民国时代的春申君，他不想杀沈杏山，想和沈杏山做朋友。他这个姿态，说好听了，是善良厚道；说难听了，是心机老辣——如沈杏山这类人，在英租界盘踞多年，积累了丰厚的人脉。这些社会关系，杜月笙分分钟都需要，所以他执意收服沈杏山。

沈杏山没有被杀，而且黄金荣亲自出面给他恢复了名誉与财源，这种先捏你到死，再让你原地满血复活的手段，一下子重塑了沈杏山的人格，让他从此死心塌地地臣服于杜月笙。

杜月笙巴结不上陆冲鹏这种通天人物，但沈杏山是陆冲鹏的座上宾，在陆冲鹏面前能说上话。

于是沈杏山出马，一见到陆冲鹏就说："现在，上海的大公司断了货源，黄浦滩上的鸦片缺到了逼人造反的地步。杜月笙想请你卖个交情，你的货卖到苏北也是卖，何不拨出一部分，也好让法租界的朋友们救救急？"

陆冲鹏听了一头雾水，困惑地问道："杜月笙？谁叫杜月笙？"

"杜月笙他是……"沈杏山急忙开始解释。

陆冲鹏却摆了摆手："老沈，不要说了，看你的脸色就知道，那个什么杜月笙不过是黑道上打架起家的亡命之徒。我陆冲鹏何许人也？你让我和这种人打交道，平白让我看低了你。"

沈杏山已经落了下风，想抢回主动权："老陆，你先别这样，听我说……"

陆冲鹏再次斩断了他的话："老沈，我问你，如果我把这些货交给杜月笙，出了麻烦怎么办？"

沈杏山再次开口，想让他打消疑虑："老陆，这个你放心……"

陆冲鹏又不等他说完，打断道："好好好，老沈你既然来了，我好歹给你个面子，让你在杜月笙面前有个交代。老沈，你了解我的为人，我陆冲鹏岂是贩运烟土之人？这些烟土，后面有人，我可以把你的要求转述给人家，行或不行，咱们等人家一句话吧。"

"老陆，你……"沈杏山还想再说什么，又被打断了。

只听陆冲鹏收尾道："就这样吧，老沈，你也不要难为我。"

陆冲鹏是大律师，几句话就把沈杏山挤住了。

沈杏山无奈，只好追问一句："老陆，你说等那边回话，我什么时候来听你的消息？"

陆冲鹏道："一个星期后吧。"

沈杏山耷拉着脑袋，失望而归。陆冲鹏的话外之意，已经明明白白了。人家不认识你杜月笙，不信任你杜月笙，这笔生意根本就不会跟你做，别瞎琢磨了。

听了沈杏山的报告，杜月笙面青如铁："上王牌！"

## ◾ 关键时刻必须出王牌

打发走沈杏山，陆冲鹏心里有种说不出的别扭。交际场合，最忌讳的就是拒绝别人。一旦遭遇拒绝，被拒绝的一方就会深感难堪，拒绝者也会背负上沉重的心理负担。

心里正别扭之际，忽然有人登门。

来者姓单，是山东督军张宗昌驻上海办事处的负责人，张宗昌的亲信，军中要人。陆冲鹏对他是不敢虚与委蛇的。

单先生出面，当面一句话："老陆，你脑壳灌水了？缺心眼了？老杜想跟你借几百箱烟土，应应市面上的急，你既然有，这个顺水人情为什么不做？难道你怕老杜拿了你的货，不给你钱吗？"

"老杜？谁是老杜？"陆冲鹏一脸茫然。

"什么？杜月笙你都不知道？"单先生脸上露出夸张的惊讶之色。

"这……杜月笙当然听说过。"单先生的夸张表情搞得陆冲鹏顿时产生羞愧感，感觉自己不再是手眼通天的安福系要人，而是一只没见过世面的土鳖。情急之下，他说道："依你的意思，我应该拨一票烟土给老杜？"

"那当然，这还有疑问吗？"单先生"正义凛然"地道，"上苏北，到上海，不都是一样卖货？你只要拨500箱给老杜，下了船，由他自己负责押运，出了差错，我替老杜担保。"

这个杜月笙，到底是谁？陆冲鹏心里困惑到了极点。贩运烟土，岂是容易做的生意？别看北洋政府也在贩运烟土，段祺瑞也参与其中，私贩烟土终究是违法的勾当，各地军警都在严密缉查。我把货交给一个混混杜月笙，万一在路上被军警查出来没收了，或者被不要性命的黑道中人给抢了，或者杜月笙不要性命、不讲信义，把烟土吃了不给钱，我找谁说理去？

这些念头瞬间掠过，陆冲鹏做出了决定："好，我就拨500箱烟土给杜先生。不过，交货日期要等到一个礼拜后。"

单先生大为不满："你不是有现货吗？为什么要等到一个礼拜后？"

陆冲鹏解释道："现货不在手边，而且已经订出去了。但是西贡的电报已经来了，下批货500箱，一个礼拜后到岸。"

那就等一个礼拜吧。这段时间，杜月笙趁机与陆冲鹏频繁接触，想要拿下这位通天人物。但两人的出身、教育背景、身世经历、习惯爱好全无半点相似，他们两个完全是不同的人类，沟通起来痛苦而艰难。

越是这样，杜月笙越感受到自己与高端人物之间存在一道不可逾越的鸿沟。这道鸿沟越深，他越想跳过去。

杜月笙精心研究过陆冲鹏的心理弱点，当下就发了狠：老子这次跟你玩个火辣的，不迷死你，我杜月笙就……到时候再说吧。

## 有胆有人脉，才能干大事

1924年，杜月笙37岁。

这一年阴历大年夜的前三天，一艘外国巨轮在吴淞口外的公海落锚。陆冲鹏登上北洋军舰，驶往公海接驳。

这艘军舰的舰长是当时的海军总司令杨树庄的弟弟。

考虑到前任海军总司令被士兵追饷而辞职逃走，北洋武人以军事武装贩运鸦片的行为就可以理解了——混口饭吃而已。

军舰载着来自波斯的烟土，驶入高昌庙水域。陆冲鹏于黑夜中落下小舢板，划到岸边，不知找了个什么场所，给杜月笙打电话："杜先生，我已经抵达高昌庙。"

杜月笙回答说："好。"

陆冲鹏心里充满了担忧，对杜月笙说道："杜先生，我这心里七上八下的，你知道孙传芳想抓我们的小辫子非止一日了。这要是被他们抓住，后果不堪设想。所以，我想先行卸下100箱，试试路上有没有风险。如果能够平安到货，咱们明天继续运。"

杜月笙说："要卸货就一次卸完，干吗像个女人一样哼哼唧唧、拖拖拉拉？"

陆冲鹏心里十分忐忑，解释道："杜先生，你低估了这次行动的风险。实话说，我不像你这种江湖人物，冒不起这个险。"

杜月笙笑道："哈哈，陆先生多虑了，要不咱们这样吧，我马上打电话给孙传芳的心腹爱将宋希勤，让他立即宣布，自高昌庙到枫林桥全部戒严，今天的码头，闲杂人等概不可入，让咱们平安卸货。"

"什么？"陆冲鹏这一惊非同小可，"宋希勤在今天的上海滩红得发紫，是出了名的铁面无私、一身正气，他怎么会听你的话？"

杜月笙道："陆先生，你听到我的话没有？全部货物，你尽快卸下，我们的戒严到深夜两点为止。"

"不是……"陆冲鹏彻底震惊了，"那我……那我要不要也跟货一起到码头？"

杜月笙怒道："你上码头干什么？闲的吗？马上一个人来法租界！"

这时候，陆冲鹏已经麻木了，机械地问道："法租界哪里？"

杜月笙说："维祥里。"

随着杜月笙这句话落下，一阵疾速的汽车笛声传来，一辆汽车在陆冲鹏面前停下。车上的人露出头来："陆先生，杜先生让你马上上车。"

"来了。"陆冲鹏慌不迭地上了车。

汽车风驰电掣，向法租界疾速驶去。

## ◾ 知己知彼，百战不殆

从枫林桥到维祥里，车灯照耀，人影幢幢，一队队荷枪实弹的军人在路上杀气腾腾地巡视。这光景，若有哪个百姓闯进来，被乱枪打死算是便宜的，惨的会被拖进大狱，十年八年不见天日，那才叫生不如死。

最让陆冲鹏惊心的是，沿路巡视的竟然是孙传芳部最精锐的手枪旅，人手一支短枪。如此精锐齐出，只是为了保护杜月笙的鸦片生意。这世道，委实让陆冲鹏为之感叹。

再向前，是维祥里的三鑫公司，从军舰上卸下来的烟土，正迅速被运入仓库。这一带负责警戒的，是"小八股党"率领的手下兄弟，人手一支长短枪。陆冲鹏终于看到了杜月笙，他亲自坐镇，也在情理之中，但他的腰上竟然别着一支短枪，这让陆冲鹏有点惊讶。

这是杜月笙精心设计的形象，是做给陆冲鹏看的。他摸准了这些所谓的安福系要人身居高位，与"小八股党"这类草根隔着数十道阶层，向来不把这些江湖人士放在眼里。但安福系要人对正规军敬畏有加，因为军队就意味着实力，意味着地盘和财力。

所以，杜月笙这次直接出了一对王，张宗昌与孙传芳两家的实力一下子就把陆冲鹏吓老实了。杜月笙确定，必须是一对王，陆冲鹏只认这个。

被震慑的陆冲鹏回到北京，向段祺瑞极力推崇杜月笙。此外，为了表示自己也够分量，有足够的资格成为杜月笙的朋友，陆冲鹏从北京返回，给杜月笙带回来一样对他来说最稀罕的礼物：委任状！

两张委任状，由北洋政府财政部签发，内容是聘请杜月笙、张啸林二人为财政部参议。

这张纸对江湖人物来说可谓价值连城，可以对外宣称自己也算是个通天人物了。从理论上来说，杜月笙和张啸林得到这张纸，应该如获至宝才对，但实际上，杜月笙和张啸林把这张纸藏得严严实实，一辈子也没拿出来给人看过。

为什么？因为北洋政府过气了。试想，堂堂北洋政府竟然无力承担军警的饷资，导致正规军沦为鸦片贩子，到了这个地步，北洋政府还怎么撑得下去？

地方势力迅速崛起，霎时间上海滩再现歌舞升平。衣香鬓影中，猛然炸出震惊世界的大惨案。

杜月笙迅速走向政治舞台，试图寻找一个可以落脚的位置。

## 第六章
# 山雨欲来风满楼

他的心智已经成熟,为人处世愈发温和老辣。广泛的人脉关系,保证了三鑫公司财源滚滚。他渴望能有个机会,在新的战场证明他的价值。

## ▰ "五卅惨案"爆发

1925年，杜月笙38岁。

他的心智已经成熟，为人处世愈发温和老辣。广泛的人脉关系，保证了三鑫公司财源滚滚。他渴望能有个机会，在新的战场证明他的价值。

就在这一年，由日本人在上海开办的一家棉纱厂，工人举行罢工。日本人大为恼火，强迫工人复工。工人拒不听从，终于演变成激烈的劳资冲突。日本人竟向手无寸铁的工人开枪，当场打死工人顾正红，打伤八人。

事情闹大了，日本人吓得半死，一不做二不休，索性派浪人进入各家报社，严令禁止刊登棉纱厂惨案。

报社被吓到，再也不敢报道相关新闻。

消息被封锁，罢工工人得不到社会援助，没多久就陷入生活困境，只好请求上海总商会出面调停。可是，总商会也害怕日本人，只能装聋作哑，一味拖延。

走投无路的罢工工人又去找上海学生联合会。学生们热血方刚、气壮胆大，不怕日本人，就举行募捐演讲，为罢工工人筹措生活费用。日本人再次背后使坏，让巡捕出动，抓走两名演讲学生。

次日，又有四名学生前去参加顾正红的追悼会，途中被巡捕抓走。

这样，已经有六名学生被抓，"工运"随时会演变成"学运"。于是，学校的老师和校长匆忙赶赴捕房，保释学生，但捕房不允许保释。

为什么不允许？学生不过是登台演讲，给没有生活收入的罢工工人筹点生活费，又或者是在去追悼会的路上就被抓了，这些孩子根本没犯罪，凭什么不允许保释？动机不详，原因不明，但明显有其他势力暗中介入，目的是进一步扩大事态。

听到这个消息，上海的学界顿时就炸开了。

革命党人马超俊适时出现，联络社会各界，准备发起大规模的抗议游行。

马超俊，字星樵，广东台山人。据他本人回忆，1904年，他赴横滨求学，遇到了正在留学生中发展党人的孙文先生。

他听孙文宣讲革命道理，就问他："孙先生，革命什么时候成功？"

孙文回答："很快，只需要100年。"

马超俊问："100年还快？那要牺牲多少人？"

孙文说："要牺牲2亿人。"

"要牺牲这么多人？"马超俊惊呆了，但又感觉投身这么一场漫长而浩大的民族拯救运动很有意义，于是成了孙文手下最擅"工运"的大将。他曾参加过镇南关起义、黄花岗起义、武昌首义。这一年，马超俊正在上海秘密活动，联络大学生和工人创立"孙文主义学会"。听说顾正红事件后，他立即站出来，要举行民众大会，挫败日本人的气焰。

马超俊是"工运"高手，成立了民众大会筹备局，让这个机构展开运作。

民众大会筹备局就派人联络杜月笙："杜先生，日本人太猖狂了，在咱们中国的土地上这么欺负咱中国人，你要出来说句话格。"

杜月笙回答道："我一定尽力。"

此言一出，他身边的人顿时就炸开了锅，吵吵闹闹，反对他介入此事。

## ▰ 英国人横插一杠子

带头反对杜月笙介入"工运"的是张啸林。

他说："杜月笙，你脑壳进水了吗？你以为这就是一场简单的'工运'吗？哼，都知道在这后面，有反租界势力隐伏，想把上海搞乱。我问你，上海乱了，对你有什么好处？没听人家朝廷说……不对，是英国人说，稳定，稳定。你老大年纪，又是经商之人，非要搅和这事，你说你是不是烧昏头了？"

杜月笙说："老张，你又来那套了。被杀的是咱们中国人啊，你就忍心坐视不管？"

张啸林冷笑道："事情绝不会那么简单，不信你走着瞧。"

果如张啸林所言，就在杜月笙不顾身边朋友反对，公开表态介入此事的几天后，具体时间是1925年5月30日，马超俊成立的机构迅速将事件推向另一个局面。

5月30日，上海学联发动学生、工人与商民，组织了一支声势浩大的宣传队，在各繁华地带进行宣讲，揭露日本人枪杀中国工人的罪行。公共租界的巡捕闻风而至，当场抓走300多人。

随后，一万多名群众围聚捕房，要求释放无罪者。双方僵持之时，英国捕探爱霍逊突然向群众开了一枪。现场的印度巡捕听到枪声，也向群众开枪。虽然在场的中国巡捕不忍心枪击国人，向天开枪，但仍有13名群众被打死，20多人受伤，被巡捕顺势抓捕的有50多人。

这就是惊天动地的"五卅惨案"。

"五卅惨案"是一起劳资冲突引发的事件，但日本人太嚣张，公然枪杀中国人。即便如此，那也是日本人一家的罪责。可谁也未曾料到，英国人好死不死，搅和进来，把事情全揽了过去。

巡捕全部出动，拦截通过公共租界赴九亩地开会的群众。英国海军陆战队登陆，全副武装，杀气腾腾。

6月1日，南京路上有人阻止电车行驶。英国人开枪，当场打死4人，打伤10余人，被捕者无以计数。

上海人彻底震惊：这里面有你们英国人什么事？你们为什么拼了老命把事情往自己身上揽？还和日本人比着杀中国人，真是太可恶了！

马超俊开始酝酿大罢工，英国人宣布公共租界戒严，陆战队与各路商团开入，架起机关枪和大炮，随时准备炮击聚集人群。

那一天，上海滩的空气中散发着浓烈的火药味。无数人惊恐不安，杜月笙则目眦欲裂，破口大骂："外国小赤佬，你们不是人！"

张啸林喝道："杜月笙，你到底想干什么？起初只是一个顾正红被杀，一起普通的法律事件而已。告诉你们不要闹，不要闹，要相信英国人，可你们不依不饶，闹个没完。结果是现在几十人伤亡，数百人被抓，你满意了？你想要的，就是这么个结果吗？"

杜月笙不理张啸林，转向管家万墨林："替我换下衣服，我要去环龙路44号商讨此事。"

怒不可遏的张啸林拦在杜月笙面前，阻止道："你可不可以不去？"

杜月笙道："不可以！"

张啸林道："你到底想干什么？把租界搞乱，对你有什么好处？"

杜月笙道："我只告诉你一句话，中国人的权利是争取来的，不能等着英国人恩赐。"

张啸林怒急攻心,道:"鸡啄虫,狗吃屎,各人有各人的营生。你是个商人,该干的事是去赚钱。如果你要支持谁,掏钱资助他就是了,这才是你杜月笙的活。你照镜子瞧瞧自己的脸,一副蠢样。我告诉你杜月笙,你现在是被人牵着鼻子走,你就等着后悔吧!"

杜月笙回答了一句:"我们住在租界,但我们是中国人。"

说完,杜月笙开门而去。

张啸林追到门边,大声叱道:"你如果闹到无法收场,别怪我没提醒你!"

说罢,张啸林回过头来,意犹未尽地舔了舔嘴唇,对呆立在一边的万墨林说:"你看你家杜先生,眼瞅着四十的人了,就跟个傻小囝一样蠢。"

万墨林道:"我哪里晓得咯?反正杜先生让我做什么,我就做什么。"

## 没有最蠢,只有更蠢

上海工商学会组成统一大联盟,宣布全上海大罢工。

一呼百应,不过两天工夫,上海便沦为一座死城。人不能走,车不能行,所有商铺统统落闩关门,所有工厂全部停工。

英国人乐了:"哈哈,罢工好,你以为罢工我就怕了你?我倒要看看你们上海人罢了工没收入,没吃没喝,没电没水,怎么玩下去。"

上海人真的撑不下去,罢工没半日,相当数量的工人家里就已经揭不开锅了。说到底,这个社会底层人士居多,一旦罢工,这些人立即就会陷入困境。这种时候,正是杜月笙大显身手的时候。

杜月笙站出来,四处奔走,联络财界各方势力,举行规模盛大的募捐义演,当然他自己捐的钱最多,总计筹到了100多万元。工人们有钱在手,于是继续愉快地罢工下去。

北京政府向领事团提出严重交涉,双方派人到上海进行调查,结果发现整个事件本来跟英国人半点关系也没有,公共租界纯粹是自作多情,替日本人出面顶雷。调查后的处理结果,是宣布把上海公共租界警监和督察埃佛逊撤职查办,对工部局总董费信惇加以申斥。

坦白说,这个结果极其偏袒英国人,他们打死打伤数十名中国人,竟然提也未提。

可出人意料的是，对于如此偏袒英国人的条件，上海公共租界的答复竟然是：滚，老子不搭理你！

傲慢的英国佬竟然拒绝如此偏袒的条件，那就没办法了，工人们只能继续罢工，跟他们僵持下去。

双方对峙到1925年8月12日，上海公共租界才象征性地做出妥协让步，顾正红案由日本工厂赔偿死者顾正红伤亡费用1万元，补助停工工人10万元，其他事项由北京政府与领事团继续交涉。

公共租界的蠢行导致中国人对英国人极为反感，使得英国人在中国的百年辛苦经营毁于一旦。此后，从上海、广州、香港到沿海各口岸，再也见不到英国轮船的踪迹，中英贸易链彻底断裂。究其原因，一切不过是缘于英国人为狡诈的日本人买单。

香港也受到牵连，顾正红案引发了国人对英国的强烈敌意，香港贸易停滞，陷入困境的港督不得不向英国政府紧急借贷300万英镑。

这一年，英国商务大臣卜赖脱写了篇报告，称：

就目前上海方面与中国其他商业中心之情况而言，总罢工实已瘫痪对外贸易及大部分重要产业。目前抵制运动亦在实施，以其全面对付英国，部分对付日本。此外，过去中国在条约中给予英国的商业特权，如今且已提出必须撤销的要求。因此，本人对今日中国的经济局势与未来贸易前途，实难避免发出极端悲观之论调。

总结这起政治事件，无外乎英国人太拿自己当回事，不甘寂寞替日本人背书，搞到最后，激起天怒人怨，葬送了英国政府在中国百余年的经营，英国人只能气到吐血。

## 没有文化，所以羡慕有文化

杜月笙在工人运动中所起到的关键作用，引发了潜在政治势力国共两党的高度关注。

于是，一名共产党秘密特工"从天而降"，靠近杜月笙，对他密切关注。

说起这位共产党秘密特工，委实让人感慨万千，欲哭无泪。

晚清时，袁世凯废科举，改考现代经济学科。当时竞争激烈，多名考生尚未进入考场，就被其他考生以匿名信诬告为乱党拿下。这样一来，最后进入考场的考生人数不足报名的三分之一。

考分公布，第一名叫梁士诒，第二名叫杨度。众考生见之大怒，纷纷上书，指梁士诒的名字有政治问题，"梁"是保皇党梁启超的姓，"诒"又与保皇党康有为的原名（祖诒）相同，梁头康尾，其心可诛。

于是，梁士诒出局。然后，考生们掉转枪口，准备干掉第二名杨度。幸亏杨度机警，见形势不妙，立即逃往东洋留学。

到了日本后，杨度出任中国留学生总干事，管理着一万多名清国留学生。岂料孙文先生赶赴日本，成立了同盟会，只是对政治感兴趣的留学生人数太少，只有300余人加入。于是，孙文先生将才学过人的杨度锁定为目标人选，准备将其拿下。

孙文先生来找杨度，劝说杨度参加革命党。但杨度认为，中国应该走立宪之路。两人争论了两天两夜，杨度越争越精神，孙文先生无功而返。

此后，日本文部省出台管束中国留学生的文件，留学生大为不满，闹了起来。杨度赶来劝说，一到场就被"鉴湖女侠"秋瑾抓住，一顿暴打。其余党人一哄而上，对杨度拳打脚踢，勒令他迷途知返，立即加入革命党——革命党之所以要拿下杨度，就是因为他是学生会总干事，在留学生中有影响力，如果他革命了，同盟会成员就会大为扩充。

杨度被打惨了，逃到日本的一家温泉旅馆躲了起来。岂料他足不出户，引发了日本警察的高度疑心，认为他是个不法分子，把他抓进警察局审问。此次事件，以义士陈天华蹈海而告终，从此杨度被党人视为异路。

此后革命党坐大，杨度销声匿迹。到了民国年间，他突然出来，成为袁世凯称帝的智囊班子成员。袁氏称帝失败后，因为杨度名气极大，许多人替他说情，最终他未被追究。

帝制走向穷途末路，回天无力，杨度就此丧失了用武之地。在许多人的感觉中，杨度已经彻底边缘化了。

谁也未曾料到，杨度竟然神奇地来了一个大转身，秘密加入了中共地下党，受组织委派，偕名流章士钊前来拜访杜月笙。杜月笙可不管什么保皇派、革命党，只知道杨度名气极大，远非自己这类江湖人物所能接近。如今杨度屈节来访，让他喜出望外，从此每月支付杨度生活费用500元，希望以此招贤纳士的手段扩大自己的影响力。

杨度的出现是一个标志性的信号，标志着杜月笙已经涉足报界与文化领域。当然，他不懂得这些，但他有钱就可以任性了。

## 同道中人，惺惺相惜

杜月笙只上过一年私塾，因家庭贫困而辍学，所以他识字不多，引为终身憾事。加上他出自黑道，内心有着一种洗白自己的天然冲动，所以对文人表现得恭敬有加。如果有记者、报人愿意被他延揽，杜月笙是不惜血本的。

他支付给报界门人弟子的津贴数目极大，这笔钱如果存起来，一年下来能够购置一辆当时的小轿车。

杜月笙最得意的延揽人才之事，大概是成功拿下了章太炎。

章太炎可不是一般人物。他是有名的狂士，早年赴日本，日本警察让他填写个人信息表，表格上有职业、出身与年龄等项，章太炎先生填的是：

职业：圣人。

出身：私生子。

年龄：万寿无疆。

连填张表格都这样，是因为章先生学究天人，造化通神，"一代国学大师"的称号丝毫不是开玩笑开出来的。

章太炎先生的逸事不计其数。他在东京时，与孙文联手搞革命，因为账目问题大闹同盟会，孙文先生惧而避之。等到民国建立后，因为袁世凯有心称帝，章先生大闹中南海，袁世凯将其软禁。章老先生怒而绝食，彻底吓坏了袁世凯，生怕章先生饿出个好歹，让他背负上饿惨"国学大师"的恶名。袁世凯发动各路说客，游说章先生，央求章先生好歹吃口饭，都没有效果。最后万般无奈，使了激将法，派人对章先生说："章太炎，你绝食就上老袁的当了！袁世凯正盼着你饿死呢，你活活饿死自己，等于替他袁世凯扫除了心腹之患。"章先生一想，对啊，我不能饿死自己，得吃饱喝足，继续修理袁世凯。于是，他捧起肘子，大啃特啃。

章太炎老先生就是这样一个人，把谁也不放在眼里，视大总统袁世凯蔑如也。试问区区杜月笙，又凭什么让章老先生拿正眼看他一下？

杜月笙与章太炎相距甚远，杜月笙未必有信心获得章太炎的尊重。但凡事都有例外——章太炎竟然亲自给杜月笙写了封信，请求杜先生帮他一点小忙。

原来，章太炎老夫子是国学大师，不食人间烟火，但他的家人亲戚都是凡夫俗子。他有个侄子居住在法租界，与人发生了房屋纠纷。虽然章太炎不把孙文放在眼里，不把袁世凯放在眼里，可这弹丸之地的法租界偏偏不把他这位国学大师放在眼里。

章太炎解决不了侄子的问题，只能求助于法租界最有势力的杜月笙。杜月笙抓住这个机会，迅速解决问题，这就让谁也不服的章老夫子欠了他一笔人情债。

于是，章太炎途经上海时，前来拜访杜月笙。据杜月笙的门徒称，章老先生与杜先生一见如故，相互引为知己。

两人是否真的一见如故不得而知，但杜月笙不无惊讶地发现，名满天下的国学大师竟然饱受经济拮据的痛苦困扰。于是，杜月笙在告退时，在自己喝过的茶杯下面悄然压了一张2000银圆的庄票。

章太炎坦然收下了这笔钱。

接下来，杜月笙每月都要派人送笔款子到章太炎家。这些钱，章太炎也统统收下了。

章太炎收下杜月笙的钱，似乎意味着对杜月笙人品的肯定——实际上，杜月笙并不知道，"国学大师"章太炎早年跟他是同道之人。昔日各地志士联络革命，章太炎就是起自浙江的光复会首领。他手下的人，说出来能吓死杜月笙。

光复会中人，有晚清舍身炸出洋五大臣的吴越，有行刺浙江巡抚恩铭的志士徐锡林，有最为出名的"鉴湖女侠"秋瑾。

光复会中的精英如吴越、徐锡林、秋瑾等死难后，在黄花岗起义中，光复会成员几乎全部拼光。余下来的零星成员，在上海光复后，与同盟会的矛盾越来越深。光复会首领陶成章躲到了医院里，被年轻的蒋介石追到医院枪杀。

至此，光复会不闻于江湖，同盟会独擎革命战旗。而光复会的两名主要首脑人物蔡元培和章太炎从此淡出政界，潜心于教育推广与国学研究。

正因为章老夫子有如此雄厚的背景,所以他才不把袁世凯放在眼里。相反,章老夫子对出身底层、热心扶危救困的同道之人杜月笙,有着一种精神上的认同与感应。

这就是章太炎收下杜月笙的钱的真正原因。这钱不过是道上小辈对老前辈的孝敬,章太炎拿得起。

杜月笙不知道这件事背后还有着极深刻复杂的江湖背景,他把章老夫子对他的认可理解为文化界对自己的认同,于是雄心勃勃地杀入文化圈玩了起来。

## 宽宏大量,不跟文人计较

挟着杨度、章太炎两位国宝级大师对自己的认可,杜月笙向报业同人抛出了橄榄枝:只要是拜杜月笙为师的记者,就可以在他这里拿到一笔巨款。

杜月笙这种出手可以说是下了血本,所以当时的报界,很少有人对杜月笙说三道四的。一旦有哪个记者想爆杜月笙的料,就会有同事凑过来苦口婆心地劝阻他。

因此,一般在这种情况下,爆杜月笙料的报道还没刊登出来,就被掐死在编辑手上。

之所以说这是一般情况,是因为当时存在特殊情况:有家媒体就是不买杜月笙的账。

这家媒体就是《生活》杂志。

《生活》系由邹韬奋主笔。邹韬奋是那个时代的大师级人物,文章鲜辣狠绝。曾有一段时间,《生活》集中火力公然向"封建余孽白相人首脑"开炮,每一期都有几篇严斥杜月笙的杂文,配以漫画,一时间在上海引起轰动,销量极佳。

杜月笙识字不多,看不懂《生活》里都说了些啥。他的门人也没几个能看懂的,但总会有人告诉他们。于是,这些门人就在杜月笙面前表现:"《生活》居然敢挑战杜先生的虎威,要不要请他们'吃生活'?"

杜月笙说:"啥子?"

门徒回答:"要不要给他们一个教训?"

杜月笙失笑道:"他们有兴致,就让他们骂好了,不要理会。"

杜月笙之所以不理会，主要是因为他不懂"封建余孽"是什么意思。此外，他担心一旦动武，就会惹得杨度或章太炎不高兴。就这样，《生活》杂志骂了一段时间，见杜月笙没反应，就转向另一个战场，揭露帝国主义在中国的阴谋。这一揭，租界工部局火冒三丈，立即下令抓人查封。

几名捕探正陪杜月笙玩牌，接到命令后，笑道："杜先生，抱歉抱歉，我们要出动了。"

杜月笙问："做啥事体去？"

捕探回答道："封生活书店，捉邹韬奋。这帮家伙一直在骂你，今朝要好好叫他们吃点苦头。"

杜月笙听了，摇头道："算了吧，何必叫他们到捕房里去受罪？你们还是给我前门喊喊，让他们后门逃脱拉倒啦。"

这些捕探都是在杜月笙这里拿钱的，杜月笙就是他们的老板。老板的话，不敢不听。于是，这伙人来到邹韬奋的生活书店，在前门吆吆喝喝："冲啊，抓啊！不要放走邹韬奋，抓住邹韬奋重重有赏！"

喊了两支烟的工夫，众捕探才端枪进去抓人。邹韬奋先生又不傻，他们在门外喊了那么久，岂有不从后门逃走的道理？

此后，生活书店重新开张，但此后《生活》杂志就不再骂杜月笙了。杜月笙很得意，认为这又是自己做人的一大成功，逢人就假装诧异地问："咦，《生活》杂志怎么不骂我了呢？"

这时候，你如果知趣地回答"杜先生为人如此厚道，救了他们的命，他们怎么忍心再骂？"，杜月笙就会兴奋得无以复加，连声大叫：万墨林，拿五只洋来，给这位明晓事理的先生擦鞋用！

擦个破皮鞋也有五只洋，杜先生果然有排场。


## ◾ 看人难看准，烈火炼真金

当《生活》杂志痛骂杜月笙为"封建余孽白相人首脑"时，我们立刻就能明白，上海滩的政治环境正在发生变化，这期间酝酿着一场政治强风暴，但身处局中的杜月笙对此毫无察觉。

他依然沿着旧时代的路线"呼哧呼哧"地向前行进。他仍然视自己为帮中的老头子，广收门徒——他后来收下的这些门徒，与他以学生、老师相称，没有按青帮的规矩开香堂。也就是说，杜月笙与这些人只有师徒之名，而无师徒之实。

香堂都不开，杜月笙是有难言之隐的。这难言之隐，就是他在帮中的辈分太低，是最低的一辈。可那些想来拜他为老头子的，哪个不是衣冠楚楚、功成名就之辈？或军方，或政界，或商界的要人，如果他们真的按青帮规矩走一圈，拜杜月笙为老头子，此后他们出门来，街上的那些地痞、流氓、乞丐、混混，只要是在帮的，少说也要大他们几辈，试想一名军长对着自己军营的小兵恭恭敬敬地叫声"爷叔"，得有多别扭？又或者哪个大富豪叫辆黄包车过来，仔细一瞧，车夫原来是前辈，只能急忙躬身叫爷叔——这日子真的没法过了。

辈分太小，连门徒都不敢收，这事让杜月笙很恼火。可是没有办法，谁叫他起步太低，而江湖道上又特别注重辈分呢？

这份苦衷又不能明说出来，所以杜月笙的手下大肆制造舆论说杜先生是个文明人，改革了规矩，入杜先生之门，行拜师之礼，只要在香台上插三炷香，再向杜先生鞠三个躬就行了。后人不知道究竟，真以为杜月笙大刀阔斧地改革青帮规矩——别忘了张镜湖张老太爷还坐着太师椅呢，他不吭声，哪里轮得到杜月笙来改革？

虽然不能收真正意义上的徒弟，但38岁的杜月笙以他那双识人的慧眼提出一整套弟子规。

令人震惊的是，凡是违背了他这套规矩，经不起考验的人，人品真的靠不住。

这套规矩，又称为杜门铁律，共有八条。哪八条？

第一条：不可着底——品格不可低下。

第二条：不可捞锡箔灰——不可获取不义之财。

第三条：不可装笋头——不得有意栽赃。

第四条：不可放红老虫——不得揭人私隐，酿成灾祸。

第五条：不得放龙——不可内部攻讦，引外部干涉。

第六条：不可小勺——不可挑拨离间，伤人感情。

第七条：不可看冷铺——不得落井下石，或见死不救。

第八条：不可拆梢——不得胁迫取财。

这八条杜门铁律，堪称字字血、行行泪，是杜月笙38年人生经验的总结。可以想象，当杜月笙把这八条怪规矩以文字的形式记述下来时，一定欣慰得松了口气，感觉自己发现了人世间的真理与规律。

然后，他抬起眼皮，扫视自己最欣赏的弟子，突然如遭电击，目瞪口呆。

他慧眼识人，只是眼神不好——他最欣赏的门人恰恰专挑这八条铁律来触犯。

比如说，他千挑万选的第一个徒弟江肇铭就是人品严重可疑的。而后随着杜月笙的社会地位直线飙升，他又相中了一个叫张松涛的。

这位张松涛曾经一度几欲与江肇铭比肩，但最终的结果让人更加大失所望，他比江肇铭更差。

## ◪ 一旦看错人，就要自食其果

杜月笙收的第一个弟子江肇铭嗜赌如命，好色如狂，还因此落下了病根。都病成这模样了，他还强挺着踢了"赌神"严老九的场子。

这么说来，江肇铭多少还是有一套的。但让江肇铭这么一闹，杜月笙从此心灰意冷，断了收弟子的心。

但随着他的社会地位逐步上升，年岁渐长，尤其是他对自己辨才识人的眼光越来越有信心，他精心挑选了另一个年轻人张松涛，想让张松涛成为江肇铭的师弟。

有了江肇铭的教训，杜月笙这次小心翼翼，先仔细观察张松涛的为人。

这一观察，杜月笙大为震惊。他一头撞在墙上，恨不能把自己的两只眼珠子抠出来。

张松涛这孩子实在太让人震惊。他在上海滩闯荡，遇女则奸，见男必霸，堪称胆大妄为，完事后提起裤头说一句："晓得我是哪个？杜先生你知道咯？他是我的老师，杜先生的学生睡了你，那是你八百辈子修来的福分。你要是感觉委屈，去找杜先生说理好了。"

可上海滩头，哪个敢去找杜月笙讨还公道？所以，张松涛在外边坏事干绝，却把屎盆子"咣"的一声扣到了杜月笙脑壳上，而杜月笙竟对此一无所知。

发现事实真相后，杜月笙绝望至极。他想，我的眼光到底有没有问题？如果有，我怎么会交了这么多朋友，连杨度、章太炎两夫子都引我为知己？如果我的眼光没有问题，前一个江肇铭，后一个张松涛，又如何解释？

实际上，杜月笙看人的眼光还真没问题——他能在茫茫人海中一眼就把那个最有本事的人挑出来：前者，江肇铭能够单挑"赌神"严老九的场子；后者，张松涛能够扛着杜月笙的旗号横行上海滩。这都算是本事，只不过是干坏事的本事。

但在鉴识人品上，杜月笙的眼光很成问题。

说起杜月笙这一生，他先后被三个年轻人坑过，坑得极惨。此外，还有一个人欲坑而未坑成。最后这个人，年龄比杜月笙大许多。

如此说起来，杜月笙因为幼年独自生活的缘故，对上了年纪的老头保持高度警觉，老头想坑他也坑不成。但对于年轻人，尤其是天生一脸清纯的阳光少年，杜月笙最容易被表面现象所麻痹，轻易着了人家的道。

总之，发现张松涛这厮人品极劣后，杜月笙绝望地叫他过来，说："上海侬最好弗要蹲格，侬还是跟我到外地去吧。"

什么？当时张松涛就震惊了，心说：杜月笙，我不过是打着你的旗号干点坏事而已，你胆子生毛了敢管我？信不信我要你好看！虽然心里这样想，但并不敢说出来，张松涛的脸上淌下大滴的汗珠："先生可是要我张松涛的性命吗？"

杜月笙道："哪有这么严重？"

张松涛说："可是，杜先生，我一出黄浦滩，格末（方言，这么，那么）真叫死路一条了啊！"

杜月笙怔了怔，心说这家伙在外边究竟干了多少坏事，结下了多少死仇，就说道："天底下的饭，又不是都在上海。"

张松涛泪流满面："先生，先生……"

杜月笙说："年纪轻轻，你怕出了上海就要饿煞人啦？"

张松涛流泪不止："先生，先生……"

杜月笙说："松涛，你不要这个样子，让我好为难。"

张松涛泪飞如雨："先生，先生……"

杜月笙终于崩溃了："我玩了一辈子，却玩不过你们。"

## 道不同，不相为谋

正所谓不是一家人，不进一家门，张松涛之所以吃定了杜月笙，是因为他的人生走的是与杜月笙一般无二的路线。

杜月笙之所以崛起上海滩，是因为他打动了黄金荣的老婆林桂生。张松涛也一样，拿下了杜月笙的老婆沈月英。

沈月英足不出户，天天躺在床上吸鸦片。张松涛是如何拿下她的，这个细节不得而知。总之，沈月英这个女人的脑子严重成问题，之前她拿一张五元的老人头给万墨林下套，现在又在杜月笙面前力挺张松涛。但日本人打过来时，张松涛第一个当了汉奸，还当上了苏州警察局局长。

就是这么个汉奸苗子，被杜月笙一家捧为活宝。明明知道他坏事干尽，却仍然舍弃不得。最后，杜月笙考虑找个人来管管张松涛，就写了封推荐信，把张松涛推荐到了宁波炮台司令张伯岐处。

接下来的严重问题是，既然张松涛这类人物在杜公馆受到赏识，那么与张松涛完全相反的德品高洁人士在杜公馆就没的混了，比如王茂亭。

王茂亭，早期留法学生，法语翻译炉火纯青。他跟杜月笙原本不是同一类生物，王茂亭是品性高洁的美洲长颈鹿，杜月笙则是中国郊野上的大野驴。这两个物种天生犯冲，他们的关系闹僵并不意外，但他们居然曾有过合作，这才是反常之事。

自打遭遇露兰春事件后，黄金荣心灰意冷，不问世事。杜月笙名正言顺地接收了他在法租界的全部资源，开始与法国人打交道。

这时候，杜月笙收了一个亲信智囊苏嘉善。苏嘉善是杜月笙门下第一位饱学之士，而且没有任何恶习，不抽不嫖不赌，只喜贩卖鸦片。杜月笙对他言听计从，称其为有本事、没脾气的第一等人。

苏嘉善建议，既然以后少不了和法国人打交道，杜月笙就需要一位精通法语翻译的专业人士。杜月笙觉得，随便找个翻译来就行了，但苏嘉善说，翻译和翻译并不一样，大多数翻译固然是翻译，但只是僵硬地直译，而人类的话语中，所表达的情绪占到七成，内容不过三成，普通翻译最多能把三成的内容翻译出来，无法达到信、达、雅的境界，所以他推荐了在法租界小有名气的王茂亭。

杜月笙和王茂亭见了面，听王茂亭给他介绍法国的风土人情。据王茂亭讲述，法国跟中国没什么区别，也有穷有富，有王公贵族，也有乞丐瘪三；有爱惜羽毛、情操高洁之士，也不乏没有底线的卑鄙无耻之徒。来到中国大上海"捞世界"的，多是后一类人，所谓万里远游只为财，情操高洁之士在法国本土就足够混了，根本不需要背井离乡，远走异国冒险。

杜月笙一边倾听点头，一边露出会心的微笑。忽然，他一甩脸子，把王茂亭赶走了。

杜月笙这辈子只翻脸赶走过一个人。追随他的门徒、朋友，许多人在后来做了汉奸，杜月笙仍与他们推心置腹，唯独容不下王茂亭。

为什么？因为他们是两个天生犯冲的物种。

当然，驱逐正直的王茂亭，杜月笙不会公开做出来，他甚至还要装出痛惜挽留的样子，惺惺作态一番。

杜月笙身边的人解释说，杜先生之所以与王茂亭闹僵，起因是有些宵小之辈在杜先生面前给王茂亭上眼药，说王茂亭为人不规矩，瞒着杜先生与法国人另有交易，杜先生听后未表态。

对王茂亭来说，杜月笙不表态，就是最明确的态度了。从此，他拒登杜公馆之门，无论杜月笙如何软语相求，都置之不理。据说杜月笙对此痛心疾首，还专门检讨了自己交友的错失，并引以为戒。

其实，这都是子虚乌有。要知道，杜月笙的身边清一色江湖黑道之人，中国话都说不顺溜，哪里听得懂法国话？就算王茂亭真的与法国人暗中交易，当着他们的面，他们都听不出来，更别说向杜月笙进谗言了。就算他们这样做了，杜月笙何其精明，如何会信？

其实，真正的原因是王茂亭久在法国，别的东西没学到，只学到了民主、自由、平等。尤其是平等，自打大革命以来，法国人心里就滋生出人本具尊严这么一件事情。在法国人心目中，每个人的尊严都是一般无二的，都需要受到尊重。乞丐瘪三在人品上不管多么低劣，人格与情操高洁之士同样高贵。

简单地说，在王茂亭眼里，每个人都是普通人，都拥有同等高贵的人格。而那时杜月笙所生长的中国，却恰恰相反。

**在当时权钱盛行的社会背景下，人格或者尊严这些东西，是微乎其微的。中国人一认权，二认钱，三认势，有权、有钱、有势者，不管去什么地方，都会受到热烈欢迎。无钱、无权、无势者，难以受到正常的尊重。如杜月笙从幼年到少年，混迹于高桥镇这片土地，从未有一天感受过别人对他的真正尊重，只有戏弄与侮辱。**

正是这种无视人的尊严与人格的环境，才促成了杜月笙不惜贩运烟土，只为赚来能够让人获得尊重的金钱。

为了弥补幼年成长期缺失的存在感，杜月笙有财有势之后，以遍撒金钱的方式换取公众对他的认同，无法把他少年时代所遭受的蔑视与屈辱加诸别人。但他这种行为，仍不过是环境互动状态下的自然反应，与王茂亭的文明观念根本不在一个时空。

他们注定没有共同语言，彼此无法听懂对方，只能相互保持距离。虽然没了相互理解，但也少了摩擦冲突，少了累心与认知上的痛苦。

起点、经历与教育背景，决定了能与杜月笙产生精神感应、一见如故的人是江肇铭这类赌界人士，像"千王之王"吴家元。

## 高人不露相，露相非高人

吴家元，字季玉，风姿秀丽，气质脱尘，风度翩翩，妙语连珠。此人身世不明，却是天生的交际吉祥物。甫一出现是在山东，专门陪着军阀张宗昌打麻将。张宗昌需要什么牌，他就能打出什么牌，让张宗昌赢得欢天喜地，同时吴家元自己也小小地赚上一笔。

张宗昌知道吴家元是千术界高手，人才难得，对他委以重任，给了他一份青岛盐务局局长的美差。

中国盐务，自古官营，内中的门道与花哨，纵然写上200本厚书也说不完。大概这个行业与千术有着异曲同工之妙，都是在你眼皮子底下摸你的钱，而你却一无所察。这种心术，心窍多、脑子好使的人最擅长，所以张宗昌才想到授此官职给吴家元，也未可知。

在盐务局波澜不惊地捞了几年，吴家元感觉捞得差不多了，于是静极思动，赴大上海寻找新的猎物。他凭借着出色的外貌与动人的谈吐，很快就在上海滩上流场所出入自如，获得与杜月笙同桌对赌的机会。

吴家元一登场，就立即被"赌神"严老九发现了。于是，严老九冷笑不语，拿了张报纸坐在一边，报纸上掏了个洞，他从洞中监视着吴家元。严老九要在吴家元出老千的时候动手拿下他，也好让吴家元知道，强中自有强中手，强龙不压地头蛇。

可万万没想到，严老九在吴家元身边紧盯多日，竟丝毫发现不了吴家元的机关所在。短短时间里，吴家元独挑上海滩，狂赢大赚，单是从杜月笙手里就赢走了10万元之巨。其他富商巨贾被吴家元捞走的钱，更是多得无法计算。

这事可就奇怪了。严老九以赌为业，什么门道花活没见过？但遇到吴家元，他就好比猛犬遭遇大刺猬，龇着牙左看右看，硬是找不到个下口的地方。

严老九意识到自己遇到了真正的高手，"赌神"这块牌子已经彻底砸了。如果任由吴家元终日在上海滩纵横，只怕这块地皮再也没有自己的位置了。

于是，严老九索性图穷匕见，于一天赌局散场后拦下吴家元，强把吴家元架到一间屋子里，直言道："正所谓高人不露相，露相非高人。我严老九纵横上海滩多年，今朝算是碰到对手了。"

"有这事？"吴家元满脸无辜，左看右看，"对手在哪里？在哪里？"

严老九怒吼一声："少给我装了！姓吴的，我来问你，自打杜月笙与你同桌后，输给你多少钱？"

吴家元笑了，瞪着两只大眼睛看着严老九："老兄，你是想要和我劈坝（江湖暗语，分赃）？"

严老九冷叱道："上海滩头，杜先生面前，你竟然敢施以老千之术，你以为自己今天还能走出这道门吗？"

吴家元肃然，向严老九一抱拳："严老板教训的是，我吴家元心感愧疚。不过，严老板可不可以给我一天时间，让我明日亲向杜先生赔罪？"

"好，明天！"严老九也不想把事情弄得这么极端，再者，他比任何人都想知道吴家元究竟是如何做手脚的，于是一口答应了下来。

次日，吴家元登门求见杜月笙，一见面就扑过去抱住杜月笙的大腿，一把鼻涕一把泪，苦苦直叫："月笙哥饶命！"

杜月笙当然知道吴家元出老千，费了牛劲才把吴家元从大腿上拉下来，然后当场聚赌，让吴家元表演他的老千手法。

吴家元开始表演偷牌技巧，他的手法极快，看得杜月笙和严老九眼花缭乱。兴奋之余，杜月笙又犯了好为人师的老毛病，当场推开吴家元，把吴家元出老千赢来的钱全部输了出去，并谆谆教诲吴家元："老兄的确聪明得紧，让我们大开眼界。不过呢，老兄的聪明才智应该用到正道上才对。"

吴家元汗如雨下，道："承蒙严老板教诲、月笙哥指教，我吴家元以后一定洗心革面，再不敢以老千之术丢两位的人。请两位看我吴家元的表现吧。"

识破了吴家元的千术，又赢得了他的尊重，杜月笙与严老九相视而笑，感受到一种生平从未有过的快感。

这二人做梦也想不到，直到这一刻，他们才算是真正落入吴家元的千术圈套。

从这一天开始，直到杜月笙病殁于香港，吴家元始终对他不离不弃，长骗不休。吴家元生生骗了杜月笙一辈子，直到杜月笙死时，才忍不住揭开骗局的盖子。

## 骗中有骗，防不胜防

实际上，自打吴家元到上海，他就已经布下圈套。他故意在赌桌上出老千，狂赢杜月笙10万元，目的就是激怒"赌神"严老九，让严老九逮住他。

被逮住之后，他就要求面见杜月笙，抱住杜月笙的大腿号啕大哭，承认自己施了千术。

他知道，依杜月笙的性格，肯定会叫他当场表演千术，再教导他一番。他则假装幡然醒悟、醍醐灌顶，赢取杜月笙的好感。

做到这一步，吴家元的目的就是让所有人都知道，杜月笙身边有个千术高手吴家元。

接下来，当吴家元再上桌开赌时，同桌的人都知道他会使千术，必然大赢特赢，对他极为忌惮。

这时候，吴家元就悄悄地与每个人交谈："老兄，求求你，不要揭穿我的老千术，千万不要。如果老兄你给面子，高抬贵手，不揭穿我的话，我就把赢到手的钱分给你一半。还有，你输掉的钱，我私底下偷偷替你承担一半。"

听到这个要求，赌徒们都大喜过望，与"千王"秘密联手必然包赚不赔，于是忽略了吴家元后面的条件——假如我吴家元输了，你老兄也要替我承担一半的损失。

一桌麻将就四个人，吴家元秘密与另外三个人达成协议，然后就开始狂输。等输完了，三家要每家承担他输掉的一半，还要再把自己赢来的一半分给他。这样，他输掉的越多，赢到手的就越多。

他就用这招把杜月笙玩了一辈子。每次他输惨后，杜月笙都于心不忍，认为吴家元敬畏自己，不敢使老千，才会输得如此之惨，所以每次都要补贴吴家元一笔钱，却不知道吴家元在赌桌下早把输掉的全部捞回来了。

被吴家元骗了一辈子，杜月笙竟然浑然不知，说起来也不能怪别人，要怪只能怪杜月笙自己生性嗜赌，有此恶习，必然会招来吴家元这种千术高手。

吴家元只是聚拢到杜月笙身边的无数骗子中的一个，而且他用的还是智慧型骗术。余者，多数走的是武学高手路线，细数这段时间的武林中人，多在杜月笙这里吃饭拿钱。说到武艺，这些人个个不凡，一枪在手，虽千万人，可保杜先生安然无虞——可等到大革命爆发后，杜月笙这边急缺人手时，能够派上用场的只有当年的"小八股党"。

## 大乱即将开始

1926年，杜月笙39岁。

这一年，杜月笙年近四旬，在不同的地点，几件事情同时发生，将几个后来与杜月笙密切相关的人聚拢到一起。

第一件事发生在浙江江山县悦来客栈的一间客房里，一个30岁的客人正走在他人生的末路上。他虽然读书聪明，但人生一无所成，住进客栈没几天，身上的钱已经花得精光。客栈老板索要住店钱，绝望之下，这位仁兄就沿客栈长廊往前走，想找个结实点的什么东西把自己一头撞死。

正走着，忽然有扇客房门打开，从门里走出一个年龄与他相仿的男子。两人一见，各露惊讶之色，齐声叫道："春风兄，你如何在这里？""齐五兄，你怎么在这里？"

两人激动相拥。此二人，被称为春风兄的就是日后赫赫有名的"特工王"戴笠，被称为齐五兄的则是日后戴笠的助手毛人凤。

两人相识，是因为他们打小是私塾的同窗，情交莫逆。现在，当他们邂逅于这家不起眼的小客栈时，毛人凤正踌躇满志，戴笠却走投无路，想找棵树吊死。

见戴笠如此潦倒模样，毛人凤很吃惊："春风兄，你如何落拓至此？听人说你不是去了上海炒股吗？"

戴笠叹息一声："怪就怪我碰上个'三流股民'蒋志清，那家伙今天炒概念股，明天炒消息股，折腾了一圈，把大家的钱全都折腾光了。如今，蒋志清已经逃去无踪。兄弟我这边血本无归，也不怕齐五兄你笑话我，唉，这次我算是走投无路了。"

毛人凤哈哈大笑起来："春风兄，你竟然说出这样一番话来，徒惹人笑。对你，兄弟我敢说多少是了解点的，你这个人胸怀大志、满腹韬略，不过一时英雄落拓，又何必如此长吁短叹呢？"

戴笠叹道："齐五兄，你是站着说话不腰疼，饱汉不知饿汉饥。今日你我相逢，只望齐五兄有教于我。"

"看你的模样，真的是走投无路了。"毛人凤道，"这样好了，我资助你几枚铜板做路费，你何不南下广州去考个军校呢？你这样的人才，如若从军，必有一番大的作为。"

"若果如此，则齐五兄援手之恩不啻再造。"戴笠千恩万谢，按照毛人凤的指点，走上了南下之路——此一去，不到一年的时间里，他的人生彻底翻覆，从势单力孤的落拓者成为显赫一时的实权人物。

重返上海滩的戴笠，将整合杜月笙的青帮势力，组建忠义救国军，与日本人血战于郊原地带。

这是1926年值得一提的第一件事。

第二件事发生在北京，孟小冬决定嫁给梅兰芳，可惜这段婚姻并没有维持多久，此后孟小冬将走过一段孤寂漫长的道路，直到最后和杜月笙走到一起。

这一年，除了戴笠南下、梅孟结合之外，还发生了第三件事。

这件事很小很小，就发生在杜公馆沈月英的卧房中。

吸足了鸦片，沈月英欠起身，以不满的口气对杜月笙说："松涛这孩子，哪儿就不好了？就算他以前有什么不对，现在他也已经改好了，叫他回来吧。"

杜月笙闷声应道："好格。"

被驱逐到宁波炮台的张松涛兴高采烈地重返上海滩，带回一个惊天动地的好消息：北伐开始了。

这一年的7月9日，蒋介石率军在广州誓师，一路势如破竹，入湖南，复湖北，克江西，平福建。吴佩孚部几乎全军覆没，孙传芳部折师大败。

值此国共合作期间，在共产国际的支持与策划下，大批革命党人拥入上海，决心夺取大上海。

一时间，风声鹤唳，杀机隐伏，上海滩头，大刀斩尽几多人头。黄浦江中，浮尸无数。

革命开始了。

# 第七章
# 革命骤起大风潮

　　打民国这年月开始,世道就变得诡异奇怪。那些杀人犯、凶手、独夫民贼,干坏事时冠冕堂皇、正义凛然,而那些被迫害的人、无辜者,却在解释前显得笨嘴拙舌、瞠目茫然。

　　何以如此?因为当时的政治口号太过华丽与宏大,湮没了脆弱的人之本身。

## ◼ 情报决定命运

北伐军共有200个团,兵员264,000人,枪支227,000条。

大数据挖掘表明,北伐军有37,000人没有枪。没有枪也不要紧,北伐军甫出,东征北伐,攻坚摧锐,上海的空气顿时紧张起来。

大批共产党人进入租界,展开活动。其中不乏领袖人物、军事专家、"工运"首脑,如陈独秀、李立三、罗亦农、刘少奇、周恩来、陈云、廖承志、江寿华、宣中华。他们成立了军事小组,由查底柯夫、阿诺、齐尼斯克、布哈洛夫,以及周恩来、顾顺章等人主持。

顾顺章本是鲍罗廷的卫士,著名狙击手。鲍罗廷指派他担任周恩来的副手,是上海工人纠察队的首领。

但此时风头正盛,对占据上海的孙传芳直接构成最大威胁的,是活动在一线的汪寿华。他虽然个头不高,但智力过人、精力充沛,与刘少奇一道去过苏俄。当时的上海滩,流传着他的许多传奇。

传说早年间的杜公馆,有一个十三四岁的少年手执双枪,忽然闯入杜月笙的住处,向杜月笙索要一大笔钱。杜月笙的保镖大怒,正要解决他,杜月笙微笑着予以阻止。他欣赏这少年一身是胆,送了他一笔钞票,由他飘然而去。

这位风一样的少年就是汪寿华。

对于这个传说,杜公馆的管家万墨林非常郁闷。他解释道:汪寿华十三四岁时,杜月笙也不过刚刚20岁,那时候哪来的什么杜公馆?杜月笙当时还居住在黄公馆厨房后面的隔间里,天天琢磨如何拿下老板娘。但是,大众最喜欢这类传奇段子。

不久,有关汪寿华的传奇再度风靡上海滩。说是有一天,杜公馆突然收到一封匿名信,信中向杜月笙索要两万大洋,勒令杜月笙在某日下午三四点将两万大洋放入杜公馆左邻墙角的那只大垃圾箱里,借钱之人亲自来取。如果杜月笙敢存侥幸之心，不支付这两万大洋的话，后果自行承担。

见此勒索书信，杜公馆顿时炸开了锅。什么"大八股党""小八股党"，什么保镖、门卫、巡捕、探长，全都怒不可遏，勒索之人真是叫吃了老虎心、豹子胆，竟敢勒索杜公馆。众人吵吵嚷嚷，非要让杜月笙把两万大洋用纸包了，在指定时间放入垃圾箱里。

然后，杜月笙门下徒众齐出，八方巡哨，十面埋伏，把那只垃圾箱监视得死死的，哪怕是只苍蝇飞过去，也逃不脱众人的眼睛。但不承想，数百名杜门弟子在垃圾箱周围一直等到太阳下山，也没见有人来取钱。

原来是虚张声势，虚惊一场。

众人长舒一口气，就去垃圾箱里把两万大洋再拿回来，不料当众人走近垃圾箱时，发现箱中空空如也，那两万大洋早已不翼而飞。

这下子杜公馆再一次炸开了锅。那勒索之人竟然在数百名杜门弟子的监视下，神不知鬼不觉地把钱拿走了，实在匪夷所思。

此人究竟是妖，是鬼，是仙？还是无踪无迹的道上高人？

两万大洋，就这样在众人眼皮子底下被取走。杜月笙惊诧莫名，于是广派人手，四处侦察，却仍没有丝毫线索。无奈之下，杜月笙不得不认输。他传檄水陆各道朋友，无论是哪个摆布了杜先生这一道，请他出来，大家见个面吃个饭，交个朋友。

消息放出，不旬日，果有一人飘然而至，称他就是移形换影取走杜公馆两万大洋之人。问其姓名，答曰："汪寿华。"

杜月笙设下酒宴，对其殷勤款待。席间，杜月笙虚心求教，问那一日他是如何在众目睽睽之下取走两万大洋的。

汪寿华笑道："此事容易得很，杜公馆旁边那幢宅子上个月不是空出来了吗？那天杜公馆的朋友只顾盯着墙壁外边的垃圾箱口，却忽略了墙内的箱门。当时，我就潜伏在隔壁的空屋院中，顺顺当当地把钱拿走了。"

原来如此！汪寿华的机智越发衬托出"小八股党"的无能。当时这些人的面子就挂不住了，嚷嚷着要当场拿下汪寿华，以报羞辱之仇。

杜月笙正劝阻手下兄弟之际，忽听汪寿华哈哈大笑，"刺啦"一声，敞开了他的衣襟。

这衣襟一敞开，吵吵嚷嚷的杜门弟子瞬间就不吭声了。

众人一看，汪寿华的胸前背后不知何时已各缚一颗炸弹，只听汪寿华失笑道:"诸位,不劳你们费神,兄弟我既然来了,岂会再存离开的侥幸之心?所以呢,兄弟我就在身上缚了两颗炸弹,如果兄弟们不开心,咱们就把炸弹掼下去,听个响动。兄弟们以为然否?"

杜门弟子个个鼻尖淌汗,喏嚅无语。见此情景,汪寿华长笑一声,扬长而去。

汪寿华智取杜公馆,"小八股党"错愕泪洗面,这段充满了激情的传奇,不知让几多江湖少年心驰神往。

这么好的段子,原本可以传奇千秋,奈何这世上总不乏添乱之人,杜公馆的大管家万墨林听了这个故事后就跑出来添乱,解释说:"没有这样的事体,杜公馆的隔壁就是张啸林的张公馆,两家中门相通,每日人流不断。"

但不管怎么说,传奇色彩颇浓的汪寿华负责工运和学运,在"五卅惨案"时与杜月笙有过亲密合作。

"五卅惨案"时,汪寿华是学生会的要角,为被日本人枪杀的无辜工人顾正红奔走鸣冤。巡捕房将他列为重点抓捕对象,有几次都把他堵住了,但最终还是让他给跑了。

原来,杜月笙与汪寿华秘密约定,以八卦暗号示警。每当捕房获知汪寿华的消息,出动抓捕时,杜月笙就画张八卦图,让弟子给汪寿华送去。汪寿华见到八卦图就走,所以总比捕探们快了一步。

值此北伐军势如破竹、摧枯拉朽之际,汪寿华抖擞精神,决心要夺取大上海。

孙传芳不敢掉以轻心,派出了嗜血如狂的"独臂将军"李宝章,欲大战汪寿华,血洗上海滩。

## ◪ 没有罪名,就要放人

李宝章这人手段极为狠辣,甚至到了丧心病狂的地步。他所率手下皆为彪形大汉,刚入上海,皆着灰布军装,以一班人为一队,队长手持一支令箭,号为大令。大令所至,犹如李宝章亲临,定斩人头,毫不留情。

孙传芳以李宝章为淞沪镇守使,替他守护最后的据点。李宝章也知道,他的对手是国共两党的精英,所以他已经下了狠心,要对群众运动下狠手。

上海工人善良得紧，哪里晓得有李宝章这么个大煞星窥伺在侧，虎视眈眈？1927年2月19日，北伐东路军入浙，前敌总指挥白崇禧进驻杭州。消息传来，上海工人欢欣鼓舞，于是决定搞个小规模的罢工，以期响应。

罢工未起，李宝章的大刀队已经闻风而至，乱刀齐下，当场将两名正在散发传单的工人砍死街头，一时间震骇了上海滩。

说到底，工人游行也好，罢工也罢，都不过是极温和的权利主张。任何暴力性的弹压，从来都失其道义。李宝章凶残至此，不由分说抢刀就砍，砍死两条人命，彻底激怒了上海工人。

上海工人决定：全面罢工罢市，抗议李宝章残忍的杀戮！

李宝章的回复是：杀杀杀，统统杀光！

同年2月20日，无数人在街头聚集，挥舞着战旗，高喊"打倒军阀""打倒列强"的口号。口号声未散，只见一排面目狰狞的灰衣大汉排着整齐的方队，各执大刀在手，朝着人群大步走来。

不信他们真的敢杀人，愤怒的人群迎上去，继续高喊口号。只见大刀队举起雪亮的大刀，"唰唰唰"，当前一排群众全都倒在血泊中，地面上是一颗颗滚动的人头。

人群吓呆了，一时间鸦雀无声，失去反应。大刀队踏步上前，"唰唰唰"，又是一排人头被砍下。

一声尖利恐怖的惨叫猝然而起，人群如梦方醒，立即掉头狂奔，自相践踏。大刀队随之追杀，长街上倒下无数具尸体。

直到这光景，人们才反应过来，李宝章的大刀队对维护秩序没什么兴趣，他们此来，就是要大开杀戒。

那一天的长街上，无数人哭喊着搏命狂奔，大刀队追杀不舍。长街两侧，所有的店铺忙不迭地落闩关门，动作稍慢一点，恰逢大刀队追至，不管是店伙计还是老板，一并被砍作刀下鬼。

那是大上海最黑暗的一天，吓得肝胆俱裂的人群拼命逃跑，街道上堆满了尸体，血流成河。奔逃的人群走投无路，哭着冲入租界，大刀队随之杀入租界。

租界内的华洋巡捕慌了神，急忙架起机枪，拦下杀红了眼的大刀队，同时手忙脚乱，赶紧把逃入租界的残存者保护性地拘禁起来。

李宝章下令把所有被砍死的人的脑袋砍下，悬挂在电线杆上，尸体丢弃在街上，有敢收尸者，立杀之。

然后，李宝章向租界发出最后通牒：马上交出所有逃入租界的示威人员，把他们全部杀掉。否则，他将无法控制情绪激动的大刀队的行动。

接到这蛮不讲理的要求，租界也吓傻了。

一时间，租界陷入了困境：把逃入租界的无辜群众交给李宝章杀害，这是不可能的事，任何人也做不来。可如果拒绝，李宝章又有话说了，比如：什么叫帝国主义？什么叫列强粗暴干涉中国内政？你们长眼睛的，都看见了吧？万恶的帝国主义就是这样包庇罪犯，亵渎我们神圣的主权尊严的！

**打民国这年月开始，世道就变得诡异奇怪。那些杀人犯、凶手、独夫民贼，干坏事时冠冕堂皇、正义凛然，而那些被迫害的人、无辜者，却在解释前显得笨嘴拙舌、瞠目茫然。**

**何以如此？因为当时的政治口号太过华丽与宏大，湮没了脆弱的人之本身。**

租界就是在这种宏大口号的攻势下，陷入极狼狈的境地。幸好，就在这几天，租界推选了几名有权有势的华董，杜月笙和张啸林名列其中。于是，困境中的租界召开董事会议，杜月笙就晃悠悠地来了。

听了情况汇报，杜月笙长立而起，发言道："我早就说过，你们这些帝国主义国家真的不能再干涉中国内政了。我们中国人是有尊严的，有个人权利主张的。那李宝章虽然是个血手屠夫，是个杀人不眨眼的刽子手，但在法律形式上，他仍然是上海的管理者。你们租界必须满足他的全部要求，把他想要的人全部引渡移交，哪怕少一个，也是对中国神圣主权的无耻侵犯。"

他讲完了，会场上一片死寂，所有的董事都茫然地看着他，疑心自己的耳朵是不是出了毛病。

张啸林伸出手，在杜月笙眼前晃了晃："杜月笙，你脑子进水了吗？"

杜月笙说："啸林兄何出此言？"

张啸林诧异道："你竟然想让租界把那些无辜的人交给李宝章？"

杜月笙慨然答道："我维护国家的尊严与主权完整，有错吗？"

"听起来没错。不过……不过你是不是丧尽天良了？"董事们争吵起来，都觉得不能像杜月笙说的那样做。可是，又没人躲得过主权完整这项政治正确的大帽子，可谓进亦忧退亦忧，所有人都六神无主、胡言乱语，一时间弄得会场好似夏天的蛤蟆坑，一片呱呱乱叫之声。

等大家吵累了，终于消停下来，张啸林转向杜月笙道："你葫芦里到底卖的什么药，快点说出来吧！"

杜月笙道："首先，必须答应李宝章的引渡要求，这关系到中国主权问题，绝对马虎不得。"

首先？在场的全都是脑子活络人士，终于听出门道来了：有首先，那就肯定有其次，其次又是什么？

只听杜月笙继续说道："其次，租界捕房是讲法律的地方，不可能胡乱抓人关人。起初冲入租界的那些人，捕房审过之后，发现他们不是罪犯，亦无前科，已经释放了……"

这一招实在太妙。

于是，租界立即回复李宝章："首先，我们租界坚决支持你的要求，满足你的愿望，把抓捕人员一个不少全给你送回去。不过呢，你的通牒到得有点慢，捕房抓起来的那些人，按法律程序审问过后，发现他们都是无罪之人，此时已经全部释放了。如果你李宝章不是太急的话，再等段时间，让我们给你把人抓回来。"

看到租界的回复，李宝章的鼻子都气歪了："帝国主义那边有高人啊，就这样严重地侮辱了我们的尊严！"

## 做记者要讲良心

李宝章屠戮上海滩，大刀队血洗申江口。满城悬挂的人头吓呆了一向和风细雨的上海人，市不待休而自休，工不待罢而自罢，十里洋场沦为空前恐怖之地。

1927年2月22日，黄浦江中的战舰为了警告李宝章，象征性地炮击上海。但是，炮弹的准头有点歪，没打入华界，统统打入了租界。李宝章平安无事，杜月笙和张啸林反被炸得到处跑。

工人运动遭受残暴的压制，但行动仍然在继续。配合黄浦江面飞来的炮弹，闸北警察署遭到袭击，一批枪支弹药落入工人之手。

小道消息不胫而走。传说上海劳工已经武装起来，将与残暴的军阀做殊死斗争。一时间风声鹤唳、草木皆兵，空气中弥漫着浓烈的火药味道。市民害怕池鱼之殃，全都躲在家里不敢出门，只能从报纸上得知外界消息。于是，报纸发行量大增。

李宝章召集上海各大报纸负责人，说："我扭断你们的细脖子，不过是分分钟的事。都给我站好，立正！向左看，向右看，稍息！听着，我不管你是什么《申报》《时报》还是什么乱七八糟的破报，帮暴民说话，刊登乱党消息，我就要你的脑袋，不信咱们走着瞧！"

报业同人吓得胆战心惊，战栗着从李宝章的军营出来上车。可是，车行方向反常，他们怕得要死，问也不敢问，莫名其妙地被拉到一个地方。下车后，又有车子来接，将他们拉到一个陌生的地方。

报人们被带入一间又大又空的屋子里，在呛人的灰尘中静静地等了一会儿，忽然听到脚步声响起，看到一个人走了出来。

此人个头不高，身材健壮，精力充沛，铜铃大眼。看到他，报人们暗叫一声："惨了！"

来者是工运领袖汪寿华，只听他说道："诸位，今日请你们来，只想说句知心话。你们这些报人，往日里全都是靠了上海父老乡亲的襄助，才把报纸办得风生水起、蒸蒸日上。李宝章心狠手辣，大开杀戒，滥杀无辜，无数百姓伏尸街头，你们这些报人心里也是同样害怕，这我们完全能够理解。但是，值此血雨腥风之际，你们如果再睁眼说瞎话，一味粉饰，对上海父老乡亲的苦难视而不见、置若罔闻，我想请诸位扪心自问一下：你们对得起生你养你的一乡父老吗？送客！"

报人们听了这番话，茫然失措地出来，各自想办法回家。当夜，所有的报纸老板急召同人开会，做出了报纸停刊的决定。

工厂停工，商市关门，如今连报纸也全都停刊了。此时的大上海，真正到了暗无天日的程度。

绝望之际，幸亏孙传芳一纸电文，命李宝章部即日启程，从龙华驰赴松江，据守第31号铁桥。

李宝章这个煞星总算滚蛋了，上海人刚刚松了口气，就听见震耳欲聋的行军脚步声，一支雄健的部队昂然挺入上海滩。这支大军传说有10万之众——实际上只有2万人。

## 宁欺白须公，莫欺少年穷

率领这支大军行进的，是一个唇红齿白、丰神俊朗、剑眉星目、俊逸非凡的少年。他虽统大军而来，却不着军装，只穿着一袭织锦团花绸衫，头戴一顶瓜皮帽，额心镶缀一枚精致的美玉。

这美貌少年率雄师挺入，环视被他的风仪迷得痴呆的上海父老，微笑道："上海滩，我回来了！这富庶的宝地，上一次，你的繁华拒我于门外，如今我归来，定让你这华丽非凡的十里洋场化作焦土烂泥、残砖断瓦！"

此人归来，上海震惶。当天夜里，数年来一片黑暗的黄公馆突然变得灯火辉煌。"小八股党"亲自持枪警戒，逼仄的狭室之内，黄金荣、杜月笙、张啸林、金廷荪等人个个满面焦惶，一起低声商讨避祸之策。

1927年2月24日，号称十万大军的奉军精锐入沪，黄公馆里举行了秘密会议。

会议由久不闻世事的黄金荣主持，这一年，他已经60岁了。

黄金荣说："诸位，事急矣，上海滩危在旦夕，百年繁荣有可能止于如今。所以，我请诸位来，是想商讨一个万全之计。"

然后，张啸林发言："诸位，先由我给你们介绍一下入驻奉军的背景，各位都把耳朵竖好，吓死了别怪我没提醒你们。先给诸位介绍一下统率奉军入沪的美少年，毕庶澄。

"此人的身世、籍贯，我不是太清楚，只知道他早年拜在前朝状元公张謇门下，大概算是张謇的门下弟子。那张謇可是前朝传奇人物，他门下弟子中最知名的就是北洋袁世凯。到了晚年，张謇收少年毕庶澄，推荐他到北洋冯国璋麾下。冯国璋见毕庶澄聪明过人，就派他到军官学堂受训，毕庶澄终于熬出一个出身。此后，毕庶澄反水皖系，投入奉系阵营，出任张宗昌手下的旅长。

"两年前，毕庶澄护卫张宗昌，来到沪上。当时接待张宗昌的，是杜月笙和我张啸林。毕庶澄的主要工作是在我们几个打牌时乖乖站在一边，替我们端茶倒水。唉，早知道这厮会有今天这种出息，当时我们对他客气点就好了。

"离开上海后，毕庶澄好像吃错了什么药，忽然智力大增。他轻而易举地替张宗昌化解了两艘战舰闹饷的骚乱，又含而不露地解除了一支对张宗昌构成直接威胁的鲁军。这非凡的能力让张宗昌对他刮目相看，从此视他为心腹大将。

"毕庶澄此番来到沪上，所统率的是张宗昌的心腹主力第八军，所拜官职为直鲁联军第五路总指挥兼第八军军长，兼渤海舰队司令。

"以上情形，是毕庶澄此前的经历。至于此人来到上海滩干了些什么，何以会把上海滩骇得婴儿不敢啼哭，就让杜月笙讲给你们听听吧。"

于是，杜月笙接着发言："诸位，晓得咯，眼下我们的情形，可以说是大势已去，前景不妙。

"两年前毕庶澄来到上海，只是张宗昌的一介跟班。但大上海的繁华，他看在眼里，记在心里，他引以为恨的是他当时地位不高，没有受到期望中的尊重。这种情况积下了他对我们上海的重重怨气。

"此次他再回上海，连火车都不下，就在北站的一角征用了几辆空车皮，成立了他的作战司令部。他自己带着几个参谋，就在狭窄、沉闷的车厢里指挥军队，布置防务。其背城借一、血战到底的决心，可见一斑。

"此时，毕庶澄的士兵已经占领了上海，都是些操着山东话的侉子兵，他们占据道路，强拉夫丁，强赊硬买，于大街小巷中垒起了重重沙包，拉起了道道铁丝网，架起了机关枪与大炮。

"毕庶澄对上海的怨恨，显然无意掩饰。他公然以大上海为战场，视黎民百姓的性命为草芥，此举已经引发了整个上海的大骚乱。有钱人纷纷拖儿带女，逃入租界。没钱的穷苦百姓，只能捧着家里的坛坛罐罐，没头苍蝇一样四下里乱逃。但他们又能逃到哪里去？行将落下的炮弹，注定了就在他们头顶上。"

讲到这里，被张啸林插话进来："先别扯这些没用的，你就分析一下，毕庶澄这小白脸是不是北伐军的对手？"

"这……殊难断言。"杜月笙苦笑道，"先说北伐军，自打在广州誓师以来，拥有200个团，兵员总数是264,000人，枪支227,000条。北伐军一路行来，虽说战无不胜，但杀敌一万，自损八千，打到现在，已经是久战兵疲，难以为继了。

"而毕庶澄虽说只有2万人，号称10万，但可怕的是，他是张宗昌派来支援孙传芳的人，在他背后闷声不语的是'东北王'张作霖，50万众的东北军，兼有日本人对他们的支持。双方对垒，是以整个大中国为战场，单以纯军事力量相比较，这是一场势均力敌的大战，不打个天昏地暗、你死我活，绝不会罢休。但究竟鹿死谁手，殊难料定。"

讲到这里，所有人的目光齐齐转向黄金荣："值此大中国沦为战场，上海滩行将化为灰烬的节骨眼上，黄老板，你是在座最见多识广之人，妖是老成精，姜是老的辣，可有什么消弭兵祸的法子，指点我等？"

众人的目光集中在黄金荣身上，等他答复。黄金荣心里嘀咕了一句："我连露兰春一个小丫头都玩不过，如今你们却想让我玩转北伐军与奉军的近百万人马,你们拿我当什么了?神仙也干不了这差事啊!"

但风雨飘摇之际,如果他不开动一下脑筋,在场的人就更没有法子可想了。

## 犯上海者,虽远必砸钱

黄金荣终究比别人多吃了20年的盐,当下分析道:"自上朝以来,中国就倒霉到家,整日里战事不断。无论何种花花世界、富庶之乡,连续这么百余年的战争打下来,都会被打回原形,沦为没落。唯独上海,因为洋人强势开埠,财富才得以延续,才有了富饶的局面。

"但此前,上海也多次面临战火之厄,最典型的是太平天国时,'忠王'李秀成统10万长毛军,戟指沪上。幸得犀利的火器,兼李鸿章的强大淮军,将长毛轰走,才保住上海的繁华。

"清末民初,上海也多次面临战事,但这时候的上海财大气粗,犯上海者,虽远必砸钱。那一股又一股的武装势力,都在这个财富帝国面前败下阵来。"

"所以,"黄金荣继续分析道,"若要避免兵火之劫,逃过生灵涂炭,也只有两个法子可用,一是借助洋人之力,二是用钱砸,不信砸不死你。"

听了黄金荣的话,杜月笙无语摇头。当然,他不会当面直斥黄金荣古旧脑壳,但他心里明白,当下中国的政治环境已经发生了翻天覆地的变化,就连杀人不眨眼的军阀李宝章,也知道祭出"打倒帝国主义"的大旗,强迫租界交人。时下汇聚于上海滩交锋的几大政治势力,都在力求排斥洋人。这时候,不求洋人出面还好,洋人一出来站在哪一方,哪一方就彻底失去了道义。

但黄金荣说的第二个法子是极佳之选——用钱砸。只不过,在行动之前,必须解决一个迫在眉睫的问题:用钱砸,砸哪个?

也就是说,当此之时,在座诸人再怎么对政治不感兴趣,也必须在上海城下的几大政治力量之间选择其一。

这个选择,绝不能出错。选择的势力,必须是温和的、对保持上海的繁荣持建设性观点的。如果选择错误,就意味着万劫不复。

选择哪一个,不言而喻。但对于这个结论,仍然得由年纪最大、资历最老的黄金荣发表一番言论。

黄金荣说："要选择哪一方，先得弄明白我们是谁。我们不过是阴沟里的泥鳅，能有今日局面，靠的是道上朋友的捧场。但最重要的，是党人不以我们为江湖宵小，待我们如友如朋。所以，我们的选择是不言而喻的，今后不管党人用不用我们，我们自己都要尽量出力。如果有谁还对军阀存有侥幸之心，绝非明智之举。"

于是，会议一致通过：用钱砸！砸死毕庶澄！

1927年3月10日，美少年毕庶澄接到了"上海三大亨"黄金荣、杜月笙与张啸林联名的请柬，他看也不看，随手扔到了一边。

这时候想起给我发请柬了，早干吗去了？上一次我兴冲冲地跟着张宗昌来，原以为你们这些上海烟土财主能有个独具眼光的把我于芸芸众生中认出来，岂料想这所谓的上海大亨一个个全长着趋炎附势的嘴脸，只知围着张宗昌转，何曾把我放在眼里？现在想起来巴结我了，晚喽！这上海滩的繁华，以后只能成为幸存者的回忆。

毕庶澄抓起电话，心说：要不要先在上海滩弄出点响动呢？也好让杜月笙这伙人知道点厉害！他的目光忽然转向了扔在一边的请柬。刚才他粗略扫过，好像疏漏了什么。拿起请柬来，再仔细看看，看到宴请地点，毕庶澄的眼睛顿时瞪得灯笼大：富春楼老六？花国大总统？

当年上海滩票选花国大总统，是连海外都谈论不休的空前盛事。参加这场大竞选的，无一不是交际场上的名花绝色。万千人中，富春楼老六独占鳌头，夺得"花国大总统"荣誉称号。

纵是毕庶澄心如铁石，手握重兵，他那颗柔软的心仍然期待得到绝色佳人的抚慰。像毕庶澄这样生得貌美的自恋之人，最喜欢挑战高端美女，以证明自己过人的魅力。

要不就过去一趟，给他们个面子？毕庶澄思来想去，终于拿定了主意。


## ◢ 每个人的喜好就是他的弱点

1927年3月10日，毕庶澄离开他的指挥所，只带了几个贴身卫士，轻车简从，前往富春楼。

他故意挑选了一袭极普通的灰色长衫，在他看来，衣衫越是简单，越能突显他的人品非凡。

汽车在富春楼前停下，只见杜月笙和张啸林各自一袭长衫，疾奔过来替他开车门。毕庶澄微微颔首，杜月笙正要开口，后面张啸林的大嗓门已经响了起来："妈了个×，毕将军别来无恙，将军果然是人中龙凤、公瑾再世，今儿个让我老张开眼了！"

毕庶澄听了"妈了个×"，顿时气急攻心。忽然想起来，两年前张宗昌抵临沪上，张啸林接待，也是这副德行，开口就是"你妈了个×"，听得张宗昌欲哭无泪，挤对张啸林说："我是张小帅，你是张大帅。"

张啸林连这句挖苦话都听不出来，还以此自诩，认为张宗昌给他面子。

毕庶澄万般无奈地望着张啸林，感觉自己被他打败了。自己是来赴宴的，总不能因为张啸林这人脑子有毛病，见谁都骂，就一枪崩了他吧？

不能把他崩了，就只能让他骂了。瞥见旁边杜月笙一张苦脸，毕庶澄忽然意识到，像张啸林这般德行，只怕杜月笙每日少不了被他骂。想到杜月笙困窘的惨状，毕庶澄情不自禁地哈哈大笑起来，杜、张二人也随之大笑。

杜月笙和毕庶澄的笑声是"哈哈哈"，而张啸林的笑声则是"哈哈哈，你妈了个×"。

没办法，毕庶澄不能和张啸林这种粗人计较，心里再怎么不喜欢，脸上也只能强作欢颜。

与杜、张二人拾级而上，进了富春楼，被请进一间雅室。

这间雅室极其简单、普通，没什么华丽的装饰，也没有气派的家具，只是墙壁上挂着两幅写意风格的名人书画。站在这间普通的房间里，毕庶澄有种强烈的感觉，觉得这间房间似乎极雅致，但雅在什么地方，一时间也说不上来。

毕庶澄心不在焉地坐下，听杜月笙略怀歉意地道："闻知将军大驾光临，老六她不胜欢喜，正在楼上化妆。"

化妆？这时候毕庶澄才恍然大悟，怪不得感觉这间屋子别有情趣，原来是因为房间里飘着一种淡淡的幽香——女人的体香。霎时间，毕庶澄对闻名已久的富春楼老六充满了好奇。

于是，三个大男人在房间里各自坐定，一边聊天，一边等老六化好妆下来。几杯茶过去，大家的话题已经聊完了，楼上却悄无声息。毕庶澄正感觉烦躁，只听张啸林打趣道："将军可曾听说关于富春楼老六，还有首《木兰辞》？"

"《木兰辞》？"毕庶澄摇摇头，"未曾听说过。"同时心说：你张啸林一个不学无术的流氓,懂什么《木兰辞》?

张啸林道:"我听人说,这首辞是这么写的:'当窗理云鬓,对镜贴花黄,出门见伙伴,伙伴泪两行,同行十二载,终于等你化好妆。'"

毕庶澄怔了怔,冷不丁发出一阵大笑,房间里的气氛顿时松弛下来。话题马上变得随意,彼此之间的距离感消失,三人随意爆粗口,继续等老六下楼。

毕庶澄感觉过去了快三个钟头,天已擦黑。忽听轻灵的脚步声响起,三人不由自主地站起来,只见楼梯上婷婷袅袅地走下来一个绝色丽人。

那丽人不施脂粉,身着简单的旗袍,虽然不见得多么惊艳,但举手投足之间透着一股独有的风情。她的目光在房间里打了个转,落在毕庶澄身上,然后嫣然一笑。

见到那笑容,毕庶澄的心里霎时间有个声音狂嚎起来:"如果能一吻香泽,死而无憾!"

只一个照面,少年将军毕庶澄就吃定了富春楼老六,轻易地被她拿下了。见此情景,杜月笙、张啸林相视而笑,悄然离开,把场子留给毕庶澄折腾。

为求一夕之欢,毕庶澄当场砸下缠头资两万大洋,堪称大手笔。

要命的是,想拿下毕庶澄的非止一个富春楼老六。早在杜月笙精心布下这个香粉地狱前,他就担心毕庶澄少年貌美,身边从不缺美女,怕富春楼老六师出无功,还请出了当时最有名的"四大交际花"。

岂料毕庶澄竟是个"银样镴枪头",甫一照面,就丢盔弃甲、缴械投降,被富春楼老六轻易俘获,独占头功。

老六轻取毕庶澄,激起了"四大交际花"的无名怒火,头功让老六抢走,以后自己还怎么在上海滩混?于是,诸女各施温柔手段,争相摆平毕庶澄,也好为自己赢取一席之地。

这下子毕庶澄惨了,他如同一只肥美的白羊,被众女翻过来摆过去,肆意蹂躏,他自己倒是乐在其中。但这么一大堆人扎在一起,终日颠鸾倒凤也迟早会疲倦,总得有个喘气的时间休养生息吧?怎么个休养生息呢?要不,打麻将好了。

富春楼大豪赌,从此成为上海滩的佳话。那几天,毕庶澄和富春楼老六等交际名花玩出了沪上最大的豪赌历史纪录,每次输赢都是天文数字。可是富春楼没有账房,也没有保险箱,毕庶澄只好让自己的副官扛着厚厚几大摞钱来付账。毕庶澄坐在桌上赌,副官或侍卫就拿钞票当凳子坐。输了,一只钱凳子搬过去;赢了，又一只钱凳子挪回来，玩得极疯。

毕庶澄醉倒芙蓉帐，富春楼剥光美将军。毕庶澄的日子过得舒服至极，可怜张宗昌、孙传芳和驻扎在上海城区的奉军全都急疯了。

张宗昌、孙传芳和渤海舰队没命似的给毕庶澄拍电报：

  电讯：闻乱党遣说客往游海军总司令杨树庄，请毕将军留意勘察。
  电讯：海军总司令杨树庄忽进忽退，竟炮击渤海舰队，用意不明，行踪诡异，责成毕将军查清并报告。
  电讯：海军杨树庄部背信弃义，临阵反水，切断水路，你部已是腹背受敌，请毕将军立即制订撤退计划，宜速。
  电讯：南京告急，请毕将军火速率你部前往，阻击敌军。
  电讯：南京危急，毕将军你在哪里？请将军务必往援，切切。
  电讯：南京危殆，毕将军速往，万分火急。
  电讯：毕庶澄，你部究竟在哪里？见死不救，你还是人不是？
  电讯：救命！

催命的电文一封接一封，副官不停地往毕庶澄面前递。毕庶澄不胜其烦，拿脚尖钩一下富春楼老六："老六，你给看看啥事。"

老六一封封打开看，看罢搁在一边。毕庶澄问："啥事啊？"

老六轻描淡写地回答："没啥事。"

"没啥事，那就接着玩吧。"毕庶澄漫不经心地道。

于是，众女陪着毕庶澄继续豪赌。从1927年3月10日开始，赌到3月21日，足足赌了11天，一直赌到那封决定性的电报送来。

## ◩ 战士军前半死生，美人帐下犹歌舞

1927年3月21日，又一封电文送到，副官呈给毕庶澄。毕庶澄照旧丢给富春楼老六："老六，帮我看一下啥事。"

老六拆开电报，顿时笑逐颜开："恭喜将军，贺喜将军。"

毕庶澄停住摸牌的手，问道："啥意思？"

老六说:"毕将军,这是张宗昌大帅拍来的电报,上面说,兹任命毕将军为海军副总司令,即刻生效。如此喜事,难道还不值得庆贺吗?"

毕庶澄的心思全在打牌上,没听清楚,只听到"张宗昌""任命"几个字,于是转过头狐疑地望着老六,追问道:"啥?张宗昌任命我做什么?"

老六回答道:"海军副总司令,从现在起,你就是毕司令了。"

"不好!"毕庶澄大惊失色,"张宗昌要杀我!"

"什么?"富春楼老六浑然不解,"司令,你怎么了?明明高升了,你怎么会说张大帅要杀你?"

毕庶澄皱着眉头斥道:"你晓得个屁!我在张宗昌身边很久了,早就摸透了他的脾气。当他想要杀谁的时候,必先笑脸相迎,提拔重用,用意不过是安抚对方,将对方诱到眼前杀之。我自打驻扎上海以来,寸功未立,一仗未打,张宗昌却突然升我的官,这叫无功受禄,大凶也!"

毕庶澄问副官:"外边的战局,怎么个情形?"

副官犹豫了一下,回答道:"司令,孙传芳死守南京,苦苦等不到援兵,不得已奔逃扬州。其余诸部也都渡江而走,退守江北。31号铁桥的守将已于日前溃散,京沪、京杭铁路也全被切断。"

毕庶澄惊讶地望着副官:"喂,我说你啥意思?你莫不是在说整个江南就只剩下我们这一支孤军?"

副官答道:"是这样。"

毕庶澄大叫起来:"不可能!我不过就是打了几圈牌,怎么这战场上的格局就翻天覆地了呢?"

副官嘴角挤出一丝惨笑:"司令,你足足打了11天牌。"

"11天怎么了?11天也不过是……"话说到一半,毕庶澄失神地坐下,"完了,没想到这圈麻将竟然打了11天。兵贵神速啊,11天足够让战场彻底翻覆了。"

毕庶澄又想了想,恍然大悟:"糟糕,我这分明是中了杜月笙的奸计,他把我诱来……"

一边的富春楼老六听到他怪罪杜月笙,适时接过话,道:"司令提到杜先生,昨儿个杜先生还来过的。"

"他说什么了没有?"毕庶澄冷冷地问。

老六茫然地摇头:"他是来找别人的,我也只跟他打了声招呼而已。听他们男人说的都是打仗的事，好像是说北伐军的蒋总司令已经接受了孙传芳大帅的投降条件，继续让孙大帅保持五省总司令的名义。"

"什么？孙传芳向北伐军投降？不可能！"毕庶澄吼叫起来。

"怎么不可能呢？"老六委屈地道，"我可是亲耳听到有人念蒋总司令的电文给杜先生听，电文大意是，如果孙传芳能够先行订定撤退江西、湖北各路军队的日期，准许公开设立国民党党部，开放人民组织集会之自由，筹备国民会议，其余的事，都好商量。"

毕庶澄郁闷地看着老六："你的记性蛮好嘛！"

老六一本正经地道："司令知道我所言不虚。如这电文中的措辞字句，可不是我这种足不出户的良家女子能够编造出来的。"

"你这人尽可夫的小淫妇，竟然自称良家女子，那杀人如麻的李宝章岂不是万家生佛了？"毕庶澄悲愤地大笑起来。

大势已去，他现在要考虑的是如何逃离这危险的上海滩。估计部队已经拉不走了，11天没露面，第八军恐怕已经沦落成散兵游勇了。

他还不知道，就在他发现自己陷入困境之时，外边的上海滩上枪声大作，80万工人如猛虎出柙，决心夺取大上海。

## 动手之前先动脑

1927年3月21日，也就是张宗昌恼羞成怒，提拔误了军机的毕庶澄为海军副总司令，意在诱杀他的那一天，上海80万名工人啸聚，称：上海工人阶级的政治斗争走入最正确之道路——暴动！

霹雳一声暴动，工人将上海华区划为七大区域：南市、虹口、浦泉、吴淞、浦东、沪西、闸北。

暴动工人率先起事的地点是在虹口。这一带居住的工人多从事电力、纺织和机器操作等行业，特点是组织严明。先是数万人悄然聚于街头，忽然发一声喊，冲入警察局，揪住猝不及防的警察一顿暴打，夺下枪支，把他们赶出警察局，赶到了街头。

警察局被占领，警察们全都晕了头，不明白这些工人为何"突发神经"。

隔了好长时间，才终于有警察回过神来，发觉这好像是一场精心策划的暴力行动,于是赶紧打电话向邻区的警察局求援,或者向上级机关报告。

电话打过去,那边接电话的也是工人:"喂,这边的警察局已经被我们暴动工人占领,我们要以武装管理全区域,扑灭反动派。"

这电话里说的啥啊?警察们根本听不懂。这上海滩头究竟出了啥子事体,他们更是一无所知。这种情况下,就只能去找老头子问个清楚了。

有这个想法的,当然是在帮的警察。虹口的青帮老头子又称"白相人首脑",姓孙,名介福,力大无穷,脾气火暴,江湖人送绰号"铁胳膊"。他在帮中的辈分极低,和杜月笙一样,都是"悟"字辈的晚辈。正因为两人都是"悟"字辈的晚辈,所以"铁胳膊"和杜月笙二人彼此惺惺相惜,情交莫逆。

那一天"铁胳膊"孙介福穿着犊裤,正敞着肚皮在巷口纳凉,忽见几十名头破血流、衣服被撕得稀巴烂的警察哭着向他走来,当时他就震惊了:"咦,你们好像都是我的弟子,不都是警察吗?怎么,你们被人打了?这上海滩头,有人敢打警察?"

"敢,而且人数极多。"警察弟子们向他哭诉道,"他们人多势众,突如其来,占领了警察局,把我们全都轰了出来,还抢走了我们的枪。"

孙介福听了大惊失色,对发生这种事久久难以置信,半天回不过神来。半晌,他才说道:"上海滩,是杜先生的;虹口,是我'铁胳膊'孙介福的。我们帮中兄弟,在上海被人欺负,是杜先生的事;在虹口被人欺负,是我孙介福的事。弟兄们,抄家伙!"

一两百名青帮弟子同声应诺,各自抄起家伙,跟在孙介福身后,气势汹汹地向警察局奔杀而去。

途中,孙介福越想越气:伊拉也不想想,虹口是啥人的地界?

孙介福这个人是个地道的粗汉。有多粗呢?他不识字,不听报,也不知道虹口之外的地界都发生了什么,不知道北伐,也不晓得东征,只知道自己是虹口的大佬,后面还有杜先生罩着,任何胆敢在虹口对老子手下动手的人,老子跟你拼了!

一两百人浩浩荡荡地上路,途中遇到帮中兄弟就以手相招,大呼小叫。加入进来的人越来越多,三教九流,无所不包。等到了警察局门前,青帮弟子的人数已经过千,加上看热闹、唯恐天下不乱的,足足有上万人。

"冲啊!敢在虹口地界撒野,兄弟们给我打!"孙介福振臂一呼,黑压压的人群发出惊天动地的喊打喊杀声,朝警察局冲了过去。

"砰砰砰"，占领警察局的暴动工人立即对准冲过来的人开枪，瞬间枪声、跌倒声、惨叫声响成一片，数十名青帮弟子纷纷中弹倒地。

"他们竟然敢开枪！"孙介福见此情景，大吃了一惊，立即对兄弟们招手，"没枪的赶紧退后，有枪的快挑个安全的地方躲着，给我往警察局里狠狠地打！"

一时间，枪声大作，飞弹如雨，虹口地区沦为腥风血雨的战场。当地居民哭喊着向远处狂奔，人流中，一辆轿车急行而来。

杜月笙来了。

杜月笙在家里正为自己的"美人计"而得意，酥骨大阵一摆，就轻松化解了毕庶澄两万大军的杀气，避免让上海滩蒙受战火之灾。正得意之际，忽然有帮中小兄弟打进电话来，报告说虹口地界发生了大暴动，此时"铁胳膊"孙介福正率领青帮弟子进攻占领警察局的暴动工人。

接到这个电话，杜月笙顿时就糊涂了：这是哪儿跟哪儿啊？怎么突然冒出来暴动工人了？这么大的事体，事先怎么没听人说起过？莫非国民党暗中策划，配合北伐军行动？

杜月笙心里这样猜测，就打电话找国民党驻上海的负责人钮永建，想问个明白。不料，钮永建出去逍遥快活了，不在机关。接电话的是个小职员，根本听不懂杜月笙问什么，只是含糊潦草地回答，让杜月笙自己去理解。理解对了也好，理解错了也罢，反正都和他没关系。

于是，杜月笙开始自作聪明地猜测：从接电话者的含糊语气来判断，并没有完全否定，倒是肯定的语气很明显。于是，杜月笙断定，虹口发生的占领警察局事件必是国民党的正式行动。

你行动也不告诉我一声，敢情拿我当夜壶了？撒尿时就把我揪过来，照我没头没脸地乱滋，用完了往地下一丢，擦也不擦一下。

虽然心里有几分怨气，但国民党已成气候，杜月笙不敢流露出抱怨，还得想办法替国民党人擦屁股。他认准了暴动是国民党干的，终不能坐视"铁胳膊"与党人发生冲突，更不想看到上海因混战而陷入瘫痪，所以只能冒险赶赴战场，劝阻"铁胳膊"。

杜月笙一到，立即声色俱厉地怒斥"铁胳膊"："住手，你这是做啥子事体？大水冲了龙王庙，自家人不认自家人，你晓得咯，占领警察局的朋友，正是响应北伐军的朋友。"

生平头一遭被杜月笙叱骂，而且还是当着众多弟子的面，"铁胳膊"一下子就急了："管他是哪一路的朋友，管他有多紧急的军国大事，既然要在我的地界发动，为啥狗眼看人低，事先连招呼也不打一个？！"

杜月笙心里"咯噔"一声，知道自己一时情绪失控，让"铁胳膊"下不来台，于是哈哈一笑，伸手搂住"铁胳膊"的粗脖颈："你总是这么直心直肚肠，你也不想一想，人家既然是在干军国大事，当然要保密。"

当众给了"铁胳膊"一个面子，表示孙介福和杜月笙是合穿一条裤子都嫌肥的生死兄弟，"铁胳膊"的情绪稍有缓和。杜月笙立即发号施令，命令在场的青帮弟子解散，各自回家，至于那些中枪的人，立即送往医院，医药费用全由他出。

现场处理得差不多了，"铁胳膊"讪讪地走过来，悄悄地告诉杜月笙："不早告诉我这是军国大事，耽误正事了吧？你看我刚才还派出一路人马，去攻打占领湖州会馆的暴动者。"

"啥子？"杜月笙大骇，"千万不要，我马上过去阻止！"

杜月笙立即登车，向湖州会馆疾驰，未到地方，就看到半空中硝烟弥漫，耳听得枪声大作，青帮与暴动一方正打得不可开交。杜月笙到了之后，立即喝令青帮人后撤，战事至此得以告终。

到目前为止，杜月笙所见到的只是七路暴动人马中的一路，另外六路也同时发动。上海华界一时间弹雨横飞，形势极为混乱。

杜月笙经历的虹口暴动，其实是第二路，第一路是南市。

1927年3月21日中午，南市街头出现大批群众集结，其中不乏携带枪支者。下午一点半，一声枪响，集结的人群齐齐发动，呐喊着冲入警察局，把警察掀翻在地，抓胳膊揪腿，扔出了门外。

警察局被占领，正在街头巡逻的警察也遭到袭击，被打得满地乱爬，枪支警械被夺走。

南火车站被占领，暴动者开始用机车运送人员，协调全市的暴动。

第三路人马，负责的是吴淞口炮台区。

这里地方不大，人口不多，恰恰是驻军的好地方。当暴动者赶到这里集结时，发现这里驻扎着大批直鲁军士兵，全都是操着山东口音的毕庶澄部下。因为长达11天与总指挥官失联，军心涣散，士兵正在大量逃亡。

暴动人群一拥而上，先揪住落单的士兵一顿胖揍，夺走他们的枪械。逃亡的士兵不敢恋战，仓皇爬上火车逃走。但他们不知道的是，前方路口的铁路早已被暴动人群拆断，火车开到天通庵，"哐当"一声突然出轨倾覆，把车上的士兵像沙袋一样抛了出去，摔得他们头破血流，腿折胳膊断。

这下子，山东兵火大了，当即以火车为掩体，架起机关枪和步枪，向不断袭扰他们的暴动人群开火。暴动的人群虽然人数众多，但枪支数量不足，论战斗力，更比不了训练有素的山东兵。被山东兵扫射一通后，暴动一方顿时伤亡累累，能跑的人悉数逃跑。

山东兵正得意，却不想他们的顽抗之举激怒了暴动者。大批持枪暴动者从刚刚被杜月笙摆平的虹口警察局拥出，沿途各路人马纷纷加入，人数不少于三万人，浩浩荡荡地杀到天通庵，将山东兵团团围困起来。

紧接着，双方排枪互射，机关枪狂扫。战事从下午开始，一直持续到晚上。山东兵以为晚上可以休息，不料暴动方又新来了生力军，双方继续缠斗，打了整整一夜。天亮时分，战事仍未休止。

山东兵一天一夜没吃没喝，没有睡觉，也没有给养补充，再也支持不下去了。于是，他们组织兵力极力突围，从正北方打出一个缺口，踏着战友的鲜血和尸骸，杀到水边，忽然发现水面上有船，顿时大喜，夺船而走。

至此，第三路吴淞口暴动演化为天通庵血战，以山东兵的逃窜告终。这一路人马也取得了压倒性的胜利。

第四路是闸北。这一路属于池鱼之胜，第三路吴淞口战事扩大，战火蔓延，把闸北给烧了进去。于是，闸北这一路也大获全胜。

第五路是浦泉。这一路也是波澜不惊，夹杂在其他诸路的乱战中，问题稀里糊涂地被解决了。

第六路是沪西。沪西之战，最是可圈可点。这一路人马先于曹家渡警察分局附近集结，发一声喊，冲进去把警察全部抓了起来，不仅缴了他们的械，还扒了他们的衣服。

然后，暴动者换上警服，想混入第四警察局来个里应外合。不料，被第四警察局识破，阻于门外。无奈之下，双方只好用枪说话。这一场血战，警察负责守，暴动者负责攻。激战中，这一区域的暴动总负责人中枪牺牲，但最终警察局被成功拿下。

最后一路是浦东。

浦东是什么地方？此地距杜月笙的家乡高桥镇只有十几里路，可以说是杜月笙的家。所以，这一仗不能少了他。

## ▣ 失职、渎职就要承担责任

1927年3月21日，浦东街头，大批群众集结，冲入警察局，俘获警察150人，缴获枪支100多条及弹药无数。

暴动者有了武装，逗留在浦东活动的李宝章大刀队的报应终于来了。

暴动者沿途追杀大刀队，大刀队每队只有八个人，虽然杀人不眨眼，但终究无法抵抗复仇者人多枪多。许多大刀队的人当场被活活打死，余者都是些精明人，见势不妙，急忙脱了军装，混迹于人群中逃之夭夭。

暴动者迅速向前推进，来攻打商团并夺枪。前行中，只听得商团驻地枪声震耳：奇怪了，是哪个抢了先，先行对商团发起进攻的？走近仔细一看，攻打商团的原来是毕庶澄的第八军。

第八军士兵突攻浦东商团，这是有讲究的。这个讲究，叫作"打起发"。什么叫"打起发"？就是军队准备放手抢劫之前，先行将目标地盘的武装力量解决掉，等到抢劫的时候，就没有人敢妨碍自己了。

第八军打的主意虽然好，但他们做梦也没想到，正当他们向商团冲杀之时，暴动者突然出现在他们身后一顿狂射。第八军立即兵败如山，丢下武器，抱头鼠窜。

打败了第八军，暴动者继续攻打商团，并喝令："里面的人听着，限你们三分钟之内把枪统统交出来，否则后果自负！"

商团回答："不可以。"

暴动者问："为啥不可以？你商团是比警察胖，还是比警察更能吃？人家警察都缴枪了，你们凭什么不缴？"

商团回答："枪是杜先生给我们买的，缴出去就无法对杜先生交代。"

这句话一下子瓦解了暴动者的阵营。暴动者这边，多有对杜月笙有好感，或者平日里受过杜月笙恩惠之人，听商团提到杜月笙，气势一下子就馁了。可馁了不行，馁了还怎么暴动啊？

于是，暴动者转而改为和平攻势，以政策攻心："欢迎商团参加暴动！""欢迎商团加入，跟我们一道做革命军的先锋！欢迎商团加入，跟我们一道管理浦东！"

商团犹豫不决，派人打电话向杜月笙请示。

杜月笙接到电话，回答说："性命要紧，请各路朋友尽量避免冲突，如果人家一定要咱们缴枪，先缴了也不是不可以。"

商团回答："好格，我们听杜先生的，不跟他们打。"

杜月笙说："这就对了嘛。外边攻打你们的兄弟，是蒋总司令的人，是北伐军的人，跟咱们都是一家人。人家所谋者，军国大事也。咱们一定要有大局观念，配合人家才对。"

实际上，暴动者所奉并非蒋介石之令，可是杜月笙与政治相隔膜，哪里晓得这些？在他的调停下，浦东这一路人马也圆满地完成了暴动任务。

暴动者终于亮出了他们的名号——"工人纠察队"。

拥百万之众、枪支数万条，都穿着蓝布短打，臂缠红布条，纠察队于长街集结，发布最后的战令："再接再厉，消灭盘踞在北火车站和商务印书馆的顽固敌人！"

真正开打了，绝对是一场硬仗。

据守北火车站的，是张宗昌手下武器最精良、打仗最凶悍的白俄军，堪称张宗昌的身家老底。由于百年积弱，国人的心里早已种下了畏惧洋人的病根。张宗昌就是利用国人的这种心理，收编了一支白俄武装。以往在战场上，只要白俄武装出现，不等开打，对手早已吓得号啕大哭，举手投降。白俄武装是张宗昌部的核心，说是其军魂也不为过。把这支比自己心肝还重要的力量交给毕庶澄，足见张宗昌对毕庶澄的信任和倚重。

见工人纠察队来攻，白俄军冷笑一声，于铁甲战车之上架起机枪快炮，一通狂扫。一时间，火车站前近200人伤亡。

单说战斗力，工人纠察队与白俄军根本不在一个档次上。单靠火力，纠察队这边是没指望的，只能采用火攻之术，期冀万一。白俄军的回应是，你放一次火，我就反攻两次，把你们赶得远远的，我们好回来吃饭。

结果，纠察队三次采用火攻，白俄军竟然搞了六次反攻。

这场血战，表面上看，白俄军似乎占尽上风，实际上却居于绝对下风——白俄军的弱势在于群龙无首，没有指挥官。此时，他们的指挥官毕庶澄正在富春楼逍遥快活。

更惨的是，白俄军没有援军，没有后勤补给。虽然纠察队被打败六次，但每次纠察队卷土重来,白俄军这边的心理压力都要加大一成。再不懂军事的人也知道,仗如果这么打下去,打到最后,白俄军只能找机会突围。

突围的机会,比他们预期的来得要快。

1927年3月22日上午,国民革命军第一军第一师师长薛岳率部开进上海。据守商务印书馆的直鲁军突围而去,不知所踪。北火车站的白俄军冲入租界请求避难。

工人纠察队杀入北火车站,拿下商务印书馆俱乐部,并在此建立了工人纠察队总指挥处,由枪法如神的顾顺章出任总指挥。

到了这一步,毕庶澄还不走就有点说不过去了,只能依依不舍地与富春楼老六告别。登上火车,毕庶澄居然还亲切会见了一名记者。

毕庶澄高瞻远瞩地教导道:"你们做记者的,要多写一些鼓舞人心、振奋人心的正面消息,不要造谣传谣,时刻要有全局观念。这是我对你们的期望,希望你们好自为之。"

记者道:"毕将军,听说你被北伐军忽悠了,北伐军骗你说他们绝不挥师入沪,结果薛岳还是带着军队来了,此时白俄兵正在满城抓你们。你对此有何看法?"

毕庶澄叹息道:"你们这些做记者的,不认真核实报道,只知道耸人听闻,吸人眼球,天天传播谣言。请你们扪心自问,你们这样做,对得起我对你们的殷切关怀吗?对得起人民群众对你们的厚望吗?"

说罢,火车开动,毕庶澄离开上海。一到青岛,他就被张宗昌诱到济南,指控其私通共产党。毕庶澄哭天抢地,替自己辩白,坦承自己私通不假,但私通的是富春楼"花国大总统"老六,绝不是共产党。辩解无效,被执行枪决。

杜月笙阻止毕庶澄荼毒上海的行动,取得了完美成功。但接下来,他发现自己的麻烦大了。

## 重整山河,匡正规范

上海时局,云谲波诡,变幻莫测。

1927年3月22日,北伐军薛岳部开进上海。当日接到大量商民投诉,请求恢复秩序。

23日，薛岳下令取缔散兵游勇，上海临时市政府成立，工厂是日复工。

24日，南京事件爆发，大批士兵进入英美使馆，英美兵舰开炮。

25日，洋人军队于上海登陆，白崇禧发表声明，承诺非外交手续，无以解决租界问题。

26日，国民党"宁汉分流"迹象初显，蒋介石遭到同样身为孙文继承人的汪精卫一方的强力挑战。

就在这一天，黄公馆秘密来人，召杜月笙、张啸林前往议事。

杜月笙到了黄公馆，只见黄金荣一身新衣，满面笑容，对自己说："今朝，我要叫你会一会老朋友。"

"老朋友？"杜月笙假装愕然，"老朋友不是都在这里了吗？"

黄金荣麻皮脸一翻："这帮老朋友，是经常见面的。我现在要叫你见的，是一位分别了多年的老朋友。"

杜月笙问："究竟是哪一位？"

屏风后面忽然传来一声大笑，走出一个虎背熊腰、浓眉细目的大汉。他的身后，跟着一个目光灼灼、满脸透出精明的中年绅士。

一见到那大汉，杜月笙就惊喜地叫了一声："杨虎杨大哥，竟然是你！"

"哈哈！"昔日的党人杨虎大踏步走过来，热情地拉着杜月笙的手说，"来来来，月笙，我替你引荐一位英雄人物——陈群陈人鹤，江湖人称'陈老八'。"

杜月笙听了一头雾水：陈群陈老八怎么会是英雄人物呢？

坐下来细聊，才知道这位陈老八是国民党要员，曾经兵不血刃，在汉口顺利收回占地115英亩，住有外侨712人、华民7288人的英租界。

杨虎与陈群潜入沪上，秘密约谈"三大亨"，究竟有何用意？其实用意很简单，就是希望杜月笙能够出面，组织一支民间武装。

组织一支民间武装，目的是什么？只要先看看这支民间武装的名称叫什么，就会了然于心了。

杜月笙要组建的这支武装，叫"共进会"。"共进会"是什么意思？

话说清朝咸丰年间，洪秀全、杨秀清崛起两广，组织太平天国军队，攻下了大清帝国的半壁江山。湖南士人曾国藩练湘勇以制之。经过漫长的拉锯战，曾国藩的弟弟曾国荃最终攻入天京（今南京），彻底消灭了太平天国政权。但诡异的是，就在曾国荃的军中，出现了一个秘密社团——哥老会。

得知哥老会意在颠覆大清朝廷之后，曾国藩大为震惊。为了避免哥老会予人以口实，被朝廷列入剿灭的黑名单，同时又避免功高震主，惹朝廷忌惮，他当机立断，裁撤湘军。从此，哥老会漂泊无依，流入四川。到了晚清年间，他们又在湖南大地复燃，扛起了推翻清朝的历史重任。

哥老会第一任老龙头名叫王秀方，江湖绰号"四脚猪"，能在平地上蹦起丈余高。他与康有为、谭嗣同进行政治合作，起事时不幸遭到清兵剿杀，因此殒命。

第二任老龙头神秘至极，传说中的名字有10多个，但留在历史上的名字叫龚春台。他奉孙文先生号令起事，也被清廷镇压，战死军中。

第三任老龙头名叫马福益，其人身手敏捷、神勇无双。他与党人黄兴合谋起事，不幸失败。他被清兵团团围困，但依然力战到底，最终被俘，英勇就义。

至此，哥老会有三任老龙头遭清廷杀害，与清廷有血海深仇。后来，哥老会第四任老龙头焦达峰化名"冈头樵"，渡海去日本寻找组织，矢志灭亡清朝。

在日本，焦达峰成功找到了同盟会领袖孙文，但是他发现同盟会不尽如人意，能办实事的人太少，而且行动起来千头万绪，扯皮不休。焦达峰不满之下，索性一脚踢开同盟会，另起炉灶，另建组织。

焦达峰创建的这个新会党，叫"共进会"。"共进"之意，无非大家齐心协力，共同前进。

共进会创立之后，党人黄兴对此强烈不满，指其分裂组织。焦达峰不予理睬，自行回国开始起事。他率共进会大举进入湖北，搞起"抬营"之策，游说新军士兵加入。最终，这个组织于湖北新军中揭竿而起，打响了武昌首义第一枪，并最终倾覆了清朝，建立了民国。

简单地说，孙文先生起事所凭借的武装力量，多是江湖会党。从这个意义上说，共进会推翻了清朝，建立了民国，也错不到哪里去。

这就是共进会的沿革。杜月笙之所以将他的私人武装命名为"共进会"，就有这方面的原因。

他要重整河山，匡正规范，清党！

## ◤ 十字路口的抉择

中国革命史如果求诸细节，在某种程度上实际上是一部中国会党史。

这部历史的特点，就是会党成员多来自社会底层，力图走向社会上游。但人类社会的自然分布规律决定了只有少数人盘桓于固有的位置上，只有极少数人能够走进公众视野。从政治社会学角度来说，社会位置的固化，与人性上进的本能构成强烈冲突，赋予了身处社会底层的人永恒的暴力特质。

此前的历史，是遵循阶级阶层存在的规律而行事，不需要选择，只需要行动。但在1927年，新政治规则由上而下，贯穿了整个社会。唯独这一次，他们需要一个选择：是选择激进，还是选择更激进？

任何一个选择都有其必然性，我们只能描述细节。细节就是陈群、杨虎联袂入沪，向杜月笙提出一个要求：面谒青帮老头子张镜湖。

杜月笙向黄金荣转达了他们这一要求后，黄金荣深感苦恼和无奈。因为他是倥子，属于未入帮却打着"青帮"的旗号行事的假冒伪劣一族，根本没有资格引荐人给青帮老头子张镜湖。

好在杜月笙不止一次与张镜湖的门徒吴昆山打过交道，再加上陈群、杨虎显赫的身份，最终这一合作得以顺利达成。隐世已久的张镜湖重出江湖，再开香堂，陈群和杨虎成为青帮"通"字辈的弟子。

至此，一个空前奇特的社会政治联盟形成，国民党人与青帮在政治目标上达成共识。前者，需要一个公众的表征以证实自我存在的合法性；后者，则需要在极端与更极端之间寻求一个温和的定位。

不久，曾在民国建立之初，企图用炸弹炸死徐宝山的王柏龄突然出现在上海滩。此人是党人中勇猛彪悍的行动派，他的到来标志着青帮底部的分化与破裂已经不可避免：于两难选择之际，这个社会阶层再度冲击自我的行进目标。

历史与实践证明，他们注定失败。

此前，他们失败是因为他们走得太快，走在了大时代之前。这一次，则是因为他们走得太慢，落在了大时代之后。走得太快，他们因自身的暴力特质，必然会遭受残酷的惩罚与伤害；走得太慢，只能沦为暴力的猎物。

此时，中国的历史正狂飙突进，如海潮汹涌，惊涛拍岸，把这个特定的阶层拍得粉身碎骨。

## ◢ 各怀鬼胎，同床异梦

1927年3月27日，北伐军总司令蒋介石抵达沪上，望着战火未尽的上海街头，叹息道："我以前在交易所买的股票仍未'割肉'，现在也该拉出个'小阳线'了吧。"

是日，蒋介石电召程潜，与其两次晤谈，希望游说他放弃效力于汪精卫，选择加入自己的阵营。

程潜虚与委蛇，一离开蒋介石就奔赴武汉，并下令己方的军队不再听从蒋氏之命。

同一天，汪精卫由法国绕行苏俄，抵达沪上。蒋介石发动军中力量，以通电的形式对汪施加压力。

28日，国民党留沪监察委员蔡元培牵头，发起通电，要求清党。

29日，上海临时市政府成员宣誓就职，与会者表态站队。

4月5日，汪精卫与陈独秀发表《汪精卫、陈独秀联合宣言》，要求国民党继续贯彻孙文之联俄、联共、扶助农工之政策。

同道之人向汪氏发起激烈攻击，汪氏不支，悄然离沪赴汉。

孙文身后的两个继承人蒋介石与汪精卫，如民间俗语所云，终究是一个槽子上拴不住俩叫驴，就此分道扬镳。

1927年4月8日，蒋氏在上海整顿旗鼓，以蔡元培、何应钦、陈果夫等13人，成立上海政治委员会。

南京在事实上已经成为汪氏的领地。共产国际代表鲍罗廷在汉口他的家中召开紧急会议，会议决定，中央党部及国民政府迁到南京，并下令武汉军事委员会要准备以南京为中心，制订作战计划。

南京的国民党人搭起台子，写着"欢迎汪精卫"字样的标语，贴得满城都是。欢迎汪精卫的会场设在公共体育场，欢迎的人群早早抵达指定地点，人手一面小彩旗，于焦灼不安中翘首等待汪精卫抵达。

来了，终于来了。

远方烟尘起处，一列军人簇拥着当中的一名军官，"迤逦"而近。欢迎人群顿时兴奋起来，事先安插在人群中的党务人士立即带头振臂高呼口号："热烈欢迎汪先生！""汪先生是孙中山革命政策的继承人！""打倒新军阀！蒋介石是新军阀！打倒蒋介石！"

激昂的口号声中，那队人马迅速靠近，欢迎人群载歌载舞，拥上前来，只见马背上一个将军剑眉星目，身材雄健。

欢迎人群看得目瞪口呆：来的这人竟然是蒋介石，汪精卫哪里去了？

片刻之后，混杂在人群中的党务人士机智地把口号一改："热烈欢迎蒋先生！""蒋先生是孙中山革命政策的继承人！""打倒新军阀！汪精卫是新军阀！打倒汪精卫！"

蒋介石踌躇满志，顾盼自雄，出其不意地突入南京，把竞争对手汪精卫压缩于汉口一隅，并悉数抓捕左派。

而在上海，两日之后，陈群突然接到共产党人李立三的请柬，邀请其前往大西洋饭店赴一场饭局。

接到请柬，黄公馆顿时就炸开了锅。黄金荣、杜月笙、张啸林一致认为饭局有诈，鸿门宴也说不定。如果去，只恐陈老八有去无回；如果不去，又未免露出怯意，遗人笑柄。

不去不行，去了还必须活着回来。于是，黄公馆精锐齐出，皆身着钢丝马甲（相当于未升级版防弹衣），腰揣大号手枪，乔装成黄包车夫、小店主、过路行人等，将大西洋饭店暗中包围得水泄不通。

岂料会面之后，李立三竟毫无敌意。陈群惊讶之余，猛然惊醒：原来，共产党人视底层的劳苦大众为自己天然的同盟军，其部分在沪的基层组织与青帮错合杂陈，丝毫未意识到青帮已经跳到了蒋介石的船上。此次宴请，不过是试图沟通双方的一个友善表达，共产党人未想到杜月笙等人手中的这支暴力力量会成为革命的隐患。

双方晤谈，李立三虽然知道杜月笙这边成立了共进会，但以为这个共进会不过是江湖上的普通帮派，而且对其组织纲领和暴力目标一无所知，因此大意轻心。如果李立三知道底细，当日的大西洋饭店就是一场厮杀的大战场。

以无心算有心，共产党人严重低估了自己所面临的巨大风险，最终导致在1927年这个特定的年份里，被驱逐出权力中心。

## 痛下狠心，借路杀人

1927年4月11日深夜，英租界极有实力的蔡福堂叩响了工部局总董费信惇家的大门。

费信惇打开门，蔡福堂单刀直入道："今日登门，有一事相求。"

费信惇问何事。

蔡福堂说："12日凌晨，杜月笙先生有队人马要通过大英租界，请准予放行。"

"杜月笙？"费信惇满头雾水，"告诉我，你们到底想干什么？"

蔡福堂道："我们要借道攻打工人纠察队总部。"

费信惇叹道："蔡先生，你一定是被魔鬼攫住了。那工人纠察队，可是一支训练有素的战斗力量。现今我们租界之内，有士兵两万多人，再加上黄浦江面的兵舰与炮艇，如此雄厚的兵力都不敢招惹纠察队，杜月笙仅凭在街头纠集一些乌合之众，就敢向纠察队挑衅，我猜会死得很惨。"

蔡福堂说："老费，你熟悉杜先生，应该知道他从不做无把握之事。"

费信惇笑了："但是这次他做了。我猜他一定疯掉了，请允许我为他介绍一位神经科医师。"

蔡福堂劝他道："老费，你怎么这么麻烦？杜先生不过是借道而已，你到底答应还是不答应？"

费信惇说："我确信我没有拒绝杜先生的本意。"

蔡福堂说："那就是答应了？"

费信惇说："我不能对你的单方面理解给予肯定。"

蔡福堂道："那你到底啥意思？"

费信惇说："叫杜月笙他自己来，你不够格跟老子扯淡！"

蔡福堂回去，把费信惇的答复告诉杜月笙。杜月笙立即动身，去见费信惇。

见面后，杜月笙厉声道："我今天来，只有一句话，4月12日，我的人要过英租界，向你借路。这个仗我们打不打得赢，不劳你操心。顶好，你等我的人通过之后，立即拉上铁丝网，架好机关枪，倘若有人退回来，你尽管下令开枪。"

蔡福堂站在一边，立即把杜月笙这番话翻译给费信惇听。

费信惇呆呆地望着杜月笙，半晌，说了一句："行。"

时间紧迫，杜月笙没有时间说更多。交涉结束，目的达到，杜月笙转身就走。

回到杜公馆，杜月笙正要放松一下，旁边的电话骤然响了起来。管家万墨林急忙拿起电话,然后捂住话筒,紧张地对杜月笙低声说:"汪寿华!"

听到这个名字,杜月笙的脸色霎时就变了,一句话也不说,急忙掉头走开。张啸林见状,急忙抓起话筒,因为心情过于紧张,连惯常的张口骂娘都忘了,居然破天荒地斯文起来,问道:"是寿华兄吗?"

话筒另一端说道:"你是张先生?"

"是……是我,老张。"张啸林结巴起来,"今天晚上老杜请客,你要准时来啊!"

汪寿华说:"要来的,要来的。只不过,好端端的,杜先生怎么突然请起客来了?是不是有什么事?"

张啸林道:"没……没事。不不不,是有点小事,不大一点小事,老杜和我想跟你商量一下,请寿华兄过来,比较方便,好吗?一个小时以后,就只有你、我和老杜三个人。"

汪寿华说:"好咯,一小时后我准时到。"

张啸林放下话筒,感觉背上冷汗涔涔,长呼一口气后再去找杜月笙,发现杜月笙早已躲上楼了。不仅杜月笙躲了起来,杜公馆中所有家眷一个个也都隐匿于黑暗中。这是杜月笙一生中最黑的暗夜,终其一生,他都极力回避谈到这个夜晚。因为在这个夜晚,他背叛了自己,也犯了江湖道上的禁忌。

青帮的规矩极严,稍有触犯,轻则三刀六洞,重则取其性命,都是常见之事。处置帮中之人,无论是名正言顺地开香堂,还是私下场合秘密处理,明正其罪是必不可少的程序,但是今夜,所有人都回避了这道程序。

杜月笙蜷缩在楼上的卧室里,灯也不敢开,只是不时地瑟缩一下,两耳留神倾听外边的动静。

远处,有汽车的马达声清晰传来。汪寿华到了。

汪寿华负责"工运",自然也是在帮之人。他虽然见多了江湖上的尔虞我诈,但从未听说过帮中兄弟处心积虑地实施暗夜诱杀行动,所以他对杜月笙的邀约毫无戒备,掉以轻心,按钟点来到杜公馆,只带了一个保镖和司机。

汽车驶到杜公馆门前缓缓停下时,他没有注意到后面的黑暗处,有辆黄包车正悄无声息地靠拢过来。

汪寿华下车,只见杜公馆那扇黑色的大铁门向两侧滑开。他的动作向来极快,三步两步已经迈进门里,向灯火辉煌的楼房走去。

汪寿华下车后,司机起步,想把车停好,忽然听到车门打开的声音,车里上来两条面目狰狞的大汉，两柄短枪同时抵在司机和保镖的太阳穴上："不许吭声，继续把车往前开。"

声音极为低沉，透着冰冷的寒气。这辆车和车上的人，从此彻底消失。

汪寿华浑然不知身后事变，大步流星地穿过庭院，快步迈向大厅，迈向死亡。

汪寿华进入大厅，猛然吃了一惊。

大厅里，一盏顶灯散射着刺眼的光芒，恰好照出一条大汉身穿一袭东洋和服，铁青着一张脸，薄嘴唇抿成一条线。汪寿华看得清楚，此人正是"上海三大亨"之一张啸林。

张啸林两侧分别立着马祥生和谢葆生，两条壮硕如牛的大汉。

见此情景，汪寿华情知不妙，掉头就走。刚一转身，左侧一条大汉突然猛力撞来，正撞在汪寿华的左胸上，这人是叶焯山。汪寿华被撞得痛呼一声，身体不由自主地向右侧一闪。

右侧闪出顾嘉棠，铁钳一样的双手突然扭住汪寿华的右臂。汪寿华张口欲呼，前面又冲出来个芮庆荣，猛然伸出手捂住了汪寿华的口鼻，让他无法出声呼救。高鑫宝出现在汪寿华身后，与叶焯山、顾嘉棠、芮庆荣一起，四人合力将汪寿华架起来。

"小八股党"中的"四大金刚"齐出，一击得手。

听到外边的响动，杜月笙脸色大变，突然跳起，冲出门外，直跑到楼梯口，冲下面低喊道："不要做在我家里！"

"晓得了，"张啸林不耐烦地说，"瞧你那副尿样。给我把他架出去！"

杜月笙手扶楼梯扶手，身体颤抖，忽然两腿一软，向下倒去。幸亏万墨林生怕他承受不了压力，始终随侍在侧，见状赶紧上前一步扶住他，看他脸色青白，瞳孔放光，惊得连声呼叫："爷叔，爷叔！"

杜月笙慢慢挣脱万墨林，慢慢站稳，机械地向卧室走去，一边走一边喃喃低语："不能做在我家里，否则，以后就没有客人敢上门了。"

叶焯山、顾嘉棠、高鑫宝、芮庆荣"四大金刚"将汪寿华架上车，趁夜驶至沪西，于一片树林中将其活埋。

汪寿华之死，造成上海工人纠察队重心骤失，群龙无首。当时，工人纠察队堪称羽翼丰满、势头强劲，他们所拥有的力量比武汉的汪氏政权还要稳固，纵然是租界中的两万洋兵，也不敢招惹。而杜月笙草创的共进会，更不被纠察队放在眼里。

汪寿华被诱杀，为共进会夜攻纠察队增加了绝对的胜算，导致了纠察队覆灭的直接结果。

但风水轮流转，一转22年。22年后，参与诱杀汪寿华者，只剩下马祥生与叶焯山。两人这时候都已年逾古稀，又舍不得偌大家业，心说：这么多年过去了，不会有人还记得当年的事吧？就算记得，又岂会与我们这两个老头为难？

这样一想，两人就留在了上海。不承想，共产党人对汪寿华被诱杀和共进会消灭纠察队的血海深仇从未忘怀。马祥生与叶焯山双双被捕，被押到沪西公审。那时，马祥生老迈年高，对此情景大感委屈，不停地嘟嘟囔囔，辩解说那一夜他根本没动手，就站在张啸林身边，一句话也没有说。

听马祥生絮叨不休，叶焯山火了，斥道："祥生哥，你有完没完？！事已至此，你以为嘟囔絮叨就能逃过去？"

马祥生这才闭了嘴。

公审大会临近结束，主审官厉声道："马祥生、叶焯山二人罪名成立，执行死刑！"

两人旋即被带下公审台处决。

因此，汪寿华血仇得报，还要等22年。此时，杜公馆里高高悬挂起一幅三国刘、关、张桃园三结义图，六人站在香坛前叙过年齿，交换兰谱，正式结拜为异姓兄弟。

这六个人，老大黄金荣，老二张啸林，老三王柏龄，老四杨虎，老五杜月笙，老六陈群。此前及此后，这六个人的命运紧密地交织在一起，但他们的品行、观念与人格天差地远，甚至在眼下的时局面前所做出选择的动因也完全不同。

拜过把子之后，杜公馆大厅各扇门全部打开，闪出一排白衣侍者，手中各举托盘，大肉面、蟹壳黄、中西糕点，应有尽有。食物端上来之后，只见大门外边走进来黑压压的100多人，都是共进会的大小头目。

杜月笙站起来，面带倦容地说道："不知道什么缘故，我近来觉得胆气跟精神都不比从前了。今夜的事情好像让我一下子老了十几岁。唉，再过一个钟头，你们就要出发上战场了。说到上战场，对你们来说是从未有过的事体。所以，我给你们引荐一位传奇般的英雄人物，让他作为你们今夜行动的军事主官。"

说罢，只听脚步声起，一个人自屏风后转出。共进会100多名头目见到此人，同时发出一声惊呼。

## ▱ 低调是为了安全

从屏风后走出来的人，名叫张伯岐。这段时间，他天天泡在杜公馆，丝毫不惹眼地坐在客人堆里，陪大家说说笑笑。像这种论本事一点没有，论食量全是吃货的白相人，在杜月笙家中十分常见，所以多日来，谁也没把他放在眼里。

听杜月笙称其为传奇般的英雄人物，所有人都困惑不已：假如真如杜月笙所说，刚才拜把子时为何将此人排除在外？

如果将答案说穿，是很伤人的。不是杜月笙他们不想和此人结拜，而是他们根本不够资格与张伯岐称兄道弟。

这个张伯岐，究竟是个什么来历？要说张伯岐，得从早年间的"鉴湖女侠"秋瑾说起。

"不惜千金买宝刀，貂裘换酒也堪豪。一腔热血勤珍重，洒去犹能化碧涛。"这是"鉴湖女侠"秋瑾的诗。

清朝末年，秋瑾游学东瀛，加入同盟会，矢志灭亡大清。但因为同盟会行动迟缓，秋瑾大失所望，并极为恼怒，于是在志士陈天华蹈海之后，毅然归国，联络浙江江湖道，意图大举。

回国之后，秋瑾联络到两位英雄：一位是浙江平洋党大魁首竺绍康，其人力大如牛，豪气干云，江湖上称其为"牛大王"；另一位，就是张伯岐。

张伯岐，是"牛大王"竺绍康的知交好友，有一身惊人的武艺，更兼枪法如神，是浙江道上排名第一的英雄人物。

得此两位英雄相助，秋瑾欢欣鼓舞，于是与竺绍康、张伯岐策马山中，联络各路豪强。有一天，三人途经路边的一家小饭店，就把马拴在树下，进去吃饭。

正在大家吃饭的当口，从路边突然钻出来一个十几岁的熊孩子。这孩子泼皮，见竺绍康那匹马神骏非凡，就上前挑衅。熊孩子直冲到马前，大叫一声："休走看拳！""砰"的一拳，击在马的鼻梁上。

竺绍康那匹马，久走江湖，已通人性，正安静地吃着草，突然遭到熊孩子的殴打，那匹马也不嘶叫，而是仰头后退一步。熊孩子不知此马精通"兵法"，还以为怕了他，就追上前一步，却被那马将扬起的头部重力下砸，就听一声惨叫，熊孩子被马头砸趴在地。

那匹马一击得手，又踏前一步，张嘴咬住熊孩子的后背，"吭哧"一大口，熊孩子发出一声尖厉的惨叫："痛死我了，救命啊！"

听到熊孩子的惨叫声，正在吃饭的秋瑾三人大惊，赶紧丢下碗筷冲了出去。竺绍康急忙牵开马，张伯岐上前扶起熊孩子，检查过熊孩子后背的伤，见无大碍，呵斥道："你这有娘生没爹养的熊孩子，怎么这么顽皮？那匹马是精擅技击的'武林高马'，你也敢招惹，真是活腻歪了！"

叱骂一番后，张伯岐将熊孩子一脚踹开："滚，以后别让老子看到你！"

这件小事，似乎不值得提起。但张伯岐万万没料到，十几年后，他竟然再一次遇到了当年那个被"武林高马"咬过的熊孩子。

当然，熊孩子已经长大，不像小时候那么熊了，而是比小时候更熊了。

这熊孩子赴日本，追随孙文，参加光复杭州之战，暗杀光复会首脑陶成章。民国成立后，熊孩子以蒋志清的名字在上海炒股，却因为股市行情不好而连续割肉，血本无归。一怒之下，南下广州，再回来时，身后却跟随着千军万马。

这个蒋志清，就是日后的蒋介石蒋总司令。

张伯岐，也就是"鉴湖女侠"秋瑾的战友，是一脚踹飞蒋总司令的老前辈。

一句话：这人是真正的元老，岂是黄金荣、杜月笙、杨虎、陈群这班小玩闹高攀得上的？

这就是张伯岐于杜公馆低调潜伏，只有在行动之时才走入公众视线中的原因。

## 是福不是祸，是祸躲不过

事后想起来，从1927年4月11日下午开始，空气中就充斥着浓烈的火药味。一队队正规军开赴闸北，商家店铺早早落市，街头不见一个行人，家家户户紧闭门窗、熄灯歇火，分明是感觉到了什么征兆。

一条又一条的密报飞速传往工人纠察队总部。消息称：就在当天夜里，将会有民间武装联合军队向纠察队的据点进攻。

但这些消息，全被纠察队忽略了。

在上海，还有哪支民间武装能和两万洋兵尚不敢招惹的纠察队相提并论？此种强大的实力，赋予了他们蔑视一切的信心。

他们不知道，就在这一夜，超过16,000人之众，拥有长短枪12,000多支的共进会，已经悄无声息地进入了租界。

租界内的所有机动车辆开动，负责将这些共进会成员运送到各个指定地点。杜月笙亲自出马，当然，为了安全，他选择了站在张伯岐身边，参加攻打商务印书馆工人纠察队总部的战事。

共进会一万多人从法租界出发，经由英租界，费信惇已经按照他和杜月笙的约定，将通往华界的道路全部开放。荷枪实弹的英国士兵垒起沙包，架起机枪，默不作声地看着共进会的人经过。等全部人员经过后，立即拉起铁丝网，封锁了道路。

共进会成员如潮水般拥向商务印书馆，包围了东方图书馆和印刷所两座高层建筑。所有人都躲在暗处，等待总指挥张伯岐发号施令。

张伯岐缓步向前，将自己置于路灯下，举起手中的勃朗宁手枪，迟迟没有下令。

这是老派人物的老派玩法，他不想错过任何一个人表演个人秀的机会，看得后辈如杜月笙，目瞪口呆之余，在心中感叹一声：这老头真会玩！

隐于暗夜中，能清楚地看到工人纠察队总部里灯火通明，许多人来来往往，浑不知就在此时，大战已经拉开帷幕。

张伯岐慢慢抬起手腕，将手表凑近眼前，计算着时间，随时准备发动进攻。

共进会成员焦灼不安地等待着，仿佛等了千百年，也听不到他发令。相反，大家看到他居然摇了摇头，慢慢放下手腕，感觉距约定发动时间还有很久。众人齐齐吐出一口气，放松了一下。

就在这时，张伯岐突然大喝一声："散开！"

这一声"散开"，就是约定的行动指令。听到这两个字，黑暗中的共进会成员齐齐尖叫起来："缴枪！缴枪！"

暗夜无际，死寂无声。突然，一万多人喊打喊杀，音响效果极为骇人。

当先的敢死队在芮庆荣的带领下，呐喊着向大门里冲去。

大门里闪出一人，戴着鸭舌帽，着帆布工带装，腰挎一支盒子炮，正是工人纠察队的副大队长杨凤山。

杨凤山喝道："喂喂喂，大半夜的，你们在这里吵吵啥？"

芮庆荣疾冲上来，一言不发，将手中的勃朗宁枪抵在杨凤山的额头上，"砰"的一声，把杨凤山当场打死。

铁门里的纠察队队员正处于放松状态，突见副大队长杨凤山被打死，惊叫一声，立即卧倒在地，用轻机枪与盒子炮朝外边的人猛烈射击。与此同时，楼上楼下，楼里楼外，枪声大作，黑暗中只见子弹划出道道光影，交织成一张死亡之网，笼罩在杀戮地带。

交火开始，张伯岐大吼道："紧贴墙根，往楼上打！"

共进会的人毛手毛脚，纷纷奔跑到墙根死角处，向楼上开始狂射。由于他们是在楼下仰攻，极为吃力，而楼上的纠察队队员也无法打到他们，因此这场交火，无法打出来个结果。

就这样，一直打到天亮，共进会冲不进去，纠察队冲不出来。双方打得尽显疲态，枪声开始变得稀稀拉拉起来。

上午9点多，第26军第2师第5团开到，团长姓邢，名震南。他下车后先和张伯岐聊了会儿天，然后走出来，对着楼上的纠察队喊话："我是第26军第2师第5团团长，带得有公事，来调停你们的纠纷。你们必须遵守命令，立即缴械。倘若你们执迷不悟，我唯有替你们惋惜，导致任何严重的后果，都是你们咎由自取。"

喊过话后，算是完成了公事，邢震南登车离开，把战场交还给张伯岐。

杜月笙已经在后半夜回去了，在家得知邢团长到来的消息后，立即带着黄金荣、张啸林、金廷荪等人来到商务印书馆，商讨最后的解决方案。

张啸林拿个望远镜，观察战场情形后，说："这仗根本没法打，除非谁能弄来几门大炮。"

黄金荣问："哪里有大炮？"

张伯岐拿眼睛看着杜月笙："我听说大英地界小钢炮多得很。"

张啸林吼道："谁能从英租界借来小钢炮？"

"我可以！"杜月笙气得半死，"我去一呵（方言，一口气、一会儿）就回来！"

杜月笙再去找费信惇，费信惇这边连路都借了，再不借钢炮，前面的人情就全白搭了。于是，杜月笙如愿以偿，拉回来20门小钢炮。

有了小钢炮，再从共进会成员中找出会打炮的人手来，虽然不一定打得准，但火炮的威力终究是决定性的。

"轰轰轰"！20门小钢炮齐发，当中5枚炮弹将印书馆的大门彻底轰得稀烂。共进会的人精神为之大振，鼓噪冲入。纠察队殊死奋战，与共进会的人展开肉搏，只持续了很短的时间就结束了。

这场消耗战，共进会与纠察队双方战死的总人数超过200人。共进会的死亡人数大概占到三分之二，余下来的三分之一都是纠察队人员。

战事结束，被俘人员被押到杜月笙、黄金荣等人面前，一个个仔细查看过来——奇怪，顾顺章竟然不在其中。

杜月笙之所以以一万多人的力量攻打商务印书馆，就是因为杜月笙断定，顾顺章应该在这里。没想到他竟然不在里面，万一他逃脱，卷土重来，后果就严重了。

于是，杜月笙急忙清查其他几处战场。

一是商务印刷厂，这里只打了一个多小时就停火了，被俘人员中并没有顾顺章。

二是第三处战场，在南市，这里打得最为惨烈。纠察队架起水冷式机关枪，打得共进会鸡飞狗跳。后来，他们从第26军借来4挺马克西姆机关枪、12箱子弹，立即取得了压倒性的火力优势。近600名纠察队队员不支，被迫缴械。

在这两路所俘获的人员中，都没有见到顾顺章。

再往下查，终于查出顾顺章被困于湖州会馆。原来，这天夜里，顾顺章确实是在商务印书馆，但下半夜，他听到湖州会馆方向传来零星的枪响，疑心生变，就带了两名卫士、一名军医和两个书记员，去了湖州会馆。

湖州会馆是总工会所在地。顾顺章到达后，发现并无异常，就坐下来喝杯茶。茶还没泡开，黑暗中突然闪出600多名武装人员，架起一挺机关枪，向湖州会馆狂扫。

来的这600多人，正是杜月笙的共进会成员。湖州会馆都是平地，无险可守，双方只能趴在地上相互对射，比的是哪方面人手多。共进会占了绝对优势，没过多久就冲入会馆，将顾顺章等人全部捉住。

战事结束，工人纠察队8处据点被攻占，所有纠察队队员被缴械，共进会缴获枪支2500余支，俘获人员3000余人。

中共负责人顾顺章被押到第26军第2师司令部，随后被释放。

## 遇事要懂得变通

1927年4月12日下午5时，上海戒严司令部司令兼第20军军长周凤歧发布通告，称：本日拂晓，本埠各处忽闻枪声四起，即经派人调查，据报系有工人及莠民暨类似军人持械互斗，势正危急……

看了这个通告，张啸林气得肺都要炸了，破口大骂："国民党，我可是替你们流血卖命啊，你们竟然骂我是流氓莠民！"

杜月笙在一旁苦着脸，劝道："啸林哥，我们只问自家做得对不对，用不着管人家说我们好不好。你就听兄弟一句劝，咱们把所有的枪械和弹药统统送到第20军周凤歧处，表示咱们共进会也缴了械，可好？"

"好什么？！"张啸林对杜月笙怒目而视，"我偏不缴，你敢把我怎样？"

杜月笙说："不是，啸林哥，那你要怎样？"

"很简单，"张啸林回答，"我不缴械，国民党还必须支付我们军费50万元，再给3000条枪，否则我就不陪你玩了。"

一边的黄金荣慢慢过来，满脸幸灾乐祸的样子，谆谆教诲道："月笙啊，你这个小囝老是记不住大哥我对你的劝告。哥哥我是怎么对你说的来着？这个做人呢，要善良，要厚道。可是你怎么搞的，让自家兄弟冲你大发雷霆？"

"啸林哥……"杜月笙极尽悲苦。

张啸林一声怒吼："你不要打断我！"

杜月笙："没，我没打断你，我在听。"

张啸林道："靠了10年的挣扎奋斗，我们才有了今天这个场面。诚然，你说得好，我们是河滨里的泥鳅，积500年道行，才修成了鲤鱼。逆流冲刺，只知有逆流而不见其他，辛酸苦辣，唯有自家明白。好不容易熬到这一天，算是鲤鱼跳过了龙门。杜月笙，这些话，是不是你曾经说过的？"

杜月笙："是的，我说过。"

张啸林开始了长篇大论："你没忘了自己的话就好，即使是鲤鱼化龙也要饮水思源，时刻不要忘记是谁把它抬起来，让它跳得那么高的！你不要忘了，是你手下的兄弟！

"如今你手下的兄弟死的死，伤的伤，残的残，有的在激烈的枪战中还被吓出了神经错乱、精神失常。可是，这些可怜的兄弟没有从国民党那边得到只言片语的抚慰，更没有得到一文钱，只留下个流氓滋事的恶名，让他们的家人世世代代承受。

"你说我们只问自家做得对不对，不管别人说我们好不好这种放屁吹灯草的轻松话，那是因为你付出得太少。你跟那些战死在商务印书馆的兄弟说，不要问别人如何评价你，只问你怎么还没死，试问他们能够接受吗？"

"啸林哥，你怎么说话这么难听？"

"难听什么？"张啸林怒叱道，"我知道你一直跟黄老板别着劲，想压过黄老板。可你不说撒泡尿，照照你那德行。人家黄老板家大业大，又省吃俭用，家里开了那么多游乐场和戏馆，哪怕是万儿八千之众，他也养得活。你我这些年来，不过是过手财神，钱左手进来，右手出去，一点家底也没有积攒下不说，还要支付大笔的抚恤金，给那些流血卖命的兄弟。就这样一味打肿脸充胖子，杜月笙，你可曾问过自己，你还能支撑多久？"

杜月笙还想继续说："啸林哥，你听我说……"

"闭嘴！"张啸林斥责并咒骂道，"你眼睛瞎了吗？你耳朵里塞鸡毛了吗？你以为，虽然你欠道上兄弟无以计数，但你有烟土、有赌场，日进斗金，可以拿钱弥补你对兄弟们的亏欠。可是你错了，国民党这伙人比不了张宗昌，也比不了孙传芳。张宗昌和孙传芳千不好万不好，最多不过是个军阀。军阀是要脸的，可是现在的某些国民党人，满口党性，张嘴斗争，全无半点人味。

"没人味的人最可怕，做事没有底线，也不要脸皮，尔虞我诈，今是昨非。他们中的一些人是脱下裤子敞开来卖，偏又要在旁边立块贞节牌坊的政治骗子。

"这些人会干尽恶心到家的损事。不信你走着瞧，不出三年，他们就会禁赌禁烟土，同时还会不停地朝你我伸手要钱，钱揣进他们衣兜，再转过身来骂我们是地痞流氓。不要说他们干不出来这事，他们已经干了！"

杜月笙呆呆地望着张啸林，半响才勉强挤出一句话来："啸林哥，你让我出了一身的冷汗。此前，我从未想过这些事。不过，一个人总不得一生就守着一样东西，穷则变，变则通。我相信，就算时局变了，天也无绝人之路，我们总能找到自己该吃的饭。"

张啸林大怒道："杜月笙，你脑子灵光，说变就变，什么时候也不差口饭吃。可是，追随你的那些兄弟呢？他们变得过来吗？你替他们想想，他们不过是贩夫走卒、寻常百姓，可你忽悠他们，让他们去打仗送死，他们都会答应。蠢到这种程度的人，懂得什么叫变通吗？"

杜月笙目瞪口呆、瞠目结舌，一句话也说不上来。

张啸林还不肯放过他，踏前一步，厉声道："杜月笙，你心里打的算盘，无非他们不懂变通，而你可以，所以你仍然会赚到钱，回报他们，弥补他们。老子告诉你，你做梦去吧！你现在是人家革命的对象，是人家要打倒的对象！你已是泥菩萨过河——自身难保了！你还保得住谁？"

就在杜月笙难堪之际，"哐当"一声，门被推开，脸色阴沉的黄金荣出现在门口。

"好啦好啦，别吵啦！出大事啦！有人不甘心纠察队的覆灭，要掀起全上海大暴动。"

## 玩可以，但不要过界

1927年8月15日，蒋介石下野。

一人下野，千人下坑。此言不虚。

蒋介石下野导致权力下移，落入各地官员之手。比如，上海的陈群忽然发现自己成了皇帝。

此前，陈群的权力就已经非常大，可以随意捏造罪名杀人。他和杨虎两人祸乱上海，被称为"虎狼成群"。但无论如何，在陈群、杨虎之上，还有个蒋介石，以及一整套的行政班子，管着这两个祸害。

但蒋氏失政，这两人彻底没人管了。现在，他们想干什么就干什么。而且陈群这个人的官瘾大到了怕人的程度，不管大小什么官，只要出现空缺，他就自己兼任起来。前前后后，他居然兼任了上海党政军各方面20多个职务。

见官就抢，有位就坐。如陈群这种贪权贪到离谱的人，纵贯古今，也难找出第二个来。

他把所有的官位都抢了，大权独揽。连工会他都自己家成立了一个，不允许别人涉足。于是，市党部一些人就琢磨另起炉灶，再搞个工总会出来，多少也替自己弄个位子坐。

策划工总会这个项目的是市党部要员张君毅。此人原是交通大学的学生，因参加"五卅运动"而知名，名气极大，朋友极多，蒋介石对他极为赏识。要搁在蒋介石在位时，就算打死陈群，他也不敢碰张君毅一根手指头。

可是，蒋介石下野了，陈群就不管那么多了，见张君毅竟敢跟自己争权，当即派人把张君毅捉入枫林桥，严刑拷打："说，你是何时参加共产党的？你的上级是谁，联络暗号又是什么？快点招！不招就打死你！"

张君毅被逮用刑，上海市政一片哗然。谁也料不到陈群竟然如此胆大胡来，抓人抓到市党部。有点影响力的人物如陈果夫，电话不断书信如雪，强烈要求陈群停止胡来，释放张君毅。

陈群拿陈果夫的要求当个屁，拿手扇扇就过去了。

陈果夫急了，急忙联系正四处瞎溜达的蒋介石，央求蒋介石给陈群打个电话。于是，蒋介石打电话给陈群。

陈群接到电话，谎称张君毅已经在招供之后被枪决了。

搁下电话，陈群拎着皮鞭，晃悠悠地去看挂在刑柱上的张君毅："哈哈哈，小张，知道什么叫吃苦了吧？告诉你个好消息，刚才蒋介石打电话来了，给你说情。还有，中央发来急电，要求马上释放你。喏，你看电文在这里。"

"蒋总司令？"张君毅惊喜得落下了眼泪，"我就知道他老人家会来救我的。"

陈群道："救个屁啊救！你家老蒋已经下台了，没权了。老子这是给他面子，惹火了老子，连他一块儿抓来，判他个私通共党，跟你一块儿枪毙！"

"什么？"张君毅大骇，"陈群你要造反吗？连中央的命令都不听。"

"狗屁中央！"陈群笑道，"老子只知道，在上海，在这枫林桥，概由老子说了算。给我继续打，什么时候打腻了，再行枪决不迟。"

张君毅被冤杀，他的墓碑上铭刻了当时的情形：

> 六月五日，中央释放电令已到，而军警当局竟于初六（1927年7月4日）下午秘密枪决。其复电则曰奉命不及，而烈士遂含冤以死矣。烈士死后野葬于斜土路，其友人设计得之。上海全市同志莫不哭失声。死之翌日，蒋司令

介石廉知此事，命恤烈士，丧葬费千元。

陈群越玩越疯，玩到忘乎所以，终于玩过了界。
上海看起来似乎彻底失控。

# 第八章
# 人生转型要规划

为了回报杜月笙养着自己每天在杜公馆吃得满嘴抹油,陈群真的掏心掏肺,替杜月笙拟定了一个完美的人生规划——

目标:进入上流社会。

原则:进军工商业。

途径:横穿工商会,借助银业同业之力,成为拥有隐形权力的幕后巨枭。

看到这个人生规划,41岁的杜月笙激动得颤抖起来。

## ◪ 三分上海盼一统

1927年，上海沦为一个割据之地。沪上三分，各据一方。

第一方势力是陈群和杨虎，掌握着警备司令部，不受任何人控制，占据了上海的要道与绝大部分地区。陈群是理所当然的领主，辖内不管是美女还是金帛，统统都要献上。如果慢了一点，就要被拖到枫林桥，有去无回。

第二方势力是第22军参谋祝绍周。祝绍周对陈群和杨虎深恶痛绝，禁止二人的手下进入自己的地盘，擅入者一律打残扔出。其实，杨虎也曾考虑过诱捕祝绍周，把祝绍周打成共产党毙掉。只是祝绍周智慧果决，一身武艺，手中又握有军队，所以杨虎只能忍了。

第三方势力是共产党，居于深巷狭道。共产党控制区岗哨星罗棋布，不时有壮汉荷枪实弹地匆匆走过。不管是祝绍周手下的士兵还是陈群手下的警察，无人敢涉足这一领域。进去的话，只有一身衣服扔出来，连人带枪，全都彻底消失。

原本是商道畅通的大上海，如今沦为各方势力割据之地，三方百姓无法往来，生意更没法做。坊间怨言不尽，流言不止。

谁能再统大上海，还市民一个安详宁静的家园？

公众的目光转向了杜月笙。但1927年，杜月笙的日子过得有点惨，犹如叫花子腊月穿皮裤，看着光鲜，却一定冰冷。主要是开销太大，现金断流，弄得杜月笙精神恍惚，心神不定。

现金断流的主要原因，还是他带青帮站队组建共进会掺和清党这桩事体。上海的清党血战之费用，全是由杜月笙一家咬牙支付。近两万人的生活费用和军火费，再加上伤残抚恤费，搞到最后不仅分文未得，还连同手中的军火一并被军方没收。这么大的开销数字在账面上走，不要说个人，连政府都撑不住。

杜月笙的负债已经超过300万元，手里连钢镚子也没有，每日里还要支付庞大的开销。幸亏他脸皮够厚，每天坐在麻将桌上不挪窝，谁和他同桌，他就狂赢谁的钱。总之，"吃相"不是一般的难看。

终于有人看不下去了。

这个人叫田鸿年，在银行任职，又是杜月笙的门徒，经常替杜月笙跑腿。

他对杜月笙说："杜先生，你用铜钿都是大手大脚。既如此，何不自己开家银行呢？"

"开银行？"杜月笙吓了一跳，"侬拿阿拉开玩笑，阿拉屁也不懂，哪开得了银行啊！"

田鸿年笑道："杜先生不懂，可我懂啊。只要杜先生登高一呼，如今上海滩的有钱人，哪个不得先行支付一笔款子进来？有了这笔钱，银行业务就运转起来了。业务和管理上的琐事，不劳杜先生费心，我替杜先生打点。"

杜月笙真的按田鸿年的建议，登高一呼，找一帮老板凑了50万元，开起了他的中汇银行。

田鸿年果然不负所望，把客户存进来的款子全拿出去炒黄金，只听"唰"的一声，这些钱就全都不见了。

净亏50万元。

看着杜月笙那张惊讶的脸，田鸿年笑道："杜先生，莫要急，银行这种业务，你晓得咯，就是摸着石头过河。你摸啊摸，摸啊摸，等你摸到足够多，你就可以用摸上来的石头给自家盖座城堡了。"

"哈哈哈……"田鸿年大笑着飘然而走。

这正是"骗客缦胡缨，吴钩霜雪明。十步亏一万，千里不留行"。刚刚成立的中汇银行之所以让田鸿年祸害成这样，是因为杜月笙被黄金荣缠上，无法挣脱出来。


## 坏人比军阀更没有底线

黄金荣开始沉下心来，考虑这段时间以来大家所做的事。不思考还好，这一思考，黄金荣发现，自己上了杜月笙的当：是杜月笙强拉着自己出来支持国民党的。可这个国民党，看起来大大不对头，比如陈群和杨虎这两人的做派，大家看在眼里，二人这般无法无天，此前的军阀哪个敢这么干？

说起军阀来，他们也贪财，也好色。但他们受自己的地盘所限，权力也有限，贪起财来，绝不敢如杨虎那般抓起人来公开勒索。军阀之好色，更不敢如陈群那样，对老同盟会成员的女儿都敢下手。军阀的姨太太虽多，但每一个都是用钱娶回家的，而且从未有哪个军阀敢像陈群这样嚣张。

黄金荣虽然憨呆，但看这世道毕竟已经看了60年。他把眼下某些国民党坏分子之所作所为和当年的军阀相比较，发现军阀再坏，也是坏在明面上。简言之，军阀从不否认自己是坏人，并不以自己的耻行而自得。反观陈群、杨虎，他们这些人坏事干尽，却满口正义堂堂。他们是地地道道的党棍，比军阀要坏1000倍。

**军阀是承认自己是坏人的坏人，可是党棍明明坏透了，却坚定不移地认为自己是好人。**

所以，同军阀打交道容易，因为他们不否认自己是坏人，干坏事时多少也要斟酌一下。而党棍则不然，他们喊着"除恶务尽"的堂皇口号，干起坏事来没有丝毫底线，反而认为自己神圣得很。

陈群和杨虎一边杀人谋财、淫人妻女，一边口口声声喊着打倒封建余孽。黄金荣何尝不知此二人口中所谓的"封建余孽"，说的就是自己。

黄金荣不敢招惹陈群、杨虎这两个煞星，但越看杜月笙越生气，忍不住截长补短，逮住机会就羞辱杜月笙几句，说："月笙，我劝你不要这样多用心计，免得短寿促命。"

"月笙，你现在发达了，还记得当年给我端尿壶的时候吗？老实说，你端起尿壶来很有一套，端尿壶真的很适合你。"

"月笙，这个做人呢，心要放正。像你这种心邪之人，会不得好死的。"

"月笙，你跟别人不一样。别人做坏事时心虚胆战，你做起坏事来，理直气壮。"

"月笙，你说话不要这样吞吞吐吐的，心里有什么坏主意，就摆出来嘛。反正你这辈子，就没用过正经的好心眼。"

每当黄金荣这样羞辱杜月笙时，杜月笙就急忙站起来，垂手而立，虽然气得浑身颤抖，却不敢多说一个字。

但从此，他尽量少登黄公馆的门。

见杜月笙躲着他，黄金荣更加气愤，说："终究是老了，我现在人到了漕河泾，要打要杀，全凭人家高兴。"

见杜月笙仍无反应，黄金荣气哼哼地说："杜月笙他这样对待老前辈，信不信我找蒋总司令说理去？！"

穿行在两人中间的朋友回来，把黄金荣的赌气话告诉杜月笙。

杜月笙叹息道："唉，金荣哥想做什么，只管交代下来嘛，何必说这种气话？给外人听到了，信以为真，我们这般兄弟还能做人吗？"

以气话对气话，杜月笙内心的想法是：黄金荣，你今天的天下是我杜月笙替你打下来的。说到蒋总司令，就算他知道世上有这两个人存在，那也是我杜月笙排在你黄金荣前面。

幸好杜月笙这番话没有说出来，否则他真的没法混下去了。

蒋介石真的来了。

## 谁更接近权力核心，谁就更有优势

黄金荣60岁大寿那一天，杜月笙硬着头皮，穿起新衫，与张啸林等人来到黄公馆，进门就连连作揖："恭喜金荣哥，贺喜金荣哥，金荣哥六十大寿，真是人世罕福啊！"

出乎意料的是，这一次黄金荣没骂杜月笙，而是非常温和地说："兄弟们都是自家人，进来坐吧。"

众人入内坐下，就听黄金荣说："你们坐在这里，不要乱走乱看，我见个客人就来。"

"金荣哥慢走。"众人齐声恭送。虽然不知道黄金荣要见什么人，但帮中有规矩，道上有禁忌，黄金荣不想说时，就不要问。让你不要乱走，意思是不要私窥。等到他可以说时，自然会告诉你。

于是，众人静静地坐着，听黄金荣的脚步声，是上了楼。

上楼后，黄金荣敲响儿媳妇李志清的房门，说："妹妹，你今天不要出去，一会儿有客人来，你要亲自过去奉果盘。"

"不可以，"李志清说，"我要去庙里还愿。"

黄金荣道："还愿不急，神佛整日坐在庙里，又跑不掉。"

"好格。"李志清只好答应了。

等了一会儿，果然听到有客人来到，被黄金荣迎入密室，坐下来私聊。

李志清亲手切好果盘，端了送去。一进门，她就呆住了，脱口冒出一句：

"老蒋，你怎么从墙上下来了？！"

房间里与黄金荣对坐的客人，正是他们家墙壁上挂了其像的蒋介石本人。突然出现一个喘气的囫囵人，把李志清吓了一跳。

黄金荣斥道："妹妹，不要乱讲话，让蒋总司令笑话。"

"我的老天，蒋介石真的来了。"李志清吐吐舌头，放下果盘赶紧出去等着。一个多钟头后，蒋介石起身告辞。黄金荣这才满脸微笑，回到客厅见杜月笙等人。

李志清细看黄金荣的脸色，明白他是让自己宣布这个消息，立即大声道："各位，刚才来的客人，就是蒋总司令。"

"啥子？"众人顿时惊得目瞪口呆。尤其是杜月笙，心里更是五味杂陈，唯一侥幸的就是，前些日子黄金荣不停地羞辱他时，他忍住了。这固然是由于他宅心仁厚，不敢忘怀自己起家于黄金荣门下，更是由于大家利益一体，休戚与共。如若不然，以后大家相对的辰光就尴尬了。

蒋介石突访黄金荣，也并非无缘无故，是因为黄、杜、张"三大亨"替他守住了上海，而且蒋介石在北伐之前，还曾拜黄金荣为老头子。于公于私，蒋介石都需要向"三大亨"表示敬意。

清党之战，导致天下三分。以大中国为背景，呈现出蒋氏系、汪氏系与共产党系。这个格局完整地呈现在上海本土，形成了三方割据的局面。

这个政治分野，同样也完整地体现在了黄、杜、张"上海三大亨"的身上。

先是张啸林以杜月笙不给面子为由，把两家互通的中门叫来泥水匠砌死，从此鸡犬相闻，老死不相往来。而黄金荣更是与杜月笙渐行渐远。起初，他对杜月笙出言讥讽，挖苦不断。但自打蒋介石亲自登门拜寿后，黄金荣对杜月笙的态度又发生了变化，变得客客气气、亲亲切切。但在那关切的笑容之下，任何人都感受到两人之间的距离已经越来越远。

他们还是经常聚在一起，说话时客客气气、小心翼翼，做事时打着三人的旗号。比如，张啸林开了一家大赌场，就是打着"三大亨"的旗号。但黄金荣与杜月笙不约而同地对此事佯装不知，不露面、不作声、不表态，如此而已。

众人面前，他们仍然是生死兄弟。实际上，他们已经形同陌路，注定再也无法走到一起。

最尴尬的莫过于杜月笙。他的秉性决定了他在做事时仍然要以"三大亨"为一体的原则考虑问题，但另外二人再也不会配合他，更不会领他的人情。

但话也不能说得太绝对，当蒋介石对他们颁发委任状时，已形同陌路的三兄弟还得凑在一起，认认真真地考虑具体细节。

此三人被总司令部任命为少将参议。从现在起，他们三个都是将军了。

张啸林不失时机地提出，"三大亨"应该同赴南京向蒋介石表示感谢，但杜月笙建议少安毋躁，问问陈群再说。

这有可能是杜月笙生平头一次在三人之间耍心眼。

可是，陈群人格膨胀，坏事干尽，已经进阶成极品坏人。他视黄、杜、张"三大亨"为自己发展的在野资源，并不希望他们三人直接联系上南京，当即痛斥张啸林这种想法属于封建余孽，让他们三人消停点。

对张啸林来说，这可能是他人生中唯一一次与国民党亲密接触的机会。失去了这个机会，他从此不再对国民党抱有任何期望。

但杜月笙接到了南京方面的命令，命他即日赴南京，蒋介石要见他。

这个消息让杜公馆瞬间就炸开了锅。所有人都心照不宣，杜公馆与黄公馆表面上亲如一家，实则相互竞争。长时间以来，黄金荣淡出江湖不问世事，杜公馆压黄公馆一头。可是，黄金荣六十大寿的当日，蒋介石亲自登门，一下子把黄公馆推到了顶尖的高峰。从此，杜公馆不敢望其项背。

现在，杜月笙也接到了蒋氏亲面的命令。对杜公馆的所有人来说，这意味着扬眉吐气。

依杜月笙的心思，这次去南京是他生平最重要的大事，不宜人多，只带管家万墨林、两个贴身保镖，低调又平和，安全又稳妥，足矣。

杜月笙见过蒋介石，谈了些什么，没人知道。但他回来时，走路飘飘然。

## 杜月笙人生规划教程

1928年，杜月笙41岁。

这一年年初，蒋介石复职，继续北伐。32岁的戴笠开始负责情报工作。

独霸上海的陈群遭到清算，被撤销职务。上海警备司令部的8个处长，有7个被撤职。

陈群对此大为震骇，他杀人杀得手顺了，已经习惯于所有人在他脚下战栗、臣服。居然有人敢批评他，撤销他的职务，他说什么也无法理解。最让他无法接受的，是他经营"杀人魔窟"枫林桥时所驯化的一批"性奴"，全都趁机逃之夭夭，这让他恨死了蒋介石。

夺职之仇，夺美之恨！从此不共戴天。

按说陈群这种类型的人已经扭曲得不像人了，杜月笙如果明智一点，应该和他远远地拉开距离才对，可是杜月笙念及当初六兄弟结拜的香火情谊，就主动站出来，把陈群当食客，养在自己家里。

陈群之所以能够成为上海一手遮天的大恶魔，就是因为他极擅个人成长规划，对于时局，他看得准、抓得住，能够找到最适合自己个性的晋升之法，让自己在大混乱的时代获得最多利益。

他现在天天憋屈在杜公馆，身边的美女程小姐逃了，范小姐跑了，剩他一个人在寂寞中品尝苦涩，脑子反而清醒起来。

于是，他把自己的人生成功规划拿出来，往杜月笙身上用。

他说："这个人生规划呢，是这样的。首先要看的，是大时局！"

现在，中国的大时局是什么？是本土的权力阵营正在迅速崛起。这个阵营首先要干的，就是攻城略地、抢男霸女，以期实现权力的进一步扩张。

要攻城，要略地，要扩张，要抢男，要霸女，首先要找到你的敌人，攻他们的城，抢他们的地，夺走他们的女人。

这个敌人，必须是能够获得公众认可的，已经被各种势力殴打了无数次的，绝不能捡到篮子就是菜。这个敌人，有可能很善良、很无辜，但对方越是如此，越证明他们是自己的最佳对手。如果对方不是如此软弱，而是很凶残、很野蛮，你躲都来不及，遑论什么抢他们的女人？

谁是我们的朋友，谁是我们的敌人？这个问题，是你能否抢到漂亮美女的关键问题。

敌人在哪儿？打倒帝国主义！

受多年的政治语境浸染，满大街的人，甭管是贩夫走卒还是深闺仕女，一提起帝国主义来，就恨得咬牙切齿，以头抢地。尽管这其中的大多数人再活八百辈子，也不晓得啥叫帝国主义，但他们心中的恨始终无可释怀。

千夫所指，无疾而终；人皆恨之，无罪其罪。现成的敌人已经摆在这里，你还等什么？

接下来，是人生规划的第二步：你所拥有的资源、你的个性与适合你的最优社会位置。

比如说陈群陈老八自己就是天生的党棍，善于运用各类抽象而庞大的词汇，听得人如堕五里雾中。他就是这样灵活地运用这一技能，混迹于上海市党部，控制警备司令部，从而获得权力，最终杀伐四方，美女入怀。他可以，杜月笙为什么不能？

**为了回报杜月笙养着自己每天在杜公馆吃得满嘴抹油，陈群真的掏心掏肺，替杜月笙拟定了一个完美的人生规划——**

**目标：进入上流社会。**

**原则：进军工商业。**

**途径：横穿工商会，借助银业同业之力，成为拥有隐形权力的幕后巨枭。**

**看到这个人生规划，41岁的杜月笙激动得颤抖起来。**

但是，人都活到41岁了，才想起人生规划，是不是有点太尴尬了？还有，这个规划本身倒是很完美，处处切合了杜月笙的脾胃，但规划中少了最重要的一项——具体执行方案。

为什么陈群的方案少了这一项呢？因为陈群个人已经失去执行这一方案的能力。而能够帮助杜月笙实现目标的，恰恰是陈群非常讨厌的对手——陆京士。

## 收弟子，要谨慎

杜月笙这一生的门下弟子中，有三个人最为知名，分别是陆京士、吴绍澍、朱学范，此三人个个能力非凡，出类拔萃。

杜月笙曾请最善识人的戴笠品评这三个人。戴笠从自己的角度出发，给出的品评意见是：朱学范浮而不实，弊过于诡；吴绍澍天生反骨，必须时时留意；陆京士一腔忠义，比较可靠。

从杜月笙的立场来看，戴笠的品评准不准？可以说八九不离十，但从历史发展的角度来看，朱学范是爱国进步人士。

陆京士的人品、能力毫无瑕疵，矢志追随杜月笙一生，直到杜月笙逝世前，他都寸步不离。至于吴绍澍与朱学范，杜月笙曾几次差点被这二人给弄死，虽然没真的死，但被这二人弄得心如死灰。

陆京士是被陈群违抗蒋介石之命弄死在枫林桥的张君毅的同学、好朋友。实际上，当初张君毅创建工总会时，陆京士也是参与者之一。张君毅下狱，他四处奔走营救，张君毅被冤杀后，他化悲痛为力量，继承张君毅的遗志，把工总会发展壮大。

这个工总会还没出锅，就要了张君毅的命，可知其中所隐含的政治风险有多大。简言之，当时各方势力都在拼命争夺工总会的控制权。控制了工总会，就意味着掌握了数量庞大的产业工人，这是对未来时局演进起决定性作用的力量。

当杜月笙盯上陆京士，准备拿下他时，陆京士刚刚收到一封恐吓信。

信中附有一颗子弹，称："姓陆的，你还有一线机会，马上脱离工总会，离开上海，那么，你还会有几年白饭吃。如若不然，就先把棺材准备下吧。"

收到恐吓信，陆京士笑道："有本事你就来吧，我在这里候着你。"

没过几天，与陆京士同时负责工总会的另一号人物黄小村途经新闸路时，人群中突然健步走来一个戴鸭舌帽的男子，亲切地叫道："小村！"

黄小村听到有人喊他的名字，条件反射地答应了一声，然后抬起头来，看到一个黑洞洞的枪口对着自己。紧接着，一颗子弹"嗖"的一声，射进他的身体里。

持枪男子大步远去。

黄小村被送入医院，侥幸没死。但从此他知道，这个工总会很危险，是要人命的。所以，伤好后，他就离开了上海，从此远离是非，销声匿迹。

黄小村中枪大难不死，从此退隐江湖，陆京士不为所动，他和另一个叫于松乔的小伙子继续推进工总会。

这个于松乔是爱国青年的标准样板，日后的军统行动大队负责人之一。上了年纪的人，很看不惯他那种爱憎分明的极端性格。但杜月笙喜欢他，收他为门人，并对他寄予厚望。

当杜月笙想拿下陆京士时，就让自己分布在工总会中的门人对他吹风："晓得格，杜先生想见见你，你应该去一趟。"

"杜月笙？"陆京士很奇怪，"咱跟他没交情啊，去见他干什么？"

他跟旁边的于松乔等人商量，结果众口一词："你当然要去，杜先生对你青眼有加，你怎么可以不去？"

陆京士无奈，心说：我就去一下好了。

于是，他来到杜公馆。杜月笙欣喜，倒屣相迎，拉着陆京士的手坐下，一张嘴就是"革命""打倒帝国主义""打倒封建余孽"之类的时尚政治名词。

当时，陆京士差点笑出来，心说：拜托，大叔，你就是革命的对象，你就是要被打倒的帝国主义和封建余孽。

聊过一次之后，陆京士就有了第二次、第三次。他是个聪明人，仔细观察发现，杜月笙这个人和他的同龄人确实不一样。他心地单纯，不是想从陆京士这些年轻人身上弄点什么，而是单纯喜欢结交朋友，希望跟着年轻人一起走。

他会替这些年轻人解决许多琐碎的问题，带领他们绕过人生的坎坷。这样的人，与之交结，是不会有坏处的。

于是，陆京士正式向杜月笙递了门生帖。杜月笙就此得到了奇才陆京士，欣喜若狂。

## 斗争要讲究方法和手段

陈群替杜月笙谋划，指帝国主义为其最重要的对手。这不是无缘无故的，当时各大政治势力，包括当局，都视帝国主义为最大的对手，有机会就痛打，没有机会创造机会也要痛打。

于是，财政部出台政令，对烟酒入口关税，奢侈品征税30%，普通品征税10%。这一刀，直接切向英美烟商。英美烟商不肯束手就缚，宣称将拒缴这笔重税。

财政部答复：如果敢拒缴，那么不论英烟还是美烟，出了租界就统统没收。

英美烟商很不高兴，说你当局公然撕毁早年的《南京条约》，这不行，能不能商量商量，少收一点？

财政部答复：不准。

英美烟商针锋相对：不准是不是？那我们就不客气了！

英国人出了狠招，宣布3家工厂停工，一下子把8000名工人推入了困境。

英国人打的如意算盘是：这么多工人突然没有了收入，肯定会上街抗议游行，就会成为中国社会的不稳定因素，看你中国当局如何应对。

事情始发，杜月笙就疾冲过来，要加入痛打帝国主义的行列，身边的人急忙劝止："杜先生，你醒醒吧，烟草行业的利润，那叫一个大；职员和工人们的收入，那叫一个高。英商分明是拿这8000名工人当武器，向当局施加压力。你如果搅和进来，就必须考虑此后的巨大风险。明说吧，如果推动烟草工人大罢工，那就意味着你要养活三四万超高收入的工人，你养得起吗？"

杜月笙笑道："你只知其一，不知其二。眼下的情形是，英商经营多年，获利极厚。而且他们在招收中国工人时承诺过，即使停工也仍有薪水支取。可现在英商为了制造恐慌，故意停发了8000名工人的薪水，但职员的薪水照发，这不公平。从这个突破口切入，我们就可以狠狠地打一下帝国主义。"

劝阻者说："杜先生，你是不是吃多撑着了？你闲着没事，打什么帝国主义呢？"

杜月笙心说：多新鲜啊，不让我打帝国主义，那让我打谁？打你吗？

于是，杜月笙同时发起募捐和罢工两项运动。募捐，是为了让参加罢工的工人能够继续拿到钱；罢工，当然是为了给英商施加压力。

英商万万没想到，8000名工人并没有给中国当局施加压力，反而把压力施加到了英商自己身上。于是，英商恨死了这8000名工人，决定布个局报复他们。

英商宣布答应工人的所有条件，请工人排队去领钱。

8000名工人兴高采烈地排队来了，没想到英国人只给一部分工人发钱，而且只发一天。其余的工人白排了半天队，没钱可拿。

工人们很生气，就找到领班质问。不承想，领班对工人破口大骂，大打出手。打完了，英国海军陆战队持枪冲上来，将头破血流的工人强行驱散。

没办法，还得继续罢工。

可谁也没料到，英国人还有极其狠毒的一招。

烟草工人大罢工后，每日可以从罢工后援会募来的资金中获得生活费用，所以这个工罢得淡定又从容，娴静而气派。

大家都在看英国人能撑多久。

没多久，只见大批洋人士兵手持洋枪，列队冲入居民区，挨家挨户砸门。砸开之后进去搜捕，一旦搜出烟业工人，就会立即按倒在地，一顿暴打。打过之后，把工人拖起来，强行架回烟厂上班。

有工人当场反抗，被英国海军陆战队以枪抵头，"轰"的一声，当场把反抗工人打死，另有十几名工人被打伤。

罢工工人吓得肝胆俱裂，立即收拾东西，回烟厂去上班。罢工至此失败。

想不到英国人还有这一手，杜月笙深感意外。

罢工就这样无疾而终，没有人敢对蛮横的英国海军陆战队采取行动，即使行动，也赢不了。

有关此事，其实有个内情：因为烟业收入极高，工人对罢工是相当抵触的。你如果老是罢工，惹怒了东家，东家把你辞退，这辈子你绝对找不到第二个这么好的饭碗。

如果不是杜月笙出面，有可能罢工都组织不起来。现在，工人们被英国海军陆战队押回烟厂，许多人就坡下驴，马上复工了。再有人来劝他罢工，他就会说："你有本事先摆平英国海军陆战队，我一准罢工。"

工人复工，英国烟商又玩了一招更狠的，干脆以英国军舰武装走私烟草。

当局顿时傻了眼。虽说前面有话，称英美烟草敢出租界就一律没收，可现在面对军舰的武装走私，当局如果不想再玩一轮中英大战，就只能认瘪。

到了这一步，英国人得意扬扬地冲杜月笙叫板：你手下的地痞流氓不是多吗？来来来，跟我们的海军陆战队比画比画，再敢乱叫，破坏英中友谊，信不信你们政府先一巴掌拍死你！

杜月笙回答了四个字："谨遵台命。"

不久，数万名华商烟业工人出发了，与青帮弟子合流，浩浩荡荡地在坊间涌动，街道上英国烟商的广告牌统统被拆除、烧掉或捣毁。有敢私售英烟的商家，一经发现，货物立即被没收，还要具结承诺，以后再也不私售英烟。

英国烟商工厂的外围是黑压压的人群，一旦发现有英烟运出厂子，人群"呼啦"一声拥上来，把运出来的烟草统统销毁。

原来，杜月笙早就知道罢工不会有效果，英国人分分钟能破坏你、收拾你。杜月笙真正要干的，是罢英国烟商的市：彻底封锁你，断绝你的出口，切断你的行销渠道，看你还怎么跟我玩！

英国人慌了神，急忙展开绝地大反攻，派人跑到一家家茶馆，见人就扔包烟过去，给他们免费吸。但这时候已经晚了，持续了三个月之久的罢市彻底改变了烟民的胃口，有些人已经吸不惯洋烟，更多的人受大环境的影响，对洋烟极为憎恶。终端市场一旦失去，再想夺回来，谈何容易？

英国烟商彻底举手投降，停止罢市吧，条件你们随便开。

这场斗争的最终结果是，华商烟业趁势攻城略地，借助有利的政治环境打出民族品牌。

这才是杜月笙的真正目的。那些从事件中获利的工商界人士，从此对杜月笙敬畏有加，因为他们知道，杜月笙有着改变他们命运的能力。

## ◪ 能救一个人，也能对付这个人

临近中秋节的一个晚上，法商电车司机吴同根收车回厂。这时候上来五个醉醺醺的法国水兵，让吴同根拉着他们兜风。

电车公司有规定：收班后禁止拉载乘客。吴同根怕砸掉饭碗，苦苦相劝，让喝醉的水兵下车。不料水兵突然凶性大发，拔出弹簧刀，一刀刺入吴同根左眼，刀刃贯脑，吴同根当场死亡。

这就是1928年震惊全国的"法国水兵杀人事件"。劳工吴同根被野蛮杀害，撇下了一妻九子，无人照管。

事发后，上海市工会发表声明称："一切不平等条件的罪恶，租界的罪恶，我们难道真的束手以待残杀吗？我们唯一的方法是，团结一致，打倒帝国主义，废除一切不平等条约，收回租界！"

法商电气电车自来水工会发表声明称："吴同根是被帝国主义的铁蹄践踏而死，这不仅是他个人的耻辱，也是整个中华民族的耻辱。"

中国当局向法国领事提出严重抗议，要求道歉、惩凶，并且保证不再有类似的事情发生。

对于中国方面的强烈反应，法国方面冷淡如冰，就一句话：肇事水兵业已被拘禁！

这么一句话就完了，肇事水兵是谁？他们将获得怎样的惩罚？吴同根被杀后，他留下的一妻九子，法国方面应该如何赔偿抚恤？

这么多必须提到的问题，法国总领事范尔迪压根只字不提。

对于范尔迪的傲慢与凶蛮，杜月笙拍案而起："好你个法国佬，居然如此帝国主义，看来你忘了当年在太湖水寨做'肥猪票'的愉快生涯了！"

范尔迪，一个人高马大、心眼不是太够用的法国青年，一个在法国本土混不明白的流氓无赖，以驻沪总领事馆书记员的身份来中国"捞世界"。

到了上海之后，他频繁参加各类社交舞会，一心要拿下个"白富美"。果然天遂人愿，他在舞会上邂逅了长江大买办樊家的千金樊菊丽。樊菊丽家境优裕，打小在欧洲受到现代教育，精熟法语。除此之外，她还长得十分漂亮，有大家闺秀之风，令无数男子心生仰慕。

只是樊菊丽太优秀，穷孩子她看不上，有钱的又天天琢磨妻妾满堂，所以这樊菊丽年已二十六七，却仍然待字闺中。

范尔迪认识樊菊丽并得知她单身之后，大喜过望，迅速向她展开了疯狂的攻势。一个有心志在必得，一个有意只待君来，于是这二人很快就结婚了。

婚后，范尔迪迷上了中国美丽的山水风景，天天与妻子旅游观光。这一天，他们正泛舟于太湖水面，忽然听到芦苇丛中响起一声尖利的口哨。正惊慌之际，只见十几条小舢板自芦苇丛中荡出，每条舢板上各立有一条威武的大汉。

为首的是凶名极盛的太湖水盗吴世魁。此人武艺绝伦，力大如牛，枪法如神，水性极佳。更有一班不怕死的水上兄弟，纵横水道，杀伐无算。范尔迪和樊菊丽好死不死，非要往水盗窝里钻，当下即被掳走。

事发之后，法租界顿时震惊了，立即把黄金荣找来，让他马上把范尔迪捞出来。

黄金荣很不情愿地道："有没有搞错？我是租界捕探，太湖那么远，水盗那么凶，我管不了那么宽。"

法国人蛮横地道："你是中国人，如果解决不了中国人的问题，那我们养你干什么？不如养头猪！"

黄金荣气得半死，出来去找杜月笙："月笙，你那边的兄弟，有没有和太湖水盗有交情的？"

"可能会有吧。"杜月笙疑惑地问道，"啥事情？"

"就是那个半傻不精的范尔迪。"黄金荣唉声叹气地道，把事情的经过告诉了杜月笙。

杜月笙弄明白后，说道："这事，别人还真不行，非得高鑫宝不可，就让他走一遭吧。"

于是，高鑫宝单骑拜山。水盗魁首吴世魁闻知他来，立即迎出："兄弟，你可来了，做哥哥的想死你了！来来来，哥哥我最近得了个大家闺秀，你要是喜欢，今夜就直接入洞房吧。"

原来，高鑫宝与太湖水盗吴世魁是换过金兰帖的把兄弟。

听了吴世魁的话，他连连摇头道："这不妥，不妥。实话告诉哥哥，我此来就是要把这两个人带回去的。"

"这样啊，那就把他们两个从笼子里放出来，让他们一道参加咱们的宴会。"

于是，吴世魁放出被囚禁的范尔迪、樊菊丽夫妇，让这两人与水盗们同坐一桌，为高鑫宝接风洗尘。席间，小水盗们纷纷上前表演水盗舞，看得范尔迪和樊菊丽直皱眉头。

如此大醉几天，高鑫宝带着范尔迪、樊菊丽平安回来。从此，范尔迪对黄金荣、杜月笙这班人敬畏有加。没多久，范尔迪当上总领事，每月在杜月笙这里拿30万元，分给手下人一部分，剩下的拿回家，给樊菊丽随意开销。

范尔迪是个天生干坏事的混账东西，上海当时的环境特别适合这种洋鬼子生存。他曾经拿给杜月笙一张卡片，凭这张卡片，在法租界可以自由出入往来。

吴同根被害事件后，中国当局与法方展开交涉，根本啃不动范尔迪这块烂骨头——这家伙，太湖水盗的老巢都住过，又长年与黄金荣、杜月笙这些人精厮混，早练成了蒸不熟、煮不烂、砍不动、扎一锥子不出血的功夫，当局方面根本没人斗得过他。

为了死去的中国同胞吴同根，杜月笙决定玩玩这个洋鬼子。

于是，杜月笙前往拜会范尔迪。

见杜月笙来访，腋下还破天荒地夹着厚厚一沓文件，范尔迪心里就犯起了嘀咕：他是来替中方谈判的吧？于是决定先下手为强，开口说道："杜先生，现在物价飞涨，原先说好的每月30万元，是不是该加点了？"

杜月笙把眼睛一瞪："吴同根事件，你得给我一个交代！"

范尔迪说："这事好像跟你杜先生没关系吧？"

"怎么没关系？"杜月笙道，"我是中国人，当然要管这事。"

范尔迪说："杜先生，你这样就让我为难了。"

杜月笙说："不是我让你为难，是杀人的水兵让我们大家为难。范尔迪，我就不明白了，那水兵如此凶残，公然杀人，你好端端的一个体面人，干吗要庇护杀人凶手呢？"

范尔迪失笑道："杜先生，你没文化，不懂法律，说出这种无知的话，我也不怪你。要不，我给你普普法吧。按照我们法国的法律呢，这个醉酒之人犯了错误，是免于惩罚的，何况那水兵已经被抓起来了，你还有什么不满意的？"

杜月笙揭露他的谎言道："水兵没有被抓，他仍然逍遥法外。"

范尔迪一口咬定："抓了。"

杜月笙再次申明道："没有抓。"

"抓了！"范尔迪继续坚持，"喂，杜先生，你有什么证据说那水兵没有被抓？"

"证据在这里。"杜月笙摊开带来的文件，"你看仔细了，这是我的人昨天刚刚拍到的照片，照片表明杀人凶手仍然在酒吧、妓院自由出入。"

范尔迪看到照片大为震惊，但拒不承认："我的上帝，你们一定是拍错照片了。"

杜月笙说："老范，你可别耍无赖，我还不了解你老范，要说你三句话，两句假，一句还不真，你肯定不爱听。我要是不事先搜集好证据，怎么会来找你？"

范尔迪问："那你到底是什么意思？"

杜月笙提出要求："五条，一是向中国人正式道歉，二是保证以后不再犯，三是从优抚恤死者家属，四是取缔法租界外国酒吧，五是关掉法租界只允许外国士兵出入的妓院。满足了这五个条件，这事就接近于解决了吧。"

范尔迪放声大笑："哈哈哈，杜月笙，你有没有搞错？你们中国政府给我开出的条件，比你这五条宽松多了，我都懒得理会。"

杜月笙毫不退让，道："我要是把这份调查报告交给政府，你以为政府还会是原先的要求吗？"

范尔迪的脸一黑，道："杜月笙，你过界了。这起事件，跟酒吧、妓院有什么关系？你强加这两项条件于我，未免欺人太甚！"

杜月笙乐了："往这儿看，这是有关此案的深度调查。那些杀人的水兵是先逛了妓院，又在酒吧喝得烂醉，然后才当街行凶杀人的。你说这酒吧和妓院该不该关掉？"

范尔迪是外交场上的高手，最善于避重就轻、转移话题，于是假装仁慈道："我衷心地对死者家属表示同情。"

杜月笙问道："那你打算赔人家多少钱？"

范尔迪说："你看，1000元如何？"

"好。"杜月笙说，"吴同根家里，有9个嗷嗷待哺的孩子，你拿1000元，我再补贴1500元。"

范尔迪脸红了："要不，我让电车公司也拿出1000元？"

杜月笙说："要得，这3500元就作为吴同根孩子的教育基金，此后我再每月补贴他家30元，以10年为期。"

范尔迪说："事情圆满解决，让我们来喝杯红酒庆祝一下吧。"

杜月笙道："先别忙着庆祝，这补助死难者家属，只是五条中的一条，另外还有四条呢？"

"还有吗？"范尔迪眨着天真无辜的大眼睛，"好像没有了吧？"

杜月笙道："范尔迪，你一跷后腿，我就知道你要拉什么屎，顾左右而言他这一招对别人可能管用，在我面前是没有效果的。"

范尔迪说："杜月笙，遇到你算老子倒霉，反正这事也不掏老子的腰包，全都答应你了，赶紧喝酒吧。"

就这样，吴同根被害一案得以彻底解决。杜月笙原说他补贴吴同根家人1500元，但实际上拿出来1600元。总计3600元的款子，让吴同根的妻儿度过了最艰难的人生时期。

## 鸡蛋与石头，永远站在鸡蛋这一边

吴同根事件强烈地激发了中国人民的反帝热潮。

17天后，1217名法商水电工人提出16条改善待遇的要求，资方拒不同意，工人们大怒，于是罢工。

市政当局出面调停，约请劳资双方喝茶。到了时间，工人们兴冲冲地来了，资方根本不予理会。

不理会，并不意味着资方坐以待毙，他们请出上海滩一个大大有名的人物——杜月笙，帮助他们摆平这些工人。

杜月笙首次成为资方代言人，他坐在沙发上，跷起二郎腿，吩咐弟子们："去，让工人们到我家里来说话。"

弟子们过去一说，工人们就炸开了锅："谁啊？谁叫杜月笙啊？他算个屁！有钱就了不起吗？有种你来我们这里，拿钱砸死我们！"

弟子们悲愤地回来，添油加醋地称工人们不识抬举。

杜月笙心如止水地听完，说："好格，那咱们就听他们的，拿钱过去砸死他们。"

杜月笙真的立即动身去工人们那边，到了地方后召市政要员，双方开始谈判。工人们说一条，他记一条。等工人们全都讲完了，他说："好格，那这份协议，咱们劳资双方签字吧。"

工人们大喜，忙不迭地签了字。

协议拿到资方的法商公司，那些人仔细一看双方协议，顿时气炸了，破口大骂道："杜月笙，你个叛徒、内奸！我们请你来，是让你替我们摆平工人的。你手下不是有人吗？什么流氓、地痞，你叫他们冲上去给我打啊！你咋和工人们合穿一条裤子，欺负我们资本家呢？"

愤怒的法商先让巡捕将前来上工的工人打散，又开始对工人进行报复，连续开除了十几名工人。

工人大怒，宣布重新罢工。

这一次，资方不要杜月笙来了，另请了一个资方代表来和工人们唇枪舌剑。一些不了解情形的人以为这是杜月笙失势的表现，就故意跑来羞辱："杜先生，你的资方代表咋就没有了呢？"

杜月笙笑道："我正在家里等他们来呢。"

果然，三天后，谈判各方全都找到杜月笙家，新任资方代表影响力不足，根本解决不了问题。

这时候杜月笙就有话说了："你看看，你看看，前面我给你们开出那么优厚的条件，你们非抬杠不允。现在事已至此，那些条件恐怕撑不住了。"

"行行好，杜先生！"法商焦头烂额，满头大汗，"早听你的就好了，罢工拖到今天，损失已经远超我们的预期。至于声誉所受到的损害，更是无法估量。只希望这场噩梦快点过去，就谢天谢地了。"

杜月笙这边再次高开高走，法国人彻底认怂，再也不敢吭一声。

## 股市有风险，投资须谨慎

杜月笙与黄金荣、张啸林疏离，醉心于"工运"，忙得不亦乐乎。

忽然有一天，陆冲鹏来了。

这人从北洋时代向我们走来，从段祺瑞时代走来，成为当时大上海目击黑幕最多的人。"三大亨"贩鸦片的内幕他知道，杨虎捞钱的事他知道，陈群霸占老同盟会成员女儿的事他知道，"三大亨"渐行渐远他也知道。他就像一个乘坐时间机器来这个时代观光的游客,总是不失时机地出现在最佳观看位置。

陆冲鹏知道的事比任何人都多,这使得他成为"三大亨"之间通报消息的人。

陆冲鹏来找杜月笙,说:"知道吧?张啸林完了,彻底破产了。"

"啥子?"杜月笙大惊,"他不是开了赌场大发横财吗,怎么会破产?"

陆冲鹏道:"他又炒棉纱,你晓得咯?"

杜月笙说:"我也炒。"

陆冲鹏道:"你看多还是看空?"

杜月笙说:"我当然看多。"

陆冲鹏道:"张啸林看空。"

杜月笙说:"看空就看空呗,又能输脱几枚铜钿?"

陆冲鹏道:"他连姨太太的内裤都输掉了。"

杜月笙说:"这怎么可能?快说清楚到底是怎么回事。"

原来,杜月笙这边玩转"工运",张啸林无所事事,就去棉纱交易所玩棉纱。他把交易所当成了赌场,以赌徒押宝的无知无畏铆住空头不撒手。

做空,就是张啸林认准棉纱会降价。哪知交易所闹起了鬼,他拍一板,交易所就拉出个涨停板。张啸林加大筹码,再拍一板,交易所又拉出个涨停板。就这样,一个多星期下来,张啸林越押越大,最后把全部身家性命押上,交易所居然连拉出一个多星期的涨停板。

"我被人算计了。"至此,张啸林如梦方醒,但为时已晚,没有证据证明自己是被别人下了黑手,只能愿赌服输,张啸林必然要为此付出沉重的代价。

但张啸林是天生的烂人,如何肯认输?于是,他通过陆冲鹏,把球抛给杜月笙:兄弟们彼此走动不多了倒是真的,但"三大亨"三位一体,这是你杜月笙否认不了的,赶紧滚过来给我解决问题,别让我等得上火……

陆冲鹏传递这个消息,大概就是这么个意思。

陆冲鹏之所以掺和进来,是因为他有位朋友叫顾永园,跟张啸林一样咬死了做空,却不料一连串的涨停板让顾永园彻底破产。顾永园知道,要想抹了这笔账,非得把杜月笙祭出来不可。

此前,"三大亨"黄、杜、张的名头大得吓死人。现在遇到了事,"三大亨"的斤两终于掂了出来。这个张啸林除了满嘴脏话,骂人有手绝活,在道上根本没有半点影响力。真要是有，棉纱交易所也不敢这么明目张胆地玩他。

了解全部细节之后，杜月笙乐了：好久没耍流氓，流氓居然耍到家里来了。

于是，张啸林来到杜公馆，看杜月笙排兵布阵，替他出这口窝囊气。

## 股市可以操控，国难不可避免

次日，坐落在爱多亚路的棉纱交易所刚刚开门，顾永园就带着一伙大汉冲了进来，进门就摔摔砸砸："舞弊！舞弊！交易所的理事都是大骗子，谁见过连续多日拉出的都是涨停板？这是明目张胆的舞弊！"

交易所也雇有打手，见状围了过来："哪来的小瘪三？输不起就别玩！不早告诉过你吗，股市有风险，投资须谨慎。输死你怪得了谁？赶紧给我滚！"

顾永园身边的大汉们齐齐侧转身，露出腰间鼓鼓囊囊的短枪。交易所的打手脸色大变，慌不迭地掉头逃开。

理事们见状，当机立断拨起电话报警！

电话拨到捕房，那头守着电话的是"大八股党"中排行老二的戴步祥。他拿起电话："啥子？你大点声！谁？哪里？啥子事体？交易所？啥子交易所？有人闹事？不要急，你慢慢讲格，我耳朵不好使，听不清……"

交易所的人连打了几个电话，都被这个戴步祥不紧不慢地扯皮，生生把通话给扯断了。

到后来，巡捕终于派出去了。一进交易所的门，顾永园就迎了上来："兄弟们，你们终于来了，你们给兄弟评评这个理，他们交易所公然舞弊，应不应该狠狠地惩治他们？"

巡捕道："当然要惩治，是哪个干的？让兄弟们替你把他抓到捕房'吃生活'。"

"走，我带你们去抓人。"顾永园带着巡捕们就要抓人。这下子交易所吓傻了，捕房竟然帮着这个小赤佬，赶紧向老板报告。

棉纱交易所的老板有两个：一个叫闻兰亭，另一个叫袁履登。接到电话，两人一合计："嗯，这是黑道来闹事了。要摆平黑道，非得杜月笙出面不可，而且杜月笙那人是出了名的缺心眼，谁家有事他都帮，拦都拦不住。派个人，去把杜月笙给我叫来。"

去的人一会儿就回来了，报告道："回两位老爷，杜公馆的门，我根本进不去啊。"

"胡说，别人都能进去，你咋就不能呢？确实不能。杜月笙可是大亨，比咱们还有分量。不过这段日子老是看他搅和'工运'，还以为他是个靠闹事蹭饭的政客呢。看来咱俩得走一遭。"

于是，闻兰亭、袁履登一起去见杜月笙，果然被迎进了门。到了厅里坐下，管家万墨林吩咐上茶，赔笑道："两位请稍候，杜先生正在睡觉，还没有起床。"

两人道："能不能麻烦叫一下杜先生呢？我们的事情很紧急。"

万墨林一摊手，道："抱歉，打扰杜先生休息，这可不太好。"

闻兰亭、袁履登面面相觑："明白了，咱俩根本不够分量，叫不动杜月笙。那就找个有分量的人出来。"

闻兰亭、袁履登二人请出来的是傅筱庵。

傅筱庵是哪个？此人乃银行业巨子，工商界领袖。所谓黄、杜、张"三大亨"，在他面前不过是几个毛没长囫囵的孩子。万墨林在闻兰亭、袁履登二人面前爱搭不理，可在傅筱庵面前战战兢兢、恭恭敬敬。所以，此后日本人占领上海，傅筱庵为日本人所用，军统立即将其列为暗杀名单的头一名。最后由万墨林出招，才要了这一代巨子的老命。

但现在日本人还没打来，傅筱庵还没投日，万墨林只能小步飞跑，去里间的麻将桌上把杜月笙叫出来。

这就是陈群替杜月笙所做的人生规划的最佳结果。以杜月笙的实力，可能一辈子也不足以与傅筱庵抗衡。但是杜月笙借助"工运"之力，掌握了一代优秀的年轻人，傅筱庵也不得不登门拜访。

在傅筱庵面前，纵然是杜月笙，也不敢耍奸端架子，只能立即起身，与几人去棉纱交易所。门前下车，就听里面吵闹一片。那顾永园带了打手、巡捕，正在里面连摔带砸。

杜月笙径直向顾永园走去："认得我吗？"

顾永园心说：大哥，你装得可真像，忘了昨夜咱们一块儿商量的时候了？于是正色道："久闻杜先生大名，只恨缘悭，始终没有机会拜见。"

杜月笙这辈子最喜欢的就是现场肃然，于人群中将他突显出来的戏剧性效果，于是说道："那可否容我于中间说和一下，从长计议？"

顾永园恭敬地道："谨奉先生台命。"

这就好办了，于是众人进了一间大会议室。杜月笙和傅筱庵居中而坐，充当本次辩论的裁判。左方辩手是顾永园及亏惨了的股民，右方辩手是满脸愤愤不平的交易所理事。闻兰亭和袁履登坐在门口，观摩现场，等待最终结果。

杜月笙一抬眼，望向顾永园，说："你们这边，是什么意思呢？"

顾永园站起来发言："舞弊！他们舞弊！接近10天的涨停板，舞弊到了这种程度，令人发指。"

"坐下！"杜月笙喝止顾永园，转向交易所理事一方，"你们有何解释？"

理事们说："说我们舞弊，请拿出证据来好𠲎？股市有风险，懂不懂？赢得起输不起，就别来这里玩。"

"坐下！"杜月笙喝止理事们，转向顾永园，"又该你了。"

顾永园说："别以为我们没有证据，你们就可以为所欲为了。今天如不能解决这个问题，你们这家交易所就甭想再开门！"

"坐下！"杜月笙又转向理事们，"该你们了……"

就这样，双方你来我往，争辩了十几个回合。杜月笙一举手，说："现在裁决！傅老帮我看看这样合适不，今天这件事，就这么着了。别瞪眼，我说这么着，就这么着，谁敢跟棉纱交易所过不去，就是跟我杜月笙过不去。但就这么着的话，对做空的兄弟们来说，未免太不公道。所以呢，从明天开始，开盘就要拉出跌停板，要连续跌停，前面涨停了多少天，从明天开始就要跌停多少天。多一天不行，少一天也不行，诸位以为如何？"

"什么啊这是？！"门口的闻兰亭、袁履登听到杜月笙这话，当时就急了，"杜月笙，你到底懂不懂？这是股市，行情不是我们可以随意操纵的。你这么胡来，让我们怎么经营？"

杜月笙目视闻兰亭、袁履登，一字一句地道："阿拉是开赌场的人。"

"你……"闻兰亭、袁履登转向傅筱庵，"傅老，你看他……"

傅筱庵沉默了一会儿，说："就按杜月笙的法子来吧。"

交易所诸人闻听此言，长叹一声道："傅老，你把我们交易所的商业机密全都给抖出去了。"

解决了棉纱交易所的争端，又是几日过去。

这一天，杜月笙起床，万墨林侍奉他洗脸。杜月笙忽见万墨林神色有异，就问他:"啥子事体?"

万墨林回答道:"爷叔,都已嚷动了,东北发生了大事,'东北王'张作霖在皇姑屯遇炸身亡。"

杜月笙一听这话,心一下子沉了下去:国难临头了。

## 第九章
# 江山无情人有情

> 人啊，活在这世上，最好要有点脑子。没脑子的人，别人说什么就信什么，生生被人骗死，自己却浑然不觉。
>
> 智者辨析谣言，但谣言绝不会止于智者。谣言只会止于实力。

## 约法三章才进门

1929年，杜月笙42岁。

从这一年开始，大中国的时局走向晦涩，乱兆初萌，云谲波诡，河北、山东两地大旱，饿殍无数。

杜月笙的家事也不那么顺心。有一天他上楼，进了正室沈月英的房间，当时就吓得一屁股坐到地上。

躺在床上的沈月英活像一具骷髅，面色惨白，就像《西游记》里的白骨精。

沈月英似乎存心要把自己吸死，从早到晚大烟枪不离手。她的母亲就住在杜公馆对面，她却从来不去探望。哪怕只是片刻放下手中的烟枪，她都无法忍受。她嫁给杜月笙的全部意义，就是能有足够的钱抽大烟，把自己抽得全无人形。

郁闷至极的杜月笙走出家门，去黄金荣新开的黄金大戏院散心。

恰好这段时间里，戏院请来了三位有名的坤伶，竟然是母女三人。杜月笙那双眼睛直勾勾地盯在大小姐姚玉兰身上。

杜月笙对王柏龄说：“我想娶姚玉兰做老婆。”

王柏龄说：“好啊，有人拦着你吗？”

"有。"杜月笙说，"姚玉兰她妈不答应。"

王柏龄叹道："这事，我也没辙。"

杜月笙失意得跟个孤魂野鬼似的，天天在大戏院门外趸摸（方言，寻找）。忽然有一天，他终于发现了机会。

这家黄金大戏院虽然是黄金荣开的，但他已经老了，戏院就交由妹妹李志清经营打理。于是，杜月笙疾奔久未涉足的黄公馆，去问候黄老板。

问候过了，杜月笙就来找李志清："妹妹，你跟姚玉兰她家是不是挺好的？"

李志清回答:"是格,蛮要好的。"

杜月笙笑着恳求她道:"那你能不能跟老太太说说,就说我想娶姚玉兰?"

"这……我去问问再说吧。"李志清也不好打包票,只能如此回答。

结果,李志清过去跟姚母一说,姚母的脸就沉了下来:"这事我说了不算,得问玉兰自己。"

李志清再过去问姚玉兰,姚玉兰也很为难。虽说自己是个名角,追求者多如过江之鲫,但那些追求者中脑子正常的还真不太多——正常男人,谁会天天放着正事不干,跑戏院来追个坤伶?

所以,姚玉兰心目中的丈夫至少不能脑子有问题,必须是个正常男人。再就是家境要殷实,不是说穷小子就不配拥有爱情,可如果一个男人惨到连饭都没的吃,多半在能力上也不靠谱。总之,这个男人事业要有成,脑子要正常,能力要靠谱。

姚玉兰感觉杜月笙还是勉强能凑上这些条件的,可他是个42岁的中年大叔,家里已经有仨老婆了,大老婆又是个大烟鬼,自己要是嫁给他,心里感觉怪怪的。

姚玉兰真希望杜月笙再年轻一点。如今这个状态,就只能开条件了:

第一,正式举办婚宴,不做偏房。

第二,与杜月笙家里的三个老婆分开住。

杜月笙满口答应,对他说来,这些根本算不上条件。

姚玉兰成为杜夫人,很快她就会发现,这个角色真的很难担任,这个位置也很难坐得安稳。杜月笙想获得所有人的好评,就意味着家人要牺牲与付出。可是,沈月英只知道拼命吸鸦片,所谓牺牲与付出,就理所当然地落在了姚玉兰的肩上。

## 要生存,还得闹"工潮"

1930年,杜月笙43岁。

上一年年底,第19路军蔡廷锴率部入闸北,武器粗陋,人皆脚踏草鞋,被日本人嘲笑为"叫花子穷兵"。

杜月笙仍然沿袭他老旧的思维,通过杨虎的关系与蔡廷锴结识,然后一起去洋妓院，趴在洋妞肚皮上，度过了一段愉快的时光，从此就有了铁一样的交情。于杜月笙而言，获得军方人士的认可，是他人生的一大进阶。杜月笙没有意识到，第19路军入沪，蔡廷锴屈节与之结交，意味着时局的严峻与大中国战略资源整合的加速。

日本人步步紧逼，军人心里承受着不可名状的巨大压力，行事颠三倒四，非理性冲动大为盛行。

这一年的年中，汪精卫勾结冯玉祥、阎锡山，发起了规模空前的中原大战。战火隆隆，伏尸百万，只为了打通区域阻隔，以便在一个更宽广的范畴应对日本人的咄咄攻势。

张作霖皇姑屯殒命，成为无数中国人命运的悲哀转折点。昔日繁荣的经济无故崩溃，小康之家陷入贫寒，就连最繁荣的大上海也出现了一连串的破产狂潮，无数工人家庭陷入绝境。

要生存，还得闹"工潮"。

法商工人徐阿梅生得高高大大、浓眉大眼，带头向法商提出了增加工资等六项条件。法商仔细一看这个徐阿梅，现在劳动力市场饱和过剩，你居然还想玩"工潮"，不想干了是不是？

法商贴出公告：稳定，稳定，当前压倒一切的是稳定。极少数不法分子唯恐天下不乱，工厂对此决不会坐视、姑息！所有参加罢工的工人，统统开除。

同时，法商贴出招工公告，招聘了一大堆从苏俄流亡过来的白俄人进入工厂工作，彻底断了罢工工人的生路。

罢工失败，激愤的工人聚集起来，找到工人俱乐部，追问为什么只有机务、车务两部工人罢工，而负责售票的工人却不参加罢工。正在争执之际，听到外边轰隆隆的巨响声，巡捕房的装甲车派出来了，随之而来的是100多名巡捕。

徐阿梅等工人气得半死，冲出俱乐部，赤手空拳地朝着巡捕们冲了过去。巡捕的机关枪立即向半空扫射——枪弹无眼，正趴在楼顶笑眯眯地看热闹的一个泥水匠当场中弹毙命。

徐阿梅等工人重伤2人、轻伤23人，而且不论重伤轻伤，统统都被巡捕捉入捕房。

事情闹大了，政府外交部向法国提出强烈抗议。法国命令总领事范尔迪火速解决问题。

于是，范尔迪就来骗杜月笙："来，出任我们的资方代表好格？"

当时杜月笙的眼前"唰"的一下一片漆黑。

这是法商第二次请他做资方代言人了。上一次，他虽是法商代言人，却把屁股坐到工人那边，气得法商中途把他踢出局。但由于他杜月笙布局得当，最终法商顶不住漫长的罢工所带来的经济损失，不得已认输。

现在，法商来复仇了。

上一次，杜月笙能赢，是因为当时的经济环境好，属于劳方市场，熟练工人短缺而用人工位充足。工人罢工，资方找不到替代方案，只能坐困愁城，坐以待毙。

正所谓风水轮流转，这才不到两年的时间，中国的经济环境受到严重破坏。张作霖被炸死，日本人虎视眈眈要对东北用兵，河北、山东大旱，饥民无数。再加上中原大战的武力资源整合，以及各方势力在各地频繁争战，可怜的中国就像只瓷器罐子，被残酷的外力"哗啦啦"打得稀烂。

现在是典型的资方市场。说白了，各地大批的失业人员拥入上海，劳动力严重过剩而就业岗位短缺。按理说，不应该在这时候罢工：盯着你位子的失业者大有人在，你偏挑这个节骨眼上闹事，炒你没商量！

话虽如此，但就业人口过剩只是个经济考量，而罢工、打倒帝国主义却是绝对正确的政治。在这个绝对正确的政治面前，纵然是杜月笙，也不敢吭一声。

可以说，这次法商是稳操胜券，正琢磨着撵走老工人，改用薪水低廉的新工人。

这也是徐阿梅策动罢工，但只有少数工人响应的原因——本来手中的饭碗就朝不保夕，你还嫌砸得不够快？

如此态势，杜月笙该怎么办？

## 自掏腰包，解民倒悬

法国人是出了名的言而无信，但范尔迪请杜月笙出任资方代言人，是一个友善的表示——他实际上是想让杜月笙以资方代言人的身份赢上一场，从而获得法国人的欣赏。而他最终的目的，是想卸任以后带杜月笙移民法国。如果杜月笙替法商赢了，那么移民时就不会有什么障碍。

说实话，这是一番好心，只是杜月笙无福消受。

他开始与工人代表谈判，工人高开高走，等杜月笙坐地还价。不料，杜月笙居然眉头也不皱一下，一个劲地点头：可以，可以，一连串的可以。

最后，他居然全盘接受了工人提出的条件。

工人们欢天喜地，奔走相告：我们胜利了，杜月笙失败了！让"帝国主义的走狗"杜月笙和他的主子见鬼去吧！

杜月笙一声不吭，拿着协议去找范尔迪签字。恰好范尔迪外出不在，让总巡捕费沃里代表签署。

费沃里把协议拿过来一看，苦笑道："杜先生，有没有搞错？这哪是什么协议，这是插入我们善良的法国人肚皮的一把刀。你看你这里有一条：自愿退出工厂的40名工友，工资照给，其待遇与在厂工人等同。凭什么啊，杜先生？你不在我们厂子里上工，却要平白拿薪水，你谁啊你？你是我们法国人的亲爹吗？告诉你，杜先生，就是我亲爹也没资格享受这待遇。"

杜月笙铁青着脸，冷冷地说："这钱我给。"

费沃里意识到情形不同，说道："杜先生，我只是在这一条上表达一下个人的看法罢了，毕竟这一条太离谱了。其余的条款，还是你和范尔迪商量吧。"

没过多久，范尔迪回来了。他拿过协议，仔细地看了一遍，满脸惊讶地看着杜月笙，说："杜先生，我只是个总领事而已，眼下厂子的情形你也知道，黑压压的求职者挤在厂子门外啊！你这上面的条款，恐怕大半通不过。"

杜月笙问道："请问哪些条款通不过？"

范尔迪指给他看："你看这一条，罢工期间工资照给。2000多人23天的薪水，人家法商是决不会答应的。"

杜月笙一口承诺下来："这钱我给。"

范尔迪满脸疑惑，不知杜月笙为什么这么做，问道："不是……杜先生，你啥意思？"

杜月笙回顾自己的历程道："我杜月笙在上海从一条阴沟里的泥鳅起步，之所以能够泥鳅化鲤，鲤鱼化龙，是因为底层那些苦兄弟托着我。任何时候他们求告到我门前，我只回答他们：闲话一句。"

范尔迪肃然起敬道："杜先生，我最喜欢你这种脱了裤子拍屁股，图个穷乐呵的大无畏精神。咱们说正事吧。下面这条，一律月增工资四角钱，这条通不过。"

杜月笙再次承诺道："我给。"

范尔迪大摇其头，说："还有费沃里说的那条，辞工不干了的40名工人，没理由再从厂子里拿钱了吧？"

"我给。"杜月笙又说。

范尔迪翻起眼珠："你等我计算一下，杜先生，这次你这个资方代言人可要出血本了，仅一次性支付就不少于30万元，此后你还要养活40个不做工的壮年男人，养到他们把自己吃撑死。"

杜月笙说："范尔迪，你说话不要太难听！"

范尔迪道："我们法国最伟大的人是拿破仑。我在想，假如杜先生生长在我们法国，那一定是拿破仑一样的人物。"

杜月笙说："谢谢。"


## 公关也可以走曲线

花30万大洋化解了这场劳资冲突，此后还有40名不做工的工人每个月去杜公馆领钱。

这件事在上海没引起太大的反响，所有人都觉得这是理所当然的事：你杜月笙就是要花钱替大家解决问题的。你不花钱，或者解决不了问题，你还算什么杜月笙？

但实际上杜月笙的心理压力非常大。

1927年的清党形成了一个恐怖的财务黑洞，吞噬着杜月笙本就稀薄的现金流。他的中汇银行，储户存款被挪用去炒黄金亏损，形成了一大笔坏账。这几年来，他始终是负债经营、赤字累累，但他还是要硬撑。

此外，他还要行动——他去了莫干山。

有关杜月笙的莫干山之行，是一次极神秘的事件。理论上来说，杜月笙赴莫干山，应该与张啸林存在交集。因为张啸林视莫干山为自己的私有领地，在那里购置了大片的林海。但诡异的是，张啸林一生都对此事讳莫如深。

杜月笙去莫干山，实际上是他为了化解个人财务危机的一次秘密公关活动。

按照陈群为他设计的人生规划，杜月笙要做的是以"工运"为切入口，进入工商界，问鼎银行业。此时遭遇资金短缺，步子自然会加快，所以他要去莫干山，打入银行业。

银行家应该在大都市，杜月笙钻进深山老林，岂非南辕北辙？南辕北辙就对了，因为他要去找一个人，一个"圣人"。既然是去找"圣人"，当然不能用常理去推测。

这个"圣人"，名叫徐新六。

民国时的中国银行业，以浙江系为中流砥柱。这是一支传奇的金融力量，其潜在的实力令人惊叹。当时的中国，银行业随经济形势波动，经常发生挤兑。一旦挤兑风潮到来，所有的浙江人，不管在什么地方，不管干的什么职业，其中不乏贩夫走卒，都会翻箱倒柜找出所有的银圆，奔到浙江各家银行的门前，拦住前来挤兑的人说："侬要兑钞票格？阿拉拿银圆兑换你的钞票。"

如此惊人的齐心协力，已经脱离了常理，无法用理论来解释。浙江银行业因此屹立风波中，安然不动。

而统率这支可怕的金融力量的人，就是"圣人"徐新六。

徐新六，世家子弟，留学英美，拿到博士学位，专攻财政金融和经济。回国之后，他出任浙江兴业银行总经理。徐新六不抽不赌不嫖，不娶姨太太，他的为人和他对银行的管理，堪称无懈可击、首屈一指。老派的银行家对他非常尊敬，年轻的银行业人员对他几近膜拜。

简单地说，拥有博士头衔的徐新六大概相当于"金融界的杜月笙"，当然，比杜月笙更文明、更高端、更受人尊重，所拥有的钱更多，智力水平更高。

缺钱的杜月笙应该是从张啸林那里得知徐新六在莫干山，于是匆匆前来，进山寻他。

## 江湖上没有人是干净的

杜月笙与徐新六在莫干山偶遇，对坐山石上，吟风赏月，闲聊人生。

二人天天海阔天空，大聊私房话，话题跨越了他们两个完全不存在交集的人生，跨越了他们之间巨大的经历鸿沟，两人很快成了好朋友。

忽然有一天，徐新六探头过来，对杜月笙说："月笙，我有件私事，想委托给你。"

"啥子事？"杜月笙道，"闲话一句。"

"是这样，"徐新六道，"月笙，你晓得咯，我在银行业，名声极清白。人人都知道我没有任何恶习，又受欧美文明熏陶，忠于爱情，除了与妻子之外，从不与任何女人来往。"

杜月笙应道："对啊，所以大家称你为'圣人'。"

"其实，这一切都是假的，都是骗人的。"徐新六道，"我瞒着老婆，在外边还有一个家，而且生了两儿一女。"

"不可能！"杜月笙深感震惊，感觉难以置信，摇头道，"说别人有外室，我信；说你徐新六有外室，打死我也不信。"

"可这是实情。"徐新六叹息道，"我出身世家，又是兴业银行总经理，我手里的钱，再养几个外室，都养得起。只不过我瞒着世人太久了，'圣人'的标签如影随形，我已经找不到机会恢复我凡夫俗子的原貌了。我现在担心的是，如果哪一天我出了意外，被我藏匿起来的女人和孩子岂不是惨了？"

"也是。"杜月笙思忖道，"那你的意思是？"

徐新六从怀里摸出个信封，递给杜月笙，语重心长地对他说："我要委托你做我的遗嘱执行人。月笙，从今天起，你是这个世界上唯一知道我底细的人。在别人眼里，我是圣人；在你眼里，我是什么，就不说了。总之，如果有一天我出了意外，你要出面帮我的外室和孩子拿到他们应该获得的遗产。"

"闲话一句。"杜月笙把信揣了起来，对他说，"新六兄，过了这个春节，我在高桥镇的杜氏祠堂落成，我要回乡祭祖，请新六兄务必赏光莅临。"

徐新六允诺道："我一定去。"

## 气盛之辈，多半内虚

1931年5月28日，汪精卫、唐绍仪、李宗仁与陈友仁等国民党反蒋派在广州宣布成立广州国民政府，叫板蒋介石。

风声渐紧，一切迹象表明，大乱即将到来。杜月笙心知肚明，今年是绝对拖不过去了，不消三日五日，上海就会陷入战火。所以，他必须完成自己最大的心愿，加速杜氏祠堂的进程。

同年6月10日，杜氏祠堂落成。

杜月笙立即向所有认识和不认识的人发帖，邀请各界名流捧场，他要回乡祭祖。这是他生命中最大的辉煌，也是他最后的机会。

他15岁那年离开家乡，这次回去，已经44岁。

各方资料表明，杜月笙回乡，是高桥镇百年盛事。逾3万名流拥入狭小的高桥镇，再加上相同数目的军、警、政人员和看热闹的人群，早已是一片人海。

高桥镇临时搭起剧场，当时上海《新闻报》报道称："剧场广可容数千人，但观者近万，几无插足地，加以天热场低，四围密不通风，观众挥扇观剧，莫不汗流浃背。全场空气，异常混浊，'人气白热化'五字形容，最为恰当。"

地方小，人如此之多，必然会出现混乱，不是一般的乱，而是乱到极点。

混乱中，上海警备司令部的参谋长寻隙向台前挤去。这一挤，又挤出一场乱子，差点葬送了赶来捧场的张啸林的老命。

原来警备司令部的参谋长在人群中挤呀挤，挤呀挤，挤到了最前面。正要爬上台口，这时候张啸林出来，一脚踹了过来："瞎了狗眼的东西，谁让你往台上爬的？给老子滚下去！"

参谋长大怒道："某乃上海警……"话没说完，忽然感觉胸口一紧，领口已经被张啸林抓住。

只见张啸林那张大嘴凑近参谋长的脸，唾沫星子雨点一样狂喷："警你妈了个×，叫你滚你不滚，老子打死你个王八蛋！"

台上坐着一排警备司令部的高级军官，见此情景急忙大喝："张啸林，你活腻了，他是司令部的参谋长！"

参……参谋长？**草莽之人，最是怕官；气盛之辈，多半内虚**。张啸林吓得两腿颤抖不止，脸色青白不定。

参谋长顺势跳上台来，整理一下领口："你叫张啸林是不是？我认识你了，明天上午九点，你自己到警备司令部报到。"

"扑通"一声，张啸林吓得跌坐在地。

"三大亨"中，气场最大的是张啸林，但胆子最小的也是他。正因为内心虚怯，所以才表现得盛气凌人。三兄弟中，张啸林最怕官。上一次黄金荣打了卢筱嘉，杜月笙积极捞人，而张啸林却说什么也不肯管，就是因为他怕。

现在轮到他自己了，他已经吓得全身绵软，丧失了机能反应。

幸好张啸林身边的弟子见状不妙，赶紧奔去找杜月笙。杜月笙听了，顿时两眼一片漆黑。他和张啸林恰恰相反，属于那种内心狂野但外表如鼠，被人无视的悲哀类型。

于是，他急匆匆地跑过来，当着众人的面，向参谋长躬身作揖，低声下气地请参谋长到后面说话。

参谋长一边走一边平静地说："杜先生，这事跟你没关系，是我和他的事体。"

因为要接待数以千计有背景的宾客，而且还不能出一点点岔子，杜月笙的大脑长时间高速运转，已经到了高烧的程度，此时慌不择话："怎么能说跟我没关系呢？他是我的兄弟，又是我请来的客人，他做的事，就等于我做的事。他开罪了足下，就是我的不对。请先生抬抬手，放过他吧。"

众目睽睽之下被杜月笙这么纠缠着不放，参谋长感觉很没面子，想早点结束这个场面。听杜月笙道歉好半天，参谋长只好回答道："好格。看在杜先生的面子上，我就不追究了。但有句话请杜先生转告他，他这般性子，怕是不会长久。"

"是是是，谢参谋长教诲，我一定转告。"杜月笙长舒一口气：好了，总算把问题解决了。

这件事解决了，剩下来的，就是回报乡梓。

在高桥镇，杜月笙做了这样几件事：一是修了一条柏油马路；二是建了一所小学，高桥镇的孩子们都在这里免费入学；三是修建了一所医院，高桥镇居民享有免费医疗的福利；四是高桥镇所有居民吃穿用住，一概免费。此外，杜月笙还修建了一座图书馆，识字的人可以来这里读书。

这些支出费用，究竟是多少钱，已经没有账目了。但这些福利目标，是进入了21世纪的中国，尚无几个村镇能达到的。

然而，这大好的福利之光很快就会毁于战火。

## 奉命于危难之间

时局激荡，1931年6月，广州骤然响起了惊天动地的枪炮声。

同样是在1931年6月，中共中央总书记向忠发于上海被捕，后被上海警备司令部枪决。

中共高层遭受重创，中共农运"三大龙头"之一罗绮园、跨党分子杨匏安、全国总工会书记徐锡根、代理中共中央总书记卢福坦、少共江苏省委书记袁炳辉、反帝大同盟组织部部长朱爱华，以及中共中央组织部部长胡均鹤、少共中央三大台柱之一胡大海，纷纷被捕。

1931年7月，长江发生洪灾，中国整体经济雪上加霜，不堪重负。

适逢"南三行"之一的上海商业储蓄银行有艘盐船在江面上翻了。要说有什么经济损失，不过一两百万元，小事一桩。可当时人心惊恐，谣言频传。盐船失事的消息传入上海滩，立即引发人们的恐慌，于是银行门前出现了排长队挤兑的储户。

挤兑好！商业银行的老板陈光甫天天盼着储户们来挤兑。你们不来挤兑，就不知道我家里有多大的实力、多大的本钱。你们来，全都来，你们把钱全都提走，我都垮不了。

于是，银行把一捆捆钞票搬出来，开始给储户们兑现。3天工夫，兑付现金2000万元。

不久，陈光甫开始变得惊恐起来，他发现，庞大的现钞兑付丝毫没有恢复储户的信心。相反，黑压压的人群从四面八方赶来，全都摆出一副不挤兑死决不罢休的架势。

陈光甫使出撒手锏，找到中国银行和交通银行两家大型国有银行，用装甲车拉来一车车银圆。其他各家银行也纷纷跑来帮忙，白天浩浩荡荡地往商业银行拉各种货币，天黑后再偷偷拉回去，等第二天早晨再浩浩荡荡地拉回来。

就这么玩了一段时间，陈光甫趴下了，大喊救命。

这件事只有一个人能够解决：杜月笙。

陈光甫派人去找杜月笙，可是杜月笙玩麻将正玩得起劲——前面说过，杜月笙负债累累，每天就靠玩麻将赢钱吃饭，大家对此心知肚明、心照不宣，所以没人敢在他玩麻将时打断他。好不容易等他把八圈打过来，赚足了今天的饭钱，来人才把陈光甫的要求一说。

杜月笙听了，眨了眨眼，问来人："你说，这事我该不该管？"

来人回答："当然该管。"

"好！"杜月笙喊道，"万墨林，过来！"

万墨林急忙过来："爷叔，啥事体？"

杜月笙吩咐道："把烟赌两行的体面朋友全给我请来。"

干烟和赌这两行的，不可能有什么体面人。但万墨林明白，杜月笙的意思应该是叫那些能拿出钱的人来。于是，他立即开始打电话。不一会儿工夫，只见客厅里站满了三山五岳人、七长八短汉，一个个屏息静气，等杜月笙发号施令。

杜月笙道："你们这些人，现在能凑出来多少钱？我要现金。"

众人交头接耳，须臾报上数目："杜先生，200万没问题。"

杜月笙道："好格，你们把这些钱拿好，明天一早，到商业银行门口集合。"

### ◪ 人活在这世上，最好要有点脑子

安排下一笔200万的钱，杜月笙又转向万墨林："打电话，问问咱自家的中汇银行能不能拿出100万来。"

电话打过，万墨林回来报告："没有问题。"

"好！这笔钱，明天一早转入商业银行。"杜月笙道，"还有，打电话通知工商界的朋友们，明天一早八点来我家里开会。"

次日一早，与杜月笙有关的工商界人士纷纷赶到杜公馆，把他家的客厅挤得满满当当。

杜月笙出来，满脸悲愤地看着大家："大家都晓得格，今天这个会，本来应该在商业银行开，可是我最怕当众讲话，人一多，我就全身哆嗦，两腿绵软，一句话也说不出来。所以，今天这个会只能开在自己家里。

"这个会说的是啥事呢？是商业银行挤兑事件。之所以发生挤兑，因为市面上传言纷纷，说是商业银行的盐船出了事，损失2000万之巨。人们就是因为相信了这个谣言，认为商业银行支撑不住了，所以才纷纷跑去挤兑。

"**人啊，活在这世上，最好要有点脑子。没脑子的人，别人说什么就信什么，生生被人骗死，自己却浑然不觉。**

"说商业银行的盐船失事，损失达2000万之巨，拜托各位爷叔想想，价值2000万的盐船，那得装载多少盐啊？那可是要装满10条黄浦江的盐啊！世上有这么大的船吗？

"一艘盐船失事，损失最多不过一两百万罢了。如果没有这么一点点的辨识能力，拜托各位大哥，你们真的会活活蠢死哦！"

听杜月笙这么一说，众人恍然大悟。

在座诸人，无一不是用脑子吃饭的智识之辈，但听说商业银行的盐船失事，

谁也没细想，再看商业银行为应对挤兑的吃力模样，都本能地认为商业银行真的遇到麻烦了。

此前，大家服膺杜月笙，那是没办法，因为他坐拥黑道势力，甚至能让最红的交际花黄白瑛追着四川将领范哈儿（范绍增）去搞一夜情，这种人大家自认招惹不起，惧怕的成分远远多于佩服的成分。此时听他抽丝剥茧、条分缕析，众人这才佩服之至：能走到今天这个位置，杜月笙完全是靠了过人的智力，绝非黑道蛮力。

**智者辨析谣言，但谣言绝不会止于智者。谣言只会止于实力。**

于是，散会之后，杜月笙率浩浩荡荡的一长串轿车直奔商业银行。正在门口挤兑的储户惊讶地看到一个个黑衣大汉虎虎生威，人手一只装满了钞票的手提箱，簇拥着杜月笙走进大厅。

认识杜月笙的人，或者他的门人弟子，纷纷失声尖叫起来："杜先生来了，杜先生来存铜钿了！"

杜月笙大步迈向银行柜台："开个户头，我杜月笙存款100万。"

身后的烟赌两行的人纷纷叫嚷："给我们开户，先存200万。"

这是发生挤兑风潮以来，商业银行第一次有钱进来。外边排长队的挤兑储户见状，顿时明白了，商业银行树太大、根太深，有杜月笙在后面力挺，根本不会倒闭，那还挤兑个啥子？

人群一哄而散，商业银行转危为安。

## 首创义演救灾民

解决了银行业大佬陈光甫的事情，接下来的是数以亿计的灾民。

1931年，长江大水患，受灾区域多达17省，毁灭百姓屋舍10,000多户。被迫逃离家园沦为灾民者，更不知几何。

全国救灾委员会委员长许世英来找杜月笙，说："杜先生，两年前河北、山东大旱，幸亏杜先生出面筹款，救活了不知几多灾民。这一次水灾更严重，杜先生乃高义之人，责无旁贷啊！"

杜月笙此时的处境大不如前，露出难为情的表情，说："许先生，你哪里晓得我的难处，上一次募捐，我拿个小本本四处求告，那叫一个凄惨。所谓善财难舍，让那些有钱的爷叔花点小钱救十条八条人命，比让他们宰了自己的爹还难。"

"啥子？"许世英一听就急了，"杜先生你可千万别泄气啊，正是因为让那些富人拔一毛而利天下太难，所以才指望你啊！"

杜月笙叹道："咱们这个国家，到底受了什么可怕的诅咒呢？刚刚大旱，紧跟着又是大水灾。两项差事跟得太紧，我真的是无能为力了。"

许世英一脸茫然："那可怜的难民百姓，真的就没人救得了他们吗？"

"有一个人能救。"杜月笙道。

"是谁？"许世英急切地问道。

"我老婆，姚玉兰！"

1931年，杜月笙因为募集善款乏力，创造了一个全新的筹款模式：义演！

由他的夫人姚玉兰出面，邀请了名伶梅兰芳、"霸王"金少山、当时还是学徒的谭鑫培，一起登台献技。所收到的票款，悉数捐出。

是年，幸存下来的灾民不计其数。此后，义演这种募款方式风靡整个世界，至今长盛不衰。

这一年的7月，堪称多事之秋。国共战江西，日本乱长春，两广叛中央，石友三乱顺德，四处狼烟，处处战火。一切迹象都表明，大乱就在眼前。

张啸林对大变的感觉，敏感而又麻木。他在当年8月不告而走，偷偷跑到山东，参加了张宗昌的秘密会议，试图从那里寻找到属于自己的机会。

但是，他没有机会了，所有人都没有机会了。

1931年9月18日，日本关东军向张学良的东北军发起进攻，"九一八"事变爆发，东北沦陷。

华北告急，中华民族告急！

## 第十章
# 痛望河山变战场

　　送钱给人，一定要考虑到对方脆弱的自尊，绝不能随随便便寄张支票过去。当然，也不是每个拿钱的人都要他亲送，但越是疏远，越要亲自登门奉送。

　　杜月笙只用了三步，就在极短的时间里击败了荣氏，抢走了面粉交易所。

　　哪三步？第一步，给你找个敌人来。第二步，给我多多找些盟友来。第三步，找个巴掌比你大的，一巴掌拍死你。

## ▰ 国家有难，匹夫有责

1931年9月18日，日本关东军突然进攻沈阳北大营，史称"九一八"事变。

东北边防军参谋长荣臻急忙请示正在北平的张学良。

张学良复电称："对于日人，无论其如何寻事，我方务须万分容忍，不可与之反抗，致酿事端，即希迅速密令各属，切实注意为要。"

这就是张学良最有名的不抵抗命令。

于是，日本人在东三省纵横无阻，鲸吞蚕食。到了当年年底，张学良下令放弃东北最后的据点锦州，东北军不战而走。日军开进锦州城，在城楼上扬旗欢呼。

至此，东北三省全境沦亡。对此，上海市民悲愤交加，掀起了反日高潮，反日游行或集会频繁不断。

国民党上海市党部出面，组建了声势浩大的上海抗日救国会。

抗日救国会雷厉风行，开始行动。杜月笙门下弟子于松乔二度走入世人的视线。

抗日救国会始出，先行成立了检查所和保管所两个机构。

这两个机构呼吁上海市民全面拒买拒卖日货。检查所四处巡查，一旦发现有人犯禁，立即将查出来的日货没收，拉到保管所储存。

检查所或保管所都不是常设机构，没有薪水，只能由闲散人员兼职。杜月笙的弟子于松乔曾为杜月笙游说陆京士，他在合昌祥绸布庄里发现两大箱日本棉布，立即搬到了天后宫桥保管所。

可是，那合昌祥老板陈松源是上海实业界大亨之一，势力极大，朋友极多，上海市的商会就在他的控制中。听说家里的货被搬走，陈松源顿时大怒，驱车来到天后宫，下车就说："刚才你们这里有人搬走了我家的棉布，这里面一定有误会。"

于松乔迎上来："没有误会，那两箱棉布就是我没收的。"

"你？"陈松源上下打量于松乔，摸不透于松乔的来历，一时间不好说话。

陈松源的两名保镖冲上前，叱骂道："小赤佬，侬长眼睛格？！晓不晓得这位先生是谁？"

于松乔可是杜月笙的心爱弟子，何惧一陈松源，冷笑道："他是谁，不关我事。我只知道现在国难当头，如果有人贩卖东洋货，让日本人赚钱，让日本人造了枪炮子弹打我们中国人，那他就是奸商，是汉奸！汉奸商人的东洋货，当然要没收。"

"你个小瘪三，竟敢辱骂我们陈理事长！"两名保镖火了。

陈松源皱眉，对保镖说："别跟这孩子废话，进去把咱们的货拿出来带走。"

两名保镖推开于松乔，就往里面闯。于松乔的脑子极为灵光，也不去拦保镖，一个箭步上前，抓住陈松源的衣领："大胆，你敢带人来抢保管所！好啊，我现在就把你关起来！"

于松乔拖着陈松源就往保管所里面拉。两名保镖慌了神，急忙拔枪冲上来："小赤佬，放了我们老板，不然请你吃几颗枪子！"

"怕了你们才怪！"于松乔是义勇刚烈之人，根本不怕两个黑洞洞的枪口，强扭着陈松源，要把他关进保管所的一间空房子里。

保镖急得跳脚大叫："你放不放人？不放我们真开枪了！"

于松乔顺手把陈松源推进空屋子里，把门一关，说："有种，你开枪！"

"砰"的一声，枪响了。但保镖并不敢真朝于松乔开枪，子弹不知打到哪儿去了。听到枪声，保管所里的人冲过来，两名保镖跳脚大骂，飞快地逃走了。

陈松源是上海的纱业大亨，名气和财富排在前十位。他这辈子哪受过这个，气得在屋子里疯狂咆哮，用力砸门。

于松乔却笑道："你不要伤到手，我今天算是看牢你了。"

两名保镖逃回，把消息告诉陈家。听说老板被抗日救国会关起来了，陈家大惊，立即拨打抗日救国会理事长、市政要员陶百川的电话。

陶百川听了这事也惊呆了，说："这多半是那个犟孩子于松乔干的，老陈他有大麻烦了。"

无奈之下，陶百川率了党、政、军诸要员浩浩荡荡地坐着车子来到天后宫。只见于松乔面如寒冰，靠墙坐在地上。旁边的门里，传出陈松源如受伤的狮子般的吼叫。

陶百川急忙过来,先是哈哈大笑,高度赞扬了于松乔的爱国热情,然后说:"小于呀,咱们是抗日救国会。抗日救国会是啥呢?是个民间团体,不是权力机构。抓人关人,那是权力机构的事体。我们要遵守法律,没有权力抓人关人。小于,你说是不是这个理?"

于松乔笑道:"陶先生,你地位高、口才好,学问一等,我于松乔无论讲地位、讲口才、讲学问,统统服帖你。不过,今天这件事情,不管我错你对,我已经下定了决心,天王老子的话,我也不听。陈松源带了保镖,开枪来抢所里的东西,我非关他不可。假使有人想来拖开我——"他用手一指身后的钢筋水泥墙壁,继续道:"我立即撞墙自杀。"

"别!"陶百川倒吸一口冷气。

旁边的党部要员吴开先也呆住了,说:"老陶,往日里大家都说你口才好,可跟这孩子一比,你差得还远。你听这孩子的话,拿得出扎得住,这孩子后面一定有高人教诲。"

吴开先实际上是在暗点杜月笙,但又不敢把话说透。

陶百川急道:"少来,快想个法子让这孩子放人吧!"

这时候就见外面远远近近,一道道汽车灯柱,一辆辆汽车向着天后宫驶来。

上海商界,诸大亨齐至。虞洽卿、王晓籁这些有头有脸的人物全都来了。

诸大亨开始轮番上阵,有的和风细雨,有的声色俱厉,有的动之以情,有的晓之以理。不料于松乔生熟不啃、软硬不吃,你有千条妙计,我有一定之规。任谁上前来游说,他都是一句话:"啥人敢来拖我,我立即撞墙自杀。"

得知这个情形,陈松源的家人怒不可遏,以上海商会的名义发话:今夜,就是在今夜,善良而无辜的陈松源如果不能够回家睡觉,那么从明天开始,上海各行各业无限期罢市!

更多的大亨和官员络绎不绝地赶来,天后宫出现了一幕不可思议的场景:于松乔独坐地上,面对着他面前数百名大人物。

没法子可想,这孩子就是这么犟。

大亨与官员们相互使了个眼色,只有一个法子:出其不意地冲上前,把这个犟巴头拖走!

## 有些事是不讲道理的

黑压压的人群，与于松乔展开了对峙。

忽然，只听一声怪叫，人群突然蜂拥而上，一个个抄胳膊架腿，将于松乔强行架了起来。于松乔发出一声痛苦的哀号，用力一挣，竟然挣脱出来。

"咚"的一声，他一头撞在墙壁上，顿时鲜血四溅，染红了墙壁。

众大亨惊得心寒胆裂，齐齐后退一步，见于松乔还不罢休，举头再向墙壁上撞，众大亨怕得齐声惊叫："别！别这样，我们不拖你了！"

于松乔面带惨笑，慢慢坐下，说："你们都是上海头脸光鲜的人，我不过是家徒四壁的穷小子。如果日本人打来了，我们这些赤脚百姓又有什么可损失的？真正蒙受羞辱与损失的，是你们这些人。你们指责我，说我关人违反法律，却单单忘了，讲法律，日本人就不会打来了！就不会杀你们的人，烧你们的房子，抢你们的钱了！如果你们觉得我死心眼，不懂变通，甚至太蛮横，那就把你们的这番道理去对日本人讲吧！除非你们能够讲赢日本人，让日本人退出我们被占的领土，否则的话，就请不要再在我面前卖弄你们的口才！"

这番话说出来，在场的大亨和官员都沉默无语。

这时候，所有人的心里都在暗暗埋怨陈松源，心说：陈大老板，你至于吗？你家大业大，却为了两箱棉布来触抗日救国会的霉头，现在好了吧，被一个犟孩子困在这里，全上海滩的大老板、党政军要员竟然救不得你。

正无办法可想，陆京士突然赶来。他是于松乔的知交好友，见于松乔头破血流、惨烈之至，当下恻然，道："松乔，你的身体要紧啊。告诉我，要哪位先生来说句话，你才肯听？"

于松乔惨笑道："杜先生。可是我知道，他是不会劝我的。"

"那可未必。"听于松乔还肯听杜月笙的话，众人如释重负，急忙让陆京士给杜月笙打电话。

杜月笙恰好在家，接到电话说："你去告诉松乔，他犯不着为这件事牺牲生命。保全有用之身，来日方长。我立刻派车子去，送他去医院治疗。"

陆京士急忙跑到于松乔身边，把杜月笙的吩咐告诉他。

于松乔仰起脸，问："杜先生的意思，是让我离开？"

陆京士回答："没错。"

于松乔问："那陈松源怎么办？"

陆京士说:"杜先生说,你比陈松源重要,保有用之身,待来日报国。他让我马上送你去医院。"

于松乔站起来,高高地昂起头,从全上海声望、财富、权势都居顶尖地位的人群中穿过。所有人都一声不吭,悄然为他让出一条路。

此事过后,上海肃然。每个人掂量自己的分量,比陈松源差远了。陈松源都被弄到这个份儿上,自己可千万小心点,别为了两个小钱栽在抗日救国会的手上。

抗日热情持续高涨,"抗日第一人"于松乔不无惊讶地发现,他已经过气了、老土了,过于保守了。

当初于松乔就为了扣押两箱棉布,不惜以性命相拼。现在,环境变了。

现在,如果再在哪家商店搜出日货,这家店就惨了。不光是日货被搬走,家里所有的东西统统被搬走,全部没收,还要课以重罚,弄到倾家荡产,还不解恨,当事人还要被迫穿上一件印有"卖国贼"三个字的囚服,被关在笼子里,拖到街上,任人围观辱骂。

1931年11月5日,日本关东军进至嫩江桥。东北黑龙江省主席马占山应战,打响了抗日第一枪。

听到这个消息,杜月笙立即跑出来,号召为马占山将军捐款。首笔款子就募到10万元,汇给了马占山将军。

正准备着手二次募捐,不提防东北战场上日本关东军总司令本庄繁突然杀向马占山。马占山勉强抵抗了15天,终究不支,败兵退往海伦,绕道苏俄的西伯利亚,兜个圈子去了新疆。杜月笙这边的募捐之事,只好戛然收手。

东北战场已经失去,上海这边一触即发。于是,有一支中国军队悄无声息地从江西前线调到京沪铁路沿线。

这支军队就是杜月笙的好朋友蔡廷锴所率领的第19路军。

闻知中国军队入沪,日本侨民惊恐莫名,都出来看个究竟。他们发现这支军队的士兵穿得破破烂烂,武器极其简单、粗陋。

日本侨民顿时激情高涨,大发豪言:就这么一支叫花子乞丐军,皇军只要四个钟头就能够占领上海。

蔡廷锴将军顾不上理会日本侨民,急忙打电报给中央政府,要求立即支付长期拖欠的军饷。

南京反应神速,很快寄来一封航空加急信。蔡将军拿手捏了捏:怎么直接把支票给寄来了？

拆开信封，看看支票上是多少钱，蔡将军的鼻子顿时就气歪了：中央政府竟然寄来一张白条。

蔡廷锴怒不可遏，立即打电话过去，张嘴骂娘。那边却说："蔡将军，请少安毋躁，你只有三分钟的骂娘时间，各军的军长都在排队等着骂娘呢。大家收到的军饷，全都是白条。没办法，非常时期，多多担待。"

的确，此时的中国，尤其是上海，正处于非常时期，整个上海的经济已经进入萧条期，杜月笙正疲于奔命、四处救场。但纵然他长了三头六臂，也救不了时局之艰。

救不了也得救，谁叫他是杜月笙呢？

## 人无远虑，必有近忧

"九一八"事变直接导致的结果是中止了中国的现代化进程，中国经济迅速进入衰退期。

在上海，抗日救国会的行动又让处境本就艰难的企业雪上加霜。产品本来就销售不畅，现在又必须把日本客户排除在外，大批企业一夜之间被迫倒闭。

倒闭不行，你说倒闭就倒闭？那工人的生计怎么办？

还是要闹工潮，劳资再战，趋于惨烈。不论是资方还是劳方，现在争的都是保命之钱。资方这边多付出一文，生路就狭窄一分；劳方那边少拿一文，生路就断绝一分。当时是资本家沦为小业主，小业主陷入贫寒，至于最底层的工人，则与乞丐无异。

每当这时候，就有人说："叫杜先生来，杜先生肯定有办法。"

杜月笙带着一张憔悴不堪的脸出场，先问工人："你们的要求是什么？"工人立即倾诉要求。

杜月笙一言不发，听完后说："好，这个条件可以。"工人大喜。

然后，杜月笙再见资方，问："你们的条件是什么？"资方一一陈述。

杜月笙听完后说："你们的要求合理，双方签字吧。"

"不对，不对，"资方觉得事情不对头，说道，"杜先生，你这不对啊！劳方要的多，资方给的少，两方根本没有交集，中间有一段资金落差，这个字怎么签?"

劳方也觉得事情不对头,自己提出的要求跟资方答应的条件之间存在一个数额上的落差,双方没有达成一致意见,没法签字。

杜月笙对他们说:"你们只管签字好了,两方的资金落差,我给补上。"

劳方和资方听了他这话欢喜不尽,就各自定制匾额一块,吹吹打打送到杜公馆。

杜月笙不无得意地说:"像这样的匾,简直多到没个摆处。"

杜月笙敢这么大包大揽,固然是以此为进军工商业的筹码。但更重要的是,他雄踞烟赌两行,坐拥金山,虽说年年赤字,但还撑得住。

可杜月笙没有料到,再大的金山也有耗尽的那一天,而那一天就在此时。

黄金荣突然派人来,传杜月笙、张啸林去黄公馆开秘密会议。

杜月笙和张啸林到了黄公馆,把门窗关好后,就听黄金荣说:"SS有口信。"

现场响起倒吸一口凉气的声音:"怎么说?"

"SS"不是暗语,也不是代号,而是人名,一位富家千金、绝美少女的名字。

当时的上海滩,衣香鬓影天,纸醉金迷地,活跃着许多才貌双全的交际花。这些交际花分为两类:第一类是出身贫寒,靠了才貌双全成名,如无机缘嫁入豪门,就成为高级妓女。川将范哈儿所垂涎的名花黄白瑛就属于这种类型。第二类是出自豪门大户或实业大亨之家,家财万贯。这些女孩,美貌绝伦,幼承家教,绝顶聪明,比起那些出身贫寒的交际名花,更多了几分优雅气质与华贵风仪。此外,这些女孩都有欧美留学背景,能流利地说几门外语。她们整日里活跃于社交场,非要跟贫寒的交际花争夺市场。而且她们的价码更昂贵,不是有钱就能拿下来的。

第二类女孩为了把自己与第一类交际花区别开来,就不约而同地给自己起了个中英结合的名字,在中国名字的前面冠以双字母,诸如FF殷明珠、AA傅文豪、SS王汉伦。等闲女孩是不敢给自己的名字冠双字母的。

黄金荣说的SS,就是SS王汉伦,此人出身富豪之家,是比胡蝶资格更老的影后,最终被法租界二号捕探萨利拿下,金屋藏娇。

萨利能够拿下SS,是因为他每月可以从黄、杜、张"三大亨"这里拿到2万块大洋。

但萨利拿的这2万块只是小意思,法国总领事范尔迪每月明账拿12万,实际上拿的是30万。

萨利通过SS向黄、杜、张"三大亨"通报消息：总领事范尔迪最近身体欠佳，已经向法国外交部请了病假，要回巴黎治病去。

听到这个消息，张啸林欣喜若狂："好，那咱们一下子省下30万！"

杜月笙有些犹疑："这样不好吧？"

张啸林呵斥道："我说好就是好！"

黄金荣不是太情愿，说："啸林，照你这么说，还有总巡捕费沃里每月的12万，也不给他了？因为他也要回国了。"

张啸林瞧了瞧黄金荣的脸，知道黄金荣不高兴。他倒不在乎黄金荣，但刚刚骂帮过自己无数次的杜月笙，就有点过了，于是赔笑道："这12万得给，如果咱们一个铜板都不给法国人，他们不跟咱们拼命才怪！"

杜月笙感觉取消范尔迪的30万有可能会出现麻烦，就问黄金荣："那范尔迪回国，法国那边总得派个管事的来吧？"

黄金荣回答："听SS说，新来的人叫甘格林，暂任代理总领事，目前还没有到任。"

张啸林立即见缝插针，说道："那这30万就更不用给了。送人铜钿，可不是小事。那甘格林是公是母咱们都没摸清，拿这么大一笔钱送他，说不定反倒会弄出事来。"

杜月笙转向张啸林，正要出言反对，张啸林却抢先一步："就这么定了，不服你去死！"

"你……"杜月笙差点被张啸林活活气死。想当初，自己是因为欣赏张啸林身上那种强大气场，所以才拉着他一起做大亨的，谁知道他做了大亨之后，整天拿气场压自己，张嘴就骂娘，这叫什么事啊！

范尔迪病重，匆忙回国。前脚刚走，总巡捕费沃里也动身归国。临走之前，他找来杜月笙，与他推心置腹地交谈。

费沃里坦诚地说："代理总领事甘格林马上就赴任了。我能为朋友做的最后一件事，就是告诉你，甘格林是冲着你来的，你要小心。"

杜月笙丝毫不惧，道："让他放马过来，怕了他才怪。"

## 杜月笙的驭人之法

杜月笙不在家，他正在忙于完成人生的最后冲刺——从业界闻人晋升为实业界巨子。在他家的客厅里，坐着一圈人，一边打牌，一边聊天。

在场的有范哈儿、刘航琛、张啸林，还有一些乱七八糟的"烂人"。

刘航琛说："这段时间，我一直在杜公馆留意观察杜月笙。"

张啸林道："闲得无聊，他就是个操劳的苦命，有什么可观察的？"

范哈儿说："不然，不然，张先生你有所不知，低估了杜先生。"

张啸林道："杜月笙不就是让你睡了个黄白瑛吗，你就拿杜月笙当亲爹了？这次你又想睡哪个？我负责给你摆平。"

刘航琛说："范将军不可掏枪，以免杜先生面子上不好看。张先生，你对杜月笙最熟悉不过，你来说说杜先生是用了什么法子笼络住人心的。"

"哈哈，这法子还是我教给他的。"张啸林大笑道，"当年清党，让我们背上一屁股债。当时我就警告他：'你杜月笙算什么？你不过是阴沟里的一条泥鳅，是无数缺心眼的苦哈哈拿你当回事，把你捧成人上人。'从那以后，杜月笙就变得小心翼翼，一旦他听说哪个遇到了钱荒，他就自己拿着钱找上门去，弯腰鞠躬，哀求对方收下他的钱。让你拿了他的钱，又不失自尊。所以，大家才愿意抬举杜月笙。因为抬举杜月笙，就等于抬举自己。"

范哈儿道："没错，杜月笙跟我也说过，**送钱给人，一定要考虑到对方脆弱的自尊，绝不能随随便便寄张支票过去。当然，也不是每个拿钱的人都要他亲送，但越是疏远，越要亲自登门奉送。**像我们这些老友，账房会按月把钱拨过来。"

刘航琛摇头："两位，事情不是那么简单。"

张啸林说："这有什么不简单的？你脑子是不是被门夹了？"

刘航琛说："你再说一句，我一枪打死你！"

范哈儿急忙拦住刘航琛："哎哎哎，刚才你还叫我不要掏枪，这么一会儿怎么你也忍不住了？不理他，你先说你对杜月笙的观察结论吧。"

刘航琛道："你们都以为杜月笙就是拿钱砸人，所以大家全都服他。事情根本不是这样。我跟你们说，被炸死的'东北王'张作霖，他做事的风格一如杜月笙，但凡身边人遇到钱荒，他二话不说就把钱送过去。所以，张作霖身边的人对他感恩戴德，拼命也要把事情做好，这才成就了张作霖的'东北王'之名。

张啸林说："你这不恰好证明我所言不虚吗？"

刘航琛道："不虚才怪，你忘了张宗昌与毕庶澄吗？张宗昌就是见了张作霖神妙无双的驭人之法，也跟着学。他把自己的王牌主力交给毕庶澄统领，还给了毕庶澄无数的钱，用人不疑呀。结果如何呢？你们可是亲眼见到的，那毕庶澄在富春楼豪赌11天，把张宗昌的钱赌光，王牌主力被生生拖垮——就现在，上海城中什么地方一出乱子，还会有毕庶澄的残军突然冒出来，还在执行当年毕庶澄的命令，想攻下上海城呢。"

范哈儿说："我有点明白你的意思了，张作霖和杜月笙能做到的，别人却做不到。张作霖和杜月笙真诚待人，就会换得对方以死回报。可你想学杜月笙，百分之百只会遇到骗子——这又是为什么呢？"

刘航琛突然兴奋起来，说："这个秘密，可能全天下只有我一个人知道。我在杜公馆这么多日子，就是要找到这个答案。现在，我终于破解了杜月笙收服人心之谜。"

"什么秘密？快说出来。"桌上的人全都把脑袋凑了过来。

这时候，万墨林蹑手蹑脚地走过来，凑近张啸林的耳朵："爷叔，外边来了个洋人，说是叫甘格林。你吩咐过，如果有洋人来，就由你来见……"

张啸林顿时粗声大气起来："唤他进来！"

## 缺乏大局观，必将付出代价

甘格林，一个愤怒的法国青年，年纪不大，血压极高，身材干瘦，满脸青筋。他带着极大的愤怒，走进杜公馆。

张啸林四仰八叉地坐在沙发上，问："你咋长这德行呢？"

翻译急忙对甘格林说："这位先生说，他对总领事的气度与风仪表示真诚的钦佩。"

甘格林皱眉道："你是杜月笙吗？"

张啸林说："杜月笙不在家，他去了苏北血拼大通，去了无锡大战荣氏。现在，他的家由我来当，你啥子事体？我说了算。"

甘格林把脸转向墙角，嘀嘀咕咕。翻译急忙道："总领事先生说，这个月的管理费用，你还没有缴纳。"

"啥子管理费？"张啸林一脸夸张的表情，"你管理啥子了？我们中国人在中国的土地上居住，凭什么要给你法国人交管理费？"

翻译很艰涩地对甘格林说了一番话，甘格林听了一脸茫然，半晌才说了一堆法国话。

翻译急忙说："总领事先生说了，这管理费是有的，张先生你不要抵赖。而且甘格林先生连账目都很清楚，前任总领事范尔迪每月是30万，总巡捕费沃里每月是12万，连二号捕探萨利每月都有2万。甘格林先生要求你们继续履行合作条约，他有权拿到与前任总领事范尔迪同样的数目。"

"有这事？"张啸林的表情愈发夸张，"这不会是真的吧？我每月给范尔迪30万？30万是多么惊人的一笔巨款，谁会把这么一笔巨款给人？甘格林，你说有合约，拿合约来我看看。"

甘格林犹如一头野狼被老鼠咬了一口，发出一声惨叫。

翻译对张啸林说道："甘格林先生说，他对你们的流氓行径表示强烈的抗议。你们如此无耻，背信弃义，严重伤害了一位友善的绅士的心灵。"

"抗议？"张啸林乐了，"出门左转直走，是火车站，买张票分分钟到南京，想抗议去找蒋介石，我不伺候！"

甘格林的身体剧烈摇晃，颤抖不止。

翻译急忙把他的话说给张啸林听："张先生，你的行为令人发指、骇人听闻，已经脱离了正常理性的范畴。甘格林先生有权要求你做出解释。"

"解释？"张啸林把双脚架在茶几上，"你告诉他，他不够格。他不过是个代理总领事，范尔迪的病一好，分分钟就会回来。你甘格林想见缝插针捞一票，甭想！"

甘格林气得差点长吐一口血，被翻译急忙扶住，踉跄离开。

## ◪ 敢于竞争，才有可能赢

杜月笙类似于现在的一台多任务处理器。

他能一心多用，同时处理数十件完全没有交集的事情。而这诸多工作中的任何一桩事情，普通人若能做好，就已经算是业界精英、成功人士了。但杜月笙具备同时将这些事做好的能力，经常让旁观者哑然失语。

正如张啸林所说，从1931年的下半年到1932年的上半年，杜月笙同时操持着十几个内容迥异甚至社会目标完全相反的"盘子"。

他为长江水灾筹办义演，搭救陈光甫的商业银行，参与抗日救国会的行动，跟年轻人一道去打击售卖日货的店商，打完之后，再现场解决劳资纠纷，同时给两家出钱化解问题。他还要跟黄金荣、张啸林安排法租界的人事变动。与此同时，他赴苏北完成他人生的最后进阶一跳，让自己最终成为"实业界巨子"。

他通过傅筱庵的帮助，从通商银行获得低利贷款，买下了华丰面粉厂。这是他人生中的第一个实业，但这也只不过是一块跳板，让他"嗖"的一声，跳到面粉交易所。

当时的面粉交易基本上掌握在无锡荣氏家族手中。荣氏属于"死磕一族"，他们的生意从晚清时就开始了，伴随着一连串的诉讼。诉讼对手想以漫长的司法程序消耗、拖垮荣家，却不承想，双方的官司无休无止地打下来，结果荣氏家族越打越精神，诉讼方一家家反倒被荣氏拖垮。

荣氏家族崛起天下，把无锡变成了一个庞大的面粉生产基地。这个家族要打造一个连接成片的工业都市，却不幸遭遇了一个钉子户，死活不肯把自家的地卖给荣氏。这就导致荣氏产业形成一个古怪的哑铃状，恰好在钉子户那里断开。

此后，荣家展开持续的攻势，无休无止地死磕钉子户。双方一直僵持到抗战胜利后，钉子户终究耗不过荣氏家族，举手投降。荣氏家族以100亿法币的惊人高价，买下了这么一小块地。

简单地说，当荣氏这样一个极具韧劲的家族占据面粉行业时，别人是万万不敢介入的，因为只要一想起荣氏无休无止的死缠烂打，就让人头皮发麻。

但杜月笙不同，他大无畏地冲进来，誓与荣氏家族一较短长。

坊间称，杜月笙用人不疑，绝对不过问具体业务。他之所以不问，是因为他根本不懂这一行。

但他用了一个极为能干而有价值的人才——杨管北，替自己出力。

话说1927年上海清党，陈群只手遮天。他手下有两名年轻人：一个是26岁的李公朴，另一个是32岁的杨管北。这两人都博闻强识、胸怀大志，都是"不世出"的少年天才。奈何遇到陈群太没出息，一门心思只顾霸占美女，根本不注意他们。

等到陈群被撤失势，清党委员会江河日下，李公朴悲愤之余，渐而"左"倾，继续把革命进行到底。而杨管北则被杜月笙捞到，从此成为替杜月笙赚钱的法宝。

华丰面粉厂刚刚落入杜月笙之手时，资不抵债，摇摇欲坠。杜月笙派杨管北接手。杨管北以面粉厂资产为抵押，从银行贷出款子，用这些钱买机器，一夜之间就救活了华丰。此后，这家厂子每年让杜月笙净赚30万美元。这笔钱成了杜月笙日后操持的压舱石，只要有华丰面粉厂在，杜月笙心里就不慌。

杜月笙要以这家小小的面粉厂，一举终结荣氏在面粉行业的龙头地位。

于是，杜、荣对磕开始。

## ◤ 只要能击败对手，敌人、朋友都能用

杜月笙对磕荣氏的目的，是抢走荣氏家族一手把持的面粉交易所。

选择荣家为对手，就是因为荣家最不好对付。一旦拿下荣氏，杜月笙就可以借助此力，席卷上海滩，再拿下几家交易所——杜月笙最后拿下六家交易所，而一开始啃的就是荣氏这块最硬的骨头。

杜月笙毅然投身面粉交易所之战，难免让人猜测他背后应该有高人指点，因为这场"战事"的格局太过宏大，远远超出了杜月笙此前运作的任何项目的规模。

对于突然袭杀而来的杜月笙，荣氏家族毫无察觉。要知道，此时的荣家坐断面粉市场河山，拿到了俄国人的大笔订单，其银行业的盟友是英国汇丰银行，上海的面粉交易所又是荣家私有。杜月笙只不过盘活了一家小小的华丰，双方的实力根本不对等。在任何人看来，杜月笙都没有丝毫赢的可能。

但荣氏家族低估了杜月笙，最后只能咽下一生中苦涩的失败之果。事后荣氏自省此战失败的因由，荣家人无不悔恨交加：没有早点看出杜月笙的狼子野心。

**杜月笙只用了三步，就在极短的时间里击败了荣氏，抢走了面粉交易所。**

**哪三步？第一步，给你找个敌人来。第二步，给我多多找些盟友来。第三步，找个巴掌比你大的，一巴掌拍死你。**

杜月笙是把政党的对垒招数拿到商业市场上来用，荣氏兄弟对于政治较为隔膜，岂有不败之理？

先说第一步。话说荣氏家族正在面粉交易所呼风唤雨，忽然发现对面又开

了一家面粉交易所，名字叫"苏浙皖三省同业公会"。这个"苏浙皖三省同业公会"一挂牌，就冲上来和荣氏"打架"，硬说荣家的交易所代表的是买办势力，不能代表劳苦大众。

荣家完全措手不及，一下子就蒙了。

第一步，荣氏有了个敌人，名叫"苏浙皖"。然后是第二步，给这个叫"苏浙皖"的多多找些盟友来。

杜月笙跑到苏北，去找那些经营惨淡的小面粉厂，建立起一个"抗荣统一阵营"。

杜月笙对这些人说："同志们，荣氏的面粉交易所是兔子的尾巴，长不了。我杜月笙要领导你们打败荣氏家族，实现全中国面粉的伟大胜利！"

什么？荣氏家族被打傻了。有没有搞错，咱们这不是做生意吗，怎么跑出来"苏浙皖"这么个怪对手？这个对手还会深入民众、发展民众，带着所有的小面粉厂一起跟自己叫板打架。这都是什么跟什么呀？

正手忙脚乱之际，一个惊天动地的消息传来：杜月笙指挥他的小面粉商盟友们跑到南京游说去了。

杜月笙率领不计其数的小面粉商上书，表态坚决拥护中央政策，然后提出极为详尽的面粉业发展方案。南京的官员哪里懂这个？只知道"国父遗教""建国大纲"上说了，提倡内地实业。

杜月笙这一纸呈文，字字句句透着政府对"国父"精神的贯彻。猜猜这份呈文是谁执笔？杨虎！

此人是个地地道道的党棍，玩这一套的手法的纯熟程度已臻化境。

南京官员大笔一挥：批准！

这纸文件下来，荣氏家族的面粉交易所顿时炸开了锅。

按照南京政府的文件规定，杜月笙那边的兄弟面粉厂，每袋纳税五分；荣氏旗下及盟友的面粉厂，每袋需要纳税一角。

当时，荣氏兄弟看着这文件都惊呆了：这是谁弄出来的文件？有这么胡来的吗？

他们不知道的是，这就是杜月笙的第三步，找个巴掌大的拍死你。

荣氏家族悲愤至极，立即召开全体股东大会，准备控诉政府，商讨应对之策——可是荣氏家族做梦也想不到，在杜月笙的前三招之外，还有第四招。

荣家召面粉交易所股东开会，会议开始，荣家人正要哭诉南京政府竟出台极不公正的狗屁政令，股东们却纷纷抢上台来，指责荣家人把持面粉交易所，欺行霸市、以大欺小。然后，股东们吵吵嚷嚷，要求理事改选。还没等荣家人从震惊中恢复清醒，改选结果已经出来。荣家人被赶出交易所，新当选的理事长就是杜月笙。

杜月笙？他也是面粉交易所的股东吗？是不是还真不清楚，但杜月笙已经笑眯眯地排闼而入，以新当选的面粉交易所理事长的身份向荣家人追讨历年所欠交易所的50余万元。

至此，面粉交易所落入杜月笙之手。但这只是刚刚开始。

## 谋算五年，一朝功成

杜月笙以党棍政治的战略方策，"金风未动蝉先觉，暗算无常死不知"，轻易地攫取了面粉交易所，整个过程迅捷而凌厉，时间极短而效果明显，荣氏家族几无还手之力，江山就已易主。

这是杜月笙谋算日久、伺机待动，一旦机会到来就一击致命的结果。

这个谋算，早在五年前就开始了。昔日黄埔北伐，黄公馆"三大亨"秘密召开会议之时，杜月笙就看准了黄金荣和张啸林这二人脑子不够用的弱点，借助此二人之力，先下毕庶澄，组建共进会，暗杀汪寿华，攻打纠察队，派专人搜集陆京士的资料并最终将其收为己用，借助闹"工潮"周旋于劳资双方之间，大闹棉纱交易所，收购苏北小面粉厂，不惜下血本弥补劳资双方谈判时的巨大资金落差。

这诸多零碎事件形成了一张奇异的网，向上海的物品交易所、棉纱交易所、证券交易所、金业交易所、面粉交易所、杂粮交易所笼罩而来。

六大交易所是掌握上海重要商业的龙头。控制了交易所，就等于控制了诸商行业，商业中人不得不奉帜行事。这个营生尤其符合杜月笙的胃口，让他垂涎日久，志在必得。

杜月笙前脚攻入面粉交易所，后脚就发生了七星公司闹上海的怪事。

不知这家七星公司幕后有何人，反正有一天，上海突然就出现了这么一家公司。这家公司一出来，就气势汹汹地杀入金业交易所，疯狂砸盘，看空市场。

这家神秘的七星公司一出来，上海的炒金商人无不兴奋不已，都认为来了个替自己做市场的傻瓜。要知道，古往今来，黄金这东西都是硬通货，任何时候黄金都是黄金，无论什么东西降价，黄金都依然坚挺。这家七星公司有多缺心眼，居然敢看空？

于是，众商家急忙跟紧了七星公司，七星公司把行情往下一砸，大家赶紧建仓接货，低价买入，坐等行情反弹，自己就可以大赚特赚。

但是，恐怖的事情发生了。这家七星公司仿佛有无穷的财力，每天"哐哐"砸盘不止，迫使上海金价一日数跌，金融市场惊涛骇浪，动荡不已。连续多日这般下来，上海金业市场人人胆寒、个个心惊，都有一种大祸临头的不祥预感。

于是，金业人士秘密开会，说："看明白没有？这家七星公司来者不善啊。放眼整个中国，除了南京政府，绝没有第二个人有此实力。这是政府的人在秘密操盘，目的就是要一口吞下我们。到目前为止，我们还没有被七星公司吞掉，但都已是久战兵疲，无力再起了。这还只是来了一家七星公司，如果再来一家八星公司、九星公司，我们怎么办？去死吗？我们需要一个强有力的人物来保护我们。这个人，有没有？他在哪里？"

就在这个时候，杜月笙从他的面粉交易所大门里出来，对他们说："金业交易所的兄弟们，我受七星公司的委托来和你们谈判。七星公司要求你们立即弃械投降，让你们吐出在金价下跌时吃进的厚利。你们做何考虑？"

至此，金业交易所的人如梦方醒：难怪七星公司来势汹汹，原来幕后操纵者就是杜月笙。

当时，金业人士怒从心头起，恶向胆边生，当场就要拿下杜月笙，打他个半死，方解心头之恨。忽然看到杜月笙身后一排彪形大汉，顿时猛打了个寒战。

炒金之人的脑子是转得最快的，瞬间能转180度的大弯，只听金业人士齐声喊道："我们要杜先生保护我们，让杜先生做我们的保镖！金业交易所改选理事长，请杜先生出任我们的理事长！"

杜月笙严肃地摇头，假装商量道："这样不好吧？"

金业人士心说：不好才怪，你杜月笙为了拿下金业交易所，不择手段地弄出一家七星公司，当别人是瞎子吗？你摆明了就是想做金业交易所的理事长，现在却装模作样，蒙谁呢你？

于是，第二家交易所就这样被杜月笙收入囊中。

接下来，棉纱交易所的理事们开会："杜月笙收不住了，他已经接连拿下面粉交易所和金业交易所，我们就是他的下一个目标，在劫难逃了。有谁还记得那个顾永园吗？他勾结捕房，大闹交易所，我们不得已请杜月笙调停，后来才知道，杜月笙才是幕后操纵者。

"现在，杜月笙拿下金业交易所的手段，与顾永园大闹棉纱交易所的模式完全相同。杜月笙就是想让我们把交易所拱手相送。金业交易所的人脑子反应快，立即举手投降。现在他们没事了，我们怎么办？

"如果我们再不识趣的话，就会有第二个顾永园、第三个顾永园络绎不绝而来。除非马上选杜月笙当理事长，否则大家就别想有安生日子过。大家说，是否应该选杜月笙当我们的理事长？"

不选还真不行，杜月笙兵不血刃，乘胜攻占了棉纱交易所。

谋算五年，辛苦经营，一朝功成。接连拿下三家交易所，杜月笙的大脑进入了亢奋状态。

杜月笙正要乘胜进军，将六家交易所统统拿下，这时候，忽然有一个声音喝止了他："停！出事了！"

这个声音发自黄金荣。


## 人挪活，树挪死

1932年的春节，杜月笙疾奔到黄公馆。

黄金荣站在门前，形容枯槁，面如死灰，看上去极为苍老。张啸林立在一旁，满脸茫然，瞳孔失焦。跟黄金荣一样，他全身上下也弥漫着浓烈的死气，没有丝毫生命活力。

周围一个人也没有，不论黄公馆的人还是杜公馆的人，都躲得远远的，谁也不敢走近一步。

杜月笙急忙走过来："你们怎么都在这里？出什么事了？"

黄金荣的声音轻飘无力："SS传来口信，范尔迪死了。"

"怎么会？"杜月笙大惊道，"我们完了！"

1932年的春节，是一个黑色的开始：法国总领事范尔迪两个月前回巴黎治病，不治身亡。

原本只是临时性的人事安排，暂时代理总领事的甘格林被法国外交部任命为正式的总领事。

甘格林一上任，就要报"三大亨"羞辱之仇，立即宣布法租界全部禁烟禁赌。不过一日之间，大批巡捕出动，将法租界的大小赌坊、烟膏行、燕子巢尽数捣毁。"三大亨"最殷实的财源，顿时断绝。

黄金荣和杜月笙在心里痛骂张啸林："就因为你鼠目寸光，舍不得给甘格林30万，现在好了，鸡飞蛋打啦！"

此时的"三大亨"都有说不尽的苦。杜月笙拉开的战场太大，钱不够用，属于情理之中。黄金荣和张啸林这两人也有自己的宏大规划，但他们的规划只见钱砸进去，不见效果出来，跟杜月笙一样同病相怜，都是空壳花架子。

无奈之下，三人只好相互纠扯着去找甘格林，低声下气，委曲求全，央求甘格林撤销禁烟禁赌的命令。

愤怒的甘格林以悲哀的眼神看着"三大亨"，说："我要告诉诸位的是，我们伟大的法兰西民族重视名誉更甚于生命。范尔迪时代烟赌泛滥，已经严重地影响了我们法国政府的形象。诸位作为租界的华人董事，应该支持租界廓清秩序的举措。我以为三位经过思考后，会知道我们不得已的苦心。"

这么一番弯弯话说出来，听得"三大亨"痛苦不堪。打出这派官腔，再谈就没意思了。

三人失魂落魄地退出，回到杜公馆，继续秘密商议。这时候的张啸林彻底不骂娘了，只是不停地说："老板，月笙，想想法子，你们一定要想个法子出来。要不，我就只能死在你们面前了，你们不会忍心看我死吧？"

真的没有办法可想，只能让甘格林身边的人传话："明说吧，如果让租界撤销禁烟禁赌令，你开什么条件？"

甘格林说："请不要污辱我。"

传话人道："多少钱？"

甘格林说："法兰西的骄傲，不是钱能买到的。"

传话人道："多少钱？"

甘格林说："我对这样纠缠不休能否有助于恢复诸位的声誉，不持乐观态度。"

传话人道："多少钱？"

甘格林说："这不是钱的事，关系到一位绅士的清白与尊严。"

传话人道："真的不行？那算了吧。"

甘格林叫道:"别别别,算了可不行,那就……50万吧!"

"一口价,没商量!"

"你看,早说不就完事了嘛!"

张啸林一下子就急了:"50万不行!老板,月笙,你们两个都晓得,咱们三家,实际上在烟赌行业里拿不到几个钱。这命脉基业,只是用来养活跟着咱们卖命的几千个亲信兄弟的。如果甘格林拿50万,就算把咱们仨的全算进去,也不够他一个人吃。"

但前番公开拒绝给甘格林钱,已经让这位法国鬼子出离愤怒,严重伤害了他的自尊。这50万,实际上是他给自己的自尊开出的价码,想不答应他,恐怕不容易。

唯一的法子,是托人把三鑫公司的账簿给甘格林送去,让他自己看个清楚。这烟赌两业,因为养的人太多,一年的利润根本不到50万。

甘格林看了账,愉快地打了个响指,说:"我们伟大的法兰西人是最富牺牲精神的,我愿意做出让步。那就每个月40万,少一个钢镚儿免谈!"

"×他娘!"张啸林绝望地抱着头,"每月30万,我们等于白辛苦一场,替法国人打工,这我们认了。可每月40万,那等于让我们卖身为奴了。"

可是,甘格林寸步不让。"三大亨"还好办,手下众多靠烟赌两业吃饭的兄弟,他们怎么办?

1932年1月7日,上海市市长张群卸任,吴铁城受命于危难之中,走马上任。

吴铁城,号铁老,一个法度威严的官员。他赴任之初,就来拜访杜月笙,说:"杜月笙,我闻你名久矣。有人说,你是恶势力的代表;有人说,你是白相人的流氓;有人说,你是旧时代的渣滓;有人说,你是新潮流的障碍。你可以说是恶名满身,臭名昭著。但我吴铁城,不以标签取人。你杜月笙究竟是什么人,我不要听别人怎么说,我要看你怎么做。明白了吗?"

杜月笙眨着眼睛,狐疑地看着吴铁城,说:"铁老,你究竟让我做什么?"

吴铁城道:"第一,我要在全上海禁烟禁赌,你要第一个站出来表态支持。非如此,无以改变你在世人心目中的恶劣形象。第二呢,大上海百废待兴,需要多方建设,但政府穷到没裤头穿,所以要售卖公债。你要第一个买,多多地买,让人知道你杜月笙是个出淤泥而不染的爱国者。"

杜月笙哭了:"铁老,你干脆杀了我,好吗?"

吴铁城说:"怎么了?听别人说你是最好说话的,怎么今天这副德行?"

杜月笙大恸："铁老，我现在可是雪上加霜啊！手下兄弟，眼看就要活活饿死了。我杜月笙无能，对不起兄弟们对我的寄望啊！"

吴铁城说："到底咋回事？"

杜月笙做事，有个从不与外人闻的规矩。除了当事人，他永远守口如瓶，不对别人说起。这一次他濒临末路，就顾不上规矩了，把法国总领事甘格林开价40万，否则就禁绝法租界烟赌两业的情形，一五一十地全对吴铁城说了。

吴铁城听了，哈哈大笑，说："多大点事啊，看你这个没出息的样。好啦好啦，你这样，把你们的烟赌两业统统从法租界搬到华界来。"

"啥玩意？"杜月笙这一惊吃得非同小可，"铁老，你刚才不是说，要在大上海全面禁绝烟赌吗？"

"你啊，到底还是嫩。"吴铁城叹息道，"来来来，杜月笙，听我给你上堂脑力激荡课。这个禁烟禁赌呢，有两种禁法。一种是禁别人，也禁自己。这叫以身作则，如果你我不涉足这两个行业，那咱们就这么干。但现在的麻烦是，咱们自己就是干这个的，所以禁绝之法就要采用第二种：寓征于禁。什么叫寓征于禁呢？就是别人不可以做，必须禁，但咱们自己继续做。"

听到这里，杜月笙狂喜地一跳而起："铁老，我喜欢死这个寓征于禁了，以后我就跟你铁老混了。哈哈，上酒！"

一夜之间，法租界的烟赌两业全都搬去了华界，甘格林当时就傻眼了。

甘格林吃准了黄、杜、张"三大亨"的软肋，知道他们必须继续经营烟土，养活手下人，所以才会恶意逼迫，以报复"三大亨"对他的不尊重。可万万没想到，这两大行业竟然迁到华界去了，他这里枉做恶人，还一无所获。

同样震惊的还有法国外交部。原来，法国外交部早就知道租界的名堂。范尔迪此前每月拿的30万，还要在外交部再分配。外交部视法租界为自己的一大秘密财源，专门挑了甘格林来发财，岂料被甘格林搞砸，导致甘格林顿失上面的欢心，于租界煎熬度日。

但杜月笙知道，烟赌两业迟早必禁，必须考虑转行。但是，往哪个领域里转呢？

仅过了10天，"东洋五秃驴大案"爆发，拖着上海向战争状态狂奔。

## 为了抗日，好事脏活都干

1932年1月18日，五名日本僧人头戴笠帽，双手合十，走在街头，忽然听到一声长呼："打狗日的！"

日本僧人猛抬头，只见一群工人冲出三友实业社的大门，向他们扑过来。

日本僧人惊叫一声，掉头狂奔，结果被三友的工人们追上，当场打残。

三天后，三友实业社半夜起火，英租界巡捕飞奔而至，突然黑暗中传来一声尖叫："八格牙路！"

只见三四十名凶悍的日本浪人各执木刀，冲出来拦在巡捕面前，禁止巡捕灭火救人。巡捕大战日本浪人，双方各有死伤。

中国政府向日本提出强烈抗议，抗议其浪人火焚三友实业社，打伤英国巡捕。

日本政府向中国提出强烈抗议，抗议中国人袭击日本僧人。

其实，事情的真相是，这是日本人自导自演的一出戏，故意嫁祸于中国人，以此挑起战端。

外交战于1932年1月23日升级，日本舰队司令盐泽幸一登陆，向吴铁城递交了最后通牒。通牒要求，中国方面必须立即制止民间抗日活动，解散抗日团体，放4000名日本侨民一条生路。如若不然，日本海军将自由活动。

吴铁城立即向南京政府请示："你们打还是不打？不打老子就认屁。打的话，老子这边先开火。"

南京政府说："看你的了，让你去上海就是解决这个问题的。反正政府尚不具备对日作战的能力，现在全看你铁老的了。"

球被踢了回来。

情知大战不可避免，1月27日上午，杜月笙与上海市商会会长王晓籁等人前往第19路军蔡廷锴的司令部劳军。

蔡将军迎出，杜月笙劈头就问："蔡将军，坊间传闻，说是19路军要走，北上抗日，可有此事？"

蔡将军回答："有，我已经挑选了6000名兄弟与我北上。一旦中央命我撤出上海，我即刻启程。唯一烦心之事，是我的兄弟没有御寒的衣服，还被拖欠了很多个月的军饷。"

杜月笙道："蔡将军放心，筹饷和将士御寒之衣包在我杜月笙身上，自己兄弟的事，义不容辞。"

第二天，杜月笙就接到了吴铁城的电话。吴铁城在电话里说："形势危急，日本第一先遣部队已经开到了黄浦江，日本驻沪总领事村井仓松约我面谈。这是最后的谈判，为了避免战祸延至地方，我们可能会答应他们。"

杜月笙的心瞬间沉了下去：吴铁城的电话，为什么要专门打给自己？

他不知道的是，吴铁城专门打电话告诉他，是因为上海的抗日步伐快过了南京政府的准备。

简单地说，南京政府自忖尚无能力对抗日本，只能采取拖延战术，存侥幸之心。反正打你不过，就这么磨磨叽叽地拖下去，说不定哪一天，你日本惹到了哪个煞星，被人家"啪"的一声活活拍死，那我们就赢了。

所以，一旦上海这边战火燃起，南京方面将装聋作哑，假装这只是一起小规模冲突，避免激怒日本向中国发起全面进攻。这等于告诉吴铁城：要打你自己打好了，反正老子不管。

吴铁城心里很清楚，没有全国资源支持，单凭小小的上海，根本打不赢日本。所以，他只能在谈判桌上认输，答应日本人的要求。

杜月笙听明白了吴铁城的话，就问："市长的意思，是答应日本人，制止抗日运动，解散抗日团体？"

吴铁城回答道："是。"

杜月笙听了，宽慰道："吴市长，不要伤心，我想上海的父老是能够体谅你的难处的。"

吴铁城"咯咯"地乐了："我有什么好伤心的？应该伤心的是你！抗日团体解散容易，但抗日行动停止就难了。"

杜月笙当时就惊呆了：吴铁城是想让自己出面，全面终止抗日救国活动。

可他又能怎么做？难不成派青帮的打手上街，谁敢不卖日货就揍，谁敢抗日就打？那他杜月笙成什么了？这不成汉奸了吗？

如果走到这一步，他又如何向自己的弟子们诸如陆京士、于松乔这些优秀的年轻人交代，该怎么向他们解释？不接这脏活行吗？吴铁城是有名的"禁烟禁赌"市长，可是他允许你杜月笙将烟赌两业转移到自己的地盘，帮了杜月笙的大忙。现在要用到你，你难道能像乌龟一样后缩不成？

杜月笙只觉眼前一片漆黑，内心万分绝望，而吴铁城却好整以暇、优哉游哉，等候他的答复。

良久，杜月笙才听到自己机械的声音回荡在空气中："这件事，在当前的局面下,没人敢打包票说一定能做到。我最多只能答应市长,我会千方百计,尽力而为。"

"好!"吴铁城收线。这个球,从他脚下踢到南京,被南京一记妙传踢回,又被他大脚踢出场外,踢到杜月笙这儿来了。

有了杜月笙的承诺,吴铁城信心满满,吹着口哨,与日本总领事村井仓松开始谈判。

## 誓死抵抗,寸土必争

有了军队的支持,村井仓松来势汹汹,劈头就来了一句:"你必须解散抗日团体。"

吴铁城说:"好。"

村井仓松道:"你们必须停止一切抗日活动。"

吴铁城说:"好。"

村井仓松道:"咦,你怎么都答应了?"

吴铁城问:"还有事吗?"

村井仓松说:"没事了。"

吴铁城说:"不送。"

村井仓松迷迷糊糊地出来,还没走多远,就听身后车声大作,上海市府秘书长俞鸿钧追了上来:"村井先生,双方的协议已经打印出来了,请签字。"

村井仓松拿着协议左看右看,再看也不过么两条:中方停止抗日活动,解散抗日团体,日方必须终止军事行动。

看过之后,村井仓松就签了字。

吴铁城长舒一口气,就谈判了这么一会儿,谈到他的汗水把内衣外衣都湿透了,想赶紧回家洗个澡。

回家进门一看,大吃一惊:《时报》记者金雄白大大咧咧地坐在他家客厅里,正往嘴里塞点心吃。

吴铁城面带怒容:"把点心放下!对日交涉已经顺利达成协议,战祸可望避免。"

金雄白抹了一下嘴,漫不经心地道:"老吴你又瞎掰。"

吴铁城大怒道："金雄白，信不信我现在就打电话叫警察来抓你，告你个私闯民宅？！"

金雄白赶紧正襟危坐，说道："吴市长，真的顺利解决了吗？"

"你怀疑我吹牛？"吴铁城怒不可遏，喝道，"我是市长，又是办理交涉的负责人，你不信我的话，就不必来问我！"

金雄白笑道："我不是不信你，就是想瞧瞧你那张吹牛吹胖的脸。"

"你再说一句！"吴铁城愤怒地冲过来。金雄白哈哈大笑，赶紧逃走。金雄白之所以能登堂入室，掏吴铁城这边的独家新闻，就是因为他装疯卖傻，不时地刺激吴铁城。

他跑出门来，吴铁城随之追出。这时候，闸北方向突然响起一声沉闷的枪声，然后是沉寂。紧接着，枪声大作，从虹口到闸北，瞬间被战火引燃。

金雄白大骇，急忙转身，正见吴铁城的身体慢慢瘫倒。金雄白急忙搀扶住，只听吴铁城喃喃地道："金雄白，你个乌鸦嘴，让你说中了。"

就在和平协议签署之后，日本人动手了。

指责日本人背信弃义是毫无意义的，因为日本那边太乱，找不到一个能正经说事的人。比如说，负责与吴铁城谈判的是村井仓松，而下令向第19路军开枪的却是日本海军陆战队指挥官鲛岛具重。

鲛岛为什么要这样做呢？因为日本长年宣传、灌输军国主义，大肆渲染武士道精神，这导致日本人有点神经错乱、智商缩水，都认为日本人天下无敌。

日本海军认为，海军力量极弱，但大日本陆军天下无敌，应该先灭中国，再灭苏联，横扫欧美，一统全球；而日本陆军则认为，日本陆军很弱小，但大日本海军天下第一，应该横贯欧亚，打通四方，杀神灭鬼，称霸宇宙。

日本海军很困惑：这么强大的日本陆军，你们趴在中国干什么？赶紧行动起来啊！为什么不行动？

日本陆军很纳闷：这么强大的海军，你们天天在忙什么？为什么不赶紧杀向欧洲，老是跟在我们弱小的陆军后面黏糊个什么劲？

这种思维，贯穿到海军陆战队指挥官鲛岛的脑子里，就是这么个想法：那么强大的陆军，却因为被几个"日奸"控制，死活就是不肯行动，摧枯拉朽拿下中国。嗯，我得为祖国和人民干点事，先在上海这边打响第一枪，拖动陆军加入进来。一旦大日本海军展示出空前的优势，陆军高层那些"日奸"就再也没理由阻碍我们的脚步了。

这个冲动的想法烧得鲛岛大脑高热,最终失控,挥起长刀,冲啊!

3个大队3000余人的日本海军陆战队,配以精良的重机枪、野炮、曲射炮和装甲部队,于1932年1月28日晚11时不宣而战,突然向蔡廷锴的第19路军发起进攻。

19路军这边装备极为简陋,只有步枪和手榴弹,士兵们富一点的穿草鞋,穷一点的打赤脚,突然遭到日军袭击,一边殊死抵抗,一边打电话给蔡廷锴将军告急。

蔡将军接到电话,说了八个字:"誓死抵抗,寸土必争。"

是夜,枪声一响,吴铁城立即就瘫倒了。他承诺过上海百姓,尽全力避免战祸,而且他自以为做到了,岂料日本人签完和平协议就开枪,这让他从此恨透了日本人。

枪声响起,上海市民全都惊坐而起,眼望闸北方向的冲天火光,于恐惧中瑟瑟颤抖。百姓恐惧战争是正常心态,更何况自甲午之战到八国联军侵华,再到日俄战争乃至"九一八"事变,日本人始终追着中国人打。中国一败再败、一退再退,虽然抗日情绪高涨,但农业中国面对工业日本,犹如食草之羔羊面对食肉之豺狼,想要不恐惧,实在不可能。

而且,上海市民也和日本侨民一样,在目睹了中日双方军队装备的巨大落差后,根本不认为19路军支撑得住。日本侨民称19路军最多支持4个钟头,这个评判丝毫不夸张。还有更悲观的人,他们确信天亮之后,闸北呈现给他们的是成堆的中国士兵的尸体。

很少有人相信19路军能挺过这恐怖之夜。这一夜,上海无眠。

杜月笙披着睡衣,在客厅里走来走去,他家里的所有电话都有专人守着,有的不停地往里打,有的不停地往外拨。附近一带的人全都聚集在他家里,脸色惨白,不停地交头接耳。

时间过了下半夜,枪声仍然不断传来,突然众人发出一声狂呼:"4个小时过了,19路军的抵抗仍然在持续。小日本也就那么回事!"

那一夜,19路军伤亡惨重,而挑起战事的鲛岛则完全陷入了震惊。

鲛岛之所以敢战,就是因为他看准了己方绝对的实力优势。等到打起来,他才发现自己想得太乐观了。

一个师的日军从四川北路的日本小学出发——这所小学是上海的日本侨民活动中心,上一次4000名侨民大游行,也是从这里出发——向闸北19路军驻地展开进攻。沿途全都是狭窄的鸡肠巷子，七歪八扭，忽东忽西，像什么机关枪、野炮之类的重武器根本就没法用。

　　武器优势丧失，这仗就打得吃力了。但日军还有重型装甲车，轰隆轰隆地直杀到宝兴路。不料，19路军的兄弟将生死置之度外，看到装甲车开过来，一个个大无畏地往装甲车上爬，爬上去就拼命掀开车盖，往里面丢手榴弹。"轰"的一声，装甲车就瘫痪了。

　　鲛岛急了，如果就这么灰头土脸地退下去，整个日本海军的声誉就等于毁在他手中。他不甘心，又无法取胜，只能呼叫支援。

　　日本舰队司令盐泽不绝口地骂鲛岛家中的所有女性成员，骂他轻率狂妄、擅挑战端。但骂归骂，这个责任他还是要扛下来，于是命令加派援兵。

　　日方前前后后总计投入兵力11万人、军舰10余艘、飞机数百架，而中国方面只有19路军的3个师、3万兵力。后来，实在招架不住，中央第5军及其他军队偷偷跑来帮打，但投入的总兵力也未过8万人。

　　兵力少，武器粗陋，火力弱，19路军竟能扼守防线，令日军无法前进一步。此役彻底改变了中国人的观念，不再认为日本强大无敌，转而开始觉得真要拼起来，日本未必能占到便宜。

　　上海市民经过大半天的观望，突然全都活跃起来。原本声称4个小时消灭19路军，岂料战事持续了一整夜，19路军竟岿然不动。这让上海市民一下子充满了信心，立即冲出家门，不计牺牲，甘愿成为19路军的大后方。

　　报纸上所有的版面全方位报道战事进程。电台24小时滚动播报，传递前线最新消息。一旦19路军某项物资出现短缺，转瞬间这种物资就会堆成小山。电台、报纸不停地播报：某某物资捐赠数量已经过多，请大家不要再捐了。

　　战前，19路军将士最缺的是钱，南京政府已经拖欠了这支军队整整9个月的军饷。战事初起，报纸适时地披露了这个情况。上海人无论富户还是乞丐，都踊跃为19路军捐款。短短时间内，市民捐出来的钱就把19路军总指挥蒋光鼐、军长蔡廷锴给惊呆了。

　　上海人到底捐了多少钱呢？没人知道。蒋光鼐、蔡廷锴先拿出一小部分发足了欠饷，然后发现剩下来的，不算实物，还有900多万元。

　　900多万元，足够买下一座城。

　　蒋光鼐和蔡廷锴被这么大的数目吓到了，把钱存到了国华银行。所以，上海人说国华银行是19路军开办的。

出了钱，还出人。寂寞已久的"杀人王"王亚樵重新走入公众视线，他的弟子余立奎率斧头帮参战。

这支帮会武装成了19路军的敢死队，给日本人造成了极大困扰。

所有人都在为这场战争奔忙，杜月笙更是忙得不可开交。他一会儿跑到抗日救国会，一会儿跑到总工会，发号施令，布置人手，配合前线运送物资给养。忙乱之际，他的管家万墨林忽然来了。

万墨林说："爷叔，夫人让你回家打麻将。"

"啥子？"杜月笙目瞪口呆。

万墨林重复道："爷叔，夫人让你回家打麻将。"

杜月笙一言不发，起身就走。

他知道，姚玉兰是知大义之人，这时候突然叫他回家，绝非打麻将那么简单，一定是有极重要的事。可他万万没想到，姚玉兰居然真的是三缺一，叫他回来凑足人手。

杜月笙无言落座，看着姚玉兰的两个牌搭子——两个北方年轻人，鲜衣怒马、风姿绰约。此二人就是李氏兄弟：李立阁、李择一。

## 进亦忧，退亦忧

那一夜，上海滩头，10万计的日本兵向闸北疯狂进攻，19路军顽强迎战。王亚樵的斧头帮冒死突阵，死伤累累。呼啸的流弹划破天际，弥漫的烟尘令人窒息，濒死的伤兵于血泊中绝望地呻吟。

杜公馆里却灯火辉煌，欢声笑语，大捆的筹码伴随着"噼里啪啦"的麻将声交换。正所谓"将士军前半死生，美人帐下犹歌舞"，这种巨大的反差，正辉映出麻将桌前几张诡异的面孔。

"啪"！李择一掷出一张牌，说道："这场战事，看似偶然，实则不可避免。"

杜月笙说："哦。"

李择一道："现今，吴铁城犹自死中求活。他向上海列国领事团提出抗议，认为列国领事没有尽到保证上海安宁的义务。因此，领事团推出了英美两国的总领事，进行斡旋调停。"

杜月笙说："哦。"

一桌四个人，只有李择一说话，杜月笙听。另外两个人——姚玉兰和李立阁紧紧地板着脸，一言不发，只是抓牌掷牌。

李择一继续道："日本军方对吴铁城的做法不以为然。"

杜月笙说："哦。"

李择一道："现在，挑起事端的日本第一先遣舰队司令盐泽已经被免职，继任者是野村中将。"

杜月笙说："哦。"

李择一道："日本军方认为，中日两国之间的问题应该面对面地自行解决。他们不赞成有第三国参与其间，反而多生枝节。假使杜先生能以抗敌后援会的身份，祈求避免上海人民生命财产的损失，而想从中玉成的话，兄弟我或许有个法子。"

杜月笙道："什么法子？"

李择一说："如果有可能的话，不妨约一位野村中将的高级幕僚出来谈一谈。从他的谈吐中，也许能摸出他们的停火方案。"

杜月笙说："李先生，你晓得吗？你的建议，即使是对我个人而言，也非同小可。能否让我考虑一下？"

李择一道："当然可以，杜先生什么时候考虑好了，务请赐我一个电话。"

杜月笙推牌而起："一定，一定。"

出了姚玉兰的房间，杜月笙进了一间密室，独自坐下，闭目养神。

过了一会儿，姚玉兰走了进来，杜月笙立即睁开双眼，望着她。

只听姚玉兰说道："李氏兄弟出身北方豪族。今天说话的李择一，曾随周自齐参加过华盛顿的会议，又曾是黄郛的幕僚，替黄郛办理中日交涉。前面说的周自齐，清华大学就是他创办的。后面说的这个黄郛，他可是蒋委员长的拜把子兄弟。后来，李氏兄弟二人来到上海，长时间以来是我的牌友，与你见面的机会倒是不多。"

杜月笙说："原来是这样，难怪日本人派他来专门谈这件事。"

姚玉兰笑道："此时中日大战，李择一这个角色过于敏感了，稍有不慎，就会被指为暗中通敌的汉奸。所以，他说话处处留活口，让你无法抓到他的把柄。"

杜月笙沉吟道："应该是他说的那个野村中将让他来找我的。"

姚玉兰说："可我就奇怪了，日本人怎么会知道你？"

杜月笙道："这个问题不重要，眼下的麻烦是，我应该怎么办？连李择一都知道把话说得模棱两可，保护自己，难道我杜月笙还比不了李择一？"

姚玉兰说："你真准备和日本人见面？"

杜月笙道："唉，这事我也拿不定主意。叫万墨林，让他替我找几个对这类事有经验的朋友来，听听他们的意见再说。"

姚玉兰叫了万墨林之后回到自己的房间，继续打她的麻将。不一会儿，万墨林上楼，杜月笙让他拿张纸挨个记下几个名字，再让万墨林坐他的专用汽车，立即出发，把那几个人全部接到杜公馆。

是夜，杜公馆戒严。

"小八股党"再次出动，三步一岗，五步一哨，哪怕是只蚊子想飞入杜公馆，也会被当场拿下。所有人被限制走动，只有汽车不时发出的轰鸣声和万墨林含糊不清的低语，引导着深夜而来的神秘客人去杜月笙的私人密室。

自打杜月笙出名以来，他的大多数活动完全是透明的，任何时候他做什么事，身边有什么人，都会被报纸详尽地报道。唯独在这一夜，杜月笙启动了他的黑箱，没有人知道他请来的客人都是谁。

从这些客人非凡的时局判断能力与处理此类事件的高超技巧中，或可推断出他们的身份。

秘密客人，应该就是上海市市长吴铁城、19路军军长蔡廷锴等军政要员。错非（方言，除了，除非）他们，别人不具备如此高明的分析研判能力。而且也只有他们，才有彻底封锁消息的必要。

闸北战场正打得血肉横飞，军政要员与作战主官却在寻求途径秘密与日本人媾和。这事如果被人发现，往最轻里说，也是在瓦解抗战军民的决心，会导致全体上海市民的震惊与失望。

这些人络绎而至，进入密室后，静听杜月笙细说情形。

听完后，陷入长时间的静默。然后，大家开始分析。

李择一传递过来的消息，有两种情况：

第一种情况是日本人真心求和。此次战事，可能是少部分军人的擅自行动。只是因为遭遇19路军的殊死抵抗，无法一战而成全功，这必然引发日本军方的惊恐。所以临阵换将，以野村替换盐泽，寻求在谈判桌上化解僵局。

如果是这种情况，那么就意味着杜月笙的机会来了。

往大了说，杜月笙可消弭战祸，避免上海崩溃，解救上海百姓于刀口。

往小了说，杜月笙以一介布衣起于草莽，竟然有机会介入中日谈判，这意味着他一生的事业将走上一个无人企及的高度。

这第一种情况，是充满乐观、充满机会的。

但还有第二种情况。

第二种情况是，考虑到日本人阴毒狡诈，一边签署和平协议一边开枪开炮，所以李择一此来，更大的可能是一个恐怖的圈套。这个圈套可大可小：

往小了说，这个圈套只是针对杜月笙本人。或许是杜月笙在抗日救国会的活动引发了日本人的焦虑，所以他们引诱杜月笙与日本人和谈，等到双方会面，日本人偷偷地拍张照片，宣称杜氏已经与日本人友好合作，届时杜氏就会一夜之间身败名裂，大汉奸杜月笙长八条腿也跑不掉。

往大了说，日本人这次谈判是真心的，不会下套暗算杜月笙。如果是这样，就更可怕，因为这有可能是日本人因后援迟迟不至而使出的缓兵之计。等到大量援军一到，日本人就会立即撕毁和平协议，彻底端掉上海。在这种情况下，杜月笙的处境已经不是个大汉奸就到底了，他将成为永世背负骂名的民族罪人。

有关时局的分析，至此结束。究竟情形如何，敬请杜月笙自己拿主意。

听完这个详尽的分析，杜月笙的一张脸变得灰白惨绿，彻底不知所措。此时他所面对的难题，是预期获利太小，而风险极大。

他将何去何从？

当时的杜月笙，如半个死人般摇摇晃晃。后来，他嘀咕了一句：以我个人的能力，已经无法做出最优判断。我请求上海军政方面给我一个指示。

风险太大，压力超标。杜月笙心理崩溃，本能地想把球踢出去。

那天夜里，官方对杜月笙的请示给予了一个完美的答复：不知道，不晓得，不清楚；不支持，不鼓励，不反对。

这个意思，翻译成让人懂的文字，就是：军政高层对此事件一无所知，那是你杜月笙的私人事体。

如果你做妥当了，顺利与日本人谈判并结束战事，那是全体上海军民努力的结果，是全体中国人民的胜利；但如果你失败了，那不过是你杜月笙这个千古罪人、卖国贼试图瓦解抗日军民的可耻失败而已。届时，在座的这些朋友、智囊就会第一个扑过来，追杀大汉奸杜月笙。

"这叫什么官方答复？"杜月笙被逼得双手揪着头发，大声叫了起来，"这真是进亦忧退亦忧，还让不让爷叔活了？！"

## 为了保全名节，必须找公证人见证

当夜密谈结束，神秘客人悄悄上车离去。杜月笙也上了自家的汽车，直奔法国总领事馆，到了地方"哐哐哐"地用力砸门："开门，甘格林，把门打开！"

甘格林愤怒地打开门："杜月笙，你个大流氓，你欺负我们善良的法国人上瘾了是不是？"

杜月笙一把拉住他："快进去，我有悄悄话要告诉你……"

从法国总领事馆回来，夜已深。杜月笙再到姚玉兰房间，发现这里热闹至极，一桌麻将，一桌牌九，北方李氏兄弟，女主人姚玉兰，再加上几个红遍上海滩的名流，正呼卢喝雉，赌兴正酣。

见杜月笙进来，马上有人站起来说："杜先生喜欢清静，我们去隔壁房间。"

一桌牌九撤走，房间里仍然是李氏兄弟对杜氏夫妻，坐下来开始打麻将。

打了一会儿牌，杜月笙开始低声说话："你刚才所谈的事情，我考虑了一下。"

李择一说："唔。"

杜月笙道："你的话，说得蛮有道理。我想不妨一试。"

李择一说："唔。"

杜月笙道："只不过有一点……"

李择一说："啥子？"

杜月笙道："会面的地点，可否就在法国总领事馆？并且由我去邀约甘格林总领事到场参加？"

李择一说："这……杜先生，可不可以告诉我，你为什么要做如此安排呢？"

杜月笙道："是你在问，还是东洋人问？"

李择一说："杜先生，你别误会，我也是中国人，是我在问。"

杜月笙道："这个道理很简单，此事风险太大，我必须为自己的利益考虑，我的名誉和社会地位必须有所保证。甘格林已经答应我，如果事情进展失控，出现对我个人名誉及财产不利的情形，他将挺身而出，为我澄清。"

李择一说："杜先生与甘格林的关系，有这么好吗？"

杜月笙道："当然没有，而且甘格林有笔钱想拿而没有拿到，恨不得咬死我。但正因为如此，这次他非得保护我不可。"

李择一说:"怎么说?"

杜月笙道:"唉,你也是玩外交的。那甘格林,钱没有拿到,在法国外交部已经丢人现眼,被人看死。如今,我这等于给他一个机会,让法国取代英美,成为上海战事的调停中心。甘格林只要不是太傻,就会拼命抓住这个机会,以证明自己的能力。哼,拿不到钱,又办不成事,法国人养他,还不如养头猪!更何况,甘格林出面,只是为我的个人名誉和财产加一道保险而已。他不出面,事情八成会极端化。他已经答应我出面,事情反倒会到此为止。"

李择一说:"明白了,杜先生是以法租界华人董事的身份,应法国总领事甘格林之请,与会此事。"说完最后一句话,李择一推牌而起:"好格,天色太晚了,杜先生和夫人该休息了,我也要回去睡觉了。"

杜月笙、姚玉兰齐声道:"送客。"

李择一出了杜公馆,径直去找日本海军先遣舰队现任司令野村。

就这样,几轮麻将打下来,双方终于确定了密谈时间。

## 敌人再强大,也有小辫子

到了密谈时间,姚玉兰给杜月笙穿上一袭极为奇怪的皮草——这俩人的审美能力比较低,单挑最值钱的衣服穿,全不顾整体风格与现场气氛。结果把杜月笙打扮得犹如一个毛茸茸的皮草怪。

为防万一,"小八股党"全部出动,都揣着短枪利刃,沿途保护杜月笙。再加上秘书、新找来的日文翻译,一行人乘坐两辆包车,来到了法国总领事馆。

进了甘格林的大办公室,刚刚坐下来,就听脚步声起,李择一带着几个小鼻子、眯缝眼、标准日本人相貌的西装男子"咯噔咯噔"地走了进来。

来的是野村和手下的几名军官,他们全遵循标准的外交礼仪,西装领带,皮鞋锃亮。

李择一急忙上前引见:"这位是杜月笙杜先生,这位是大日本海军中将野村君。"

两人握手,野村斜睨着杜月笙,冷笑道:"好端端的,我们出现在这里,就是因为你们的19路军毫无纪律,极其野蛮,拒不执行撤退命令。由此可见,你们支那是一个没有组织、没有纪律的国家。"

"他说啥子？"杜月笙问翻译。

翻译把野村的话告诉杜月笙，当时杜月笙就气炸了。盛怒之下，他大声喝道："19路军该不该撤退，我是老百姓，我不晓得咯。不过，你们的关东军司令本庄繁不得你们政府的准许，就下命令炮轰北大营，占领中国的沈阳和东三省，这倒是各国报纸都登有的。日本有这么乱七八糟的关东军，难道也算是有组织、有纪律的国家？"

这段义正词严的话一出来，就把野村给噎住了。幸得李择一急忙打圆场："哈哈，今天咱们要谈的事还有很多，大家莫急，坐下来慢慢谈，好格？"

杜月笙坐下，野村和军官们坐在他对面，侧面坐着的是李择一和甘格林。

坐下后，杜月笙就掷出一句话："我今天只带了耳朵来，就是想听听你们日方是否真有诚意停火。"

李择一急忙接话："当然有，当然有，否则的话，这几位就不会来了。"

日本方面带队的是野村，但他口才并不好，进门只说了一句话，还被杜月笙给噎了回去。他带来的人，个个都是心理战的高手、谈判桌上的大师。

于是，日方一辩率先出场："不过，我们停火是有条件的。"

杜月笙是何等人精，一听这句话，当时脑子就"轰"的一声：这句话，前后左右全都是陷阱，怎么接都是个立马死。如果你反对停火有条件，那你就是破坏和平，挑起战端；如果你认为停火应该有条件，那你更是制造事端，不让人家善良的日本人停火。就这么最普通常见的一句话，都隐藏着凛凛杀机，可知这谈判桌上真不是正经人待的地方。

杜月笙是没法接这句话的，必须再来个人替他防守。可是他孤身赴会，在这个节骨眼上，李择一又不吭声，他不接是错，接也是错。

甘格林看不下去了，插进来说："这个杜月笙吧，我跟你们说，他真的不是个东西。他厚颜无耻，毁了我这样一个善良的法国青年的富豪之梦，野蛮地剥夺了我每月40万元的合法收入。总之，杜月笙必须给我们伟大的法兰西一个交代，他必须正式道歉。"

甘格林终于说出了这句憋在心里多时、不吐不快的悲愤话，顿觉浑身轻松，拿起杯子喝咖啡，忽见所有人都目瞪口呆地看着他，这才醒过神来，补充道："我的意思是说，虽然杜月笙如此无耻，但他也是有人权的，他的合法权益应该受到保护。你们日本人不应该合伙围殴他，欺负他不懂外交，故意说没有实际内容，只有原则概念的圈套话，这对他不公正。你们必须讲清楚所谓停火的条件是什么。"

被甘格林搅了局,下套失败,日本人相视而笑:那就短兵相接,进入白刃战吧。

那一天,杜月笙独自面对日本海军的谈判高手,他必须在短时间内做出快速反应,不假思索,脱口而出,一句话也错不得,但凡被日本人揪到一点小辫子,轻则自己身败名裂,成为汉奸;重则导致整个中国利益受损,他就是罪人。

然而,不可思议的是,杜月笙居然赢了,日本人来势汹汹,竟没有抓住他一点辫子,反被他嬉笑怒骂给套了进来。

所谓谈判,其实并不能解决问题,而是抓对方的语病、话柄,然后穷追猛打,迫使对方让步;所谓谈判,就是个揪小辫子游戏,你揪我的,我揪你的,哪个成功揪到对方的,哪个就赢了。

当时双方揪小辫子的过程,大致是这么个情形——

日方:"19路军制造事端,挑起冲突,他们必须退出上海。"

杜月笙:"勿要乱讲话,冲突已是事实,你们日本军队被打惨了,飞机被击落,装甲车被俘虏,照说应该是你们日军退出上海。"

日方:"大日本皇家海军是正义之师、仁义之师,其在上海的活动,是完全合理合法的。"

杜月笙:"合了啥子理?又合了哪条法?"

日方:"我们事先已经获得了上海各国防军的谅解,进驻闸北,保护饱受欺凌、濒于困境的4000名日本侨民。"

杜月笙大骇,转向甘格林,问:"有这种事体吗?上海闸北,各国防军有权准许日本军队进驻?"

甘格林:"我可以负责任地说,任何一国的防军都没有这个权力。"

杜月笙心中大喜,他已经抓住了日本人的小辫子。接下来是麻痹日本人,别让他们发现他们的失误。

接下来的事情就简单了,杜月笙连珠炮般地抵挡日方凌厉的攻势,始终不让日本人抓住他的话柄,直到日本人精疲力竭,暂时休战。

最后,由李择一出来做总结:"诸位,双方就所关心的问题和彼此的看法已经做了友好的交流。想来杜先生已经理解了日方的诚意,日方也能够谅解杜先生的苦衷。我们先去吃生鱼片,请杜先生把消息带回去,双方寻求更有效的外交途径彻底解决问题，如何？"

大家站起来握手，日本人去找地方吃生鱼片，杜月笙则一上车就瘫软在座位上，这场谈判有惊无险。

回到杜公馆，只见沙发上并排坐着吴铁城的两名心腹，还有一位军方人士。

杜月笙带着这三人匆匆进了密室，郑重其事地说："抓住他们的小辫子了。日本人声称他们进入上海，事先获得了各国防军的许可，请铁老就从这里入手，保准让日本人崩溃。"

## 会表演也是一种本事

听到回报，吴铁城立即约见日本领事，验明被杜月笙揪到的这条小辫子。证实之后，迅速上报外交部。外交部以此为切入点，正式与日方进行会谈。

谈来谈去，双方达成共识：自1932年2月2日起，双方互不攻击，停火3天。

停战还没到3天，日本援兵到达，日本人就立即翻脸，不认停战协议，继续开打。中国也已经开来两支军队，总计35天的上海保卫战进入了第二阶段。

这一阶段，日本方面的指挥官换成了植田谦吉中将，从2月4日打到2月24日，共计21天。

21天打过去，日本方面又临阵换将，以白川义则替换下植田谦吉，开始进入第三阶段。

就在第三阶段里，有青帮弟子赶来向杜月笙报告，数千名日本军人化装成形形色色人等，于暗夜登陆，潜入法租界。目前这些日本士兵都躲藏在日本侨民开设的商店与住宅中。

杜月笙一听就明白了：这支日本军队是想学自己当年打纠察队的招数，偷偷穿行法租界，绕到沪西，抄19路军的后路。

要是这么玩，19路军可就腹背受敌，惨了。杜月笙迅速通知吴铁城、蔡廷锴，然后去找甘格林。

见到甘格林，杜月笙就问道："阿甘，数千名日本士兵潜伏租界，有没有这事？"

"这……"甘格林假装痛苦地掏着耳朵，"或许有吧。"

杜月笙厉声道："阿甘，你怎么又犯糊涂？！日本兵入租界，一旦与中国军队交火,你如何保全租界?"

甘格林失笑道:"杜月笙,你老是对我说你们中国军队是仁义之师,我猜,应该不会有向租界平民区打炮的仁义之师吧?"

杜月笙气极:"甘格林,这不是逗气(让人生气)的小事,兵凶战危你听说过没有?日本兵借租界攻击中国军队,中国军队岂有坐以待毙的道理?"

甘格林道:"杜月笙,你理性点好不好?你口口声声说人家是日本兵,可是他们并非排着队、扛着枪、打着旗进来的。人家是零零星星地进入租界投亲靠友的。自打他们进了租界,不惹是不生非,老老实实住在亲友家里,连门都不出。我虽然是总领事,又有什么理由干涉?"

杜月笙说:"好格,你居然能把我杜月笙说得无言以对,服了你甘格林。你给我听好了,我是租界华人董事,又是华人纳税会会长,保护租界居民的生命财产是我的责任。现在我要求你,明天一早邀请各国领事和中日双方的高级人士开个大会,大家一起来解决这个问题。"

甘格林道:"喂喂喂,杜月笙,你疯了不成?这种事怎么可以公开?"

杜月笙说:"公开是为你好,否则一旦真的出了大事,你甘格林这小肩膀扛得起来吗?"

甘格林道:"唉,算你狠。不过,你就是欺负我们善良的法国人,等明天遇到凶狠的日本领事,别说我没事先提醒你。"

次日,上海各国领事、上海市秘书长俞鸿钧等纷纷来到法租界,参加由甘格林主持的会议。

甘格林率先发言:"诸位,是这么回事。现在呢,日方认为,他们有权在租界自由往来;中国方面则认为,租界不应该庇护日本军队。这起事件涉及极为复杂的法律问题,我希望诸位能够心平气和地拿出一个切实可行的议案来。"

日本总领事村井仓松站起来,泪流满面,双手举向空中,悲恸地大呼:"苍天啊,大地啊,天照大御神啊,看看那4000名被中国人肆意欺压、凌辱,生活在绝境地带的可怜侨民吧!看看那日本母亲绝望的眼神,听听那日本婴儿垂危的哭声!中国人,你们的名字叫无耻!为什么要这样欺凌我们?为什么要断绝那孤儿寡母的生路?为什么你们如此残忍?

"就是在这绝望的死寂中,那些苦难侨民的同胞还没有忘记他们,他们冒着生命危险而来,他们为了正义而来,他们怀着一颗善良的、仁慈的心而来。他们将自己的生死置之度外，来到租界，向自己的同胞伸出援助之手。这感天动地的义行，颊齿留香，千古传诵，但无法感化中国人那冰冷的铁石心肠！中国人，你们为何如此狠毒？为何要断绝孤儿寡母最后一线生的希望？为什么？"

慢慢地，村井仓松把那张难看、恶心、老泪纵横的脸转向会议桌："诸位，我站在你们面前，静听你们的判决。你们举起或拒绝举起的那只手，承载着无数孤儿寡母的希望。或者是生，或者是死，如今他们的一切都操控在你们的手中。请问问你们内心深处的良知，请问问天上的神明，要如何选择？现在，无数的孤儿寡母正凄凉无助地看着你们。请你们选择！"

村井仓松的"控诉"声泪俱下，令在场的领事们无不震动。多数人眼中有泪，少数人甚至失控抽泣。一只只手慢慢举起，眼看就要通过允许日本兵通过租界的议案。

村井仓松这一手把杜月笙看呆了，纵然他心智过人、见多识广，也知道一时大意，失其先机。一着不慎，眼看就要满盘皆输。

好你个村井仓松，够狠！不愧是日本外交官，纵横风云、颠倒是非、指鹿为马、化黑为白的本事真强！

此时大局已定，再说什么也无法扳回这一局了。情急之下，杜月笙发狠道："好，我无法阻止你们，通过议案是你们的权力，但你们必须为自己的选择付出代价！如果让东洋兵进租界、住租界、利用租界打中国人的议案通过，在座的外国朋友们，我确信你们不会再离开这里。你们将在两个小时之内，坐看这寸土寸金的法租界是如何被彻底毁灭。我杜月笙此生有幸能与大家一道死在这里，我知足了！"

说罢，杜月笙掉头，大步走出了会场。外边，随他而来的包车旁，"小八股党"顾嘉棠、芮庆荣等人正倚车吸烟。只见杜月笙怒气冲冲而至，厉声呵斥道："我给你们两个小时，让这租界变成断瓦残垣、尸山血海，你们能完成吗？"

"啥子？"顾嘉棠等人目瞪口呆。

杜月笙愤怒至极："想要阿拉说第二遍吗？！"

"小八股党"如梦方醒，当即持枪在手："爷叔不要瞧不起人，区区一个租界，一个钟点就可杀光斩尽。只要有一个喘气的，我们拿自己的命填上！"

这时，只见甘格林如飞而至："杜月笙，你在搞什么？表决过了，议案没通过！"

"没通过？"杜月笙悻悻地扫了甘格林一眼。

甘格林说:"确切地说,没通过,但也没否决,算是无限期搁置吧。"

杜月笙道:"这次算你们运气,不要以为还会有第二次。"

杜月笙余怒未消,登车离去。诸国领事全都抢着出来,飞快地上车,赶紧逃离这危险之地,日本领事村井仓松最后一个走出来。

甘格林对村井说:"村井先生,可否听听来自同行的友善建议?"

村井道:"你说。"

甘格林说:"这次议案被否,错在于你。你错就错在,不该抢人家杜月笙的台词。如今这形势,是你们日本居强,中国羸弱。所以,应该是中国人打悲情牌,字字血、声声泪,恳求国际社会支持。而你们日方,则应该以武力恫吓,压迫与会者屈服。可你抢了中国人的悲情牌,反被中国人打出了武力恐吓牌。结果是强权即公理,你瞧瞧这结果,全颠倒了。"

村井闷哼一声:"八格牙路!"没搭理甘格林,登车走了。

当天夜里,数千名日本兵扛着小包裹,灰头土脸地退出了租界。

1932年3月6日,蒋介石出任军委会委员长。

日方知道拿下上海已经无望,于是坚定了停战之心。双方继续扯皮,扯到同年5月5日,中日双方正式停战。

中国政府发布损失声明:"一·二八"淞沪抗战,中国方面的直接经济损失高达14亿元,在工业方面,华界工厂被损毁963家,殉难、死亡、失踪、失业者达10,286人,直接、间接损失达6981.4万元。

成千上万的上海市民无家可归,三餐不继。大上海进入了极为艰难的时期。


## 尾巴不要翘上天

1932年4月1日,蒋介石指定由戴笠负责成立一个前所未有的军事情报组织——军统局,以应对即将爆发的中日战争。

军统成立后,第一件事是派人秘密联系杜月笙。

一名蓝衫男子表情阴郁,忽然出现在杜公馆门前,昂然往里走。

门房冲过来拦下:"你啥子人格?长眼睛没有?你也不看看这是什么地方,就敢乱闯!"

男子开门见山地道:"请你禀报一声,我从南京来,要见杜月笙。"

门房大怒:"杜先生的名号是你随便叫的吗?滚!"

男子怔了怔,笑道:"想不到大名鼎鼎的杜公馆竟然是这样一个势利眼所在。你到底通报不通报?"

门房呵斥道:"瞧不出你这个小赤佬这么大胆子,不给你点教训,你也学不会说人话!"

说罢,不由分说,挥拳照着男子面门打来。不料被男子顺手抄住,就势一扭,就听门房杀猪似的惨叫起来:"快来人啊,有人来踢杜公馆的场子了!"

紧接着,只听一声呐喊,杜公馆里冲出一大批年轻人,围着男子就打。男子勉强打倒两个,终究双拳难敌四手,被逐出杜公馆。

男子逃到远处安全地带,悻悻地回头,骂道:"杜月笙,你不过是个靠鸦片起家的不法商贩,有点钱就如此嚣张,走着瞧吧,终有一日让你好看!"

此时的杜月笙忙过了"一·二八"淞沪抗战,正踌躇满志,根本不知道自家门外发生了这么一桩事体。

他太忙,有自己的正事要做,还要替邮政局职工出头,挑战汪精卫。

杜月笙跟汪精卫像是天生犯冲,这两人在1932年曾被稀里糊涂地搅和到一起。

事情发生在与"一·二八"淞沪大战同时爆发的全国邮局罢工潮中。邮局搁现在不算什么了不起的行业,但在1932年,邮局大概类似于现代的电信行业,坐收暴利,高枕无忧。

南京政府跟当初的北洋政府一样,就是个"穷"字,所以南京政府就拿邮政系统当提款机。据统计,1932年之前的3年,邮政局上缴842.9万元盈余、1200万元存款。但交通部大肆挪用,盖交通大楼挪用200万元,组建沪蓉航空挪用100万元,组建中国航空挪用200万元,组建欧亚航空再挪50万元……挪到最后,生生把个邮政局挪到气息奄奄,亏损900万元之巨,邮资上涨300%。

邮政系统派代表赴南京请愿,被行政院院长汪精卫斥责:"稳定,稳定,知道不知道?时局艰难,如果你们非要拿自己当不明真相的群众,就只能'稳定'了你们。"

邮政系统怒火中烧,于是掀起全国大罢工。

邮政系统的人就来找杜月笙,要求杜月笙帮他们维权。杜月笙最喜欢这类差事,立即兴高采烈地跑到南京,化解了邮局罢工事件,还受到了蒋介石的召见。

此行,他遇到了国民党元老张静江,还见到了另外一位官员。

这位未披露姓名的官员说:"杜月笙,听说你最近很拉风啊,得意忘形,尾巴翘上天,是否?"

杜月笙说:"哪里哪里,岂敢岂敢。兄台,你何出此言啊?是我杜月笙做错了什么事情吗?"

对方笑道:"我也是偶然听戴笠说起,他派了执行科科长邱开基去上海联络你,岂料你连门都不许邱开基进,还把他狠狠地打了一顿。"

"不可能!"杜月笙吓呆了,"你听哪个讲的?绝无此事!"

对方冷笑道:"难不成你是在说戴笠是说谎之人吗?哼,杜先生,我劝你回去之后还是整顿一下家门之风,以免你的手下真的闯出什么大祸来,到时候只恐悔之晚矣。"

杜月笙被吓出一身冷汗,知道手下的人瞒着他胡来。这件事有人警告他,其他未被人知道的事,还不知有多少。于是,他怒气冲冲地坐着汽车,走京杭国道往上海赶。

回到家,杜月笙立即传门前的人入内,当场开香堂,追查军统执行科科长邱开基被阻于门外之事。

青帮开香堂是吓死人的大事,门前的人都是杜月笙的弟子,知道事关重大,断不敢撒谎搪塞,很快就查证了此事。

当时杜月笙气得全身颤抖,说:"我这扇门,自打立在这里,任何人都可以自由出入。肯来我杜公馆的人,哪个不是给我面子?但你们这些人,狗仗人势,越来越嚣张。当初杨虎、陈群进门,无人阻拦。到了王柏龄,就被拦在门外,幸亏他力气大,自己打了进来。到现在,你们越来越狠了,连军统执行科科长都进不了这扇门。我杜月笙跟你们有什么仇、什么怨,你们要这样害我?南京方面,都在说我杜月笙狠辣,纵容手下为恶。因为此事,不知多少人看我不顺眼,让我结下了几多仇家。

"邱开基这件事已经发生了,该结的仇,全都结下了,该恨我的人,再解释也是枉然,我也不再追究你们。但有一桩,此后再发生类似的事,按帮中规矩,三刀六洞扎荷花,一条索子捆成硬板,直接丢进黄浦江,决不宽贷!"

他有预感,南京方面还会有人来找他,所以事先训诫手下,以免到时候误大事。

安置好家里的事,他马不停蹄地继续完成他的实业规划冲刺,进军苏北航运市场。

## 能者自然当大任

话说晚清年间，南通人张謇考中状元，赐进士及第，授翰林院编修。有一年夏天，慈禧自颐和园回宫，张謇随百官于路边接驾。适逢大雨，雷电交加，地面上泥水盈寸，百官俱成落汤鸡。

当时张謇呆立路边，悲愤地道："我张謇寒窗苦读，所为何来？难道就为了让慈禧这老太婆把我弄成落汤鸡吗？老子不陪你玩了！"

于是，张謇一怒之下弃官回乡。

张謇回乡后，投身实业，创建了电厂、油厂、面粉厂、机械厂、纱厂、轮船公司、男子师范学校、女子师范学校、小学、中学、吴淞商船学校、南通学院等。他以一人之力，创建了一个现代商业帝国。古往今来，此事都堪称罕有。

张謇去世后，他的南通实业帝国后继乏人，更兼火灾、水灾、股东内斗等事件层出不穷。这正是："花谢花飞花满天，南通帝国要玩完。一年三百六十天，一天更比一天难。"

南通实业帝国陷入困境之后，以陆费伯鸿为首的上海大阔佬成立了大通公司，与南通实业帝国旗下的大达航运公司争夺水道，一下子就把百年大达逼得求生不得，求死不能。

大达公司负债累累，其主要债权人就是镇江帮金融巨子陈光甫开办的商业银行。陈光甫很清楚，如果坐视大达死掉，大达在自家银行的负债就会成为一笔坏账。因此，必须请个狠人出来，盘活大达这笔不良资产，只要死马医活，自己就有钱赚了。

这个狠人，非杜月笙不可！

为什么非杜月笙不可呢？因为大达航运所行水道，沿途土匪出没，航船夜间行驶，黑暗中但闻枪声突起，远远近近只见冲天的火光，伴随着凄恻可怕的濒死者的尖叫，足见这条水道凶险莫测。

土匪们除了抢船，还要搭船。搭船时，他们要求必须是最好的客房，客房舱门紧闭，任何人不许闯入。如果有谁不留神闯进去，水面上便会出现一具浮尸。

由于水道不通，运输成本自然就变得高昂起来，不要说货物，单是现金汇款，100元钱从上海汇到苏北，汇费就高达20元。匪患导致水道不通、货不畅流，地不能尽其利，灾祸不断，民不聊生。

欲通航，必先治匪。但当时的情况是，日本人在上海闸北公然进攻19路军，江西方面的中央军与共产党军队打得不可开交，谁有这心思来治理苏北匪患？

没人治匪，就只能指望杜月笙了。

能有机会接管"状元公"张謇的南通实业帝国，这对杜月笙来说，将意味着巨大的荣誉与成功。只要入主大达，他就是"状元公"事实上的继任者了。谁敢再说他不识字，他是不答应的。

入主大达之后，杜月笙立即请出了青帮的高士奎高老太爷。

高士奎与杜月笙见面，现场情形极为好笑。

杜月笙在高士奎面前执晚辈礼，口称："高老太爷，爷叔，拜托了。"

高士奎则在杜月笙面前诚惶诚恐、毕恭毕敬，连声说："杜先生，不要这样讲话，折杀小人了。小人骨头轻，消受不起啊！"

何以这二人互相极为忌惮呢？这是因为，高士奎在青帮中比杜月笙高出两辈。而杜月笙又知道，若要收服苏北水盗，非高士奎不可，因为水盗全是高士奎家乡的人，对高士奎极为畏惧、钦服，所以杜月笙才表现得恭恭敬敬。

高士奎辈分虽高，但近年来帮规不整，许多小一辈的富可敌国，身为长辈的爷叔吃饭艰难。杜月笙是帮中成就最大的，无数弟子由他供养，纵然是高士奎，拿人家的手软，也不敢不叫一声"杜先生"。

总之，两人都不敢怠慢对方，这事就好办了。

于是，高士奎一袭青袍，足踏舢板，为大达公司前去打通水道。

高士奎一路行来，沿途芦苇丛中不时钻出手执长枪或短枪的小水盗，气势汹汹地杀过来。临到近前，看清楚昂然立于船头，翘一撮山羊胡须，鼻孔朝天者，竟然是水盗家乡最孚人望的高士奎，小水盗们顿时大骇，忙不迭地跪下磕头："不知老太爷途经此地，冒犯老太爷仙驾，该死该死！"

高士奎命他们上船，好言好语地抚慰一番，再撒一把光洋，让他们欢天喜地地离去。

继续前行，再遇到小水盗出来，高士奎仍然照旧办理，好言抚慰，撒一把光洋。

很快，高老太爷回乡的消息就在水盗中间传开了。前方水路上，但见无数条小船，上面毕恭毕敬地跪满了小水盗，头领们把一只托盘高高地举过头顶，伺候高老太爷用膳。

无论高士奎吃或不吃，按道上的礼节，他都要撒上相当数目的光洋，一来显示长者之风，二来抚慰这些晚辈盗匪。

就这样，撒来撒去，撒出麻烦了。

高士奎在上海其实混得极惨，根本没几个铜钿，杜月笙不知道水盗门中有长辈沿途撒钱的礼节，一枚铜钿也没给高士奎。高士奎脸皮又薄，不好意思明说自己穷，结果这么阴差阳错，路行一半，高士奎带的3000块大洋已经撒得精光。

当时，高士奎困窘至极，不敢再往前走，只好想办法从自己家里拿钱出来，于是让一个人先行，快速赶到苏北杨庄去取钱。

可高士奎家里也没几枚铜板，无奈之下，把米仓里的300石米一粒也不剩地统统卖掉，换成大洋送回来，让高士奎能够继续行进。

就这样，高士奎一路上不尽凄凉悲惨，好不容易才回到故乡杨庄。

到了杨庄家里，高士奎一屁股坐下，顾不上家里米也没有一粒，急忙吩咐一个乡人："麻烦你替我走一趟水寨，唤大寨主吴老幺来见我。"

乡人去了四天之后，苏北诸寨各路水盗总魁首吴老幺自己撑了条船，慌里慌张地赶来。

见到高士奎，吴老幺立即趴在地上："吴老幺给老太爷磕头了。"

苏北水盗实际上都是一乡之人，最重血亲辈分。虽说为盗，越货杀人，却也是非常时期的一种正常生存状态。当地人为盗，就如同其他地方的农民下田耕种一样寻常，没听说下田耕种的农民不认爹妈的，也没听说吃水上饭的小盗匪敢不认家族长辈的。所以，吴老幺虽然号令诸道水贼，但在长辈高士奎面前只有磕头的份儿。

而且苏北水盗入青帮，也要按辈分来，帮中的辈分就是实际族人的辈分。只要一论，谁长谁幼就都了然了。

于是，高士奎问："老幺啊，你是什么辈分的？"

吴老幺回答："老太爷，小的是'悟'字辈。"

"哦，"高士奎道，"原来你是我孙子。起来吧，别趴地上了。"

吴老幺急忙爬起来："爷爷，孙子给您敬茶。"

高士奎看吴老幺替自己把茶斟上，说道："知道吗？我这次回来，就是为了你。"

吴老幺说："爷爷，这怎么敢。"

高士奎问："上海有个杜月笙，晓得咯？"

吴老幺说:"听说过。"

高士奎一抬手:"我身边这位面生的朋友,就是杜月笙派来的。杜先生现在办大达航运公司,要打通苏北航道。我叫你来,就是为了这桩事体。"

吴老幺立即表态:"请爷爷放心,大达公司的船只管来,若是船上少了一粒米,唯我吴老幺是问。"

## 对付讲理的,就要不讲理

大达公司航线打通,立即开始了营运。

大通公司是大达的老对手,长期以来把大达压得死死的。此番见大达咸鱼翻身,顿时大怒,立即投入运营人力,要以低廉的价格再一次把大达砸下去。

不料,大通的船一入苏北,沿途不断受到水盗骚扰,而大达的航船却一帆风顺。这意想不到的变局,一下子把大通给压下去了。

于是,大达和大通开始血拼起来,一边大打价格战,一边不停地签订价格同盟。但这协议是刚刚签完就撕毁,两家都不拿信义当回事。

大通斗不过杜月笙的大达,就来找杜月笙商议:"杜先生,你看咱们两家公司能不能坐下来谈一谈?毕竟我们吃的是同一碗饭。"

杜月笙把手一摊:"不好意思,我虽然是大达的董事长,但具体业务,我是不懂的,也从来不过问。老实说,我一登船,头就晕,你还是去找杨管北商量,跟我说了也是白说。"

大通方面的来人说:"杜先生,不是我们不和杨管北谈,是他太欺负人了。"

杜月笙佯装大惊,道:"不会吧?杨管北他多善良的一个人啊,怎么可能欺负你们呢?"

来人恨声道:"他善良个屁,吃人都不带吐骨头的!杜先生,杨管北现在逼迫我们大通与你的大达联营,大达占63%的股份。杜先生,杨管北这条件也太狠辣了。我们大通公司,船只比你们新,数量比你们多,吨位比你们大,速度比你们快,资产比你们多,可杨管北竟然开出这样的条件。杜先生啊,你行行好,大达与苏北水盗结成了商业合作伙伴,非要一口吞掉我们,我们认了,可是,求你把我们的骨头吐出来几块,这总行吧?"

杜月笙听得直皱眉："什么吃了你们吐几块骨头？我杜月笙有这么狠吗？你再这么说话，我真不管了。"

来人大喜："就知道杜先生不会任由杨管北胡来。那杜先生，你看这样好不好，大通与大达联营，就叫'通达公司'。我们大通少一点，占45%的股份；你们大达多一点，占55%的股份。这样好格？"

杜月笙失笑道："哎哟，想不到我杜月笙阴沟里翻船，被你一句话套进去了。好好好，两家联营，就按你刚才说的，大达占55%，大通占45%，一口价，没商量！"

浮皮潦草地解决了大达与大通的联营事宜后，杜月笙立即让万墨林打电话，请上海知名大律师李次山来他家。

受南京政府委托，杜月笙要劝说李次山实现招商局的国有化。

招商局原是清末年间由李鸿章出面，募集官股与民股共同创建的大型实业体。后来，官股套现退出，招商局已经全是民股。但因为厚利滚滚，朝廷厚脸皮，抱着招商局不肯撒手，美其名曰"官督民办"。

直到民国，招商局才真正实现了民营化。就在第19路军于上海血战日本海军陆战队的时候，南京政府正穷得两眼发红，到处寻找财源，忽然发现了招商局这块肥肉，于是立即决定：招商局必须国有。这么赚钱的经济实体，不国有怎么行？

要国有，首先要拿下新月派诗人邵洵美。

说起邵洵美，故事实在太多。他是一个时代的传奇——"诗人的肉里没有污浊的秧苗，胚胎当然是一块纯粹的水晶"，这是他的诗。时人称誉他的诗是"柔美的迷人的春三月的天气，艳丽如一个应该赞美的艳丽的女人"。

邵洵美是一个美男子，眉清目秀，长发高额，喜穿长衫，出门还要涂抹胭脂。他的诗有英伦范儿，追求唯美。1927年，他娶了青梅竹马的表姐——大豪族盛宣怀的孙女。

招商局，盛宣怀家是大股东。要想拿下招商局，就必须拿下盛氏；要想拿下盛氏，就必须拿下诗人邵洵美。

南京政府派了张道藩出场。张道藩，何许人也？

张道藩，早年留欧学子。留欧期间，与画家徐悲鸿、徐悲鸿的爱妻蒋碧薇以及诗人邵洵美，共同创建了一个玩笑性质的"天狗会"。天狗会的主旨，是嘲讽那些只知道拍马屁的学生。后来，会员张道藩勇敢地向徐悲鸿的妻子蒋碧薇求爱，并最终夺得蒋碧薇。

有些诗人或画家不讲道义，喜欢抢别人的老婆。这张道藩竟然能把大画家徐悲鸿先生的爱妻抢走，可知此人是情场老手。

先夺走画家的妻子，再来取诗人的财产。张道藩出手，邵洵美如何是他的对手？结果，盛氏家族被迫宣布退出招商局。

但是，还有个大律师李次山誓死不肯出让股份，称：无论南京政府给出多么优厚的条件，自己手中的股份也决计不会出让。

张道藩惯于玩弄诗人、画家于股掌之上，但遇到理智型的律师，只能吃瘪了。

可张道藩知道，律师李次山虽然不惧南京政府，但肯定畏惧杜月笙，于是恳求杜月笙出面解决这个问题。

就这样，1932年10月初，杜月笙约见大律师李次山于杜公馆，问："李先生，要怎样的条件，你才肯退出招商局？"

李次山的确不敢惹杜月笙，痛苦地问："杜先生，这事你一定要管？"

"言重言重。"杜月笙知道事情已经办成了，就假装不胜惶恐，"兄弟不过是借此机会奉劝老兄，也好让这件大事早一些得到解决。"

李次山心说：杜月笙，我敢不答应吗？如果我现在拒绝你，只恐回去的路上，就会有无数想在你面前买好的流氓杀手，乱枪把我打成筛子。

想到这里，他悻悻地说："杜先生，既然你出面了，我把股份让出来就是了。"

杜月笙道："请先生出个价。"

李次山说："你说多少就多少，行不？"

杜月笙道："李先生，是我让你为难了吗？"

李次山说："不敢这么说，反正这件事怎么着都是你说了算。"

为了一个张道藩，杜月笙不得已开罪于律师李次山。但他之所以如此，还是因为他热衷于巴结南京政府。但几日之后上海车站响起的枪声，将宣告他这番努力归于徒劳。

# 第十一章
# 忍看刺杀惊人心

　　王亚樵,你这样不行。张学良他千错万错,自有国家法度制裁,怎么可以凌以私刑呢?何况张学良是我杜月笙的客人,我有保护之责。你如果执意逼迫张学良,就等于逼迫我杜月笙,那我也没法子,只能一拍两散,鱼死网破。

## ◪ 只有揪出凶手，才能保护自己

1932年10月下旬，"一·二八"淞沪大战余烟未散，上海城笼罩在一片哀愁中，财政部部长兼行政院副院长宋子文偕秘书唐腴庐抵达沪上。

当月台上的乘客快要走光时，宋子文才下车，秘书唐腴庐与他并肩而行。两人一样的身材，一样的仪表，一样的步伐，一样的年龄，一样头戴巴拿马白草帽，身穿一样的西装。

没人能辨认出他们两个，除了紧跟在他们身后的两名手提机关枪的卫士。

四人匆匆在月台上走过，一道铁栅栏后，是车站外往来的人流，还有两个人站在栅栏后面，无所事事地看着车站乘客。当宋子文一行走过时，那两人突然手一扬，两颗手榴弹"嗖"的一声抛过来。

"轰"的一声，手榴弹没抛中，但巨大的爆炸声震动了上海车站。余响未止，栅栏后又冲上来两人，一共四个人，用驳壳枪对着宋子文这边猛打。宋子文的两名卫士如梦方醒，立即趴在地上，用机关枪猛烈还击。

宋子文何其精明，临危不乱，"嗖"的一声跳下月台，身体紧紧抵住月台基台。这里是射击的死角，刺客打不到他。

但他的秘书唐腴庐就惨了，被刺客误认为是宋子文，死于乱枪中。

此案在当时堪称惊天动地，南京方面震怒，下令彻查凶手。

案子追查下去，有人指控称：指使刺客行刺之人与上海黄、杜、张"三大亨"不无干系。

听到这离奇的指控，杜月笙差点吓死：天大的冤枉，凭什么这样指控我们？

证据是："三大亨"之一张啸林这几天突然离开上海，去了北平。

去了北平又怎样？就算张啸林去北平，也与宋子文遇刺构不成逻辑关联啊！

尽管这个指控是虚妄的，宋子文遇刺与"三大亨"没有丝毫关系，但这个关联确实存在。"三大亨"都是出了名地怕官，借他们100个胆，也不敢行刺军政要人。但北平可以说是一个反蒋的集散地，张啸林好死不死，非要在这时候往北平跑，被人怀疑他是不是在北平接受了什么人的密令，也属正常推测。

但这个推测，让杜月笙心寒胆裂。他的家业做到如此之大，原本就树大招风，再担上这种嫌疑，离死没多远了。

心急之下，杜月笙命青帮弟子尽出，遍地查缉，不破此案誓不罢休。

没几天，就被他查出来个结果。原来，这起刺杀实际上是一个宏大的布局，缘于国民党内部的激烈权争。刺杀命令来自西南派，受命者却是开设杀人公司的"杀人王"王亚樵。

王亚樵在"一·二八"事变中表现不俗，其弟子率斧头帮亲上战场，与日本兵血搏。就是在这场战争中，他和19路军的基层士兵结下了生死情谊。

于是，19路军的四名士兵李楷、刘刚、刘文成与萧佩韦脱队，拒绝了随部队调往福建的命令，留在上海，成了王亚樵的得力帮手。

接受西南方面的委托之后，王亚樵将此任务委派给了此四人。这四人于是率了十几名杀手，各携19路军的传统武器驳壳枪和手榴弹，混迹于车站月台之外，伺机动手，却一击未中。

未中就没机会了。青帮弟子无孔不入，没多久就将四人捉住。经过庭审，李楷、刘刚和刘文成被处死，萧佩韦则因证据不足，当庭获释。

此事过后，杜月笙越想越气，都怪张啸林这个王八蛋，偏拣这个节骨眼上往北平跑，无端惹来嫌疑。而且，张啸林死死抱着烟赌两行不放，严重败坏了"三大亨"的形象。

这一次，杜月笙动了真火，趁张啸林不在家，立即关闭了"三大亨"旗下的烟赌两行。

从这一天开始，杜月笙终于可以清白做人了。


### 客人有难，即使有罪也要保护

1933年，杜月笙46岁。

这一年的开端，是东北军少帅张学良终生难忘的日子。

当年1月3日，山海关沦陷，张学良坐镇北平，率30万东北军守护。2月27日，日军进攻热河。3月1日，日军进攻赤峰。3月3日，热河省主席汤玉麟不战而退，承德沦陷。3月7日，张学良引咎辞职。

引咎辞职的张学良无所事事，闲极无聊，就带夫人于凤至、红颜赵四小姐以及大队的亲信参谋，偷偷跑到上海白相来了。

这时候的张学良已经是谤名天下，被指为失机败阵的罪人。唯独杜月笙将其奉为上宾。

杜月笙对此有过一番解释，大意是他也讨厌张学良辱师失土，但来者是客，诸如此类。实际上，杜月笙招待张学良，只是因为张学良的人生正是杜月笙一生的痛——杜月笙起自贫寒，为无数人所白眼，这严重伤害了杜月笙的心灵，导致他年近五十还在挣自己的尊严。若自己是世家子弟，人们立即就会对自己心生羡慕，奉承巴结。

杜月笙正率全家诸老婆与张学良等人联欢时，门外突然出现一颗炸弹，另附一封警告信。保镖把信拿过来，让杜月笙自己看。

杜月笙识字不多，但这封信还是看懂了。大意是：请民族罪人张学良即日起收拾包裹，滚出上海。如若不然，下一颗炸弹送来，大上海保准有一声惊天动地的震响。

这封恐吓信竟然送到杜月笙手中，杜月笙当时就怒了，立令弟子严查。不多久查出对方底细，杜月笙也惊呆了。

这封信竟是刚刚组织了行刺行政院副院长宋子文的凶名天下的"杀人王"王亚樵派人送来的。这王亚樵是一个飘忽不定的存在，挥金如土，一贫如洗，革命到底，虽不在帮，却有背景，势力不大，死士极多。如果说上海还有个让杜月笙忌惮的人的话，必然就是王亚樵。

没办法，杜月笙只好派人去找王亚樵讲斤头（方言，讲条件，讨价还价），问："老王，你到底是啥意思啊？"

王亚樵慨然回答："我乃中华民国国民，张氏是中华民族罪人，正邪不两立，冰炭不同炉，我当然要制裁他！"

张学良虽是东北人，却也知道王亚樵之名，就对杜月笙恳求道："求求你，杜大哥，帮我问问他要多少钱。我有钱，日本关东军占了东北，把我的私人财物全还回来了，整整几火车啊。只要王亚樵不炸我，要多少钱我都给。"

杜月笙道："果然是世家子啊，你的钱比我多多了。不过在这上海，你是客,我是主,就算掏钱,也轮不到你。"

杜月笙继续与王亚樵谈判:"要怎样的条件,你才不再掼炸弹?"

王亚樵说:"咱也是厚道人,不会逼人太甚。这样吧,我给张学良三条路,请他任择其一:第一条路,马上回东北,重整兵马,与日本人一决生死;第二条路,如不能战,请返东北,去茅坑找块硬点的石头,一头撞死,以谢国人;第三条路,既不愿战,又不想死,那么就请把所有的财物交出,购买军火,接济正在东北血战的义勇军。"

三条路,张学良必须择一而行,否则王亚樵就会继续掼炸弹。

无奈之下,杜月笙只好冲王亚樵发狠拼命,说:"王亚樵,你这样不行。张学良他千错万错,自有国家法度制裁,怎么可以凌以私刑呢?何况张学良是我杜月笙的客人,我有保护之责。你如果执意逼迫张学良,就等于逼迫我杜月笙,那我也没法子,只能一拍两散,鱼死网破。你若炸了张学良,我将命青帮弟子尽出,与你血拼到底。你手下纵有死士,我这边弟子更多。拼到最后,不信拼不死你。"

杜月笙急眼了,王亚樵这边也为难,只好说:"无论如何,张学良必须离开上海,否则的话,我'杀人王'的话已经放出来了,如果草草收场,你叫我以后还怎么混?"

"答应你,成交!"杜月笙答应道。

蒋介石下令,让张学良去欧洲避风头,张学良在上海戒完毒就走了,等于拱手送王亚樵一个交情。


## 模仿也是一种进步

送走张学良,杜月笙忽然想起了久已消失的张镜湖张老太爷。

想当年,张镜湖在江湖道上的影响多么大。可现在,杜月笙成功转行,再也不是那个依靠烟赌两个黑色行业吃饭的寄生虫了。

至此,杜月笙如期完成了他的人生规划,成为工商界巨擘、银行业巨子。而张镜湖早已被雨打风吹去,下落不明。

杜月笙已经彻底压倒了昔日的张镜湖,除了最后一桩事体。

张镜湖组建了一个仁社,成员全是自己最优秀的弟子。于是,杜月笙决定抄袭张镜湖，组建一个恒社。

恒社由杜月笙的两大弟子陆京士与朱学范发起，两人都是"工运"巨子，一样出类拔萃。

要想加入恒社，得符合两个硬件条件：第一，必须是杜月笙的弟子；第二，必须事业有成，或者能力非凡、前途无量，又或者有背景、有靠山。

这两样东西有了，别的就不会再缺。

按这个条件，杜月笙早年收的第一个徒弟江肇铭根本没资格进入恒社。这些年来，杜月笙一飞冲天，江肇铭却仍然恶习不改，嗜赌如命。他在杜月笙门下当了一个大世界娱乐城的总经理。如果说杜月笙的事业是一家多元经营的实体，那么江肇铭不过是分公司下面经营部门的小头目。

事实上，恒社始创之时，陆京士想也没想，就直接把江肇铭抹除了。

江肇铭也知道，自己确实没什么出息，被排除在恒社之外也在情理之中。但人要脸，树要皮，他好歹也是大师兄，这些有钱的小师弟不带他玩，让他大为失落。

于是江肇铭寻上门来，抱着杜月笙的大腿号哭不止，说不让他加入恒社，他就不活了。

杜月笙被纠缠不过，只好叫来陆京士，吩咐道："京士，你就把大师兄的名字写在名册上吧。至于你们玩时带不带他，随你。"

江肇铭这才收住哭声。

恒社始创，声称有八百弟子、"三匹野马"。

哪三匹野马？绝顶聪明的洪雁宾、三星棉铁厂的小老板张志廉、本事最大的章荣初。

此三人，共同的特点是脑子过人、不循常规，所玩出来的花活无一不令人瞠目结舌，茫然失措。

这是三个创新型的奇人。随着岁月的流逝，排在前两位的洪雁宾与张志廉渐渐湮没于历史的尘埃中。前者是职员出身，后者是私营厂家的老板。这种经历决定了他们的性格、打拼出位的手段只能在打拼的过程中大放异彩，一旦地位稳固，就会自行收敛。所以，此二人并没有多少事迹流传下来。

排在第三位的章荣初，却是打骨头里渗透着彪悍的味道。此人之彪悍，已经构成中国江湖秘史的一部分，即使再过800年，也仍然会被后人提起。

## 彪悍的人生，也有大起大落

章荣初，上海滩的后起之辈，其人有"三爱"——爱闹噱头、爱别苗头、爱摆派头。他做事向来大来大去，大起大落，曾经五次崛起，五次翻倒，看得杜月笙和众弟子大眼对小眼，惊呼不止。

有位开钱庄的少爷认准了章荣初场面大、派头大，非要跟着章荣初混，结果被章荣初在短短两年时间里挥霍掉300万大洋。这手笔惊天动地，当时就把个殷实的钱庄生生弄倒闭了。

听说了这事，杜月笙又气又恨，对万墨林说："你去章荣初那里看看，他把人家那么殷实的钱庄弄倒了，怎么跟人家交代？"

万墨林去了，却听章荣初说："墨林，我要送老人家一件好礼物。"

万墨林斥道："你拉倒吧，杜先生什么东西没有，轮得到你送？你还是想想办法，怎么跟人家钱庄交代吧。"

章荣初道："我要送老人家一辆保险汽车。"

"啥子？"万墨林吓了一跳，"保险汽车是多么昂贵的东西，全中国都没有一辆，你这孩子大话张嘴就来，可知道保险汽车比装甲车都贵，要花多少钱吗？"

章荣初道："我打听过了，要花一万美金。"

"你知道价钱就好，"万墨林说，"一万美金，把你剔骨熬油，你也拿不出来！"

章荣初轻描淡写地说了一句："5000美金的订金，已经汇到美国去了。"

万墨林大为吃惊："你……你是不是把人家钱庄的钱都拿来买保险汽车了？我可告诉你，这车你就算买回来，杜先生也决计不会要。"

章荣初说："不用你管，我自有办法让他收下。"

过了一年，一辆美制凯迪拉克保险汽车送到杜公馆。杜月笙当时就急了，破口大骂："这是谁干的？嫌我死得慢吗？我如果坐上这辆车，要招来多少人恨！"

杜月笙拒绝章荣初的保险汽车，章荣初早有所料，就让"小八股党"中的顾嘉棠出面相劝，最终杜月笙还是接受了。

还有一次，章荣初突然来找万墨林："给我20万，我要买下中央印染厂。"

万墨林也不问杜月笙，就拿了20万给他。一年后，章荣初把本钱还回来，再把买到手的印染厂卖掉，净赚40万元。

还有一次，章荣初从万墨林这里拿走2万元，买了80台织布机。两年后，这80台织布机替他赚来200台织布机。

章荣初玩到最疯时是后来的汪伪统治时期，这厮惊天大手笔，从汪伪的银行先后贷出8亿元，却什么名堂也没玩出来，险些把汪伪的银行弄到破产。抗战胜利后，他因此遭到清算，被视为大汉奸抓起来。杜月笙却认为，章荣初祸害汪伪政权有功，算是曲线救国，硬是将他捞了出来。章荣初为此大肆庆贺，花了100根金条宴请。

再后来，章荣初就有点江河日下，原本想逃往台湾，不料台湾那边也是鸡飞狗跳。新中国成立后，他就留在了大陆。

接下来，章荣初一生最大的游戏开始了。新中国成立后，他被视为大资本家，遭到清算批斗，于是他跑到黄浦江边，"扑通"一声，投江自尽。

不料，他没有淹死，被人捞了上来。但他很快又投江，结果又被捞了上来。第三次投江，又被捞了上来。第四次投江，仍然被捞了上来。

正当大家堵在江边等他第五次投江时，他却神秘地消失了。

他和他的闹噱头、别苗头、摆派头、白相人风格，从此绝迹于上海滩。

## ◪ 大音希声，大象无形

南京政府连年用兵，说穷兵黩武也不夸张，导致财政支绌，不得已发公债度日。

航空公债，是一位中学校长杨志雄向宋子文建议的——如果把民国时代的人物按智力水平排个名次的话，这位不为人知的杨志雄杨校长绝对能进前三名。

杨志雄是张謇创办的吴淞商船学校的一名学生，毕业后成为这所学校的校长。他虽然只是个校长，但宋子文、杜月笙这些政商界大人物，有事没事就去找他，遇到什么问题就说给他听，让他提出解决方案。

此人堪称"民国年间第一智囊"，但不官不商，义务咨询，不拿费用。杜月笙这边的商业帝国经营策略、宋子文那边的国家财政政策，多半是杨志雄的主意。

此人之所以名不见经传，只是因为他的智慧太高，从来遇不到任何麻烦，一生平安，就像幽池深水，不见丝毫波澜。这样的人生过于幸福安然，缺少了大起大落、波澜起伏的戏剧性，反倒无法述诸笔端。

不过，人生这东西，到底平平淡淡才是智慧。

这一次，杨志雄又出主意售卖航空公债，并推荐了另一位中学校长——中国近代史上最神秘的报人史量才。

宋子文这人比较憨，杨志雄怎么说，他就怎么干，真的拍电报找史量才。史量才量才度力，推荐了杜月笙，以杜月笙为代理人。

于是，民国年间由两个校长琢磨出来的航空公债，交给黑道背景的人操作。

杜月笙成立了一家大运公司，专门出售航空公债，并挑了长期被冷落的金廷荪出面打理。

大运公司顺利进入运营期，杜月笙腾出手来，又去忙别的事体。

忽然有一天，黄金荣把他叫去，说："月笙啊，你好像要倒大霉的样子。"

杜月笙说："金荣哥，何出此言？"

黄金荣道："你去金廷荪那儿看看，看了你就知道。"

杜月笙情知不妙，忙不迭地赶往金廷荪家。到了他家，只见金廷荪面如蜡纸，气息奄奄，正卧病在床。

看到杜月笙来，金廷荪立即以手掩面，长恸道："不要过来，月笙，你不要过来，让我死吧，让我死吧！"

杜月笙一脸茫然，说："金三哥，出啥子事体了？"

金廷荪说："你不要问，反正我对不起你，你让我死好了。"

"不是，"杜月笙安慰道，"三哥，死这种事，急什么呢？你总得告诉我到底出啥子事体了吧？"

其实，没啥大事。这家代理航空公债的大运公司走的是标准的任人唯亲路线。杜月笙用老友金廷荪，金廷荪则找了个自己的同乡学生，让那学生掌管售卖公债的钱。那学生见如此多的钱，大喜，立即挪出来去投机，结果一投一个亏，眨眼工夫亏掉了20万。那学生害怕金廷荪追责，便打起小包袱卷，逃回老家了，留下金廷荪独自面对这么个烂摊子。

听了这情形，杜月笙哈哈大笑："才亏这么点钱，金三哥你至于弄成这样子吗？还记得我的中汇银行吧，开张前两年，被田鸿年挪用亏蚀50万，我说什么了没有，不是什么也没说吗？现在就为这20万，金三哥何必内疚成这个模样？"

金廷荪只是摇头："不是，月笙，你不懂，我也不能说。总之，你让我死算了。我死了，一了百了。"

"到底是怎么回事？"杜月笙心里泛起狐疑。这时候才有胆子大的人告诉他：手下人挪用亏损，只是大运公司黑幕的一角。真正可怕的是，自打这大运公司开张，杜月笙手下的兄弟就隔三岔五地逛进来，见到公债就揣进自己兜里，从不给钱。金廷荪根本不敢过问，更不敢告诉杜月笙。

这时候，杜月笙才如梦方醒，急忙走马换将，用无关的人替换下金廷荪，并约法三章，禁止杜门中人随意在大运公司拿钱拿公债，大运公司这才正常运营起来。

这一年，大运公司净赚了30万，金廷荪把这笔钱统统拿走，全部买了地产。这些地产很快就成为杜月笙唯一的生存保障，可见金廷荪对时局的判断比杜月笙更精准。

但在当时，杜月笙内心对金廷荪将大运公司的盈利拿走是心怀怨恨的，因为在1933年，杜月笙的经营陷入困境，可以说是负债累累，被迫向各家银行伸手借钱，维持他这个大摊子。

没钱了，陈群校长管理的正始中学也被迫降薪，以前老师们的高薪被拦腰斩掉一半。


## 杀人只是手段，夺权才是目的

1934年，杜月笙47岁。

这一年，蒋介石召张学良回国，任命他为剿匪总司令。

同一时间，红军开始长征。

同年11月13日，一辆私家小汽车从南京出发，沿京沪国道朝上海方向驶去。司机驾车，车里坐着父子二人，一路上说说笑笑、走走停停，并不急于赶路。快要到达上海时，前方路上突然出现了一伙黑衣大汉，喝令停车。

司机道："先生，来者不善啊，要不要踩油门冲过去？"

做父亲的犹豫了一下，说："对方人多，又有枪在手，闯不过去。"

既然闯不过去，汽车只好放慢速度。黑衣大汉们趁势围了上来，做父亲的急忙摇下车窗，大声喊道："不要开枪，不要开枪！要钱的话，我们可以给。"

黑衣大汉们阴沉着脸，拉开车门，对做父亲的喝道："出来！"

"先生们息怒，千万不要动武，要钱的话……"话未说完，父亲就被大汉们强行拖出车外。他双腿绵软，浑身颤抖，但仍然强装镇定，继续央求道："几位先生，千万要冷静，要多少钱开口就是。如果数目太大，也没关系，我以人格担保，一到上海，就足额奉上。"

为首模样的大汉笑道："史先生放心，我们不要你的钱。"

做父亲的颤声问："那你们要什么？不会是……要我的命吧？"

大汉摇头道："我们与先生素昧平生，也无意取你性命。"

"谢天谢地。"做父亲的长舒一口气。

可是，大汉的话还没说完："尽管我们无意取你性命，但受人之托，终人之事，有人出钱买你这条命，我们虽然无冤无仇，也只好违心行事，结果你这条性命。请先生到了另一个世界，不要抱怨我们才是。"

说罢，枪声猝响，做父亲的身体剧震，一头栽倒在血泊中。

众大汉围上来，检查做父亲的是否死透。这时候，躲在车里的儿子突然冲出，沿国道向前狂奔。大汉们惊叫一声，急忙追赶。

可是，那孩子读书时是知名的运动健将，此时又性命攸关，跑起来快如奔马，大汉们穷追一番，无功而返。

当天下午，上海各大报纸刊出爆炸性消息：报业巨子史量才被枪杀于京沪国道，凶手不明。

京沪国道一声枪响，留下了民国时代至今未解的最大悬案。

史量才的身世，神秘而极富传奇色彩。他个头不高，其貌不扬，祖籍江苏溧阳。溧阳是出了名的匪巢盗乡，上次杜月笙就是途经这一带，遇到一群莫名其妙的青年，被强索了1000元抗日经费——但史量才非盗非匪，而是一位儒雅书生，在上海民立中学教书。

忽然有一天，史量才走出教室，挥手掷出15万光洋，买下了由英国人创办的《申报》。

15万大洋是一个异常巨大的数字，史量才区区一介教书匠，哪来的这么多钱？

起初，还有人为此询问他。这时候史量才就会以温和平淡的眼神静静地看着对方，直到看得对方心里发毛、惊恐莫名，不由自主地走开，不敢再问为止。

史量才本人从未解释过这笔巨资的来源,但沪上小道消息风行,为此提供了两种可能性:

一是贪官说,称北洋政府财政总长张弧借发行公债之利,捞走了无数的钱。其中有一小部分扔给了史量才,遂了史量才买报办报的心愿。

二是名妓说,传说史量才的太太原是花坊名妓,一夕缠头,不计其数。后来,她携巨款从良,嫁给了书生史量才。史量才就是用太太的钱买下了《申报》。

这两种说法都是孤证,既无法证实,也无法证伪。两起孤证存在的全部价值,就是为了证明一个不需要证明的事实——史量才一介教书匠,是万万不可能拿出巨款买下《申报》的,其身后一定另有金主。

这个金主是谁,无人知晓。

我们只知道史量才的政治观念与杜月笙是有落差的。杜月笙是老成之人,兼以起家时屁股不干净,烟赌两业让他谤名随身。所以他认为,报纸这东西,就是大家图个乐呵,报个平安,应该多多报道正面新闻,多报道振奋人心、给人希望的消息,没必要非搞得剑拔弩张不可。

当然,以当时中国的政治生态而言,即使是史量才的《申报》,想在各势力阵营之间保持中立,也极为艰难。

史量才遇刺之时,正值中国政局错乱杂陈,红军长征,川黔防堵,粤桂尾追,日军挑衅于华北,一桩桩、一件件事情,都让这个时代的人命变得极为卑贱。

按照刑侦学上的铁律,在死亡事件中获利最大的那个人,嫌疑也最大,那么杜月笙应该嫌疑最大,因为史量才被杀之后,其《申报》落入了杜月笙手中。而且,买下《申报》,偏又是杜月笙向实业界进军的过程中必不可少的一环。借《申报》之力,他一举捣毁了史量才生前占据的地方协会。

至此,上海市五大行会,杜月笙已经囊括了银行公会、钱业公会与史量才的地方协会,还剩下由王晓籁把持的上海商会和由虞洽卿把持的航业公会。但后面这两个人,早已与杜月笙合穿一条裤子还嫌肥了。

杜月笙占领了上海,抵达顶峰后,面对的将是虚空。

他已经没有了目标,事实上,他已经成为新一代野心人物的目标。

吴绍澍来了。

## 龙蛇混杂，凡圣同居

1936年，杜月笙49岁。这一年，吴绍澍抵临沪上，拜于杜月笙门下。

谈及此人，杜门弟子无不心碎，仰天长啸，不约而同地说起《指月录》上的故事：

无著文喜禅师往游五台金刚窟，遇到一位老翁，邀禅师到寺中参观。

禅师问："此间佛法如何住持？"

寺中住持翁对曰："龙蛇混杂，凡圣同居。"

杜门弟子试图以这样一个故事解释杜氏门中出现的吴绍澍现象，意思是说，一样米养百样人，人心隔肚皮，杜门弟子何啻八百，出一个吴绍澍应该算是正常的。

事实上，单以能力而论，杜门恒社中很可能根本找不到能与吴绍澍相抗衡之人。论能力，他强于陆京士；论狂野，他超过章荣初；论规格，他压过朱学范；论野心，纵恒社八百弟子合在一起，也不敢与他相比——吴绍澍的野心，就是想彻底摧毁杜月笙，这事别说去做，恒社弟子想都不敢想。

总之，杜月笙的后半生就全指着吴绍澍找乐子了。

然而，吴绍澍如此狂野，究竟是个什么来历呢？

其实，这世上根本不存在吴绍澍这么个人。此前，沈钧儒门下有位职业学生，叫吴雨声。他的职业是上学，他上学的目的，是劝同学们不要上学；他读书的目的，是劝大家不要读书。他每天不辞劳苦，奔走于教室与操场，苦口婆心地劝说同学们放下书本，趁此大好时光、韶华青春，走出校门去闹点学潮或者"工运"。

当时，许多青年学子热衷于政治运动。但吴绍澍与众不同，别人是恰逢人在校园，不由自主地融入时代大潮，他却是引领时代风潮之人，他来到校园，就是为了把同学们带入政治浪潮中。

他正玩得起劲时，蒋介石密遣陈群与杨虎潜入上海，着手清党。于是，职业学生吴雨声成了上海警备司令部缉拿的重犯。

此后吴雨声转入地下，开始了漫长的逃亡过程。但最终他逃无可逃，被迫出来自首。

自首时，吴雨声将其组织的机密和盘托出，以污点证人的身份获释并受到保护。

从此,他改名叫吴绍澍,并被安排在上海市党部。但随之出现的一连串刺杀事件让他忧心忡忡,感觉到危险临头。为了逃避来自昔日阵营的报复,他请求外调去搞"工运"。

他被调去山东枣庄中兴煤矿公司。在那里,他的过人才干得以显现,轻易诱杀了潜伏于煤矿中的中共组织成员,然后他采用中共的惯用模式,组织工人福利社,自任干事,替工人争取福利和权利,从而掌控了劳工,让中兴煤矿波澜不起,产量激增。

吴绍澍的表现受到了陈立夫的肯定。两年后,他被调到了汉口。这一次,他终于遇到了麻烦。

汉口的环境极为复杂,远非山东枣庄煤矿那么单一。百业杂陈,势力纠缠,对吴绍澍这么一个人生地不熟的外人来说,不要说闯出一番局面,即使是只想立足,也极为艰难。

吴绍澍到底脑力过人,他意识到要想在汉口建功立业,就必须谋求当地显要人物的支持。

这个显要人物,就是洪门大爷杨庆山。

杨庆山雄霸汉口多年,早在辛亥时就是首义的大功臣。他的门人弟子,从警备机关到码头,无所不在。而且杨庆山其人洞悉江湖隐秘,各路势力无论如何隐藏,都逃不过他那双法眼。

中共天字一号狙击手、特务科科长顾顺章,被誉为"特务中的特务",其易容术堪称化影无形,无人能识破。顾顺章专门领导"红队",击杀叛逃者。他化名李明,率领一个演出精彩的魔术团活动于汉口,却不料遭遇杨庆山,被他一眼识破,生擒活捉。

拿下顾顺章,杨庆山声名如日中天,目无余子。年轻的吴绍澍千方百计地想与他结交,也不被他放在眼里。

失望之时,吴绍澍忽然想到了杜月笙。杨庆山虽然不买他吴绍澍的账,但对同道中人杜月笙惺惺相惜。

若取杨庆山,须下杜月笙。这样一想,吴绍澍立即启程,赴上海寻求拜杜月笙为师的途径。

## 懂得借力，才能使力

到了上海，吴绍澍就去找自己的知交好友、上海市党部要员吴开先。

吴绍澍与吴开先又称为"杜门双友""恒社二吴"。他们两个年龄相同，经历一样，籍贯重合。两人都是上海松江县人氏，都曾是共青团员，又都在清党后背叛革命，改变了政治立场。他们是生死之友，是莫逆之交，此后将是生死对头。

吴绍澍对吴开先直言不讳，要求其引荐自己入恒社。

吴开先说："哎呀，杜先生在我面前从不言帮会之事。你要想办成这事，非陆京士不可。"

吴绍澍就去找陆京士，提出自己的要求。但陆京士对吴绍澍一见惊心，极为忌惮，就推托说："吴兄，你的本意只是想达到政治目的，所以想利用杜先生和恒社的兄弟。你知道，这样的要求我是不会答应的。"

吴绍澍笑了笑，离开了。

几天后，陆京士的朋友们络绎而来，责问其何以拒吴绍澍如此优秀的人物于恒社门外。

陆京士喟然叹息，知道自己不是吴绍澍的对手，断然不能为其引荐。

杜月笙端坐椅上，细看这位屈节投奔的年轻人。这是考验杜月笙眼力的关键时刻。

当然，我们知道，杜月笙这一次又看砸了。从早先的江肇铭到最后的吴绍澍，我们可以发现，杜月笙丝毫不具有辨析德品的眼光，但对人的能力一看一个准。

杜月笙就是喜欢那些不依常规、出格逾矩之人。

当时，杜月笙细看吴绍澍，但见此人两道浓眉、一张阔嘴，中等身材，沉稳踏实，而且言谈简洁有力，于是一言断定："吴绍澍，你可称为上才之选。"

吴绍澍就此加入恒社，立即身价百倍，一呼百应。他再回汉口，立即成为洪门大爷杨庆山的座上宾。汉口洪门力量，尽入其彀中。此人原本能力超凡，借得洪门之助，更是如虎添翼，顿时一飞冲天。

吴绍澍就在踌躇满志中迎来了他的1937年。

当年年初，他参加议员竞选，来到上海见杜月笙，说："老师，你看我能有几多机会当选？"

杜月笙回答："闲话一句。"

次日，议员候选人名单公示，除吴绍澍外，另有恒社多名弟子名列其中。

趁此机会，吴绍澍来找陆京士，说："拿点铜钿用用。"

陆京士一句话没说，当场拿了1000块大洋给他。

这是陆京士自己的钱，但吴绍澍并无归还之意。等到吴绍澍叛离恒社，与恒社弟子明攻暗杀之时，陆京士不停地要求吴绍澍还钱，但吴绍澍置之不理。

总之，这个行将反水的吴绍澍成了恒社挥之不去的阴影，让杜月笙如鲠在喉，欲哭无泪。

## 己所不欲，勿施于人

1937年，杜月笙50岁。

年过半百，中国历史迎来了最艰难的岁月。从华北到华中，中日军队相互对峙，剑拔弩张，一触即发。

同年3月12日，日本新任外相佐藤尚武发表讲话。他提醒中国，日本断无放弃在华利益之理，同时敦促中国杜绝反日行为。

这篇讲话验证了此前人们的判断，日本军部的激进观点最终演化为国家政策。这标志着日本在华军事行动的升级与合法化。

两天后，日华贸易协会会长儿玉谦次率一个经济考察团赴沪，考察团成员中包括了日后的日本外相藤山爱一郎。

杜月笙赴机场，以盛大仪式欢迎日本经济考察团。下飞机后，考察团团长儿玉谦次说："我们将尽一切努力，为避免战争而寻求一个切实有效的方案。"

欢迎仪式未散，只见一辆汽车驶来，南京特使送来了蒋介石的请柬。杜月笙立即陪考察团出发，前往南京。

在南京，官方举办的欢迎仪式简单而实际。蒋介石致辞之后，考察团成员儿玉（即儿玉谦次）、藤山等纷纷发言，再次强调中日经济一体化的必然性，并期望能够在蒋氏这里获得一个乐观的答复。

当时杜月笙坐在座位上，紧张地看着蒋介石：中日是战是和，千年中日关系走向何方，全凭蒋氏一言而决。

蒋介石静静地坐在那里，平静地看着对方。

那双见过无数生死的眼睛,浸透着对人世规律的淡然和超脱。没有人能从他的目光中看到他的内心(只有张学良能),即使杜月笙也做不到。

这一年,蒋介石51岁,长杜月笙1岁。

蒋介石终于开口了,他操着浙江口音道:"己所不欲,勿施于人。"

此八个字出口,满场死寂。片刻之后,日本考察团爆发出一阵令人难以置信的喧闹,所有成员都站了起来,满脸激愤地冲着蒋介石叫喊、诉求。

蒋氏一笑置之,离席而走。

当天夜里,南京城里灯火通明,一辆辆汽车疾驰穿行。日本考察团成员全体出动,还拉上了正在南京的日本领事和特使等人,冲到外交部部长张群家,冲到行政院副院长孔祥熙家,冲到任何一个在他们看来能够影响蒋介石并让蒋介石恢复理性的官员或在野名流的家门前,"哐哐哐"用力砸门。

他们砸开了十几扇门,门也顾不上进,站在门前急切地说着,但所有人都对他们摇头。

没人能让蒋介石改变主意。中日之战,已无希望避免。

1937年7月7日,抗日战争爆发。10天后,蒋介石在庐山发表讲话。

又过了10天,北平沦陷。

## 第十二章
# 铁血抗日永不屈

　　那些尊敬他，视他为长者，对他言听计从的弟子，他们那年轻滚热的鲜血将洒满这上海滩头。更为悲哀的是，他们的牺牲无人知晓，他们的惨烈付出注定将被永世埋没。

　　他们知道这些，但仍然义无反顾。

## ▨ 造假也要一丝不苟

抗日战争爆发，中国风雨飘摇。曾爆发过"一·二八"事件的上海，此时就如同惊涛骇浪中的一叶扁舟，随时都有可能倾覆。

1937年8月9日，虹桥机场，枪声乍响。

当日消息报道，日本海军陆战队一官一兵，以汽车强冲虹桥机场，与卫兵发生枪战，造成两名日本人死亡，一名中国卫兵死亡。

大战不可避免，但外交程序还要走一圈。日方对中方的报告不予采信，要求第三方介入，以示公正，遭到上海方面严正拒绝。

外交虽然是走过场，但过场也有过场的规矩。按理来说，上海方面应该是极力避战的一方，应该主动邀请第三方介入以遏制日本，不料中方却躲躲闪闪。这是搞什么名堂吗？

再往下一查，乐子可就大了。

原来，日方的海军陆战队强冲虹桥机场不假，但在枪战中，两名日本人当场被击毙，中方无一人伤亡。

2：0，中方完胜，但这个结果肯定会激怒日本军方，他们才不会接受这么个屈辱结果。于是，上海警备司令部参谋童元亮与当时的上海市市长俞鸿钧这俩人就坐下来商量。

俞鸿钧说："老童啊，麻烦大了，日本军方向来眼高于顶，认为中国兵不是他们的对手。如今死了俩日本人，我们这边无一伤亡，日本人肯定会发飙的。"

童元亮道："发飙也没法子，事实摆在这里嘛。"

俞鸿钧说："可我是上海市市长，避免让上海太早卷入战争是我的责任。"

童元亮道："那你有什么法子？难道你还能让我杀两名中国士兵，让日本人宽心不成？"

俞鸿钧说："肯定不能杀中国士兵，要是杀中国士兵，那咱俩成什么了？我的意思是，能不能找个……嗯，你懂的。"

童元亮道："这么大的事，你还想玩藏头露尾，让老子承担责任不成？"

俞鸿钧说："那我就直说了，能不能去监狱里找个马上要枪决的死刑犯？"

童元亮道："应该没问题吧。"

于是，二人就偷偷从监狱里提出来一个死刑犯，一枪崩了，再给尸体穿上机场守卫的服装，拉到冲突现场一摆。看好了，你们海军陆战队冲击我们机场，当场打死我们无辜卫士一名，无耻的日本人，你们必须给我们一个答复！

俞鸿钧与童元亮处于高度紧张状态，只想把事情弄复杂，拖延战事的爆发。但百密一疏，他们打死犯人时，用的是随意找来的枪支。一旦答应日方的要求，让租界方面介入验尸，待发现打死死刑犯的根本不是日本人的枪弹，那乐子可就大了。

造假如此粗心潦草，丝毫不讲究严密性，这回麻烦了。日方发现自己被愚弄，气得半死，军方立即下令进入战争状态。

1937年8月11日，27艘日本军舰开入吴淞口。

8月13日，淞沪会战爆发。

淞沪会战开局，第一天是日本人攻，中国军队守。日方海军陆战队6000人，使用立体战术，兵分两路，猛攻守在江湾的87师王敬久部，以及守在上海北站的88师孙元良部。

大战第二天，日本人守，中国人攻。

中国士兵全身上下挂满手榴弹，冲出掩体，迎着日本人的枪林弹雨，冲到近前，先丢手榴弹，然后拼刺刀。

地面上，双方杀得血流成河；天空中，空军绞杀成一团。日本空军从中国台湾松山机场飞来上海，让人怀疑还有没有后劲。中方空军基地就在杭州，以逸待劳，结果中方空军取得压倒性的胜利，一口气击落九架日本飞机，中方飞机无一坠毁。

接连九架日机被击落，上海人兴奋至极。街道上黑压压的人群追逐着飞机奔跑，一会儿手挽手齐声唱歌，一会儿群情激昂，齐呼口号。直到浦东的美孚油库中弹，烈火熊熊，浓烟滚滚而来，呛得上海父老咳嗽不止，数以百万计的人群才散去。

几乎人人都上了街，只有杜月笙躲在家里，挑了个即使有流弹飞进来也打他不到的安全地方。门外川流不息，不断有弟子急冲进来报告外边的消息。

万墨林则手持电话,拿自己当新闻发布台,不时把最新战况报告给杜月笙。

## ▰ 一声号令万人随

　　淞沪大战第三天,一张名片递入杜公馆,送到杜月笙面前。杜月笙一看,立即吩咐道:"快请,快请!"

　　一名中年男子走进来,中等身材,满身活力,鼻子超大,嘴巴不小,方头巨额,眼神有力。

　　这个人,此后一段时间,将拥有许多名字。但知情的人见到他,都会束手而立,恭敬地叫一声:"戴先生。"

　　戴先生就是戴笠,此人是抗日战争中永恒的传奇,他不走寻常路的奇异相貌,与他的历史地位形成绝配。

　　杜月笙急忙将他迎入密室。戴笠坐下,劈头一句:"我是有求而来。"

　　杜月笙说:"万死不辞。"

　　戴笠道:"我需要人手。"

　　杜月笙说:"要几多?"

　　戴笠道:"不少于一万人。"

　　杜月笙说:"戴先生,你是到我这里找军队来了?"

　　戴笠道:"没错,我需要一万敢死之士,分布于沪西、浦东、苏州河一带,以游击战的方式袭扰日本人。"

　　杜月笙说:"这有点难。旦夕之间,要让一万名白相人脱了绸衫,放下美酒,从此风餐露宿于荒野间,这真的不容易。"

　　戴笠道:"杜先生,容易的事又何曾轮到你我为之?"

　　杜月笙说:"也对。"

　　是日,杜月笙飞檄传书,召恒社弟子、青帮徒众,于法租界的三极无线电学校开始筹备此事。

　　两月成军。

　　这就是大名鼎鼎的苏浙行动总队,正式的名称叫"忠义救国军",总人数10,800人,分为5个别动大队:

　　第一支队由杜月笙的弟子何行健率领。何行健又名何天风,骁勇多智,率此队游击于浦东。

第二支队由"工运巨子"陆京士率领，部下都是热血劳工，游击于浦东。

第三支队由杜月笙的三大弟子之一朱学范统率，转入地下，秘密活动。

第四支队由军统特务张业统领，这支游击队最惨烈，与日军展开激战，2000余人全军覆没。

第五支队由军统特务陶一珊指挥，化整为零，转入地下。

忠义救国军的成员囊括了上海所有的行业，有脑满肠肥的业界巨子，有三餐不继的黄包车车夫，有风度翩翩的美少年，有坑蒙拐骗、无所不为的流氓瘪三。非常时期，各色人等，不分阶层，不分身份，共赴国难。

一声号令万人随，河山明灭骨成灰；春风桃李花开日，对此如何不泪垂。后人评述这段历史，无不感慨：民间也只有杜月笙才有如此大的号召力，能完成这惊世不朽之功业。

战争一旦开打，就无休无止。

上海战场上，中日双方军队迅速集结，源源不断，交火的战线越来越长。忽然有一天，上海人发现，淞沪一线竟有50万人正在交火，上海城变成一台恐怖的绞肉机，为上海开埠以来头一回。

杜月笙倾尽家产，训练自己的门人弟子为这场空前的大战做准备。此外，一有大部队开过来，他就跑去劳军。

前敌总指挥张治中到了真如，杜月笙率领工商界的大队人马急忙赶过去，问张治中："总指挥，你这边还缺什么？"

张治中道："什么都缺，多么厚实的家底也不够打。如果你能帮我弄些交通、通信器材，譬如电话机、机器脚踏车一类的传令工具，那最好不过了。"

"好！"杜月笙立即回来，吩咐手下，"用我私人的钱，火速去买1部电话总机、10部分机，还要4辆机器脚踏车，我要求你们连夜送到张将军处。"

不一会儿，手下回报："杜先生，办不到啊，电话总机，市面上根本没货，有多少钱也买不来。"

"什么？"杜月笙一听就急了，"想想办法，我答应了张将军，如果买不到，我岂不成了轻诺寡信之人？"

但买不到就是买不到，即使你杜月笙有天大的本事，也不可能买来市面上没有的东西。情急之下，杜月笙对正好坐在他对面的吴开先说："实在没办法，只好把中汇银行的电话总机拆下来用。银行没电话没关系，但前线必须有。"

这时候，突然有人跑来告密："杜先生，西门子洋行有一部电话总机，但听说已经订出去了，不卖给咱们。"

"不卖？不卖可不行。"杜月笙乐了，"这部电话机，我非买不可！"

很快，杜月笙手下找到能够影响西门子洋行的人，把电话给张治中将军送去了。

右翼军总司令张发奎到了浦东，杜月笙跑来问他："张将军，你还缺点什么？缺什么尽管说话，阿拉一准给你送来。"

张发奎向来极为讨厌杜月笙，见他跑来献媚，心里更觉恶心，但脸上没有表现出来，只是笑了笑："不缺什么。"

杜月笙说："不会吧？打仗这么大的事，怎么会不缺呢？"

张发奎道："确实不缺。"

杜月笙说："张将军不要见外，我杜月笙是真心的。"

张发奎道："知道了，知道了。"

热脸贴上了张发奎的冷屁股，把杜月笙心里的邪劲给激了出来。他这辈子最受不了的，就是别人对他的无视与冷淡。张发奎越是不理睬他，他越要露一手，非要感动张发奎不可。

于是，他很严肃地召开了一场智囊会议，专门讨论送什么东西，才会让张发奎眼睛一亮。最后，学了章荣初的法子，买了辆美制保险汽车给张发奎送去。

张发奎仍然对杜月笙冷若寒冰，但一见到这辆车，霎时间眼睛一亮，二话不说就收下了，钻进去奔赴前线。

此后，张发奎就坐着这辆豪车四处征战，其他将军都羡慕不已。但不知道为什么，张发奎始终讨厌杜月笙，从不肯告诉别人这车是杜月笙送的。

八路军驻沪代表潘汉年发现杜月笙是真心毁家纾难，于是找到他，说晋西北的八路军急缺防毒面具，问杜月笙能不能帮个忙。

杜月笙立即采购了1000副从荷兰进口的防毒面具送给八路军，且潘汉年得到了这样一张字条：

兹由本会勉力购赠荷兰新到防毒面具一千只……请即枉驾本会慰劳委员会接洽运输手续，以便早日送达贵军前线将士备用。

## 装疯卖傻不上钩

日军大步挺进,上海周边的中国军队逐一撤走。上海沦陷,已不可避免。

日本的谍报机关加快了行动,准备组织一个傀儡班子,出身黑道的杜月笙被日方视为最佳候选人。

第一个上门的,叫坂西利八郎。此人曾在张作霖处做过顾问。

他说:"杜先生,情况呢,我想你也知道,皇军占领上海,只是一个时间问题。有人说你杜先生会舍弃一切逃走,不与皇军合作。对此,我高度怀疑。"

杜月笙说:"你怀疑个啥呢?"

坂西利八郎道:"我怎么可能不怀疑呢?你有这么多老婆,个个都是美女,她们给你生了那么多孩子,听人说你根本记不住孩子们的名字。你的女人和你的孩子,读的是贵族学校,吃的是山珍海味,倘若让他们放弃这一切,我不知道杜先生如何向他们解释。"

"是啊,是啊,愁死人了。"杜月笙叹息道,"利八郎先生,说到美女,我杜月笙还是有点经验的,不妨与你交流交流。"

坂西利八郎说:"杜先生,我可不是来跟你说美女的。"

"啊?"杜月笙一脸惊讶,"真的不是吗?本人对此持高度怀疑态度。"

"八格牙路!"坂西利八郎气昏了头,踹门而走。

接下来,来的是土肥原贤二。此人凶名极盛,阴鸷狠辣,所到之处必有大灾大难。他长期在东北、华北活动,当地人闻其名而丧胆,甚至连婴儿都不敢哭泣。他还有个绰号,叫"东方的劳伦斯"。

土肥原贤二登门,气势汹汹地对杜月笙说:"杜先生,我对你的非理性冲动深表遗憾。"

杜月笙装疯卖傻,问道:"咋了?"

土肥原贤二知道杜月笙在装傻,道:"杜先生,你是个聪明绝顶之人,不要在我面前装糊涂。眼下的情形是,皇军正挥师进入上海,你杜先生是无论如何也走不掉的。你的家人过百,朋友过万,你的目标太明显,而你所犯下的错误又太多。如不能对这些错误有个理性的反省,我想会有不少人将为杜先生的失误而备感悲哀。"

杜月笙说:"说得这么怕人……阿拉犯啥错误了?"

土肥原贤二道:"杜先生,你是一只井底的青蛙。你的视线,受你的环境所限，你错误地估计了形势。或许你以为中国军队能有几分机会，所以不惜奔前跑后、出钱出力，为中国军队购置武器装备，给皇军造成了有限的杀伤力。对你这种毫无必要的敌意，皇军持高度怜悯态度。但你的愚蠢导致的后果，需要你拿出一个真诚的解决态度。"

杜月笙说："什么态度才算真诚呢？"

土肥原贤二道："以你当初破坏上海的百倍努力，服务上海，建设上海，让上海恢复它的生机，让上海的父老民众享受到乐土一般的生活。"

杜月笙说："我要是不答应呢？"

土肥原贤二凑过来道："杜先生，如果你是如此不智，那么你将会看到，你所犯下的过失都会被罗列，而代价必定是你所不能承受的。"

杜月笙说："威胁我？信不信我今天让你走不出租界！"

土肥原贤二放声大笑道："哈哈哈，杜先生，你还是担心一下自己吧。"

土肥原贤二扬长而去，杜月笙气得全身颤抖。可是，他料定土肥原贤二既然敢来，必然是有恃无恐，不会给自己机会下手。

## ◪ 为了利益，兄弟阋墙

土肥原贤二来后的第二天，一架日本飞机突然出现在杜公馆上空，不停地盘旋低回，惊得杜月笙肝胆俱裂。

杜月笙为了防止日本人真的对他下手，和姚玉兰搬到了一幢18层的公寓里。此后，青帮弟子就称姚玉兰为"18层楼太太"。

日方步步紧逼，中国军队力绌不支，杜月笙陷入极度惶恐。这时候的他，最需要知心朋友相扶相助。忽然有弟子跑来报告，久未露面的张啸林从莫干山回来了。

杜月笙大喜，立即去张啸林家中，想叙旧忆情。

可是杜月笙忘了，他杜月笙已不再是当年的杜月笙，张啸林也不再是当年的张啸林了。

细说张啸林这个人，实际上只是一个空壳、花架子，只是因为杜月笙欣赏他那种天生缺乏教养的放肆与张狂，才拉着他登上大亨之位。但这个位置，对张啸林的智力和能力来说，有点太高了。

可是张啸林并不这么认为，尤其是在杜月笙向工商业与银行业巨子的高度冲刺时，张啸林的心里产生了巨大的失落感。

张啸林孤零零地坐在原地，眼看着杜月笙步步登高，顿感心寒。他怨恨杜月笙不继续拉着他走，更憎恨那些无视他存在的人。他根本不相信什么能力、智力，他只相信权力。

当杜月笙觍着脸，不顾尊严地巴结南京要人时，张啸林在一边冷眼旁观。他宁肯把赌注押在张宗昌身上，也不相信蒋氏集团能给他什么机会。

事实上，他的判断确实没什么错误。蒋氏集团的密合度太高，以党代政，以暴易权，从一开始就将大多数人排斥在外。即使是杜月笙，也要费尽心机才能获得南京方面的认可。而张啸林这种草包注定不可能有丝毫机会。

"不给老子机会，老子就找别人玩。"

所以，张啸林先赴济南找张宗昌，后来又去了北平，但都未能捞到机会。正当他自怨自艾、自暴自弃地回到莫干山时，日本人登门而来。

从那一刻起，张啸林就决定跟着日本人干。除了日本人，再没有第二家拿他当回事了。

可是，跟着日本人干，是何等巨大的心理负担。单是"汉奸"这两个字，就足以让他万劫不复。

此时的张啸林想冲着整个世界大喊："妈了个×的，不是老子要当汉奸，是你们太不拿老子当回事！"

就在这时，杜月笙兴冲冲地跑了进来："啸林哥，你终于回来了，兄弟我想死你了！"

"哼！"张啸林慢慢地放下烟枪，睥睨着杜月笙。

他终于有了机会，可以对整个世界倾诉他的无奈和委屈。

杜、张决裂，在当时有一份极为重要的笔录。不太清楚是谁把这个过程记述下来的，但从这份记录所呈现出的国民心态和阴寒人性来说，它价值非凡。

当时的情况是这样的：

张啸林："月笙，你好像很忙嘛。"

杜月笙："啸林哥，忙点好，越忙身体越好。"

张啸林："是吗？"

杜月笙："啸林哥，前方的消息不大好啊。"

张啸林："干我屁事！"

杜月笙："啸林哥，东洋人来了，我们还能留在上海吗？"

张啸林："为什么不能？难不成东洋人还会打进租界？"

杜月笙："那倒不至于……"

张啸林："那你瞎咧咧个啥！"

杜月笙："可是，啸林哥，一旦东洋人占领上海，租界就沦为孤岛，我们兄弟两个总不能十年八年不出街啊。"

张啸林："你就算出了租界又怎样？"

杜月笙："只怕东洋人不肯放过我。"

张啸林："不做亏心事，不怕鬼叫门。你干吗怕东洋人怕成这个样子？"

杜月笙："啸林哥，我们可是中国人啊。"

张啸林："东洋人来了，你就变成外国人了？"

杜月笙："不是，啸林哥，你别曲解我的话，我是说我决不受东洋人欺负。"

张啸林："东洋人啥时候欺负你了？"

杜月笙："啸林哥，你听不到外边呼啸的炮弹声吗？"

张啸林："只要炮弹不落在我头上，就不会耽误我开心。"

杜月笙："啸林哥，我意已决，无论如何咱们兄弟都要在一起，这是你我结拜时的誓言，生同衾，死同穴，一辈子也不分开。"

张啸林："现在你想起我来了？"

杜月笙："啸林哥，我何曾忘记过你？咱们走吧。"

张啸林："走也罢，去哪里？"

杜月笙："香港！"

张啸林："你在香港有田？有地？开得有银行？办得有工厂？"

杜月笙："这些没有，可是中央政府会……"

张啸林："中央政府会给你几个钱？"

杜月笙："啸林哥，你知道兄弟我是没有做官的命的。"

张啸林："那你让我跟你去香港跳海？"

杜月笙："少年子弟江湖老。啸林哥啊，在家靠父母，出外靠朋友……"

张啸林："我这辈子从来没靠过父母，我吃的、用的、玩的、花的，都是我自己赚来的。"

杜月笙："就是说嘛，即使到了香港，我们也可以重新开始。"

张啸林："杜月笙，你为什么睁着眼睛说瞎话？我张啸林跟着中央政府的时间还短吗？他们禁了我的烟，禁了我的赌。行，这些我不计较。你中央政府不让我赚钱，那我就不赚，我就躲在租界里，小来小去，穷吃寒喝，这总该行了吧？我已经被你们弄到这田地，还不够吗？还不肯放过我吗？"

杜月笙："啸林哥……"

张啸林："贤弟啊，今天我叫你一声贤弟，纵然我早有心要桥归桥，路归路，可如今你一脚踏进大西洋，有些话如果再不说出来，就是我这个曾经的兄长对不起你。"

杜月笙："啸林哥，你请说。"

## 不过是个美好的误会

张啸林道："兄弟啊，你喜欢名，打骨子里最害怕别人瞧你不起。你打拼到现在，名气总算是有了。如今这海内海外，提起你杜月笙，不知道的人又有几个？但是兄弟啊，让哥哥我来问问你，你除了一个空名，还得到了什么？你银行开了几家，厂子也不止一处，可这些产业，哪个真的是你的？说句不好听的，你这不过是自己出钱出力，替人家忙碌劳作。还有，清党那年，愚兄我陪你玩枪，率万名共进会成员，夜攻纠察队，那一年你就欠下了300万大洋的债。从那时开始至今，哪一年你不是拆东墙补西墙？哪一年你不是又背上300万、500万的债？你现在人在上海，还可以通融商量，一旦你跨出上海一步，时势倒转，声望尽跌，还不知有多少只手向你伸过来，到时候你何以自处？"

杜月笙哈哈大笑起来："啸林哥，还真不怕你笑话我，哥哥你说的，正是我杜月笙这一生自诩之处。钱财用得尽，交情吃不光。啸林哥，你可是眼睁睁地看着呢，我杜月笙之所以能够在上海打出这片天地，靠的不是钱，而是交情！"

张啸林："这就奇怪了，你打天下靠交情，怎么碰到东洋人，这交情就不管用了呢？"

杜月笙："啸林哥，你这就是明知故问了。"

张啸林欠身向前，声音充满了真诚："我咋就明知故问了呢？我就弄不明白了，东洋人到底怎么你了？你就跟我说一句：东洋人跟法国人到底有什么区别？我们能够跟法国人友好相处，交成朋友，为什么跟东洋人就不行？月笙，你可曾想过，东洋人来了，全中国就变成了一个大租界，到那时候，你、我，还有金荣哥，还有无数始终不离不弃的老兄弟，我们也许可以再开一家比三鑫公司大上十倍、百倍、千倍的公司呢？"

杜月笙沉默半晌："啸林哥，你知道那是不可能的。"

张啸林："怎么就不可能？你改行当和尚了？老僧入定了？吃斋念佛了？"

杜月笙不语，眼前的张啸林仿佛在激荡的大潮中迅速离他远去。他想伸出手把自己的好兄弟拉回来，可他听到的只是张啸林带有几分伤感的声音："好了，月笙，我们不必再往下谈了。人各有志，无法强求，归根到底，我们不是同一类型的人。所谓兄弟，不过是个美好的误会；所谓情义，不过是我们孤独的心生出来的幻觉。我们冷啊，月笙，这世界寒风凛冽，我们实在是太冷了。原以为我们会抱团取暖，但最终，我们抱在怀里的只是我们自己。只是自己而已。"

"啸林哥！"杜月笙潸然泪下。

张啸林站起来，走到杜月笙面前，把手搭在杜月笙的肩膀上，继续说道："月笙，你要远走，我能对你说的，无非一句俗话了：物离乡贵，人离乡贱。你两眼不观井中水，一心只想跳龙门。兄弟啊，你要小心，谨防剃头挑子一头热，千万不要热脸贴了人家的冷屁股。"

杜月笙哽咽道："啸林哥，我想不会的……"

张啸林转过身，肃然道："会或不会，又有什么区别？那毕竟是你自己选择的人生，如鱼饮水，冷暖自知啊。"

说到这里，两人沉静了片刻，张啸林道："月笙，你什么时候走？让我给你饯个行吧。"

杜月笙苦笑道："啸林哥，只是个想法而已，八字还没一撇呢。"

张啸林失笑道："从这一刻起，我们就已经彼此疏远，互相提防了吗？"

杜月笙道："啸林哥，你多虑了，我们兄弟已非一日，这么多年了，兄弟我在你面前何曾有过一句假话？"

"倒也是。"张啸林肃声道，"要说的话，今日终于说尽了。从今往后，不论你我际遇如何，我们总算是做到问心无愧，彼此对得起对方了。"

杜月笙站起来，踉跄而出。

昔日生死相依，今日竟成路人；昔日性命相托，以后或为寇仇。

杜月笙早就知道是这个结果，但当这个时刻真正到来时，他仍然无力承受，因为实在太过残忍。

这就是世界赠予他的努力的结果。

## 临危受命，视死如归

杜月笙病了，躺在床上，气息奄奄。

其实并不是病，而是与张啸林的情断义绝压垮了他那颗原本就脆弱不堪的心。

脚步声起，陆京士走了进来，杜月笙的眼睛顿时有了点精神。

他在这个世界上已经没有兄弟了，有的只是像陆京士这样年轻而优秀的学生。每次看到陆京士，杜月笙的心就激烈地震颤，感觉到自己迅速流逝的生命之河正在这些年轻人的生命中流淌。

他问道："京士啊，你行色匆匆，有什么要事吗？"

陆京士走到床边坐下，目视闲人退出，才低声说道："先生，命令下来了，我们三个支队全部集中，有重要的作战任务。"

"作战？"杜月笙脸上挤出几分惨笑，"京士啊，你们忠义救国军全都是民间老百姓，许多人是生平第一次摸枪，又没受过正规的军事训练，也要投入前线作战吗？"

"是的。"陆京士正色道，"我们奉命全线出击，掩护正规军撤退。"

"什么？！"杜月笙胸口一闷，眼前顿时漆黑，"中央政府不要这样缺德好吗？你们正规军是干什么的？是保护国家、保护老百姓的。可你们打不过日本人，临逃走前，竟然让老百姓上前线掩护你们逃跑。这是人干出来的事吗？"

杜月笙忽然想起张啸林对他的讥刺，心像针扎一样刺痛。

**那些尊敬他，视他为长者，对他言听计从的弟子，他们那年轻滚热的鲜血将洒满这上海滩头。更为悲哀的是，他们的牺牲无人知道，他们的惨烈付出注定将被永世埋没。**

**他们知道这些，但仍然义无反顾。**

杜月笙长长地吸进一口气，慢慢让心情平复。他不能流露出丝毫不满，不能让自己的心情影响到陆京士。他的嘴唇艰难翕动，喃喃地道："如此说来，上海失守就在眼前了？"

陆京士的脸上露出苦笑："是的，先生，虽然只有三个月，但已经让日本人吃尽了苦头。他们声称要在三个月内解决中国，可仅仅是我们上海，就足足守了三个月。现在全世界都看到了，我们的武器装备很差，我们的战士甚至没有受过军事训练，但我们不会屈服，我们会死拼下去。"

陆京士说完了，杜月笙不知该说些什么，静默良久，才问道："京士，南市的防线在哪里？"

陆京士道："近在咫尺，与先生的家只隔了三条马路。"

"这么近？"杜月笙大为吃惊，"那我在家里，躺在床上，就能够看到你们打仗了？"

陆京士道："没错，先生。"

杜月笙费力地喘息了一会儿，说道："京士啊，你们虽然是普通百姓，但接到军令，上了前线，就是军人了。就像戏台上演的，军令如山，从此奉军令行事，这可不是闹着玩的。"

陆京士笑道："正是这样，先生。我已经对兄弟们训过话了，我说我们此刻成了军人，上峰命令我们去死，就决不可以偷生。倘若有胆子小的兄弟打起仗来吓得要逃走，我只要发觉了，就对不起了，立即枪毙。"

陆京士这番话，听得杜月笙心里难过无比。他欠身坐起，拍着陆京士的肩膀，说道："你是国家有用的人才，我不会让你轻易牺牲。京士，你放心，到最后关头，我一定会有妥善安排。"

这是他对最亲爱的弟子的一句承诺。只是他万万没有想到，要求他将这句承诺兑现的时间，到来得竟然如此之快——仅仅三天。

## 师徒同心救国难

1937年11月9日，淞沪之战。

这一天，日军陆续增援的第三师团、第五师团与第九师团向中国军队的防线展开全面进攻。与此同时，中国军队接到撤退命令，全线转战。

由何天风、朱学范、陆京士三人所率领的恒社弟子、杜氏门人，全面进入阵地，接替了正规军的防御线。

当战争进入白热化时，杜月笙和他的家人、朋友登上楼房，远眺杜门弟子于战壕中被武装到牙齿的日军残酷碾压。

弹飞如雨,浓烟滚滚。日军的每一次冲锋都把杜月笙的心撕扯成一片片,他的弟子在牺牲、在流血,被流弹击碎脑壳,被刺刀活活挑死,被坦克碾得不复形体,被日军飞机丢下的炸弹炸得残肢满天。可是他什么也做不了,只能远远地看着。

战事持续了整整一天一夜,日军的飞机轰炸和重炮始终没有丝毫停止的趋势。整个繁华的南市已经被摧毁,夷为一片平地。

战事进入第二天,日军的攻势更加凶猛,大有顺势直取全上海之意。忠义救国军仍在顽强抵抗,虽然死伤累累,但他们宁死不退,严重影响了日军的判断力。日本人无论如何也料想不到,阻挡在他们前面的其实只是一群乌合之众。

战事持续到第二天下午,正在上海布置全面计划的戴笠忽然拍了一下自己的脑袋,说道:"糟了!疏忽了一件事,可千万别让杜月笙知道。马上派人去买20,000个面包,给杜月笙的徒子徒孙们送过去。唉,只顾安排他们打仗了,忘了让他们吃饭。还有,国难当头,饭也不能白吃,给忠义救国军送200面战旗去,让他们全部插上,迷惑日军。"

忠义救国军啃着面包,遍插战旗,迎来了第三天的战事。

日本人的耐性到了尽头,攻势更加凶猛。炮弹声不绝于耳,冲锋的时间间隔越来越短。杜月笙在楼上像热锅上的蚂蚁一样急得团团乱转,虽然他不懂战争,但也能感觉到,这是他的弟子们最后的时刻了。

这时候,万墨林急急地走上来说:"先生,京士兄的太太来了。"

杜月笙道:"快请!"

杜月笙一边说,一边迎出。满脸惶急的陆太太走进来,刚要开口说话,杜月笙就制止了她:"陆家嫂,你不需要说。我杜月笙的儿子可以牺牲,但我决不会牺牲陆京士这样的人才。"

陆太太泪流满面:"杜先生,你已经这样说了,我就不说什么了。只希望你能够救回京士,让他平平安安地回来。"

杜月笙不理会,走到一边,叫过万墨林:"你安排一下,我要立即和戴先生通电话。"

不一会儿,电话打通了。杜月笙抓起电话,说道:"戴先生,我想知道前线的情况。"

"哦,"戴笠回答,"我军大部业已撤走,转进计划算是圆满完成。"

杜月笙立即接上说:"那么,如果继续打下去,又会怎么样呢?"

戴笠道:"我也不希望苏浙别动队全部牺牲,但现在前线的情形,杜先生你也知道,他们似乎已经撤不出来了。"

杜月笙说:"能,他们至少还有一条路。"

戴笠道:"往哪里撤?"

杜月笙说:"法租界。"

戴笠那边停顿了一下,说道:"撤退命令已经下达,苏浙别动队应立即放弃阵地,向法租界撤退。"

接下来,戴笠又说了一句话:"我现在就派人把撤退命令给你送过去。"

"给我送过来?"杜月笙目瞪口呆。

他这才知道上海已经弃守,忠义救国军也被放弃,连个给他们送命令的人都没有了。如果不是杜月笙打这个电话,这些热血青年就只能自生自灭了。


## ◪ 挣的不是钱,而是人

撤退命令很快送到了杜公馆。送信的人进来,杜月笙一瞧,顿时目瞪口呆:竟是宋子文。

这个上海撤军,玩得有点大。正规军先走了,把什么戴笠、宋子文等要人全撤在这里了。日本人可是分分钟就会冲进来,虽说这些要人身边也不乏精兵卫士,但胆子大到这个程度,确实有些让人惊讶。

这就难怪苏浙别动队被撤在战场上没人管,一旦撤退,就是千头万绪。戴笠、宋子文等人既要安排撤军,又要处理断后事宜,忙到了连逃命都顾不上。

杜月笙顾不上细说,马上叫来一个为人机灵、懂得武术的弟子,吩咐他小心从事,以最快的速度把撤退命令安全稳妥地送到南市十六铺招商局码头的苏浙别动队指挥部。

然后,杜月笙亲自去找法国总领事,要求他允许撤下来的别动队成员进入租界,并给予保护。

总领事答应了,但有个条件,撤退下来的别动队必须先缴械。

杜月笙回答:"那当然。"

然后,他匆匆赶回,飞檄传令,尽召没有上前线的门人弟子,让他们统统去南市沿线，接应照料撤退下来的兄弟。

何天风的第一支队撤下来了，他们一个个衣不蔽体、满面熏烟、疲惫不堪地进入法租界。法国士兵和巡捕立即上前，收缴他们的枪械。随后，恒社弟子急忙上前，带他们就近喝水吃饭。租界的医生全被叫到这里，给那些伤残的兄弟迅速包扎治疗。

接着是朱学范的第三支队。

第四支队的人却一个也没回来。他们奉命由沪西挺进苏州河北岸，占据战场要点，掩护正规军撤退。等到正规军撤走，他们已经被日军重重围困，2000余名青帮弟子，无一投降，悉数战死。第二支队和第五支队只撤退出来一部分。

最让杜月笙惊恐的是，担任第二支队队长的陆京士却毫无消息。陆太太泪如泉涌，伤恸欲绝，当着杜月笙的面，又不敢哭出声来。

杜月笙铁青着脸，说："陆家嫂，你不要着急，我一定会有办法救回京士。"

于是，他发布命令，派出两只小火轮，命其冒着枪林弹雨驶往浦东的美孚油栈码头，并对派出去的人说："我不管你们用什么办法，付出多少代价，我只要陆京士回来。如果你们没有办到，那你们也不必回来了！"

陆京士究竟哪儿去了呢？

此时，他正带着两个亲信伙伴，各持双驳壳枪，于南市的残砖断瓦中寻找失散的别动队成员，传递迅速撤回的命令。慢慢地，他已经找不到自己人，却听到日本兵的说话声。

此时的南市已是日本人的天下，陆京士三人陷入日军的重重包围。

三人持枪突围，边打边向江边的方向奔逃。逃到江边，看到自家的小火轮，就知道这是杜月笙派出来接他们的。三人立即跳江，小火轮上的人扔下缆绳，把他们拉了上去。小火轮沿江而行，抵达外滩的洋行码头。陆京士换乘汽车，回到了杜公馆。

侥天之幸，救回了陆京士，杜月笙兴奋得满脸红光。他挤在陆京士太太前面，死死地抓住陆京士的手，不肯松开，反复念叨："京士你回来了，京士你回来了。"

说罢坐下，泪如泉涌。

恒社弟子今何在，伤心血泪祭河川；万古千秋忠义梦，一朝惊破水中天。南市万余名弟子强阻日军，血战三天三夜，让杜月笙元气大损。诚如他在张啸林面前所说，他这辈子挣的不是钱，而是人，挣的是这万余名甘愿为他效死的弟子之心。

求仁得仁,又有何怨?

上海沦陷,日军入城。日本侨民都疯了,冲到尘烟未尽的长街上载歌载舞。中国百姓满脸痛苦失落,袖着手躲在门后看。

这是上海城开埠100多年来第一次沦陷。这究竟意味着什么?没有人敢认真地想一下。

日军入城当日,杜月笙的一个多年老牌友翩然而至,进门来,开口就说:"杜先生,皇军托我给你带个话。"

杜月笙大骇:"你这浓眉大眼的,也叛变了?"

对方道:"我叛变有什么稀奇的?下一个就是你。"

杜月笙不吭声,对方继续道:"杜月笙,咱们把话说开了。你坐镇上海,威风八面,凭的是什么?不就是青帮中上万名甘愿效死的弟子吗?可是,中央政府将他们置于南市前线,最后回来几个人?现在,你也应该老成一点,别像个冲动的年轻人一样打打杀杀了,你就老实地坐在这里,听听皇军对你说什么。"

杜月笙说:"你说,你说,我又没拦着你。"

对方道:"皇军的第一句话是,昨日皇军已经进入高桥,头一件事就是派一队宪兵去保护杜家祠堂,禁止闲杂人等骚扰。"

杜月笙恍然大悟:"果然是高妙的诱擒之计,日本人是算准了我在离开上海之前肯定要去祭告先祖,他们正好在祠堂里将我横拖竖拽,强行捉走。"

对方失笑道:"杜月笙,你长长心吧。皇军的第二句话是,沿江一带已布下重兵,十六铺和杨树浦两边都有大队的日本兵把守,以严防杜先生等人出境。皇军这话说得还算客气,我看他们的意思,是准备在必要之时,不惜闯入租界,也要让你留下来。"

杜月笙不明所以:"日本人干吗非要留下我?"

对方说:"当然是让你做正事啊。皇军那边已经拟定了上海市民协会成员名单,你是会长。瞧瞧,皇军对你多够意思!会员嘛,无非王晓籁、陆费伯鸿、荣宗敬、姚慕莲、尤菊荪,等等。还是原来的老伙计,还是原来的配方,还是原来的味道。"

杜月笙哈哈大笑起来:"老伙计个屁!那王晓籁鬼精鬼精的,昨天就跑上船了,估计现在都快到香港了。"

对方道:"你一个杜月笙顶800个王晓籁,他走不要紧,你在就行了。对了，怎么还不给我上茶？"

杜月笙说："送客……算了，墨林，给他上茶吧。"

## 不可不走，不走不可

送走来人，杜月笙立即带陆京士、朱学范、徐采丞三名心腹弟子进入密室。

杜月笙先开口："两个问题：走不走？如何走？"

陆京士立即接口："走不走，其实就是如何走。"

朱学范立即跟上："如何走，就没必要再说走不走。"

徐采丞也来了一句："倘若问走不走，何来如何走？"

杜月笙差点气哭："你们仨……都这节骨眼上了，还扯皮，想气死我啊？！好好说话不行吗？"

陆京士道："老师，都这时候了，那就干脆点，三句话：第一，非走不可，不可不走，不走不可。第二，大家每人备一皮包，放在手边，说走就走，一旦说走，决不回头。第三，走则走矣，不可乱走，时机不到，坚决不走；时机来临，如飞疾走。"

徐采丞看了看杜月笙凝重的脸："老师，你如何走？独走走，抑或众走走？"

朱学范赶紧踢了徐采丞一脚："别玩了，再玩老师可要哭了。"

杜月笙已经欲哭无泪，说："金荣哥说他年纪大了，受不了颠簸之苦，有死而已，走则不走。隔壁的啸林哥已经走火入魔了，我们的事，第一个要防的就是他。金廷荪金三哥呢，有些犹豫不决，他舍不得万贯家业啊。"

朱学范立即问道："顾先生他们几位呢？"

他问的顾先生，是"小八股党"中排名第一的顾嘉棠。顾氏在青帮中威信极高，甚至已经超过杜月笙，帮中兄弟恭称其为"顾叔叔"。此人走或不走，都将对青帮的政治走势产生决定性影响，所以朱学范才有此一问。

问到顾嘉棠，杜月笙顿时扬扬得意："顾嘉棠、叶焯山他们这些人，大上海的公馆、财产、金银，统统不要了，要赤手空拳跟我走遍天涯海角。"

杜月笙这人有个特点，一兴奋起来，脑瓜特别灵光。讲到"小八股党"愿舍弃财富追随，他顿时感觉自己做人非常成功，一兴奋，智商骤然飙升，说道："我有点醒过神来了，日本人派重兵扼守十六铺租界码头，恐怕不是为了防我一人吧。"

徐采丞哈哈大笑起来，他在市党部工作，内幕实情，比杜月笙知道得更多，这时候就说道："爷叔好快的反应，没错，租界里还有好些个大佬，宋子文、俞鸿钧、钱新之、胡笔江、徐新六。这些大佬，日本人随便捉到哪一个，都是惊天动地的大功劳。"

"哈哈，"杜月笙大笑起来，"那我就不担心了，这么多大佬都在这里，这就是戴笠的差事了。我绝对信任戴笠，他会安排我跟大佬们一起走的。"

三名弟子笑而不答，杜月笙就知道自己没有猜错，当下忧心道："我没问题了，问题是你们几个，打算怎么个走法？"

陆京士道："我们目标不明显，走起来容易。我打算先到宁波，坐火车去长沙，转汉口。学范则直接去香港。"

"很好。"杜月笙微微颔首，"时间不早了，你们回去准备吧。中央政府迁到四川，我往后肯定是去重庆。今日别过，把晤（握手晤面）之期，相信不会太远。"

杜月笙流泪与三名弟子告别，呆坐静室，无限伤感。

这时候，戴笠的电话打了进来，言简意赅："船票买好，'阿拉密司'号，法租界码头，明晚上船。"

接到电话，杜月笙感觉轻飘飘的，感觉自己已经突破了实业巨子的境界，晋升为党国要人。与宋子文、俞鸿钧一起，由戴笠亲自搭救，这荣誉足够他炫耀一辈子。

从房间里走出来，他忍不住把这个消息告诉家人，家人顿时炸开了锅。

谁不知道，此时从杜公馆门口到法租界码头，沿途有多少日本的浪人、密探、特务和宪兵，那些人全都虎视眈眈，严防杜月笙脱逃。只怕他一出门，就会被日本人发现扭走，根本没机会走到码头上去。

所以，家人建议他马上化装，化装成老人或者干脆化装成女人。

这个建议立即被他的弟子们否决了。弟子们认为，化装潜逃本身就不安全，而且有辱师尊名誉，莫不如广传檄令，尽召杜门弟子，来个万儿八千人不在话下。届时众弟子人手一支长枪，护送杜月笙前往码头，沿途但有阻拦者，鬼拦杀鬼，佛挡杀佛，必可保得杜月笙安然登船。

还有人提出更切实可行的第三种方案：敦请法租界的军事武装实行戒严，防范日本人进入，保护杜月笙逃走。

听着这许多人吵吵嚷嚷，杜月笙生气地把手一挥："吵什么吵？！告诉你们，我是不会化装的，也不需要保护。到了点我就一个人过去，我就不信走不了。对了，刚才你们说到戒严，咱们家里还真应该戒一下严。你们再这么大声嚷嚷，被隔壁张啸林家听到，那我可就真的走不成了。"

家人一听这话，就被吓住了，再不敢出声争执。

第二天下午，杜月笙把万墨林叫过来："墨林啊，咱们家里……这个，你懂的。"

万墨林说："回爷叔的话，咱们家欠人家的钱，超过了200多万。"

杜月笙叹道："好像欠得不少啊。"

万墨林说："爷叔，不是不少，是好大一笔啊。"

这应该是万墨林第一次公开表示不满。此前，杜月笙虽然负债累累，但每天仍是日进斗金，万墨林作为一个管家，应付起来轻松自如。可现在，杜月笙要走，再也没钱进来了，而这么多的欠债还要还。债主们登门，首先要找管家万墨林。所以，万墨林才有此一说。

杜月笙也很尴尬，情急之下，冒出一句："墨林，你信不信等我回来，最多换只金痰盂就能够把欠债还上？"

"信，我信。"万墨林低眉说道。

杜月笙又问："那我这些日子以来陆续吩咐你的事体，记住没有？"

万墨林道："记住了。"

杜月笙说："还有很多事，我一时想不起来了。总之，你就当我根本没走，就当我还在家里。以前怎么办，现在你还怎么办就是了。"

万墨林道："是咯，爷叔。"

然后，杜月笙站起来，随手招呼了一个仆役："跟我出去走走，我心里有点烦乱。"

然后，他就带仆役上了汽车，在租界里转来转去，不一会儿就转到了码头附近，说："我们现在上船。"

仆役大惊："老爷，家里人怎么办？"

杜月笙惨笑道："不这样，我们谁也走不了。"

登船。

## ◧ 捞人是为了减少汉奸

杜月笙上船来,只见宋子文、钱新之、胡笔江、徐新六等诸大佬皆在。只有上海市市长俞鸿钧临开船时才紧急赶到,但也没耽误上船。

船很快就开动了,众大佬于舱中热烈欢呼,虽然话不能明说,但对戴笠如此强的组织能力无不感到满意、震惊。

船行疾速,不一日就到了香港,杜月笙住进了九龙半岛饭店。没两天工夫,他就成了香港报界喜出望外的新闻材料,无数记者跑来,堵在他的客房门口,搜集他的异事。

什么异事呢?原来,杜月笙睡觉时有一堆怪毛病。此前在他的杜公馆,他是大老爷,毛病再多再怪,也是正常事体。整个杜公馆的运行,就是以他的毛病为中心,力图让他舒服。但在九龙,他不过是个普通房客,这些毛病就没人惯着他了。

他睡觉时,房间里必须有人在,男人女人无所谓,总之他不习惯一个人睡。如果房间里只有他一个人,他就疑神疑鬼,不时地尖声惊叫:"谁?你怎么钻我房间里来了?你想干什么?你为什么不说话?来人啊,救命啊,我的房间里闹鬼了……"

服务生听到尖叫,飞跑过来,打开房门一看,只见杜月笙裹着被子,全身瑟缩成一团,指着房间里的阴影大喊有鬼怪,把服务生笑到肚子疼。

还有,杜月笙入睡前,必须有个人用温柔的小拳头不紧不慢地给他捶腿。他只带一个仆役逃到香港,就是让人家给他捶腿的。饭店服务生发现这事,稀奇不已,叫了许多人来看"怪物"。来的人多了,把记者也招来了。杜月笙就这样成为当时香港报纸上的乐子。

这些逗乐新闻不幸被日本人看到,日本人大骇,他们已经在杜公馆附近层层布防,布下了连飞鸟都逃不出去的监视罗网,如果不是看香港报纸,根本不知道杜月笙已经走了。

第一个倒霉的,是负责监视杜月笙的特务小队。那几个日本人拼命惨叫,感觉自己太委屈。那一天他们确实看到杜月笙出门了,可谁料到这厮没心没肺,老婆、儿女说扔就扔,这是人干出来的事吗?

报复开始,从中汇银行和恒社这两个杜氏门人集中的窝点开始,日本人对杜月笙的弟子进行了无差别随机抓捕,每天随便抓捕几个,拖到日本特务机关进行严刑拷打，轻者肢残体烂、终身残疾，重者死活不知、人间蒸发。

每当有弟子门人被捉或死残的消息传来，杜月笙都要顿足捶胸，不停地痛哭流涕道："是我连累了他们，是我连累了他们啊！"

杜月笙更害怕日本人绑架他的家人以此作为要挟，就命令弟子安排护送事宜。可他家里人的毛病丝毫不比他少，首先正妻沈月英死活不肯离开鸦片榻，说被日本人掐死，她也能接受，让她放下大烟枪出门，她坚决不答应。

沈月英不走，大家就得劝她。她却越劝越不肯走，劝到最后，大家终于崩溃了，随她去吧。杜门弟子安排道上兄弟，护送姚玉兰、长子杜维藩、女儿杜美如和几个年龄小的孩子去香港与杜月笙会合。

年关，杜月笙在香港如坐针毡。上海的家人、朋友分道陆续逃来，太多的嘴巴都要吃饭。张啸林当初对他的警示如今都成了真。

杜月笙坐困愁城之时，戴笠飘然而来，见面就问："几天前，我让人问问你的意思，是不是出来担任个职务，你怎么考虑的？"

杜月笙答："我已经答应了，现在正组建赈济委员会。"

戴笠说："好，杜月笙同志，现在我任命你为赈济委员会常务委员，兼港澳救济区特派委员、第九区特派员。"

杜月笙道："阿拉总算也混成同志了！对了，戴先生，我这个委员、特派员是做什么的呢？"

戴笠说："首先，中央政府会专门拨给你一笔经费，一笔多到超乎你想象的巨额经费。"

杜月笙道："这个我喜欢，最好能再多给点，阿拉现在穷到夜夜悲哭。"

戴笠说："其次，你的工作是捞人。"

杜月笙道："我这辈子都在捞人，这次咱们捞哪个？"

戴笠说："先捞躲在北平六国饭店12年之久的段祺瑞时代的失势安福系要人。那些人有三个共同点：名气大、影响大、官瘾大。你若不快点捞，他们统统都是大汉奸！先捞段祺瑞。"

1938年，51岁的杜月笙捞人于香港。

他派"千王之王"吴家元帮自己往外捞人。

这位史上排名第一的老千，已经愉快地骗了杜月笙十几年，他还将更愉快地继续骗下去。杜月笙被骗了14年依然甘之如饴，是因为杜月笙根本不知道吴家元的千术之秘。人类的弱点就是这样，遇到极高明的骗子，骗你一辈子，你也不明就里，这种状态下不会有愤怒，只有钦服。

吴家元不只骗杜月笙骗得顺风顺水，骗日本人也骗得如鱼得水。日本人一遇到他，就会被骗到彻底呆傻，尤其是日本三大特务机关：松、竹、梅。这三大机关天天在中国玩骗术，但遇到吴家元，顿时佩服不已。所以，他可以自由出入华北沦陷区，替杜月笙把安福系要人捞出来。

首先捞的是有三造共和之功的前大总统段祺瑞。这人不好捞，日本人对他势在必得，蒋介石读军校时，他是校长。吴家元赶到华北时，惊异地发现还有一股神秘的第三势力，也视段祺瑞为囊中之物。

这股第三势力，就是前清废帝溥仪。

溥仪约段祺瑞在天津喝茶，段祺瑞欣然赴会。但临到双方会面，出麻烦了，溥仪认为自己是前国家元首，段祺瑞应该对他行跪拜之礼；段祺瑞却认为自己才是民选的前国家元首，溥仪应该站在门外，听到传唤后入内觐见。

溥仪和段祺瑞为了谁是老大争吵起来。混乱中，蒋介石派的飞机悄然飞到，不由分说，拖了段祺瑞就走。

段祺瑞成功被抢出来，余者比他略小的人物就留给杜月笙了。

杜月笙拿戴笠给他的公款在九龙柯士甸道买了幢三层小洋楼，家里摆开了流水宴，用来宴请被"千王之王"吴家元抢出来的人，这些人包括段祺瑞执政府时代的司法总长章士钊、交通总长曾毓隽、财政总长贺德霖、外交总长颜惠庆、陆军总长吴光新、临时参政副议长汤漪。

这等于抢出来一个完整的政府班子，段祺瑞内阁在香港满血复活，留给日本人的是三四只小猫。

在上海，杜门子弟转入两大战场，开展特工战与游击战，继续与日本人周旋。

杜月笙推荐了他的得意门生陈默出任军统上海工作站行动组组长。陈默上任之初，杀人立威，先行刺杀了"强盗律师"范罡，拉开了上海特工战的序幕。

当初从南市前线撤退回来的忠义救国军中，相当一部分人转型为特工，专职杀人。还有一部分人是浦东地痞、盗匪与盐枭，对杀戮有一种病态的痴迷，他们拒绝解散，戴笠就让他们继续留在浦东打游击。

杜月笙只顾抢华北的要人，却疏忽了自己的老朋友。时任正始中学校长的陈群陈老八，因杀张君毅而开罪于蒋介石，被南京政府彻底抛弃。从此，陈群知道，在蒋介石这边，他永远不会有机会了。此番杜月笙一逃，他就彻底没人管了，趁此机会投靠了日本人，在日本人筹建的南京伪政权中抢了个内政部部长的位子坐。

杜月笙的另一个弟子吴绍澍与陈群是同一类型的人，都是能力奇高、品德奇坏。他在这一年的7月间突然反咬一口陈立夫，咬得陈立夫狼狈不堪。而后，吴绍澍转入康泽系的少壮派阵营，获得张治中的赏识。张治中命其赴上海，秘密负责团建。

上海的特工战突然打响，令人惊讶的是，军统对此竟然始料未及，手忙脚乱，吃了大亏。

1938年8月13日，一批军统特工人员乔装成各色百姓，从秘密联络站出来，正要分道而走，一辆汽车突然狂奔而至，窗口架起几支美式连发枪，这些特工人员顷刻之间被弹雨扫灭。

同一时间，青帮实力人物陆连奎赴中央饭店的饭局，刚在门前下了车，正大步往饭店里走，突然，一个背对着他正在清扫垃圾的工人转过身来，叫了声"陆老板"。

"啥子事？"陆连奎本能地一扭头，看到一个黑洞洞的枪口正对准他。他反应疾速，拔腿就跑。但子弹更快，将其当场击倒。

还是这一天，法租界探长曹炳生接到报案电话，立即赶赴现场，下车后正穿行马路，道路两侧几个面目不清的人同时举枪，曹炳生立时殒命。杀手们收枪离去，竟无一人看清楚他们的面容。

这一连串的刺杀事件，有的是军统被杀掉，有的是当事人被军统杀掉。但不论是被杀掉的军统还是被军统杀掉的人，几乎个个都是杜月笙的朋友。国难当头之际，昔日的朋友分化成不同的政治阵营。这一连串刺杀只是开胃菜，随之而来的才是特工血战的正菜。

杜月笙不管对方的政治立场如何，听到朋友的死讯时，唯有垂泪。

## 忍看朋辈成新鬼

51岁那年，是令杜月笙悲伤的一年。先是与他一同逃港的要人胡笔江由香港飞往重庆途中遭到日机拦截，机毁人亡。

接下来，杜月笙终于理解了正妻沈月英为什么执意不肯离开上海，因为她知道自己命不久矣。这一年,她死在鸦片榻上。她的儿子杜维藩读书读到缺心眼,居然从自己大腿上割下来一块肉,煲汤给母亲喝,除了自己大腿上留下一条刀疤外,没有任何效果。

再接下来,轮到了银行业"圣人"徐新六。他和胡笔江一样,也是在香港飞重庆的途中被日机拦截,机毁人亡。

徐新六的家属都已经逃出上海,居住在香港。正当全家人悲恸之时,杜月笙突然登门,说:"我是来处理你们的家事的。徐家的遗产,你们不能自己分。徐新六还有个二房,生了两个儿子、一个女儿。根据徐新六的遗嘱,他们有权获得属于自己的那部分。"

当时徐家人就炸了窝。谁都知道,徐新六是银行业出了名的圣徒,烟酒不沾,不嫖不赌,被称为"圣人"。现在有人突然冒出来说徐新六有外室,如果说这话的人不是杜月笙,徐家人肯定会杀了他。

但是,杜月笙出示了徐新六的亲笔信。多年前,他在莫干山与徐新六相逢时,获知了徐氏的这一隐私。徐新六亲笔写下遗书,万一自己遭遇不测,就委托杜月笙出面,保护自己的外室和孩子。想不到这一天真的来了,杜月笙现场解说之时,不胜唏嘘。

处理完徐新六的家事,很长一段时间内,杜月笙心灰意冷、万念俱灰。终其一生,他都感觉死神的脚步始终在他的生命深处徘徊,他不知道自己还要等待多久。

他累了,只有做一些非常稀奇古怪的事,才能稍感振作。

中央军有位军长李福林在九龙开了个果园,请杜月笙赴宴,席间端上来三道菜:蛇羹、乌龟和果子狸。这三道菜,价值千金。可是杜月笙活了51岁,什么怪东西没见过?他怔怔地看着这三道菜,始终不肯动筷子。等散席后回到自己家,他马上让厨子给他上蛋炒饭。

家人抱怨他有福不会享,他说:"你们懂得什么?阿拉15岁时独闯上海,在鸿元盛水果店伺候老板和老板娘,那时候每顿吃四碗蛋炒饭,还吃不饱。可当时老板给的饭钱,只够吃一碗蛋炒饭。"

他想念上海,可他回不去。

有位四川将军的太太来到香港,杜月笙出面宴请她吃西餐。可这位太太不懂西餐礼仪,见侍者端着好大一盘鱼过来,急忙起身接过,说:"杜先生,你真是太客气了,这么大一条鱼,我怎么吃得了啊?"一边说一边风卷残云,把一条大鱼啃得只剩一根光溜溜的鱼骨头。杜月笙等人又不好意思提醒她，只好扭过头，抓起桌上的西点往嘴里塞。

杜月笙初到香港时还有些忙乱，但在成功抢回华北安福系诸要人后，他这边慢慢地消停下来，闲的时候多，忙的时候少。尽管当时特工战的中心战场已经转移到了香港，但杜月笙并没受到什么影响。

临到年底，忽然来了三名弟子——汪曼云、黄香谷与冯一先。此三人者，于恒社中都是排名前十位的上上之选。但千不该万不该，他们不该这时候来香港。几天后河内一声枪响，断送了此三人的锦绣前程，也差一点断送了大中国的未来。

## 卖什么都不能卖国

自打日本首相近卫文麿发表声明，暗示将不再寻求与蒋介石合作，而是扶植第三势力，蒋介石便开始紧张起来。

蒋介石先把北洋段祺瑞抢出来，避免这位昔年的老校长被日本人扶植为自己的对手。然后，蒋介石盯死了汪精卫，生怕汪精卫为日本人所用。

汪精卫很委屈，哭着对身边的人说："蒋先生如此怀疑我，我非常伤心。"

他是个美男子，哭起来楚楚动人。蒋介石被他楚楚可怜的模样给麻痹了，开始放松警惕。

临近年底的一天，汪精卫对蒋介石说："我要去云南做个演讲，鼓舞人心士气。"

汪精卫不但容貌俊秀、风仪迷人，而且演讲更是民国时代的一绝，他的演讲以辞藻优美见长，极富感染力。他登台演讲，常令观者醉、闻者痴。他愿意出面演讲，蒋介石当然求之不得。

"好好好。"蒋介石连声说。

于是，汪精卫夫妇带着陶希圣、周佛海、秘书曾仲鸣夫妇等人去云南演讲。演讲完后，一行人登机径直飞往河内。

原来，日本梅机关已经与汪精卫秘密取得联系，游说汪精卫组建伪政权，最终汪精卫动了心，才有此次叛逃之行。

杜月笙的三名弟子汪曼云、黄香谷与冯一先绕行香港，赴河内与汪精卫会合。他们曾试图游说杜月笙，有人说杜月笙当时报以冷笑；也有人说，他们三人在杜月笙面前不敢明说，语意含糊，杜月笙听了半晌，根本没听明白他们在说些什么。

当时，河内是法国的殖民地。汪精卫一行人到了河内，甫下飞机，法国巡捕就到了，要求汪精卫等人交出武器。汪精卫严词拒绝，称自己携带武器是为了自卫。但法国巡捕说，河内是安全之地，从未有任何刑事案件发生。汪精卫无奈，只好把武器全部交出。

接下来，蒋介石疯了一样给汪精卫拍电报，威逼利诱，要求汪精卫立即回去，汪精卫举棋不定。由于精神恍惚，有一天，汪精卫走路时，好端端的，忽然在平地上跌了一跤，把腿骨摔断了。

于是，汪精卫就在河内安心养伤。眨眼工夫到了年底，只差两天就过春节了。这天夜里，汪氏的小别墅外面突然闪出四条大汉，轻灵一跃，翻过了围墙。看门人听到动静，提灯开门，门刚一开，一串子弹射进来，看门人立即倒下了。

四名杀手冲了进来，楼房里不知是谁飞快地拉掉了电闸，楼内顿时一片漆黑。四名杀手摸黑上楼，以左轮手枪向每扇门里射击，汪精卫、陈璧君夫妇都是从枪林弹雨中过来的人，避险经验丰富，此刻急忙推过沙发，把门死死抵住。

黑暗中，四名杀手看不清路，逮到谁杀谁，汪精卫的秘书曾仲鸣被杀手发现，当场乱枪射杀。

杀了曾仲鸣之后，奇怪的事发生了：四名杀手没有离开，而是在楼房里转来转去，足足转了两个多小时。

此次暗杀事件中的幸存者到死也没猜透这个谜，不知道杀手为什么会在楼房里转悠许久。

天亮之前，四名杀手扬长而去，法国巡捕此时才姗姗来迟。汪精卫心里明白，这些巡捕事先已经收了杀手的钱，听到枪响之后全都袖手旁观。但杀手杀了一整夜，硬是没能杀掉汪精卫，委实匪夷所思。

天亮之后，汪精卫抱着曾仲鸣的尸体恸哭，曾仲鸣的妻子方君璧，"黄花岗七十二烈士"之一方声洞的妹妹，也在当夜中了三枪。

据在现场的陶希圣后来记述，看着满屋子的鲜血与死伤者，汪精卫脸色惨白，流泪说："他们总是说我卖国，可是这个国，岂是我卖得了的？我最多只能卖自己罢了。卖了卖了，给钱就卖。"

是日，汪精卫发表亲日公开电，史称"汪精卫河内发艳电"。

## 同室操戈，相煎何急

1939年，杜月笙52岁，居香港。

元旦当天，蒋介石召开会议，谴责汪精卫投敌，开除汪精卫党籍。

年初，汪精卫赴上海，于沪西极司菲尔路76号召开"全国代表大会"。这就是此后赫赫有名的魔窟"76号"。

"76号"魔窟出现，掀起了特工战的腥风血雨。但让杜月笙窝心的是，这一年他目睹的首场越界跨国大追杀，并非军统对汪伪，而是四川袍哥对他的知交好友刘航琛。

刘航琛曾是川军刘湘的财务处长，赴上海时，因黄金荣欲绑他的票，特地求助于杜月笙，从此成为杜月笙家中的常住门客。他大概是天下唯一知晓杜月笙的驭人之术的人。

而且，刘航琛的祖上经营爱人堂药铺、爱人堂香花酒。这两个品牌，搁在现代社会也是走在时尚前沿，只是不清楚他的家族在民国年月何以领先到这种程度，而且经营了百年之久，此事值得探究。此外，刘氏家族还经营大曲酒，获利惊人。刘航琛本人毕业于北大，他家的资产超过杜月笙一倍不止。

但不知怎么回事，刘航琛在四川仇人众多，所以他长期栖身于上海的杜公馆。临到杜月笙逃港，刘湘死去，刘航琛的好日子就到头了。

接替刘湘主掌四川的王绪瓒发布了追杀令。成群结队的刺客出川，沿途击杀刘航琛的联络人。

刘航琛落荒而逃，杀手穷追不舍。他逃到昆明，杀手追到昆明；他逃到河内，杀手也追到了河内。幸亏这时候杜月笙知道了此事，立即派"小八股党"顾嘉棠去河内接刘航琛到了香港。

喘息未定，重庆方面的孔祥熙突然召刘航琛。当时刘航琛吓坏了，他不敢奉令，重庆是袍哥的地盘，而袍哥奉王绪瓒之令，必欲取其性命。但不奉令也不行，行政院院长召见你，你竟敢不去，还想不想活了？

于是，杜月笙叫顾嘉棠来，问："嘉棠，若你一人挑战袍哥，有无胜算？"

顾嘉棠道："胜算没有，但我答应你不会输。"

杜月笙说:"如果你的对手是袍哥加上四川军方呢?"

顾嘉棠慨然道:"我不能答应你不输,但会努力不让他们赢。"

杜月笙说:"好,你护送刘先生去见孔院长。如果你们回不来,我也不能保证青帮还会存在,但袍哥势力,我必拔除之。"

此次交谈,让杜月笙在心里与四川袍哥结下了梁子。此后他走西北,拒绝接受袍哥善意的红灯,原因就在于此。

顾嘉棠单枪匹马地护送刘航琛到了重庆,把他送到了行政院门外,看着他进去,自己等在门外。

刘航琛进了孔祥熙的办公室。孔祥熙这人比较胖,有点脑满肠肥。见刘航琛进来,他拿肥胖的手指点了点,示意刘航琛等着。等待之时,忽听脚步声起,走进来一名将军。刘航琛扭头一看,顿时魂飞胆裂,竟然是对他下达追杀令的王绪瓒。

王绪瓒见到他也惊呆了。两人正犹豫之时,不知该不该在这个地方动手,孔祥熙咳嗽一声,说话了:"你们两个,我不知道你们有什么仇什么怨,也不感兴趣。我只知道现在国难当头,你们真要是有精力、有能力、有本事,找日本人玩去啊!要是你们两个听不懂人话,这也容易,我这里有两支勃朗宁,你们两人一人一支,就在这里赶紧解决,我问你们有没有这个种?"

现场解决?刘航琛不是玩枪之人,根本不敢动。王绪瓒更不敢,在行政院院长的办公室里开枪杀人,他胆子再大,也不敢这么玩。

见两人都不敢动,孔祥熙冷哼一声:"怎么了?认怂了?认怂就给我老实点!以后,我再听到你们两个闹腾,不论谁是谁非,统统送到前线战场上去!"

孔祥熙一语化干戈,顾嘉棠独挑川黔道。孔祥熙亲自出马,举重若轻,化解了四川方面对刘航琛的敌意,忽然又想起什么来,问刘航琛:"你有胆子来重庆,到底有什么恃仗?"

刘航琛解释道:"是杜先生派了'小八股党'顾嘉棠来保护我,他豪气干云,独挑袍哥川军,我才有胆子来。"

"真有这样胆大之人?"孔祥熙大惊道,"快点叫你说的这个顾嘉棠进来,让我瞧瞧他长什么模样。"

见过顾嘉棠,孔祥熙召杜月笙赴渝,让杜月笙替他解决遗留的四川鸦片问题,但杜月笙也没顾上管这闲事。

他太忙了。

## 绞尽脑汁太聪明，反误了卿卿性命

就在杜月笙飞重庆时，他的学渣弟子许也夫死于上海的特工混战中。

杜月笙初入青帮，称为"拜老头子"，等到杜月笙崛起，因嫌"老头子"这词不雅，帮中人就不约而同地称为"拜老师"，所以杜月笙的门徒都以学生自称，称杜月笙为老师。

许也夫，家在上海近郊，属于那种脑子半清醒半糊涂的人。他初到上海时，费了好大一番劲，拜在杜月笙门下，然后跟师兄弟们商量："兄弟们，你们跟老师说说，让我做个警察局局长好不好？"

众兄弟道："也夫啊，你这脑子靠不住，让你当警察局局长，你一天得冤枉死多少好人啊？"

许也夫道："冤谁不是冤？为什么不能让我来干这事？"

众兄弟道："也夫，你还是醒醒吧！要不，我们跟老师说说，让你去社会局当个科长？"

许也夫道："我还是更喜欢当警察局局长。"

众兄弟道："不是，也夫，老师说了，你脑子不够用，当警察局局长会害了你的，还不如当个科长，又清闲又有钱拿，多省心。"

杜月笙的势力最霸道时，上海市政的官员都由他来任命。这个迷迷糊糊的许也夫就真的被安排在社会局的第三科当了个科长。

但他这个科长没当多久，抗日战争就爆发了。杜月笙逃到香港，日本特务机关残杀杜门弟子，展开疯狂的报复。那些能力强的弟子各有自保之策，而像许也夫这种智商不足、需要照顾的一类，就没人管了。树倒猢狲散，各人顾各人，许也夫只好逃回自己老家。

逃回乡下之后，许也夫生计无着，困窘至极，于是又悄悄回到上海。

这时候的上海，于杜氏门人而言过于危险。许也夫害怕被日本人发现抓走，不敢住旅店，于是假装病人躲进了劳工医院，白天出去谋食，晚上回医院睡觉，日本人不知，"76号"不晓，既有饭吃又安全，一举两得。

许也夫的这种做法相当聪明，可不承想，有一天他谋食回来，累得半死，上床就睡下了。等他鼾声响起,窗帘突然无风自动,从后面转出一条黑影。

黑影悄无声息地走到他的床前,以一支短枪抵在他的咽喉处,低叫一声:"先生,醒一醒。"

许也夫猛然惊醒,脱口问道:"哪个?"

只听黑影一声轻笑:"重庆来的兄弟,'76号'向你问好。"

不等许也夫回答,一声枪响,许也夫当场毙命。黑影缒窗而下,消失于黑暗中。

原来,许也夫自以为聪明,躲进劳工医院,却不知道此时重庆特工与"76号"杀得正酣,这家劳工医院成了双方交手的主要阵地和战场,每天都有重庆特工、"76号"杀手丧命于此。许也夫一住进来,就被"76号"的人盯上了,见他行踪诡秘,认准了他必是重庆特工,所以暗夜击杀。

许也夫之死,令杜门弟子无限悲痛,在他们看来,许也夫脑子太单纯,把杜门当成了一个相亲相爱、互帮互助的大家庭。他待人和善,傻气又精明,好事干不了,坏事没胆干,杜门兄弟怜惜他,有什么好事都会先照顾他。不想他却丧命于劳工医院,足见当时特工战之凶险。

弟子们把消息报告了杜月笙,杜月笙听了极为伤感,命上海的弟子尽最大可能保许也夫全尸。

可当时,就连这个愿望也难以实现。英租界捕房一定要走程序验尸,要找到射进他头颅的子弹,结果把他的脑壳开了个大洞,才把子弹取出来。

## ◪ 为了当官,丧失气节

杜月笙万万没想到,自己的弟子许也夫死了之后,很快就轮到了自己的兄弟——"三大亨"之一张啸林。

张啸林是被土肥原贤二一步步给玩死的。

张啸林这个人从未做过官,但无时无刻不梦想着做大官。因为南京政府不给他机会,终于在日本人攻入上海后,他与杜月笙明言决裂。但一开始,这个决裂也不过是说说气话,真要是跟日本人走,他也不敢。

所以,当土肥原贤二得知杜、张决裂,立即跑来发展他时,张啸林狮子大开口:"除非让老子做个浙江省主席,否则免谈。"

当时土肥原贤二很气愤，严词拒绝。

张啸林也很气愤："那算了，老子回莫干山隐居去。"

张啸林真的回莫干山了，土肥原贤二这边盯上了黄金荣，一次次登门，想让黄金荣出来干。没想到黄金荣老奸巨猾，土肥原贤二一来，他就躺在一堆药罐子中间不停地假装呻吟。

土肥原贤二知道黄金荣劝不动，无奈之下，只好接着游说张啸林。他派了杭州领事上莫干山，问："张先生，你到底要什么条件，才肯出来做事？"

张啸林回答："浙江省主席，一口价，没商量。"

杭州领事说："张先生，退而求其次呢？"

张啸林道："你这人怎么回事？告诉你一口价的。算了，老子打折卖给你了，上海市市长，想买就买，不买滚蛋！"

杭州领事回来，对土肥原贤二说了情形。土肥原贤二笑道："不怕你张先生出价高，就怕你不肯出来。只要你有心想卖，必然是我的菜。"

于是，土肥原贤二调来一队日本兵，把莫干山数十里的参天修竹一把火烧了个精光。这些修竹都是张啸林花高价买下来的私产。

日本人放火烧山，张啸林怒不可遏，就去找日本人吵架："你们凭什么烧了老子的山？！"

"凭什么？"日本人反唇相讥，"张先生，你的莫干山里藏着一支自称苏嘉沪挺进总队的土匪武装，给我们大日本皇军造成了极大的困扰。你不亲自烧山，赶走这支土匪武装，反而责问我们善良的皇军，真是岂有此理！"

莫干山老巢被焚，张啸林灰头土脸，就来找儿女亲家俞叶封。

这位俞叶封是上海滩的老人了。当初杜月笙创办三鑫公司卖鸦片，俞叶封就是缉私统领。黄、杜、张"三大亨"合流，俞叶封就专职为三鑫公司的鸦片运输护航。北洋军阀混战时，他早就失势了，从此在杜月笙和张啸林两家蹭饭。

张啸林跟俞叶封商量说："老子算是弄明白了，这些丧尽天良的日本人宁肯不用老子，也不肯让老子当浙江省主席。要不，咱们降低点条件？不然，真的没法混了。"

俞叶封道："降低条件也无不可，但最好等我从香港回来后再说。"

张啸林说："你去香港干什么？"

俞叶封道："去找杜月笙。"

张啸林说："找他干什么？"

俞叶封道："我要先拿到重庆的免死令，我们就可以放开手脚干了。"

张啸林说："这样啊，那你让杜月笙抓紧点，误了老子的事，我就活活骂死他！"

俞叶封到了香港，杜月笙倒屣相迎，请他吃鱼翅大餐。等到俞叶封说明了来意，杜月笙道："你放心，等下我引荐你见见戴先生，有戴先生的承诺，你和啸林哥保证不会有危险。"

俞叶封大喜，见到戴笠后，如其所愿，获得了戴笠对他们的安全保障。

返回上海后，张啸林放心大胆地与土肥原贤二联系。他暗示土肥原贤二来他家中，但土肥原贤二一心要玩死他，坚决不去，让张啸林去虹口见他。

张啸林没长什么心眼，真的和俞叶封一道去了。结果，他们的汽车刚驶到白渡桥，就被日本海军陆战队的哨卡拦下。张啸林怕被人看到，着急上车，但哨卡偏要慢吞吞地检查他。

原来，这是土肥原贤二打的如意算盘，把张啸林拦在哨卡处，让记者看到张啸林投日，新闻报道出来，纵然有戴笠的免死令，张啸林也没有退路了。

果不其然，哨卡事件一经曝光，张啸林在上海人心目中的地位顿时一落千丈。他一回到家，就被小儿子堵在门口，问："爸爸，你为啥子要当汉奸？"

张啸林气得大吼："谁说你爹是汉奸？谁说的？！"

儿子说："隔壁杜维翰说的。"

当时张啸林就疯掉了，径直冲进杜月笙家，跳脚大喊："二楼，二楼！"

二楼住着没离开上海的杜月笙的二太太、杜维翰的生母，她闻声探身问道："二伯伯，有啥事情？"

张啸林吼道："你家二团呢？"

这时候，杜维翰自己跑出来，连声说："在在在。"

张啸林厉声呵斥道："二团，是侬在讲我当了汉奸？"

杜维翰害怕了，支吾道："我不过是听到人家在讲。"

张啸林如何肯罢休："讲，是啥人讲的？"

杜维翰被逼不过，索性欺负管家万墨林："我听墨林哥讲的。"

张啸林又冲过去，从一辆装甲车里揪出万墨林："墨林，你敢说我是汉奸？"

万墨林那个别扭呀，不敢承认，更不敢说二公子撒谎，只能赌咒发誓："神明在上，我万墨林要是说过那句话，叫我一出大门就被汽车轧死！"

万墨林已经发过毒誓，张啸林无奈，又恶声恶气地吼了几声，就回自己家了。

张啸林走了，陈默悄无声息地来了，他来万墨林这里拿钱。

军统中的杜月笙门人缺钱，就来万墨林这里拿。戴笠直接给了杜月笙一大笔款子，让杜月笙随意支配。这等于军统的经费先到杜月笙手里，再转万墨林，经由陈默之手，进入特工人员的衣袋。

临走时，陈默笑着说："俞叶封这票货色，就要成交了。"

## 助纣为虐必须除

张啸林和俞叶封是从戴笠那里获得免死令的，他们最终没从日本人手里弄到一官半职，但是他们搞了个东亚和平促进会，替日本人搞来许多战略物资。这纸免死令立即就成了揩腚纸。

其实，重庆那边对真正的汉奸并不是太憎恨，毕竟刀口之下没的选。但重庆穷到惨，最恨的就是以战略物资资敌，这是底线，逾越者必杀之。

1940年1月15日，俞叶封拉着张啸林去戏院捧角，事先订了楼上正中几间包厢。但到了时间，张啸林有点事耽搁了没来，只有俞叶封一个人坐在包厢里独自看戏，大声地喝彩。

喝彩声中，陈默带着几个重庆特工，手持花机关枪（一种机关枪，火力猛），昂然而入，"嗒嗒嗒"一通狂扫，戏院顿时尖叫一片，乱成一团。等到巡捕冲进来检查，只见俞叶封倒在血泊中，尸身已经凉透。

这下可把张啸林吓坏了，他才知道他和杜月笙的铁打交情，在杜月笙的这帮狠辣弟子眼里连屁都不算。

接下来就是对张啸林的刺杀行动。重庆特工埋伏在一个十字路口，掐准了张啸林的车驶到这里正好是红灯。果然，到了时间点，张啸林的车来了。但糟糕的是，持花机关枪的兄弟提前一步开始狂扫，张啸林的司机反应机敏，猛一踩油门，汽车迅速冲过了十字路口，张啸林死里逃生。

虽然死里逃生，但张啸林知道，他已经被重庆列入杀之而后快的黑名单。于是，他整天心惊胆战，花高价请了20多个身手了得的保镖，从此躲在家里，不敢再出门。

但有一天——确切的时间是1940年8月14日,张啸林正和他的学生、跟与他一起投日、出任杭州市锡箔局局长的吴静观在楼上说事,忽然听到天井有人吵闹。

张啸林探身一看,不由得大怒,他花钱请来的保镖们此时正在楼下打群架。张啸林破口大骂:"你们一天到晚吃饱了没事干吗?没事体,还要在我这里吵吵闹闹!把东洋宪兵叫来,让你们统统缴械滚蛋!"

张啸林天性喜骂人,而且经常骂保镖,可是今天他的运气不好,一个叫林怀部的保镖拔出枪来,对骂道:"张啸林,你想赶我走,我还不想干了呢!你当汉奸,我先为民除害吧!"

说罢,林怀部举起枪,"砰"的一声,一枪就击中了张啸林的喉咙。张啸林身体向前一栽,当场丧命。

这位上海滩"三大亨"排名末尾的人物,于64岁的迟暮之年,背负着汉奸的罪名,就此告别了历史舞台。

杀了张啸林,林怀部一不做二不休,如猿猴般"嗖嗖嗖"攀上三楼,一枪把吓呆了的吴静观打死。

连杀二人,林怀部在张啸林宅中狂奔,一边跑一边喊:"我杀了两个大汉奸,杀了两个大汉奸!"其他保镖看着这一切在眼前发生,全都目瞪口呆,没人敢上前抓他。直到巡捕房来人,林怀部才笑嘻嘻地跟巡捕走了。

张啸林之死的消息传到香港,追随杜月笙并替杜家掌管机密16年的翁左青两眼通红,走到杜月笙身边,对杜月笙怒目而视。

杜月笙呆愕片刻,随即摊开手脚,号啕大哭。

翁左青早年是一名巡警,张啸林年轻时犯事被他捉住。当时,他一见张啸林,顿时惊为天人,立即弃职而去,从此追随张啸林。等到张啸林被杜月笙托为"三大亨"之一,两家比邻而居,翁左青从张啸林家到杜月笙家,改替杜月笙干活。但他一生自认是张啸林的人,无论是谁策划杀张啸林,他都必定不会放过。

对杜月笙、翁左青这些人而言,江湖道义高于一切。张啸林当汉奸被无关的人杀了,也没办法,但如果青帮中有人参与,绝对不行。

所以,林怀部先被关押,后被释放。被释放后,他到处找重庆的人,声称他执行的是重庆特工任务,要求领取荣誉奖金。但重庆这边竟然无人敢承认,导致林怀部出于何种动机刺杀张啸林成了一桩悬案。

只有杜月笙清楚这件事。翁左青不在身边时,他偷偷哭着对人说:"我很清楚,这是陈默安排林怀部干的。我的徒弟杀了我的老把兄。论江湖义气,我实在占不住理。啸林哥在九泉之下也会埋怨我的。"

埋怨也没办法,军统特务的暗杀行动仍然在进行,而且越来越激烈。

下一个目标,是大汉奸傅筱庵。

## 身边的人也不可靠

过去,傅筱庵在上海的地位不在徐新六之下,远高于杜月笙。军统对他投日缺乏必要的心理准备,结果让戴笠栽了个大跟头。

起初,汪精卫投日,戴笠发现一条关系线:军统书记长认识开滦煤矿驻上海办事处经理许天民,而许天民与工商业大亨傅筱庵又情交莫逆。于是,戴笠派打入汪精卫身边的军统精英戴星炳游说傅筱庵伏杀汪精卫。

傅筱庵听了大喜,说:"老许,老戴,你们真是我的好朋友,这条计策太妙了。"说完就打电话给日本人,抓许天民,杀戴星炳。

这是军统的一次大失败,必须报告蒋介石。蒋介石气得半死,当即下令:不惜代价,不择手段,杀掉傅筱庵!

可是,那傅筱庵出入都有日本人的装甲车护送,家中防范更严。军统特务想尽办法,也渗透不进去。

忽然有一天,杜月笙的一个姓张的老保镖来到杜公馆,对万墨林说:"墨林,我这里有个人,能杀傅筱庵,但要先拿两万元。"

万墨林疑人不用,用人不疑,说:"钱可以拿去,事情要办妥才好。"

保镖拿着两万块钱走了。不旬日,就爆出傅筱庵死于家中的特大消息,把日本人惊得呆若木鸡。

原来,傅筱庵小时候,家门口爬来一个快要死掉的残疾流浪汉。傅筱庵的父亲慈悲为怀,救活了这人,问其来历,得知其姓朱,名升源,在日本人的工厂里做童工,伤残后被一脚踢出。若非傅父相救,朱升源必冻死于冰天雪地中。

此后,朱升源被傅家收留,以忠诚的老家人身份侍奉傅父,一直侍奉到傅父归天。

傅父死时,傅筱庵还是个读书的孩子。傅父于病榻上临终托孤,让朱升源照顾傅筱庵长大。朱升源不负所望，里里外外照料，终于等到傅筱庵声名鹊起，而朱升源已是风烛残年，在傅家专职做饭。

到了后来，傅筱庵投日。朱升源大急，劝说他的公子爷这样做是错误的，可是傅筱庵懒得理他。

朱升源欲杀傅筱庵，以保全傅氏宗族的念头，不知怎么被杜月笙的保镖知道了，于是他拿了两万块钱给朱升源。某天，傅筱庵喝得烂醉，坐日本人的装甲车回来，朱升源侍奉公子爷上床歇息。等到夜深人静，朱升源从厨房拿了把菜刀，偷偷潜入傅筱庵的房间，将其砍死。

而后朱升源逃出，骑一辆脚踏车，逃入法租界躲起来。后来抗战胜利，重庆又特别发给他五万元奖金。他拿这些钱开了家纸烟店，平淡度日。

傅筱庵被杀于1940年10月10日，11月19日，日本方面发表声明，正式承认汪精卫伪政权。

汪精卫举行盛大庆典，轴心诸国派外交使者到场祝贺。戴笠下令狙杀这批人。

当天，轴心国特使乘坐的"天马号"列车被重庆特工颠覆，炸死数百人。现场混乱中，执行此次任务的特工詹宗象、薛尧走近查看，遭日本人猛烈射杀。

"76号"魔窟改组，精锐尽出，欲擒万墨林。

## "76号"魔窟

万墨林出身憨头小铜匠，心里对国家民族没什么概念，只有宗族乡党观念。杜月笙让他管家，他就兢兢业业，两人利益一体，休戚与共。他只偷偷到过香港，接受了戴笠一个星期的特务培训。此后，他负责掌管的杜公馆就成了重庆特工的集散地。所有的刺杀命令都从他这里发布出去，所有的流动经费都由他来支付。

"76号"意识到，欲赢得这场特工战，必先拿下万墨林。

可要拿万墨林，谈何容易？此人是出了名地胆小怕死，躲在租界里坚决不出去。为防"76号"绑架，他让巡捕房给他配备了一辆装甲车、四挺机关枪、四名安南巡捕。有人来找他，他就躲在装甲车里迟迟不出，一定要先确认对方的身份信息，确定对方对自己无害后，才肯出来。

由于害怕被诱捕，万墨林对自己的保护到了夸张的程度。

"76号"想了个办法，找了杜月笙弟子吴绍澍的手下朱文龙，对万墨林说自己手中有重要情报，约他在英租界接头。

万墨林一听有重要情报，脑子一热，为了获得情报，豁出去了。为了防止被人认出，他精心化装成路人，方才出门。到了接头地点，走到朱文龙面前，直到出声招呼，朱文龙才认出他来。至此，四周的"76号"杀手们如梦方醒，立即一拥而上，将万墨林当场抓获。

万墨林拼命踢打，失声尖叫道："绑票了，救人啊！"

结果，把租界巡捕招来了。可万万没想到，"76号"的杀手们早在行动之前就在英租界捕房弄到了一张逮捕令。这下子万墨林傻眼了，只能乖乖地被捉走。

被拖进"76号"魔窟后，万墨林第一眼看到的是一个美貌女孩，笑吟吟地对他说："万先生，侬来这里玩咯。"

这女孩是谁？

说起这女孩，历史还欠她一本书。她是这个残酷的大时代下，知性女子悲哀命运的缩影。她的不幸与这个时代紧密结合，她是解读特定规则的一把钥匙，但这把钥匙已经失落于历史烟尘中。她的迷失与对她解读的失误，导致那个丰满鲜活的时代被简化为黑白分明的异类标签。

此女名佘爱珍，美貌无双，能文能武，女中毕业，诗文名扬，惯使双枪，冲锋杀人。读启秀女中时，她是个纯情少女，不料遇到坏人将其灌醉，后将其蹂躏。那时候没什么心理辅导，没有心理干预，也没有社会关注，佘爱珍的人生尤其需要保护，于是认了青帮季云卿为干爹，后来嫁给了吴四宝。

吴四宝，体重200斤，南人北相，浓眉大眼，曾给"小八股党"芮庆荣开过汽车，后效力于青帮季云卿。论身手，他不在"小八股党"之下；论脑子，他比"小八股党"略逊一筹。他实际上不过是又一个芮庆荣，但杜月笙这边已经有一个芮庆荣，不想要第二个，这导致吴四宝郁郁不得志。

吴四宝在杜月笙这边没找到机会，结果被李士群拉了过去。

吴四宝加入"76号"，是带了礼物来的。他的弟子张国震参加了杜月笙的忠义救国军，正与日本人血战，被吴四宝召了过来。

对某些帮中人士而言，民族大义云云，统统都是扯淡，唯有师门之恩、兄弟之情，才最要紧。

于是，张国震反水，跳槽到了"76号"。他替吴四宝出气，率众去攻打《大美晚报》，与法租界巡捕当街枪战，狂掼手榴弹，花机关枪横扫，吓傻了上海居民。可以说，"76号"的凶名至少有一半是他打下来的。

顺利捉到万墨林，吴四宝万分开心，说："万先生，你是高来高去的人物，我吴某人不过是烂泥里的小水蛇。不过，今日委屈你万先生到了这里，烂泥蛇也布下了天罗地网，就怕你进来容易出去难，插上翅膀也飞不出去。万先生，我劝你遇事将就，不必太认真。"

吴四宝叫来个记录员，给万墨林做笔录，让他招供。可是，万墨林哼哼唧唧、东拉西扯，就是不肯招供。

敬酒不吃，那就没办法了。吴四宝喝道："喊四个人上来，把万墨林先生请下去，关照他们好好地做，勿要辜负万先生的好身坯。"

## 跨界也可以展开营救

万墨林被拖进刑讯室。闻到发霉的血腥与铁锈气味，看着血迹斑斑的刑具，万墨林吓得全身瘫软。

两个凶神恶煞的大汉过来，扒光万墨林全身的衣服："万先生养得一身好皮肉啊，待会儿要是疼就吱一声，我们会小心的。"

先挂在刑柱上，"哗哗哗"当头浇几桶冰水。紧接着，进入下一环节，上老虎凳。

老虎凳这东西，殊为凶残，囫囵人上去，下来时多半已经零碎了。万墨林疼得惨叫之时，忽然瞥见一个老熟人——曾经从他手里拿过钱的原忠义救国军司令林之江。

原来这"76号"里扎堆吃饭的，多半是当年杜公馆的老人。当时万墨林就哀求起来："林司令，帮帮忙，帮帮忙咯。"

林之江急忙走过来，对行刑手说："这是万先生，他不用上刑的，与我解下来。"

行刑手放下万墨林，林之江叫来两个人搀扶着万墨林，在"76号"的院子里来来回回遛弯。

就在此时，万墨林的太太已经紧急出动，坐汽车带着一只箱子，找到了李士群家，求见李士群的太太叶吉卿，当面打开箱子，里面有10万块钱。

万太太说："李夫人，你行行好，墨林他什么也不晓得，不要对他用刑，好咯？"

叶吉卿说："万太太，你放心，咱们是通家之好，墨林的事就是我的事。如果让他受到一点委屈，我以后还怎么出门见你？"

当着万太太的面，叶吉卿叫人过来，吩咐道："关照'76号'，万墨林块头太大，只能问，不能打，打了他或许会中风的。"

不能打？万墨林就可以放心大胆地坚决不招了。

此时，身在香港的杜月笙闻报大为惶急。如果万墨林有一点损伤，跟着他的人都会心寒。于是，他立即下令：出动所有社会关系，必须让李士群释放万墨林。

霎时间，李士群家里说客盈门，人人都在替万墨林说情。说客都是李士群不能拒绝的人，可是不拒绝也不行。情急之下，李士群脚底抹油，干脆跑到广东躲了起来。"76号"找不到他，谁也不敢做主释放万墨林。

见李士群躲了，杜月笙大怒，立即下令："找周佛海，他是汪精卫那边的第三号人物。"

杜月笙派了李北涛去找周佛海。这个李北涛是汪伪政权的要人，又整天和重庆的特工高层厮混在一起，可以说他是两头留路，哪边有事他都帮忙。在杜月笙的授命下，他去了南京，与周佛海会面亲谈。

周佛海虽然已经投靠了日本人，但非常害怕重庆特工的暗杀，更害怕自己一旦失败，身死名裂。所以，只要有可能，他就会觍着脸向重庆方面伸出橄榄枝。

与李北涛谈了之后，周佛海立即给"76号"拍了封电报："万墨林性命保全，并予优待。"

于是，上海那边就把万墨林从"76号"转移到了公共租界巡捕房关押。这里是杜月笙的老地盘，于是万太太去牢里探监，吃、穿、用等日常用品，成批地送进牢房。晚上，万墨林往床上一躺，就差装甲车和四挺机关枪没送来了，其他东西都全了。

没过多久，周佛海把万墨林提到南京，亲自接见了他，对他说："万墨林，你自家做的事情，自家晓得。'76号'那道门，向来是进去容易出来难，要释放你，不是一件简单的事情。不过，杜先生的面子我总归要买。这样，从现在起，你先在南京关一阵，我再把你送到上海关一阵，只要关节打通，我自然会救你。"

万墨林听了这话很不满:"你已经是汪伪这边的第三号人物了,还要打通什么关节?"

"日本人的关节。"周佛海说。

原来,傅筱庵被杀后,其家人侦得此事与万墨林有关,就状告到日本最高当局,要求严惩万墨林,以报血仇。所以,日本人坚决不答应释放万墨林,周佛海这边也没办法。

什么?还要打通日本人的关节?杜月笙听说后乐了:此事易如反掌。

他找了北洋时期的东北议员金鼎勋帮忙,此人是日本通,与日本诸要人都关系亲密。于是,金鼎勋出面游说,对日本人说:"中国有杜月笙,正如日本有头山满。头山满者,黑道大亨也,杜月笙也如是。将来中日战事和平解决,势必要借重头山满和杜月笙的力量。这个万墨林,是杜月笙的亲戚、总管、驻上海的代表。你们杀了他,无多大意思,何不放了他,借此在杜月笙面前留个交情,将来接触起来不是好说话得多吗?"

日本人向来非常敬佩黑道人物,并且考虑到长远利益,于是表示同意。

就这样,万墨林被释放了。出狱后,蒋介石派人送来5000元钱,表彰他在牢中不屈不挠的斗争精神。

杜月笙对万墨林非常感激,说:"墨林,你对得起我,我杜月笙欠了你的。"

1940年这一年,该杀的汉奸杀了,万墨林也被放回来了,上海特工战在新的一年里迎来了杀人如麻、流血漂橹的局面。

## ◪ 不是你死,就是我亡

1941年,杜月笙54岁,居香港。

新春伊始,汪精卫、周佛海就愉快地宣布:"告诉大家一个好消息,我们的中央储备银行成立了,我们的钞票中储券发行了,从此我们不再使用蒋介石的法币了。"

重庆的蒋介石一听就急了:这怎么可以?你们不花老子的纸钞,我赚谁的钱?戴笠,你踅摸什么呢?去跟他们谈一谈。

1941年1月30日，军统特工找到了中储行推销主任季翔卿，"砰"的一枪，打碎了他的脑袋。

2月20日，三个油头粉面男施施然进入中储行上海分行。进来后，一人持枪当门而立，一人笑嘻嘻地往办公室掷出了两枚手榴弹。第三人疾步上楼，也掷出两枚手榴弹，但由于心慌，忘了拉引线，结果手榴弹成了铅球，没响。然后，此男疾步下楼，正与银行的保安撞了个脸对脸，当即拔枪，一枪把保安打得从楼梯上"咚咚咚"地滚了下去。

楼上的男子迅速冲下来，与楼下的二人会合，三人持枪连续射击，冲出银行逃走了。

军统局在行动。

接下来，死亡名单上添加了中储行设计科科长楼侗、庶务科科长潘旭东、帮办总会计卢杰、财政部科员冯德培、稽核科主任万鼎模等人。

军统这边的态度很明确，谁在中储行上班就杀谁，没商量。

中储行的员工吓得失魂落魄，工作也不要了，不敢再去上班，怕被军统杀掉，还要搭上"汉奸"的罪名。于是，中储行人去楼空，门可罗雀，业务无法再开展下去。

周佛海气急败坏，打电话给李士群："喂，我说，老李你行不行啊？不行咱们换人！"

"别别别，别换人，我干得挺好的。"李士群说，"你看我怎么修理他们！"

于是，"76号"展开大还击。

同年3月21日深夜11时50分，两辆汽车驶至霞飞路1411弄。住在这里的江苏省农民银行职员听到门铃被人按响，以为来的是巡捕，就轻率地拉开了铁门。

一伙黑衣杀手蜂拥而入，将正在熟睡的11名银行员工拖起，押到一个房间里，命他们靠墙站好。然后，3名杀手踱过来，不无伤感地说："兄弟们，别怨我们，我们也是被逼无奈，要怨就怨你们家老蒋吧。你们家老蒋对汪先生、周先生有什么不满，找他们说去啊，欺负中储银行员工算什么本事？"

说罢，3名杀手使用快慢机对11名无辜的银行员工进行疯狂扫射，11名员工相继倒于血泊中。杀手们用脚尖将他们的尸身翻过来，仔细清点，确认没有幸存者后，才离开宿舍，登车而去。

次日,"76号"的报复行动继续。两辆汽车行驶到极司菲尔路96号中国银行职工宿舍,将宿舍中的180名员工悉数掳入魔窟。

隔了一天,3月24日,中央银行留沪机构里突然响起两声巨响,两枚炸弹爆炸,死伤16人。

对于3月24日的炸弹案,周佛海非常满意,命人给"76号"送去三万元奖金。

李士群见到钱,怒道:"老周,你这是打发叫花子吗?这点钱,连制作炸弹的成本费都不够!"

然后,李士群抬起头,对坐在对面的小特务说:"你信不?这是我这辈子见到的数目最大的一笔钱。"

军统展开还击,派特工潜入大华医院,将正在住院的中储银行业务科科长围住,用精钢打制的小斧头狂砍,砍得这位科长不成人形。

"76号"迅速做出反应,黑衣杀手冲进中国银行职工宿舍,抓走一批高级职员,从其中随机拖出三人,乱枪射杀。

李士群传话:"伤我一人,我杀你仨。我是主场,占尽上风,咱们继续。"

这场杀人游戏,"76号"占据主场优势,随意杀戮,重庆特工这边处于下风。再玩下去,蒋介石这边只会吃亏更大,没法继续了。

戴笠束手叹息:"杜月笙,你想个办法,终止这场杀人游戏吧。"

派谁来居中斡旋,才能够终止这场杀人游戏呢?杜月笙忽然想起一个人:"花会大王"高兰生。

说起这高兰生,堪称"杀人行业"的老前辈了。当年,他手持花机关枪,沿长街狂扫,杀人如麻时,杜月笙还不过是个刚刚进城的懵懂少年。后来,他拜杜月笙为师,成为杜月笙的弟子。如今,杜月笙已经54岁,高兰生杀手老矣,尚能饭否?

接到杜月笙的邀请,老杀手高兰生精神抖擞,再次出山。到了香港,他与杜月笙会面,说:"老师啊,一晃你也老成这模样了。想当年,你是我手下两万多名营销员之一,专门欺骗傻子去我的场子里赌钱。你的业绩是最差的,那时候我就经常对人说,你不是一个好员工,但绝对是个好老板。"

杜月笙道:"老高啊,你别说了,我现在让个小小的吴四宝给弄得没个人样了。各家银行员工被杀,都来找我哭诉啊。"

高兰生哈哈大笑:"别担心,我替老师出面调解。一句话,不要冷落手下的员工。受到冷落的员工，白天哭泣，夜晚杀人。无论他们是哭泣还是杀人，其实都是在向老板传递一个信号：老板，你应该给予你的员工一种充实的存在感。"

愉快地聊过天，高兰生返回上海，把他和杜月笙闲聊的话说给吴四宝听。

吴四宝的回答是："吴四宝对杜先生的吩咐焉敢不遵？结果如何，敬请拭目以待。"

于是，吴四宝向李士群打报告，认为针对银行员工的无差别杀害已经起到了震慑重庆特工的作用，考虑到杀害平民的恶劣影响，建议停止。

李士群心里对这事也犯怵，立即予以批准。

同一天，军统下令，终止对汪伪中储银行员工的袭杀行动。

于是，双方的银行职员终于从袭杀的噩梦中解脱出来，但吴四宝的噩运开始了。

"76号"李士群凶猛阴鸷、满心仇恨，最拿手的就是窝里斗，外战外行，内斗内行。他自己天天找门路与杜月笙这边暗通款曲、眉来眼去，却最恨别人也这样做。

发现吴四宝与杜月笙联系上之后，李士群就给日本人打了报告，建议净化特工组织，清理门户，目的是搞死吴四宝。

吴四宝终究出自江湖道上，无法理解李士群这种醉心内斗者的思维，悲愤之下，一纸辞呈，从此与"76号"情断义绝。他带来的弟子张国震趁机又跑回重庆特工那边，继续抗日救国。

精擅内斗之人，最讲究赶尽杀绝。所谓对敌人的仁慈，就是对自己的残忍，李士群就是此观念的忠诚信奉者。他不认为吴四宝辞职，这事就结束了。相反，对李士群来说，这意味着内部斗争进入一个全新的阶段，要继续掀起新的高潮。

两队日本宪兵出动，杀气腾腾地包围了吴四宝家。

佘爱珍被这种意外惊呆了。她就是个女人，爱读书会杀人，但仍然不过是个女人而已。她理解不了李士群这种斗争型的人，有敌人要斗，没有敌人创造敌人也要斗，活着斗，死纠缠，不死不休。在佘爱珍单纯的脑子看来，这个"76号"就是大家扎堆吃饭的一只碗，干吗非要窝里斗呢？

李士群笑道："中国这么多人，不斗行吗？"

吴四宝哪里是李士群这种疯子的对手，他唯一能做的就是越墙而走，别被宪兵抓了去。

见吴四宝逃了，李士群就来找胡兰成。

## ◪ 恶人自有恶人磨

胡兰成曾经是著名女作家张爱玲的男人，只是他太花心，太博爱，张爱玲爱无所获，备受冷落，独立中宵。

如果撇开民族气节不谈，胡兰成堪称女人的梦中情人，相貌不凡，才华横溢，对女人多情，对男人重义。他其实就是生活在自己幻境中的人，按照自己的方式行走在这个世界上，对错无所谓，他注重的是自己生命走过的过程。搁在"76号"这座魔窟里，他显得不伦不类。

李士群怒气冲冲地来找胡兰成："你说这吴四宝，他跑什么跑？"

胡兰成说："你派宪兵去抓他，他怎么可能不跑？"

李士群道："我派宪兵抓他，不是因为他暗通杜月笙吗？他心中没鬼，为什么不能对组织敞开心扉？我们待他情如兄弟，难道还会冤枉他吗？只要他把问题交代清楚，写个检讨，组织上还会对他宽宏大量，予以重用嘛。"

胡兰成上了李士群的当，找到吴四宝的藏身之处，对吴四宝说："你跟我回去吧，把问题说清楚就没事了。"

吴四宝说："我不相信李士群，他斗人成瘾，已经到了病态的程度。"

胡兰成劝道："你不需要相信他，你只要相信我就行。"

吴四宝真的跟胡兰成回来投案，李士群激动不已，热泪盈眶，伸开双臂欢迎他："迷途的浪子，组织的大门永远对你敞开，欢迎你回来。"

"哗啦"一声，李士群热情洋溢地给吴四宝套上手铐、脚镣，丢进死牢里。

吴四宝两月不闻声息，生死不明，把他的弟子张国震急坏了。于是，张国震践行江湖道义，去宪兵司令部投案，说："我是重庆特工，忠义救国军司令。你们有本事冲我来，放了我老师吴四宝。"

日本人急忙撇清："吴四宝这事跟我们没关系啊，我们就是想侵略中国而已，是你们自己窝里出了个斗争狂，斗人斗上瘾。你们自己扎堆斗去吧，我们日本人不掺和。"

日本宪兵把张国震给李士群送来，李士群说："投案救师，有情有义。但斗争是残酷的，这个对敌人呢，就是要像秋风扫落叶一样无情。"

李士群将张国震枪决。

这时候胡兰成急了，找到李士群，怪他道："李士群，你这个骗子，你欺骗了我！你让我把吴四宝带回来，却这样对待他，把吴四宝还给我！"

李士群道："兰成啊，在大是大非面前，你要站稳立场啊。现在斗争形势严峻，你一定要保持清醒的头脑。"

胡兰成说："清醒什么？你不过是个斗争型疯子，你不释放吴四宝，我跟你没完！"

李士群道："没完你能怎么着？"

"没错！"胡兰成宣布道，"从今天起，我要住进你家里，你不释放吴四宝，我就永远不离开。"

多情重义的胡兰成真的扛起铺盖卷，搬到了李士群家，每天和李士群以及李士群的妻子叶吉卿愉快地睡在一起。

睡了几天，叶吉卿受不了了，劝道："士群，咱家的床是不是有点挤？你看胡兰成都拼成这样了，你就放了吴四宝吧。"

李士群道："每当形势一片大好，总会有别有用心的人跳出来，扇阴风，点鬼火，妄图破坏大好形势。但是历史的规律告诉我们，一切让我看不顺眼的人，都会被残酷的斗争扫入历史垃圾堆里。"

叶吉卿说："你已经斗魔入骨，没救了。唉，真的好奇怪，世上怎么会有你这种嗜血如狂、斗争成瘾的疯子？"

就这样又过了几天，这天叶吉卿起床，忽然注意到胡兰成没动静。她好奇地走近一看，顿时大惊："快来人啊，兰成他煤气中毒了！"

原来，李士群家里烧的是炭火盆。胡兰成睡前不察，炭盆燃烧不充分，释放出超标的一氧化碳，如果不是发现得早，他就一命呜呼了。

这时候，叶吉卿看不过去了，对李士群连踢带踹，强迫他释放吴四宝。

万般无奈之下，李士群只好将吴四宝从死牢里放出来，并端过来一杯酒，说："吴四宝，你要相信组织。组织当时抓你，是正确的；现在放你，还是正确的。"

吴四宝道："对，你永远正确。"

李士群说："当然，就算组织对你的处理错了，那也是亲娘打孩子，你仍然要无限忠于组织。"

吴四宝道:"我只想知道,你这种嗜斗成瘾的疯子是打哪儿钻出来的?"

李士群哈哈大笑:"我一个李士群就让你吃不消了,将来你遇到个更大号的斗争疯子,看你如何欲哭无泪。来,喝酒吧。"

吴四宝端起酒杯,一饮而尽,掷杯而走。

他回到家,见到佘爱珍,正要说话,突然一头栽倒,口角、眼睛溢出黑血,毒发身亡。

李士群毒杀吴四宝,令胡兰成痛心疾首。他仰天悲啸:"李士群,让你这样的斗争疯子存活于世是天下人的悲哀,我势必铲除你!"

佘爱珍哭道:"胡先生,你若能为我报杀夫之仇,爱珍余生愿奉陋帚。"

胡兰成说:"唉,我身边还真不缺女人。不过这……这也不是不行。"

于是,胡兰成去找自己的中学同学,担任伪黄卫军首领的熊剑东,说:"剑东,我要你帮我,弄死李士群这个浑蛋。"

熊剑东道:"哎呀,兰成,李士群有日本人做靠山,我们怕是不行吧?"

"没问题。"胡兰成道,"10年前,南京卫戍司令谷正伦重金礼聘日本谍报专家加藤少佐来华,传授无上间谍术。加藤对谍报工作的最高原则,只讲了一句话。"

熊剑东说:"什么话?"

胡兰成道:"加藤说,金鱼缸里若有两条鱼,只能捉一条,另外放一条我们所要的进去,当它能够取而代之,然后再换。"

熊剑东说:"你的意思是让我们来取代李士群?"

胡兰成道:"这就是日本人的思维模式,是我们弄死李士群的保证。"

于是,胡兰成与熊剑东联手,火并李士群。

李士群大喜,他这人最痛恨闲极无聊,最喜欢与身边的人拼死斗争。他越斗越精神,越斗越有劲。斗到最后,周佛海、陈公博等人也全都加入,齐斗李士群。

日本宪兵在一边看热闹,发现李士群根本停不住,越斗越欢快,于是一拥而上,将其毒死。

此人死去,"76号"终于消停了。

而胡兰成为吴四宝复仇,斗死李士群,佘爱珍感其义举,以身相许。抗战胜利后,两人一起逃去了日本。

## 有钱才能办大事

"76号"大乱斗,生死之交一杯酒;有情饮水也是饱,无义遍地是人头。

多少年后,胡兰成回忆他的过去,说:"李士群毒杀吴四宝,把个'76号'搞成内斗成风的乱盘子,就在于李士群自己是个病态的斗争狂。"

**这类人疑心病重,天天在身边寻找敌人。别人一颦一笑,他都会忧心忡忡,认为是斗争的苗头。一旦斗起来,凶狠无比,嗜血如狂,毫无理性可言。他对自己的要求,无限宽松;对别人苛毒无比,至死方休。他自己如此,并认为别人也是如此,所以才会不斗死吴四宝不罢休。**

杜月笙、吴四宝这类人与李士群恰好相反。李士群信奉人与人若非同党,就是敌我。即使是现在的同盟,也是为了击败对手而暂时缔结。一旦击败对手,昔日的同盟就成了新的敌人。而杜、吴出自江湖道上,认为敌对是暂时的,纵然血仇再深,终究要寻求共处同存的法子。

所以,李士群这类人完全无法理解杜月笙这类人,杜月笙这类人也无法理解李士群这类人。李士群这种人,会穷追杜月笙到底,斗死方休;杜月笙这种人,则对李士群敬而远之,能躲多远就躲多远。

1941年年底,蒋介石召杜月笙到重庆,要求杜月笙立即考虑移居重庆事宜。此时,戴笠给杜月笙的那笔钱早已花光用净。而要搬到重庆,就意味着把一个庞大的人群统统搬离,哪一个漏掉,说不定就会跑去当汉奸。

杜月笙需要很大一笔搬迁费用,值此国难当头之际,又不好意思向戴笠伸手,只好去找资产比他多一倍的刘航琛,问:"航琛兄,你曾经给我一张空白的支票,让我用时随意填,是不是?"

刘航琛说:"嗯。"

杜月笙道:"那么,请问,我填写数额的上限是多少?"

刘航琛说:"150万。不足150万,你随意花;超过150万,需要我签字才行。"

杜月笙道:"老兄不问问我用钱做什么吗?"

刘航琛说:"你杜月笙是把钱的用途告诉别人的人吗?"

杜月笙道:"哈哈,痛快痛快!"

于是,杜月笙放开手脚,在重庆买房置产,用来安置那些闲置资源。这正是:老夫生平好奇古,使者意气凌青霄;古来英雄多亲爱,美人赠我金错刀。

正当杜月笙花钱如流水时，一个惊天动地的噩耗传来：太平洋战争爆发。

难怪蒋介石突然命他速移重庆，原来日本人疯了，要征服世界。

1941年12月7日（当地时间），日本偷袭珍珠港。

这一天是世界近代史上非常重要的日子，日本在漫长的战争中被拖得气息奄奄、半死不活，于是孤注一掷，破罐子破摔，拿出武士道精神，向盟军阵营大举进攻。

12月8日，日军向马尼拉、新加坡全面进攻，泰国投降。同一天，北平、上海和天津的英美驻军全被日军勒令缴械。

还是这一天，七架日机轰炸香港。日军第30师团侵入九龙半岛主阵地。当他们占领碉堡时，英军正在吃饭，见到荷枪实弹、蜂拥而入的日本兵，英军不知死活，还笑眯眯地问日本兵要不要来点土豆泥。

心急之下，杜月笙立即派出一架飞机去香港抢人。他还开了一张抢人名单，名单上有陶希圣、颜惠庆、许崇智、陈济棠、李福林、王新衡……这些人中但凡有一个落入日本人之手，必将后患无穷。

12月9日，飞机返回，要接的人一个也未接到，全部失去联系。

12月25日，香港沦陷。杜月笙疯了。

他做出了一个疯狂的选择：与日本特务机关梅机关合作，让日本人帮他从香港往外抢人。

# 第十三章
# 与虎谋皮智者胜

> 政治并非人的属性,人类永远从属于人际逻辑。
> 政治逻辑讲敌我、讲斗争,而人际逻辑则讲亲情、讲疏亲。前者是原则,后者是现实。当原则与现实反差过大,落入其中的人就会疯掉。

### ◪ 谁关系硬，就承认谁

1942年，杜月笙55岁，居山城重庆。

杜月笙异想天开，竟让日本特务机关梅机关帮他从香港往外捞人，是因为他早就看透了日本人。

他实际上是看透了人，看穿了人之本性。

抗日之战，中日对垒，这是两个国家、两个民族的生存之战。但具体到前后方的行为人，却千奇百怪，各怀心机。

不见得上了战场的日本兵就一定真的憎恨中国人，至少共产党八路军那边就有从日军阵营逃过来的统战成功者，因为有些人是被强征入伍的，并非出于本意；也不见得日本国内的人士就一定不支持战争，大时代背景下，每个人的选择取决于人性的本源与他所居处的位置。

就上海而言，梅机关已经把这块地盘经营得七七八八了。"76号"自己扎堆斗个不休，军统特工在针对中储券的杀人大战中败下阵来，被迫求和。

可以说，上海的日本特务机关已经无所事事、闲极无聊。杜月笙趁此机会让他们去抢困于香港的各界名流，这才叫"想打瞌睡就有人递枕头——正好的事"。既可以抢功，又可以给正冲向香港的竞争特务机关添添堵。

上海还发生了一件大事——上海的军统组织被日本人连窝端了，特工最高负责人陈恭澍被捕。

据陈恭澍本人事后回忆，他在午夜前往联络站时，忽然看到联络站有灯光一闪而灭。当时他心里七上八下，心说：不会有事吧？一边想一边去了，一敲门，没想到正和开门的日本特务撞了个脸对脸。

当时，陈恭澍于午夜的长街上搏命狂奔，两个日本特务在后面穷追不舍，终于把他追上，当场生擒。

捉回来之后，陈恭澍还想假装路过的百姓，但先前被捕的特工供出他是军统驻上海最高负责人。日本人闻言,当时就疯掉了,立即搬出珍藏的清酒,狂饮之后,醉醺醺地对陈恭澍说:"走起!"

走就走!落入敌手,陈恭澍下了决心:"任你刑讯逼供,老子一死而已,决不招供。"

他大义凛然地跟着日本人走,到了机场,被日本人拉上了飞机。

飞机降落之后,陈恭澍下了飞机一看,差点昏过去:被弄到日本来了,这下好了,想逃都没指望了。

特务们带着陈恭澍在日本到处乱跑,见到日本政要就介绍:"这位是中国军统在上海的最高负责人陈先生,大大地厉害。"

所有的政要一起向陈恭澍弯腰大鞠躬,口称:"请多关照,拜托了。"

陈恭澍听了直翻白眼,无言以对。

然后,日本人带他去了箱根温泉,让他和日本女人一起洗澡。陈恭澍大义凛然地道:"休想用美人计引诱我!"

是否和日本女人一起泡了温泉,这事陈恭澍机智地回避了。但他自述,从日本回来后,日本特务们就冲他狠命地鞠躬:"陈先生,上海这边的工作,拜托了。"

当时陈恭澍就急了:"有没有搞错?我没有变节投降,凭什么让我替你们主持工作?"

"你不主持谁主持?"日本特务们摆出一副理所当然的模样,"在这里,你的特工水平最高,当然由你来主持。"

陈恭澍说:"陈某才疏学浅……"

日本人道:"听说过宋子良乌龙案吗?"

陈恭澍说:"当然听说过,你们日本特工被一个假的宋子良玩到吐血。"

日本人说:"你看到了,这就是我们大日本帝国特工的正常水平。如何提升日本特工的能力,就全靠你了。"

陈恭澍满怀郁闷地走进日本人为他准备的办公室,瞪眼一看,差点惊得昏过去。

日本特务机关里坐满了被俘的重庆特工,都苦着一张脸。原来,日本人这边缺人手缺到了失去理性的程度,逮到水平高的重庆特工,劝降都顾不上,直接塞进来强迫其干活。

从此,陈恭澍就带着他的老部下在日本特务机关工作。

所有为日本人工作的重庆特工都在千方百计地联系重庆，要求承认自己打入了敌人心脏。重庆那边的承认原则是，**谁有门路，谁关系硬，就承认谁**。陈恭澍是戴笠最赏识的人，所以很容易被重庆列为深入敌巢的好同志。至于没关系、没门路的小特工，不投降就会被日本人处决，投降就会被军统处决，总之，没活路。

这就是人类社会永恒而残忍的法则，处于利益核心边缘的人永远不会有机会。

杜月笙洞穿这一法则，他知道，自己的要求不会被梅机关拒绝。

事实确实如此。

## 凡是我的人，暂不考虑

尽管获得了日本特务机关梅机关的帮助，但战火中的大抢救仍然艰难无比。

杜月笙坦承这是他人生中最艰苦的战役。

当初和戴笠一起列抢救名单时，杜月笙咬牙说道："凡是我的人，暂不考虑。"

戴笠一句话也没说，理所当然地认可了这条规则。

说不考虑，那是假话。真正让杜月笙痛苦的是，香港不是上海，上海有个万墨林顶雷，凡属倒霉的事，都推给他。但在香港，能指挥青洪两帮的，只有杜家人。如果杜家人先走，那就谁也抢不出来了。

所以，杜月笙专门给家中拍了封电报：金三哥和陶先生一日逃不出香港，杜门中人，包括太太和少爷在内，一个也不许离开。

这就是说，姚玉兰惨了。

徐采丞赶赴上海，通过梅机关的运作弄来一条船，还借到一架日本军用飞机，然后飞到香港，挨个通知撤离。飞机上当然有姚玉兰的位子，但姚玉兰惨笑着说："我这边人多着呢，走不了。何况杜先生打过招呼，说陶希圣等人不曾脱险，我不能走。"

姚玉兰死守香港，她的家就成了东躲西藏的杜门中人的联络中心。杨虎的太太陈华看不过去她一个弱女子留守香港，于是冒着危险留了下来，两个女人同进共退。当时，姚玉兰非常感动，对陈华说："从今以后，咱们俩命运相连，但愿你跟着我，能够死得不冤。"

说完这番悲壮、凄凉的话，两人开始考虑逃亡计划：怎么个逃法呢？

走起！

怎么个走法？

从香港走出来，"呼哧呼哧"走到深圳，再从深圳走出来，沿东江"吭哧吭哧"走到韶关，到了韶关继续走，可以走到桂林，也可以走到河源。

要走多久？

不走就是个死，你掂量着办吧。

路途遥远，全靠步行，没有吃喝，这也就罢了，最可怕的是沿途关卡重重，一旦被日本兵抓住，有死无生。更兼敌伪军队，强梁出没，土匪无形，这条路到底能不能走过去，完全是未知数。

未知数也得走。按计划，先派了杜月笙的弟子陆增福提着脑壳前头探路，看到底能不能走过去。陆增福素有"飞毛腿"之称，这门绝技从未得机会施展，这次终于用上了。他"呼哧呼哧"地走了一遭，平安抵达惠阳，立即拍了封超长的电报，指点后面的人马。

第二批是杜门两员大将顾嘉棠与芮庆荣，此二人文能识字，武能杀人，他们已经不是探路，应该是联络沿途黑道人士。

连续两路人马平安逃出，困在香港的诸人大为振奋，立即结伴出发。

说到走，实际上连香港都走不出来，一出门，四处都是疯狂抢劫的人群。幸亏抢劫者中有青帮弟子竟然认出了杨虎的太太陈华，却不认得姚玉兰。

陈华和姚玉兰不仅让青帮弟子帮她们弄到了日本人颁发的回乡证，还有张奇怪的字条，字条上写着："心胃气痛散。"

这些人就拿着这么一张字条，从香港走出来，沿途遇到土匪强盗，只要把字条一亮，对方立即抱拳而退。估计这是江湖道上相互联络的暗号。

各路人马，人手一张字条，走出了沦陷区。

## 有钱有闲，也会惹祸

杜月笙跟金廷荪的关系可能闹僵了。虽然双方谁也没做过任何解释，但这应该是真的。

从一开始，杜月笙就把抢救金廷荪当成最重要的工作，但金廷荪根本不领这份情。当然，走出香港还需要听从杜门中人的安排，金廷荪走到河源，杜月笙的人就在救济站等着他，可是金廷荪一言不发，掉头而去。

从此，金廷荪就神秘地消失了。直到抗战胜利后，杜月笙才发现，金廷荪就躲在宁波，自己开了家杂货铺，平静度日。

很明显，金廷荪生了杜月笙的气。为什么呢？猜测起来，应该是杜月笙担心金廷荪当汉奸，说的话被金廷荪听到了，这让金廷荪非常悲愤。

另有一位汤漪汤老爷子，是段祺瑞时代的政府要员，因为怕他被日本人强行利用，杜月笙把他抢到了香港。岂料香港顷刻之间沦陷，62岁的汤老头被迫在暮年万里跋涉，抵达重庆。到了地方，说了一句"哎呀妈啊，累死老夫了！"，往地上一坐，就真的死了。

当时，杜月笙哭成了泪人，因为在香港时，他和汤老头最谈得来。汤老头经历了无数风雨，指点杜月笙不知多少次。如今，师友溘然长逝，杜月笙自然悲痛万分。

厚殓了汤漪之后，杜月笙派人去北平找到汤漪的家人，将他们一路护送到了重庆，由他照料供养。

这边正手忙脚乱地安置万里逃亡而来的难民诸友，上海忽然报急。

日军突入租界，租界的英法士兵象征性地抵抗了一番后就交出枪械，乖顺如绵羊，被日本人押入俘虏营。

《申报》记者赵君豪是杜月笙的学生。自打上海沦陷以来，他就在租界继续写稿，宣传抗日，打击汪伪。这一天，他正在报社奋笔疾书，突然工友跑来告诉他："不好了，君豪，你快跑，日本兵已经占领了报社，特务第一个要抓的就是你！"

赵君豪怒火中烧，将笔往地上一扔，说："我堂堂七尺男儿，头可断，血可流……跑也要从前门跑，决不像老鼠一样从后门逃掉。"

于是，赵君豪大踏步地走到前门，看到门两侧各有一名日本兵持枪而立。见他要出门，两名日本兵恶作剧，故意把两柄刺刀交叉，要出门就必须从刺刀底下钻过去。还没等他钻，远处一群特务气势汹汹而来，分明是来抓他的。

万般无奈之下，赵君豪含着眼泪，从日本兵的刺刀下钻过，然后撒腿跑开。

可是，整个上海都已经是日本人的天下，他能够逃到哪里去呢？

赵君豪走投无路，跑进一家西餐馆，失神坐下。侍者过来问："先生要吃点什么？"

"牛排，要三分熟。"赵君豪机械地回答。

"拜托，三分熟，那还是块生肉。"侍者道。

"哦，那就五分熟好了。"赵君豪道。

"五分熟？没有牛排，只有蛋炒饭。"侍者冷冰冰地说。

"没牛排你还说这么多？那就来蛋炒饭。"赵君豪愤然道。

蛋炒饭上来，赵君豪根本吃不下，坐在那里默默流泪。过了很久，他突然醒过神来：我应该去恒社看看，那里的兄弟肯定会帮助我逃走的。

于是，赵君豪匆匆去了恒社。恒社弟子正忙着大举逃亡，见到他就说："君豪快走，不走就来不及了。"

就这样，赵君豪跟着恒社弟子逃到了重庆，向老师杜月笙哭诉。杜月笙铁青着脸，听完后说："给君豪来一碗蛋炒饭。"

然后，杜月笙吩咐身边的人："以我的名义，每天拍一封电报，让吴开先立即撤出来。如果他落在日本人手中，必死无疑。"

但已经迟了，杜月笙的得意弟子之一、中央组织部副部长吴开先在上海已经被捕。

被捕的人除了吴开先，还包括中央常务委员蒋伯诚、秘密联络员王先青，以及杜月笙的管家万墨林。实际上，这在上海特工战史上又称为"驻沪大员一网打尽"，被日本人连窝端了。

吴开先被捕，要怪就怪他老是乱发奖金。有个门卫沈守良替吴开先管理杂务，吴开先有事没事就给沈守良发点奖金。沈守良钱太多花不掉，就天天出去玩，不料被特务发现，逮到他好一顿暴打，打得沈守良精神错乱，供出了吴开先的秘密藏身处。

中央常务委员蒋伯诚被捕，说起来更是气人。蒋伯诚的爱妻杜丽云美貌如花、风情万种，以前是个平剧（京剧）演员。她最怕寂寞，一定要和闺密热热闹闹地逛街买包包才开心。蒋伯诚再三跟她说："你不要往外跑了，太危险，被特务发现，会连命也丢掉的。"

杜丽云道："不要紧，我就出去一会儿，一会儿就回来……"

杜丽云出了门，哪儿人多往哪儿去，看朋友，疯狂购物，听戏，看电影，发现男人对自己的回头率猛增，顿时大为欢喜。回家路上，发现很多帅哥跟着自己，不时冲自己挤眉弄眼、吹口哨，杜丽云更加开心。

到了家门口，后面的一个帅哥突然拔出手枪，冲上前把她给控制住。其余的帅哥冲进门去，少顷，都诧异地踱出来，对她说："杜丽云，怪不得你老公不打断你的腿，还让你跑出来，原来……"

原来，鼎鼎大名的中央常务委员蒋伯诚前段时间突然中风，瘫痪在床，不能动弹。

他不瘫痪，杜丽云还真不敢出门乱跑。正因为他爬不起来，杜丽云才跑出家门，把特务给招来了。

招来是招来了，但特务也愁得不行，拿这个瘫痪者怎么办呢？拉去宪兵队用刑？算了，就别抬个瘫子到处跑了，原地监视吧。

不久，与蒋伯诚单线联系的秘密联络员王先青来跟他接头时，被一群特务拿枪口抵住，也给抓住了。

接下来是万墨林。

万墨林半夜里和老婆在床上睡得正香，忽然感觉气氛不对，睁开眼，只见床前气势汹汹地站了一大排日本兵。见万墨林睁开眼，日本兵用半生不熟的中国话大喝道："你的，睡女人的不要！良民证的有？"

"有！"万墨林神态自若，从枕头下掏出一张特别通行证，递给日本兵。

日本兵接过，撕得粉碎，再向万墨林一伸手："你的，特别通行证的有？"

万墨林当时就傻了，说："不是，你刚把我的特别通行证给撕了……"

日本兵道："特别通行证的没有，奊民的干活，抓起来的有！"

于是，万墨林也被抓走了。这是他"二进宫"了，替杜月笙做个管家，代价好沉重。

外边就剩下一个徐采丞了，他开始四处奔走营救。

这时候，杜月笙拍来电报。

## 政治逻辑与人际逻辑

杜月笙拍电报的这台发报机已经被日本人破获，在场的日本人收到电文，还真给徐采丞送去了。

电报上，杜月笙指点徐采丞，要救吴开先、蒋伯诚、王先青、万墨林四人易如反掌，只要让那些刚刚从香港被抢回上海的人出面，即可化繁为简。

如前所述，从香港抢回上海的那拨人原本就是段祺瑞时代的安福系要人。当初戴笠之所以命杜月笙把这些人从华北抢到香港，就是因为他们与日本人有着千丝万缕的联系，随时都有可能当汉奸，必须把他们抢到香港，每天一锅鱼翅养起来，才能避免他们给抗战添乱。

这拨人在香港吃了杜月笙几年，现在杜月笙要盘活这笔闲置资产，让他们去捞人。

那么，现在这拨人在上海跑来跑去，日本人就不逼他们当汉奸了吗？

不逼了，汉奸的席位已经满员了。"76号"胡兰成恶斗李士群，就是因为汉奸数量严重超标，汉奸这么多，不斗行吗？

张啸林名气那么大，赫赫有名的"上海三大亨"之一，都没机会在汪伪政府这边捞个席位，更遑论这些段祺瑞时代的过气人物了。

人事有代谢，往来成古今。所谓世易时移，当初那些极具汉奸潜质的人这时候已经失去了汉奸价值，可以跑出来撒欢了。

于是，老外交部部长颜惠庆出马，去找日本人协商："说吧，要多少钱才放人？别犟了，到底收不收钱？不收我们可换人了……"

吴开先获释后，记述他被捞出来的过程，这样写道：

> （民国）三十一年（1942年）三月十八日晚间，予突被捕，直至十月十一日经徐采丞先生之多方设法，始得恢复自由。徐采丞先生处已电积尺余，均为月笙先生探询情形，拨款营救，并嘱接济家属之电。采丞先生奉命唯诺，为予奔走，达数月之久。一面请颜惠庆先生出面说情，一面向日方军政人员致送厚礼，并对看守狱卒以至承审人员，予以厚赂，闻月笙先生个人耗费在百万元以上。

吴开先写了这么一大段文字，是为了感谢杜月笙的营救，缅怀牢狱斗争的岁月吗？

非也！这实际上是吴开先的辩白书。

话说吴开先获释，引发了他的同乡发小、小学同学、大学同学、杜月笙三大优秀弟子之一的吴绍澍的愤怒。

吴绍澍质问道："吴开先在上海从事地下工作，被日本人抓走，如果他没有屈膝投降，没有叛变投敌，日本人会放了他？难道日本帝国主义不是食人恶魔，而是万家生佛不成？

"还有那个杜月笙,谁不知道他把怀孕舞女种了荷花,把自己老婆的情夫蒸熟了吃掉?这个大流氓,他的管家两次被日本人抓走,都平安无事地被放回,而上海的地下工作一次次遭到人为破坏,无数志士遭到日本帝国主义屠刀的杀害。人民群众想知道,在这个过程中,杜月笙和他那个双手染满志士鲜血的罪恶管家都起了什么坏作用?"

吴绍澍为什么要跟吴开先过不去呢?

这里面其实有个秘密。据胡兰成回忆,"76号"李士群实际上从来不抓军统的人,只抓团系的人,也就是蒋经国的人,就是吴绍澍的人。所以,军统特务才能够在上海大开杀戒,而团系吴绍澍却毫无进展。

也就是说,当时的特工战,双方都是有选择地抓人、杀人,吴开先和杜月笙是与汪伪心照不宣、有默契的一方,吴绍澍却是吃大亏的一方。所以,吴绍澍恨死了老同学吴开先,连带着恨死了杜月笙。

这也埋下了此后蒋经国上海"打老虎",为团系报仇,又一次抓捕万墨林的后续事件的种子。

群议汹汹,风雨欲来。

参政会中,有人提出对吴开先进行公开审讯,究其叛变通敌之罪。

当时,蒋介石坐困愁城。他不能说公众对吴开先的质疑没有道理,吴绍澍运用的是永恒正确的政治逻辑,但**政治并非人的属性,人类永远从属于人际逻辑。**

**政治逻辑讲敌我、讲斗争,而人际逻辑则讲亲情、讲疏亲。前者是原则,后者是现实。当原则与现实反差过大,落入其中的人就会疯掉。**

蒋介石终究不能违背绝对正确的政治原则。吴开先虽未被究责,但也被迫淡出政治中心。

吴开先哭诉说:"予静居重庆凡三年,一无工作。月笙先生知予素无积蓄,时予资助,每一晤及,辄询问起居,关切之情,溢于言表。"

这就是吴开先搞地下工作搞到最后,侥幸生还,却连饭都没的吃的原因。不管是那年月还是此后的未来,但凡人类社会的政治逻辑与人际逻辑相冲突,此类事件就会重复发生。

## 升官自有升官的道理

1942年10月，杜月笙响应蒋介石开发大西北的号召，出了趟远门。

这次出行，大大满足了他的虚荣心。杜月笙所到之处，万众追捧。这种人生的崇高成就，弥补了他少年时代被人无视的巨大心理失落感。

在成都，有个民国初年在上海担任水师统领的120岁的老先生，听说杜月笙来了，不顾年老体迈，赶了150里的山路，一见到杜月笙，就上前捉住他的手臂，大声喊道："月笙，月笙，你我20年不见了啊！"

到了临潼，当地袍哥以红灯相送。如果杜月笙接了这灯，就是袍哥的人，只要在袍哥的地盘上，所到之处随意吃喝；袍哥的人到了他的地盘，也要享受同等待遇。

杜月笙没有接这盏灯，理由不详。此时他是蒋介石面前的红人，远非袍哥这种江湖势力所敢攀附，所以这盏灯不接也就不接了，袍哥是不敢吭气的。

杜月笙还见到了一个女袍哥，美丽而又矫健，身手不凡，纵马如飞，枪法如神。她手下的兄弟各持长枪短炮，霸占着一条鸦片贩运通道。当时杜月笙就惊呆了。

在南郑，杜月笙又遇到一个老朋友——祝绍周。

祝绍周，清党年间驻上海的第22军的参谋，当时他是上海滩头唯一不把嚣张的陈群放在眼里的人。此人是当时少见的智慧之士，现在他已经官任川陕鄂边区警备总司令部副总司令。

祝绍周给了杜月笙一个含而不露的指点，带杜月笙参观西北特产标本，矿石、木材、药材、农产品等。看了这些东西，杜月笙才醒过神来，感觉这次考察大西北，就是应该寻访各地风情特产，而不是看女袍哥听小曲。如果不是祝绍周点拨他一下，等他回去见到蒋介石，铁定会挨骂。

实际上，等杜月笙回到重庆，去见蒋介石，就在门外遇到了祝绍周。祝绍周正被蒋介石任命为陕西省主席。蒋介石之所以任命他而非别人，就是因为祝绍周是当时少见的有脑子的人。杜月笙这趟西北之行，见到的无一不是酒囊饭袋、混吃等死之辈，唯有祝绍周能专心研究当地物产，考虑发展经济。如果他不升官，那就没了天理！

到了西安，胡宗南给他准备了盛大的欢迎仪式，许多白发苍苍的老人围着他双手合十，喃喃念佛。杜月笙被这怪事吓坏了，仔细一问才知道，14年前，陕西大旱，杜月笙在上海发起赈灾捐款，买了大批粮食运来，无数生民获救。他自己把这事给忘了，但陕西父老铭记终生。

杜月笙就待在西安，死活不挪窝了。重庆那边有大事等他回去处理，他坚决不肯走，他要尽情享受西安人民对他的深情厚意。顾嘉棠无奈，只好让姚玉兰来西安催他，结果他把姚玉兰也留在了西安，让老婆看看他多么受人欢迎。

他一直待到第二年的元月中旬，再不回去就说不过去了，才恋恋不舍地返回重庆。

重庆有新的麻烦等着他：西北寒冷，但连年战事，百孔千疮，无论是士兵还是百姓都光着脚板，于寒风中瑟瑟颤抖。杜月笙的任务，是在绝无办法的现实中想办法给大家弄件棉衣穿。

杜月笙的办法是：去找日本人买！

## 与虎谋皮需要智慧

1943年，杜月笙56岁，居重庆。

话说自打抗日战争开始，生产停滞，战略物资的争夺成为双方战场上的重中之重。在日占区，日本兵疯狂掠夺，但凡一口锅、一片铁、一条布，都在征收之列。

之前张啸林被杀，就是因为他犯了军战大忌，替日本人囤积战略物资。这是一条死线，纵然有戴笠的免死令在身也没用，只要跨过这条线，杀掉没商量。

对于杜月笙的建议，蒋介石的答复是：只允许用钞票买。你需要多少钞票，我这里开动印钞机给你印。以物易物，就是资敌。

可是，日本人也不傻，拿比黄金还短缺的战略物资换你临时加印出来的钞票纸，他们会干吗？

只要日本人不是脑袋有问题，这个想法无异于痴人说梦。

事实上，这个想法最初是仍然在上海潜伏的徐采丞提出来的，杜月笙认为毫无可行性。他对徐采丞说："采丞兄要不是热昏了，就是白日做梦！想想看，怎样能办到这种事体？"

徐采丞的回答是："没问题！"

杜月笙说："委员长说不能以物易物。"

徐采丞道:"那咱们就拿他们最想要的跟他们换。"

杜月笙说:"日本人想要什么?"

徐采丞道:"你!"

杜月笙说:"啥子?"

正是这样,当时上海的三大日本特务机关梅、兰、竹都感觉战争再这么拖下去,日本非死不可,必须谋求与蒋介石和谈,然后利用中国的战略资源,以待来日之转圜。

而要想与蒋氏和谈,必期望于"中国的头山满"——杜月笙!

所以,日本的三大特务机关都绞尽脑汁想和杜月笙拉上关系。如果徐采丞以此为诱饵,再利用三大机关钩心斗角的内部矛盾,此事八成有戏。

杜月笙终于动了心:"要不,咱们试试?"

徐采丞立即行动起来,周旋于三大特务机关之间,每天吃吃喝喝、连蒙带唬,终于诱得竹机关怕另外两家占了功,抢先答应了徐采丞。

竹机关决定,这一次皇军先吃点亏,出售6000件棉纱给杜月笙。再发第二批棉纱3000件,两批一共9000件。当然,杜月笙会把这些棉纱卖给中国军方,让中国士兵穿得暖暖的,杀日本兵更有劲。可这跟自己有啥关系?只要自己能和杜月笙拉上关系,日本兵全死光也不要紧。

戴笠对此事感到惊异而亢奋,跑来跟杜月笙仔细敲定棉纱运输路线。日本人那边好说,竹机关神通广大,答应派日本宪兵,先行把货物运送到安徽界首地区。谁敢碰皇军卖给中国军队的货,皇军就会跟谁拼老命。

麻烦的是货物到了中国军队这边,中国军队的抗日热情高涨,见到从敌伪区运来的货物,不抢光了才怪。

只能走一步看一步了。

杜月笙派了杨管北、徐子为去界首接货。

1943年年底,一共9000件棉纱先后从上海出发,经铁路运至商丘。卸车后,改装一辆辆日本军用卡车,由荷枪实弹的日本兵保护,运送至亳州地带。再往前,是一望无际、光秃秃的荒原。此地就是中日占区的分隔线,过了这条线,这些日本兵就回不去了。

所以,运货车一到地点,指挥官立即下令卸车。日本兵忙不迭地把货物往车下一推,然后开车往回狂逃。在逃回的路上,日本兵还嘀咕呢:不对吧,咱们冒死给中国军队运送战略物资,还要快跑,防止被他们干掉,这是不是有点傻过头了？

日本兵就这样带着疑惑逃了。

正前方出现一排人影，个个推着一辆架子车。推车的应该是杨管北雇来的农民工，而跟随这支车队的，还有许多彪形大汉，各配短枪。大汉们簇拥着一顶轿子，轿帘掀起，里面坐着一个雍容华贵、眼神明亮的漂亮女子。女子左右手各执短枪，极为拉风、有范儿。

这个女子是洪门首领明德的大太太。

因为这一带属于三不管地区，中国军队和日本军队都不敢接近，就成了土匪出没的天堂。杜月笙敦请洪门首领明德出马护送，但明德跟前面提到的蒋伯诚一样，突然中风瘫痪了，只好让自己的大太太出马。

有明德的大太太双枪护卫，杨管北胆气大壮，朝着被日本兵推下车的货物冲去。

忽见货物中竟然有人影晃动，杨管北大惊失色，"扑通"一声就趴地上了，双手抱头大喊救命。

明德的太太一脚踹开轿子，手持双枪冲过来，朝着货物堆中的人影大喝："什么人？给我滚出来！"

"不要开枪！别开枪！"货物堆里站起来一个高举双手的人，说，"我投降！"

杨管北抬头细看，难以置信地叫了一声："爹？不会是你吧？！"

原来，杨管北的父亲在沦陷区日日夜夜思念儿子，得知了这起交易的消息，就冒险拿自己当货物，要求日本人把他一块儿运来，心存万分之一的希望想看看儿子。运到这里后，日本兵把杨老爹连同货物一块儿踹下了车。

杨老爹跌下车，被压在货物底下，好不容易爬出来，睁眼看到宝贝儿子，当时眼泪"哗哗"直流。

父子相见，抱头痛哭。哭罢，杨管北兴冲冲地率架子车队出发，向洛阳方向行进。到了洛阳，见到第一战区司令长官蒋鼎文。

蒋鼎文问他："你在这里做什么？"

杨管北道："我正在……这么跟你说吧，我现在正做的事，说三天三夜也说不清，你听三天三夜也听不懂。"

蒋鼎文说："说不清就算了，你赶紧走吧。日本人发动了豫中大战，用不了几天，洛阳就会沦陷，你走慢了怕会被日本人杀掉。"

在洛阳失守前，杨管北把第一批货6000件棉纱运到了西安。但第二批货3000件因为豫中大战，已经不能再走原来的路线，被困在了洛阳与界首之间。

谁能把这3000件棉纱运回来？

杜月笙点了恒社排名前十位的朱品三，却不想，朱品三此一去几历生死，徐子为更差点被土匪煮熟吃掉。其过程之惊险，无法述于语言文字。

## 救人救到底，送佛送到西

恒社弟子朱品三，杜月笙以为其人必可造就，一直让他负责红十字会的工作。当杜月笙点将让他赴浙西前线时，正赶上他的妻子怀孕，老母卧病在床。但朱品三对杜月笙只字未提，就立即出发了。

出发前，朱品三、徐子为向杜月笙辞行。杜月笙告诉他们："你们两个这次的任务比较轻松，绕淳安，走场口，这里是第三战区，司令长官顾祝同是我的兄弟，我已经打过招呼了。"

于是，徐子为和朱品三两人先行到达上饶。徐子为去接货，朱品三在淳安租房子，招员工办公司，等货运过来。可万万没想到，这一等就是足足四个多月，货物迟迟不到，朱品三的妻子临盆，母亲病逝。朱品三被困淳安，徒唤奈何，只能独自默默垂泪。

等到过了年，才有消息传来，让朱品三去场口以北的三不管地区接货。朱品三立即率员工坐船出发，途中遭遇大风雪，船板湿滑，朱品三一不小心摔了一跤，摔得一身伤。可是人在江心，连求医都没法子。

更惊恐的是，他们的小船困在江心，远远望去，就是富阳城中日本军队的炮口。任何时候日本人一炮轰来，朱品三就变成"零碎三"了。从大年初七困到初八，只见日本兵困惑地向这只怪船张望，却始终没有开炮。

后来，戴笠发现朱品三失踪，派人寻找，一个姓周的哨长带部下找来，把朱品三从困境中救出。

朱品三万分感动，道："周兄，我永远忘不了你的救命之恩。"

此后，朱品三一直在江边苦等，等了整整五天，才等到徐子为派来一个人通知他："货要两天之后才到，莫要急。"

朱品三又等了两天，还是不见货的影子。继续等，等到第三天，朱品三原本摔了一身伤，行走不便，惶急之下又摔了一个跟头，已摔得半死不活了。

半死不活也得等。这时候的朱品三已经不再相信他这辈子还能见到货了。可是，等到1944年1月23日——足足等了16天，他无意中往江边一看：徐子为押着第一批货1000件，终于到了。

朱品三兴奋地开船前行，前方到站大源。由此向前，与日占区相距咫尺，原本没有驻军，但第三战区为了保护这批棉纱，派了几路人马来。守站的国军士兵热情地和他打招呼："老朱，你家货到了？"

朱品三道："托兄弟的福，货到了。"

士兵说："告诉你一个不幸的消息，上峰有令，你的货禁止通行。"

朱品三道："哪有这种事？顾司令长官允许放行的，而且你们被派到这里，就是为了保护棉纱……明白了。"

朱品三无奈地掏出6000元钱，说："兄弟，你不认识我，这个总认识吧？"

士兵接过钱，顿时眉开眼笑，立即放行。

下一站，陈家埠。同样，被派来保护棉纱的士兵见了货，立即翻脸，不许通行。等到朱品三塞过钱去，才获得允许过关。

第三关，洋浦口。

洋浦口的守兵是朱品三的救命恩人，把他从江心救出来的周哨长。当时，朱品三热情地向周哨长打招呼："老周，救命之恩，不敢忘怀……咦，你干吗板着一张脸？"

周哨长脸黑如锅底，大喝一声："前面的人听着，上峰有令，你这货物统统没收！"

朱品三当时就惊呆了："老周，你这是怎么了？前几天你刚刚救了我的命……"

周哨长厉声呵斥道："少套近乎，鬼才救过你，马上给我把货卸下来！"

惨了，财帛动人心。前几天刚刚救过朱品三性命的周哨长，此时却起了贪念，要把这批货全部抢走。

周哨长突然变脸，要怪就怪这批货太值钱了，所以他宁肯抹掉自己救朱品三性命之恩，也要夺走这批货。

朱品三茫然失措。

朱品三这辈子跟在杜月笙身边，忘恩负义的事见多了，但像周哨长这般，前脚刚刚救了你的命，后脚看到财货，顿时连救命之恩都不认了，朱品三生平还是头一次遇到。

再细想想整个过程，侵略中国的日本兵为了把这批货送来，那可是冒了巨大的风险。而这边的国军士兵为了抢这批货，也不顾一切。这种极端反常的事，搁在当时那个极端反常的时代，其实也正常。

日本人那边急疯了，国军士兵这边穷疯了，大家都疯了。朱品三深切地意识到，要想搞定这桩疯狂的买卖，不玩点疯狂的节目，是完不成任务的。

于是，朱品三侧转身，悄悄地对身边的人使了个眼色，然后招呼周哨长："周兄，不管你是否承认你救过我的命，眼下的事，周兄所为何来，我心里是明白的。这样吧，周兄不妨上船来，我们商量一下，我保证让周兄满意。"

周哨长有些犹豫，朱品三诚恳地道："周兄，你可是救过我的命。"

听明白了朱品三的意思，绝不会有恶意，于是周哨长纵身一跳，上船来。朱品三上前，热情地拉着周哨长的手，说："周兄，你看这个。"

周哨长定睛一看，只见朱品三的另一只手正拿着一支短枪抵在他的胸前。刚刚一怔，后面又有两支枪，同时顶住了他的脊背。

只听朱品三厉声呵斥道："姓周的，你给我老实说，是不是你从江心日本人的炮口下把我给救出来的？"

周哨长大惊失色，眨了眨眼，回答道："是是是。"

朱品三说："是不是你救了我的命？"

周哨长道："就是，就是。"

朱品三说："没听说过'救人救到底，送佛送到西'吗？岂有救命救到一半，就翻脸不认账的？"

"这……"周哨长被弄糊涂了，"朱兄，你什么意思？"

朱品三道："你必须把我的命继续救下去。"

周哨长说："怎么救？"

朱品三道："让你的人放行，不然就打死你！"

"这……"周哨长气得咬牙切齿，感觉眼前这事处处不对头，可又不能仔细想，一想大脑就会神经错乱，太荒谬了。周哨长翕动着嘴唇，不得不下令："兄弟们，放行！"

守卡士兵茫然不知所措，只好奉命放船过去。

再往前走，还有周哨长的几道关卡。朱品三就用枪顶住他，仍然逼迫他传令放行。

就这样，朱品三连闯几关，等到脱离了周哨长的势力范围，朱品三开始跟他谈判。

朱品三说："姓周的，你没救过我，知道不？"

周哨长道："知道，知道。"

朱品三说："你也没有拦船，知道不？"

周哨长道："那是，咱是爱国军人，咋能干这事？"

朱品三说："既然你没有拦截货物，那么我老朱可曾绑架过你？"

周哨长道："那肯定没有，有那个必要吗？"

朱品三这才把枪收起来，笑道："周哨长，你现在总算明白了。什么事也没有，你就是护送货物过关的党国功臣。可要是我们之间有了麻烦，那你可是要上军事法庭的，晓得啊？"

周哨长说："晓得，晓得。我是护送货物过关的党国功臣，劳苦功高啊。还望朱兄在前面来迎接你的俞主任面前多多美言几句。"

朱品三道："你放心，见到俞主任，我会替你表功的。"

与周哨长告别后，朱品三继续前行，遇到了不可思议的奇人。


## 步步行步步难

朱品三押货行进，前方就是场口。

一名西装革履、戴着金丝眼镜的中年男子率领一整队威武的军人在前面迎接："哈哈，朱兄远来辛苦，我是顾司令长官的行辕主任，小姓俞，在此恭候。"

朱品三长舒了一口气，顾祝同总算派了位大员来，终于安全了。于是上岸，与俞主任热情握手，表示感谢之意。

寒暄过后，就听俞主任笑道："在下给朱兄备有薄酒一杯，请朱兄歇息一下，暖暖身子再走。"

朱品三道："实告俞主任，这批货已经一迟再迟，戴先生和杜先生都已经急不可耐，望眼欲穿。朱某不敢停留，待他日相会，朱某一定做东，以酬俞主任护送之情。"

俞主任笑道："也无不可，那就把过路的20%捐税缴了，朱兄就可以过去了。"

"啥？"朱品三大惊失色，"俞主任，你可是顾司令长官派来的。"

俞主任笑道："纳税是每个公民的光荣义务。就算是亲爹派来的，这捐税该缴咱们也得缴，是不是？"

朱品三说："俞主任，这可是戴笠戴先生要的货。"

俞主任笑道："戴先生算个啥？别说戴先生，就是蒋委员长来了，这20%的捐税也不能少一文。"

完了，碰到这么个阴狠的俞主任，什么顾祝同、戴笠、蒋委员长，统统不买账，算是倒霉到家了。原以为这俞主任文质彬彬，不像周哨长那般厚脸皮，想不到这人更狠，张嘴就要20%。

20%是个什么概念？当时战略物资奇缺，已经炒成天价。朱品三押送的这批货，价值百亿法币，杜月笙抽光了中央银行、中国银行、交通银行、农民银行四家大行的所有现金才完成这笔交易。俞主任张口就要20%，那就是20个亿。20个亿能把他给活埋了，他真敢要。

意识到俞主任这辈子没见过钱，对20亿没有概念，朱品三定了定神，开始慢慢做俞主任的工作。听朱品三解释说20亿现钞的体积比他现在押运的货物还要大，俞主任明显惊呆了。

俞主任认真地思考了一番，说："朱兄，你如此诚恳，我也卖你个人情吧，这20%的捐税，我给你全免了。"

朱品三大喜："谢谢俞主任，谢谢俞兄。"

俞主任道："但是，为了表示贵我双方的真诚友谊，你们按照货物价值抽2%，作为贵公司捐助我们的军饷吧。"

朱品三差点气死，这个俞主任说话大喘气，2%也有两个亿，纸钞垒起来还是比现在的货物多。

朱品三没法变出两个亿的现款，交不起这笔钱。俞主任坚守原则，丝毫不肯做出妥协，不交钱就不许走。结果，朱品三被困于场口，一天一夜动弹不得。

## 天下第一智识之士

到了第二天晚上，忽然有个人步行而来，看到货船就问："请问这是杜月笙先生的货船吗？"

朱品三问："阁下是哪位？"

黑暗中，看不清那人的形貌，只能听到他清朗的声音："小姓杨，杨志雄，是杜先生的朋友。"

杜先生的朋友？朱品三心里嘀咕，杜先生的朋友何啻成千上万，可从未听说过杨志雄这号人物。

朱品三不知道，他遇到的杨志雄是当时智商最高的人——过去的状元公张謇门下的弟子，毕业于吴淞商船学校，后来成为这所学校的校长。

前面说过，政要人物如宋子文，黑商人物如杜月笙，只要遇到麻烦，就会去找杨志雄，让杨志雄替他们解决。抗战初期的航空公债，就是杨志雄帮宋子文谋划的。杜月笙从黑道大亨晋升为国政要人，每一步都由杨志雄指点。但杨志雄智商太高，善于化繁为简，迎刃开解，有他在的地方，就没什么冲突悬念，所以此人反倒不为人知。

场口运货，是杨志雄唯一一次有记载的出手。简单地说，他来了，朱品三这边的问题就等于彻底解决了。

当然，朱品三并不知道杨志雄的来历，憨憨地问道："杨兄从哪里来？"

杨志雄回答："从上海来，正要去重庆。喂，你这批货，是杜月笙苦等急盼的重要战略物资，你为何停留在此，不快点走呢？"

"走？我走不了啊！"朱品三差点急哭了，就对这个陌生的杨志雄把俞主任刁难之事一五一十地说了。

杨志雄听了，笑道："原来如此。没关系，到明天早晨，俞主任就会带着他的部下离开这里，你一文钱不用缴，就可以走了。"

朱品三说："你怎么知道俞主任他们明天会走？"

杨志雄只是一笑，却不回答。

次日早晨，朱品三钻出船舱，四下一望，顿时惊呆了，只见岸上白茫茫一片，一个人影也没有。

俞主任真的带着部下走了。

千山鸟飞绝，万径人踪灭；孤舟朱品三，拼到要吐血。可杨志雄又是怎么知道这一切的呢？

## 看穿人心是智慧

俞主任悄无声息地撤走，让朱品三好生不解，就问杨志雄："杨先生，你如何知道俞主任今天会走？"

杨志雄摇头叹息道："你是杜月笙的学生吧？真不知道小杜是怎么教的你们，教你们点正经东西，让你们长点脑子，会死吗？来来来，我告诉你我是如何知道姓俞的会在今天早晨走的。

"这件事情很简单，只要有点脑子就知道是这个结果。你先想想，姓俞的是战区司令长官派来的，是来保护你们的货物，不是来敲竹杠的，是不是？所以，这姓俞的收你的钱，是瞒着战区司令长官敲诈。

"如果姓俞的只是敲诈个三五千的小钱，就不会把你们扣在这里，他狮子大开口，张嘴就要两个亿，他是对钱没概念，所以才要这么多。可是你想过没有，如果他真的拿到这么多钱，还能再回到战区司令长官那里吗？

"如果他拿不到这笔钱，就会自己装没事人溜达回去，反正钱他没拿到，你也未必会去找战区司令长官告他的状。告了他，他也不会承认。

"可如果你真给了他这么大一笔钱，他就不会回去了。而他一次性要这么多的目的，就是想吓住你，拿笔大钱逃走，躲到谁也找他不到的地方，从此做个烟土财主。

"他就是想在有限的时间内撞撞大运而已。结果，他等了一天一夜，发现你确实拿不出这笔钱。而且，你肯定会想办法联系重庆那边，而他一定要在你和重庆方面取得联系之前走掉，表示他根本不在现场，根本没敲诈你。

"你和重庆取得联系，有两天时间就够了。所以我知道，两天一到，他自己就会悄悄走人，正如你现在看到的情形。"

"我的天！"朱品三听呆了，"杨先生，你果然是杜先生的朋友，料事如神啊！我这趟押运磕磕碰碰，险象环生，就是缺你这种智慧啊。"

杨志雄轻松一笑："慢慢来，你要学的东西，可不止这一星半点。"

说罢，他背着一只小包袱，步行上路。

"杨先生……"朱品三追了两步，又停下来，心说：急什么，我还要继续押货，等到了重庆，再当面向这位神奇的杨先生请教也不迟。

可是，后来朱品三回到重庆，再也没见过杨志雄。这就让他失去了向这位当世智者请教的机会。

## 英雄垂暮被勒索

智商高到怕人的杨志雄走了，朱品三押货继续前行，终于抵达淳安。

这时候，杜月笙直接找军政部磋商，就在淳安设置办事处。军政部派人在淳安接货，将货物转运到被服厂。

到此，朱品三出重庆，跨过年关，行程过万，历时165天，终于完成任务。

杜月笙在重庆闻知，立即举行酒会，与戴笠愉快畅饮。正饮时，朱品三火速从淳安发来急电："不得了了，老伙计徐子为被淳安旧溪岭绑了肉票。"

什么？杜月笙失惊之下，差点把手中的杯子扔掉。徐子为是杜月笙的兄弟，有人敢绑他的票？

杜月笙此时回顾江湖道，忽然感觉天地空荡，心中一片茫然，认识的人无以计数，竟找不出一个能和淳安旧溪岭绑匪拉上关系的。

还得让朱品三来。

三天后，朱品三给杜月笙拍来电报，全文如下：

雨雪紧，逆风狂，三易舟，历惊险，甫抵建，巧可到，急如焚，徒奈何。

杜月笙看了电报，烦透了事事不顺的朱品三，嘀咕道："我读书少，不要让我看这种'三字经'。"

淳安那边，绑匪很大气地派了人来，开出赎金价码2000万。到底是绑匪，胃口只有前面的俞主任的十分之一。徐子为的两个朋友冒死上山，与绑匪展开了愉快的砍价，当场把赎金砍到600万。

朱品三火速筹款，很快筹到500万。这500万，大致有那么个铺盖卷大小。于是，急忙给绑匪送去，到达地点后发现，绑匪正在搞促销活动，将赎金降到了480万。

土匪在一个叫百子亭的地方派人收钱，当场清点，证实数目无误，就扛着钱回去了。

然后，朱品三就坐在百子亭冰冷的岩石上，等土匪把徐子为放回来。可是，他足足等了一天一夜，才听到吵吵嚷嚷的声音，一伙挎着短枪的土匪突然冲出来，不由分说地把他一顿暴打，赶他离开。朱品三壮起胆，问土匪为何不放人，土匪也不理睬他。

又等了一天,土匪终于派人来了,解释说百子亭赶走朱品三之事,绝非土匪本意。土匪都是实在人,真心实意地想把这笔生意做成。现在的问题是,那480万的赎金,收是收下了,但那是山寨的公款,要想放人,还得再给小土匪们220万的酒水钱。

毫无办法可想,朱品三再回去筹钱,终于凑足数目,再一次送到百子亭。小土匪们扛着钱走了。

朱品三坐在石头上,回想这一路的押运过程,越想越委屈,情不自禁地赋诗一首:

富春江畔遭祸患,百子亭上历辛酸;
难来难去第一遭,谢天谢地庆生还。

诗成,只听黑暗中响起一阵脚步声,同时一个熟悉的声音传来:"有人吗?这里有没有人啊?"

在被绑22天后,徐子为终于活着回来了。他的赎金高达700万法币。

这是杜月笙一生中支付的最大一票赎金。如果杜月笙认真思考一下这件事情的意义,就会悲哀地意识到:

**他老了,过气了。江湖道上,新崛起的年轻势力已经不买他的账了,江湖道上的许多年轻人甚至连他是谁都不知道。**

## 凡事讲究以德服人

杜月笙真切地意识到自己过气了。他将这次行程的磕磕碰碰归罪于朱品三的人品不良,专门拍了电报,召徐子为回重庆,却不理睬朱品三。

朱品三吓坏了,不知道杜老板对自己是什么意思,就不停地哭着拍电报,向杜月笙解释自己的苦楚,母亲去世,妻子临盆,自己都不在身边,如今他历尽了生死,杜月笙却把他晾在淳安,这到底是什么意思?

几封电文发出,杜月笙那边终于有了回音,让朱品三回去。

一路上风尘仆仆,朱品三终于回到了重庆。他走了那么久,睹物思人,不胜感慨。正要入城，忽然有个恒社弟子跑来说："朱品三，跟我走，杜先生要见你。"

朱品三急忙跟上，在一幢好大的宅院里见到了喝得满脸通红的杜月笙。

只听杜月笙说："品三，你赶紧收拾一下行李，我们立刻出发。"

朱品三道："去哪里？"

杜月笙说："淳安！"

当时朱品三差点昏过去：老板，不要这样玩我好格？

难怪杜月笙把朱品三扔在淳安，不让他回来，原来杜月笙自己也正要往淳安一行。

1945年6月25日，58岁的杜月笙带着15名恒社精英、2名军统官员，取路东南。此一行正好18人，朱品三称为"十八罗汉走东南"。

去东南干什么呢？随行人员中只有陆京士知道此行是与中美合作所主任梅乐斯会合，目的是接应盟军登陆，配合国军反攻。

日本已经被拖残，玩不动了。该中国人发飙了。

"十八罗汉"先飞芷江，杜月笙把这些人撂在臭虫横行的小旅店里，他自己带了老将顾嘉棠、叶焯山秘密赶赴贵阳与戴笠会面。

会面后，杜月笙和戴笠各自乘车向机场赶路。行至一半，戴笠的汽车趴窝熄火。

戴笠生气了，下车推着汽车走："我推，我推，不信推不到机场！"

杜月笙从车里探出头来，说："喂喂喂，老戴，有你这么缺心眼的吗？见过推着趴窝的汽车赶飞机的吗？还是上我的车里来，咱俩挤一挤。"

"还好意思说我缺心眼？"戴笠挤进杜月笙的车，对杜月笙怒目而视，"知道不，不是我这次带你出来，你就进监狱了。"

杜月笙惊道："进监狱？不会吧？"

戴笠说："不会才怪，你亲爱的弟子吴绍澍摆明了要你的老命，硬是掀起风浪，把你卷入黄金舞弊案。晚一天离开重庆，我就要去监狱里捞你了。我说你什么眼神，怎么挑选弟子的？竟然揽进吴绍澍这么个冤家。"

杜月笙讪讪地道："吾老矣，凡事讲究个以德服人，以德服人。"

戴笠说："真是服了你，走起！"

抵达贵阳机场后，只见三名金发碧眼的美国人迎上来打招呼，为首者叫梅乐斯。

众人立即登机，是美军C-46型运输机，两排靠舱壁的帆布座椅，中间一条过道，大家面对面坐着。

杜月笙爬上飞机，他这辈子舒服惯了，一瞧这情形，脸色极为难看。

戴笠何其精明，"哦"了一声，纵身跳下飞机，命人把机场的一张藤椅搬上来，请杜月笙坐。

杜月笙说："戴先生，你是领导，你肥你先吃，你胖你先坐。"

戴笠说："别瞎扯了，你快60岁的老头了，把你骨头颠散，大家就没的玩了。"

杜月笙这辈子最怕官，见戴笠这样对待他，感激得泪水在眼眶里打转。可是，他真的老糊涂了，运输机上坐藤椅，这藤椅下端又不固定，一旦飞机在空中翻个筋斗什么的，他杜月笙就会"嗖"的一声破空而出了。

这时候显出了顾嘉棠、叶焯山二人的功力。他们两个一左一右，终究是打熬出来的硬功夫，飞机颠来颠去，两人四足犹如焊在地板上一样，纹丝不动。而且他们各以一只手牢牢撑住杜月笙的藤椅，让杜月笙安稳如山，一点晃动都没感觉到。

杜月笙的智商真的不行了。这次飞行过后，他见人就讲："坐飞机要带张藤椅，藤椅最是稳固，无论飞机怎么翻跟头，那藤椅也是不动如山。"

每当他说这种蠢话时，顾嘉棠和叶焯山两人就气得两眼发黑，有心想提醒他，再想想，还是算了。

正所谓"自古名将如美人，不许人间见白头"。白头尚可，白痴才叫人无语。杜月笙才58岁，大脑竟钝化到如此地步，委实令人叹息。

## 终于迎来抗战捷报

飞机飞过衡阳。

衡阳为日军所占，每次有飞机经过，日本人就以高射炮射击。飞机躲避炮火，就要爬高。而大家知道，有一次杜月笙自重庆飞香港，遭遇日军炮火拦截，飞机爬高，结果把个杜月笙憋出了哮喘病。这次过衡阳，大家都紧张万分，生怕杜月笙有个好歹。

幸运的是，衡阳城中的日军悄无声息，宛如死绝一般，根本没有炮击。

杜月笙刚刚松口气，忽听梅乐斯说："飞机绕回去，低空盘旋，要能够看清楚地面上日本兵的模样。"

飞机低空盘旋，在衡阳城上空兜了三圈。三圈过去，地面上的日本兵也没反应，梅乐斯只好怏怏地让飞机开走。

这次惊吓，险些吓死杜月笙。从此，他恨透了梅乐斯，一直恨到长汀。

飞机到长汀降落，隔了不久，陆京士等人也乘下一趟飞机赶到。

杜月笙对陆京士比对自己的亲生儿子还亲，见面就问："京士啊，你怎么脸皮又青又白，脸上还凝结着冰霜？"

陆京士道："老师，我们的飞机过衡阳，遭遇日军排炮狂轰，飞机爬到两万米的高空，空气稀薄，差点冻死我。"

"哈哈，"杜月笙开心地大笑起来，"那我就不恨梅乐斯了，他好歹没冻到我。"

此后，众人改乘汽车，一路颠簸不休，于1945年7月11日抵达建阳。众人先吃了顿建阳青蟹，然后去战区司令长官顾祝同的司令总部铅城（江西省上饶市铅山县）。

顾祝同夫妇和女儿就在田畴地带的浓荫下为这些人接风，请他们吃新鲜的青菜。

席间，杜月笙问："顾司令，现在的战事进展如何啊？"

顾祝同哈哈大笑起来："杜先生，你听后会兴奋得昏死过去的。美军在太平洋的反攻进展顺利，日本的海军、空军差不多灰飞烟灭。盟军对日本本土已经连续轰炸了八个月之久。现在，日本列岛被炸得满目疮痍、满地残尸。目前，日本本土与中国及南洋的各地驻军的联系已被切断。'大好河山做战场，铁血八年青史香；有话你不好好说，打你半死再商量'。"

杜月笙听了，非但没有兴奋的意思，脸色反而凝重起来。

饭局结束出来，顾嘉棠和叶焯山低声问："老哥哥，日本要完蛋了，你怎么反倒高兴不起来呢？"

杜月笙惨笑道："依我看，事情未必乐观。我现在最担忧的，就是大家力不从心，把握不住目前的局面了。"

不幸一语成谶，抗战胜利近在眼前，发展过快的时局让国民党人失去把握，陷入疯狂的迷乱中，徒留万世悲哀。

## 政见相左，骨肉相残

1945年7月15日，戴笠、杜月笙与梅乐斯抵达淳安。

杜月笙住进了西庙，在这个地方开始联络当年青帮的老人，为收复上海做准备工作。

同年8月5日，吴绍澍率他的几名亲信来见杜月笙。这是杜、吴师徒二人最后的握手，此后他们将桥归桥、路归路，以血相搏，除死无休。

吴绍澍等待这一天，等了很久。年迈的杜月笙却无力承受这残酷的现实。

吴绍澍走后，他独自垂泪良久，回首自己这一生，感觉那么失败，那么无能为力。当年率"小八股党"崛起于上海滩头，杀伐无算的杜月笙，已经湮没于时代狂潮中，化为残沫。

**人事有代谢，往来成古今。从这一天开始，他已经成为历史，再也追不上时代的脚步了。**

忧伤郁悒之际，杜月笙拄着手杖在西庙散步，行过一条长廊，忽听有个迷人的声音长吟道：

啊，欲情的五月又在燃烧，
罪恶在处女的吻中生了；
甜蜜的泪汁总引诱着我，
将颤抖的唇亲她的乳壕。
……

朗吟声中，只见廊柱后缓步踱出一人，虽蓬头垢面，但目光明亮，气宇非凡，他脸上剥落的泥斑下露出少女般雪白的肌肤。

乍见此人，杜月笙大为吃惊——此人就是沪上名家，赫赫有名的新月派诗人邵洵美。

杜月笙说："你怎么在这里？"

邵洵美道："戴笠要杀我。"

杜月笙说："戴先生为何要杀你？"

邵洵美道："因为我二弟杀了我三弟。"

"你这是什么跟什么？"杜月笙满头雾水，"你慢慢说，到底怎么回事？"

听邵洵美细说，杜月笙才得知战争年间发生在邵家的一桩人伦惨变。

邵氏家族为上海世族，到了邵洵美这一代，有兄弟三人，老大邵洵美，老二邵式军，老三邵小如。三兄弟秉性、气质各有不同。老大邵洵美是与徐志摩齐名的诗坛大家，政治观点上比较激进偏左。老三邵小如虽然年轻气盛，但在政治观点上保守偏右，崇尚亲情。老二邵式军毫无节操，日本人一来，他就卖身投靠，出任上海税务局局长，是当时名气较大的汉奸。

邵式军替日本人总管税务，坐地收钱，财源滚滚，老三邵小如就去找他要钱，要去参加杜月笙的忠义救国军。邵式军毫不犹豫，立即如数照付。

然后，二哥邵式军给三弟邵小如下了毒，将其毒杀。

大哥邵洵美目睹如此人伦惨变，痛心疾首，于是转入大后方，要与日本人血拼，以报三弟之血仇。岂料淳安军统经过查缉发现，这个大诗人的弟弟是敌伪占区的大汉奸，可见邵洵美极端不可靠，于是将其抓捕关押。

因为邵洵美名气较大，只好将他软禁在西庙，等查清楚他的政治问题再说。

邵洵美其人恃才傲物、心高气傲，虽然他眼看着杜月笙这些人住进了西庙，只要自己开口求情，就能获释，但是他咬碎钢牙，就是一声不吭。如果不是今天恰巧碰上，他还不知要被关多久。

## 发财有道，致富有方

于西庙见到邵洵美后，杜月笙说："事出仓促，一切未及准备。"

这话是在说形势发展得太快了，杜月笙措手不及。

当时，有这个心理准备的，似乎只有蒋介石的二儿子蒋纬国。

蒋纬国当时是装甲兵，驻守西部。在杜月笙入住西庙的同一时间，蒋纬国突然大扣士兵军饷，整整一个月不给士兵一分钱。

第二个月，蒋纬国变本加厉，不仅把部下士兵的军饷扣下，连零花钱都给拿走了。士兵们怨声载道，私下里嘀咕："唉，这还是太子爷呢，我们当兵的几个零花钱他都抢，要不要脸？"

把部下士兵的钱搜刮干净后，蒋纬国就带着几个亲信把方圆数十里的酒、肉、鞭炮统统买断了。附近友军看着他的模样，无不摇头叹息：咱们蒋委员长挺聪明的一个人，怎么生了这么个傻儿子，买那么多酒肉，不怕撑死吗？

到了1945年8月15日，突然一个爆炸性的消息传来：日本裕仁天皇发布投降书。

霎时间，中国军人全都惊呆了，脑子里第一个想法是：我们胜利了，我们终于胜利了！马上买酒、买肉、买鞭炮庆祝……可附近方圆数十里的酒肉、鞭炮全都被蒋纬国买断了，要想进货，得去找他。

各路友军纷纷寻来，惊讶地发现蒋纬国在军营里支起小摊，所有的士兵上岗，站在摊后卖酒、卖肉、卖鞭炮，价格还高得怕人。

价格再高也得买。浴血八年，抗战胜利，这么大的喜事，能不喝酒吗？能不吃顿肉吗？能不放鞭炮吗？无奈之下，各路友军苦着脸，在蒋纬国这里排长队，买他的高价酒肉、鞭炮。

回忆这段往事，蒋纬国不无得意地说："因为我有个随身携带的小半导体收音机，每天收听，知道日本已经战败，美军先后在广岛、长崎投放了两颗原子弹，所以我断定日本马上就会投降，就买光了周围的酒肉、鞭炮，高价售出，还清了克扣士兵的军饷，还发了双倍的补偿金。"

## 低调隐忍，明哲保身

杜月笙这边还有个比日本投降更让人高兴的好消息：失踪已久的金廷荪被朱品三从宁波的一家杂货店里发现了。

这些年来，他一直躲在宁波，粗茶淡饭，低调隐忍，谁也料不到他竟然是个身家不可估量的大亨。

淳安方面，戴笠和杜月笙两家的部下混合编组而成的忠义救国军，从郊区火速向上海抢滩。

此时，上海城中有日本的正规军队15万人以上，伪军数量超过90万人，共有100多万人。如此庞大的败军之旅，价值至巨的银行现金、敌伪物资，如何顺利接收，是个难以想象的复杂问题。

但再怎么复杂，也得接收。于是，淳安点将，陆京士为第一路人马，得知他顺利进入上海的消息，刚刚获释的邵洵美自告奋勇，是为第二路人马。然后才是杜月笙，他带着顾嘉棠、叶焯山、朱品三等七人浩浩荡荡地取路杭州。不料刚到钱塘江大桥，斜刺里突然蹿出一群日本兵，手持上了刺刀的步枪，气势汹汹地道:"八格牙路!你们的,良民的不是,统统死啦死啦的!"

当时大家就傻眼了:什么意思这是?日本人不是投降了吗,他们怎么还在这里耀武扬威?现在这辰光,打还是不打?

正不知所措,后面来了位日本军官,上前连连鞠躬:"几位太君大大的好,我们的大大的投降。但是接收我们的人,没有的干活,所以钱塘江大桥的防务,继续进行的干活。太君们生气的不要,我护送过桥的干活。"

于是,日本军官率部下恭送杜月笙一行过桥。但杜月笙感觉说不出的别扭,像是被日本人俘虏押送一样。

过了桥,只见前方走来一人,月白绸衫,宽松黑裤,长着一张以前在噩梦中出现过无数次的胖脸,说道:"哈哈,月笙兄别来无恙,我代表浙江人民欢迎你。"

来者竟是"76号"的丁默邨。

丁默邨,汪伪政权任命的浙江省主席。但重庆当局默认他是战斗在敌人心脏的自己人,这是他用保护了许多重庆特工生命换来的交易。

日军相送,汉奸相迎,重返上海,万分古怪、拉风。

就这样别别扭扭地到了上海北站,不见一个欢迎之人,冷冷清清中,唯见一张张触目惊心的传单贴得到处都是:"打倒恶势力!""杜月笙是恶势力的代表!""打倒杜月笙!"

笔墨未干,字字透骨。那刺骨的森寒令杜月笙如同浸入冰水,全身颤抖起来。

是谁?是谁要打倒他?还能是谁,当然是他最能干的弟子,如今已经叛离恒社,被国民政府任命为上海市副市长的吴绍澍。

# 第十四章
# 龙虎争霸上海滩

他们极端憎恨人性中的不洁与污秽，不能容忍人性中的软弱与苍凉，并视其为这个世界之所以痛苦的因由，所以他们持有纯正的理念，不惜一切代价，试图铲除人性中的肮脏与软弱。

## 土匪也应该讲规则

离开淳安之前，杜月笙不止一次对顾嘉棠说起朱品三的押运之行。

谈及这件事，杜月笙的内心几乎是崩溃的。他完全无法理解朱品三所遭遇的怪事，但是他知道那意味着什么。

**改变来了。人心散了，队伍不好带了。**

在杜月笙年轻的时代，军阀也好，江湖帮会也罢，既贩毒也走私，杀人放火更是不耽误，但正如"情圣"、汉奸胡兰成在他的《山河岁月》中所说，旧时代的老军人、老流氓是有原则、有底线的。

这原则或底线就是，人不可太贪，你必须与别人分享利益——走私，你不能把天下的私利全部占尽；贩毒，你不能把天下的毒品一口吞掉。你诱拐花朵一样的小女孩卖到妓院，但你不可能把全天下的女人都卖掉。

这个底线听起来很怪异，但它起码还沾点理性的边，一个人的所作所为必须在一个可控范围内。

而朱品三在押运货物时所遭遇的却是全然丧失了理性的贪婪，比如救过朱品三性命的周哨长，比如被派来保护货物的俞主任，这些人大嘴一张，就要把全部货物吞下，丝毫也不想一想，以其胃口，消化得了如此庞大的暴利吗？

最让杜月笙震惊的是，盘踞在旧溪岭一带的土匪，其表现与周哨长、俞主任无二，没有原则，没有理性，更没有丝毫底线。他们居然在收了赎金之后，仍不放人而继续勒索。

这不是杜月笙心目中理想的土匪，土匪不应该是这样的。

杜月笙心目中理想的土匪，是他营运大达航运公司，以高士奎打通苏北水道时的那种类型。

那些土匪杀起人来，眼睛是绝不会眨一下的，眨眼就不干这血腥营生了，但他们在家族长辈面前不敢有丝毫不敬，不敢有丝毫怠慢。

杜月笙真心喜欢这样的土匪，只要你还有人性，那就容易打交道。

相比苏北水盗、鸦片贩子，如周哨长、俞主任和旧溪岭山匪这样的人，完全是杜月笙无法理解的存在。他不知道他们是什么物种，更不知道应该以何种方式与他们共存。

在当时，对此类社会现象进行观察的，非杜月笙一人。"情种"、汉奸胡兰成就叹息道："'五四'时代是个分水岭，从此军阀要过时，国会的花要谢，从曾国藩、李鸿章、张之洞幕府以来的士，从袁世凯训练下来的新兵，都要让给新的知识分子与北伐革命军了。'五四'时代是中华民国要发生无数大事之前，酿花天气风风雨雨的豪华。"

抗日战争的爆发，不只是日本对中国领土与经济发展的觊觎所导致的结果，也是观念变革时代的残酷退化所带来的结果。如周哨长、俞主任、旧溪岭山匪、"76号"李士群、吴绍澍这类人的出现，并非偶然，而是一个观念集群的推进——一个拥有同样观念的庞大群体向杜月笙挤压而来。

这类群体所拥有的观念，用两个字就可以概括：极端。

**他们极端憎恨人性中的不洁与污秽，不能容忍人性中的软弱与苍凉，并视其为这个世界之所以痛苦的因由，所以他们持有纯正的理念，不惜一切代价，试图铲除人性中的肮脏与软弱。**

如周哨长这种残存于社会底层的人，必然会认可吴绍澍的观念，对杜月笙这类盘踞于权力与财富顶端的食利者恨之入骨，而当他们一旦获得机会，就表现得比他们所憎恨的人更夸张。

杜月笙知道，他们致力于铲除自己。而他们倒伏之地，必将满目疮痍、血染尘沙。


## 期望越大，失望越大

上海北站的标语吓坏了杜月笙，天生胆小的他本能地认为吴绍澍要对他下手了。他不敢在北站下车，只好绕行西站，也不敢回家，躲到了"小八股党"顾嘉棠的家里。

得知杜月笙回来，正惶惶不可终日的大小汉奸霎时间在顾嘉棠家门外排成了长队，个个泪流满面，向杜月笙诉说自己的委屈，央求杜月笙替自己做证，自己不是汉奸,而是"曲线救国"。大家都是重庆特工,深入敌巢这么多年,终于和杜月笙取得了联系。

杜月笙漫不经心地应付他们,悄悄对顾嘉棠说:"怎么感觉咱们上海滩压根就没有一个汉奸,都是地下工作者。这么多地下工作者,听那么几个日本人的话,当我杜月笙智商不够用是不是?"

每收到递进来的一张名片,杜月笙都满脸期冀,问:"是吴绍澍的吧?他是我的弟子,行过拜师礼的,就算我对他不好,他要打倒我,也应该来见老师。这是礼!"

他依然固守着已经过时的老规矩,并要求别人也这样做。就算不循师徒旧礼,吴绍澍现在是上海市副市长,也应该屈节下访,来拜会他这个劳苦功高的布衣国柱。

1945年9月3日,杜月笙到上海。次日,吴绍澍没有来。第三天也没有来,第四天还没有来。

杜月笙的心冰凉如水。

**他这一辈子,最受不了别人的冷落,他打拼一生,就是为了赢得别人的尊重。他已经很成功了,但当遭遇寄望最高的弟子对自己的打击时,他丝毫无力承受。巨大的外在权势弥补不了他内心的脆弱,他始终是那个在高桥镇上惊惧、畏缩的无助少年。**

**他用了一辈子跟人抬杠,你越不尊重他,他就越要想办法赢得你的尊重。他一直做得很成功,所以始终无法接受失败的结果。**

就这样,足足等了四天,杜月笙才终于等来了吴绍澍。

杜月笙站了起来:"绍澍啊,你可来了。"

吴绍澍身穿笔挺的中山装,满脸肃杀,昂然走进来:"杜先生,鄙人今天前来,是奉市政当局之命,通知先生几件事。"

"啥子事体啊?绍澍,你看你这脸板得。"杜月笙道。

只听吴绍澍朗声道:"第一,上海光复,百废待兴,大小汉奸,终日惶惶。市党部有决议,任何人等,均不可对汉奸私相授受,为其脱罪。违此令者,严惩不贷。第二,日本虽然投降,但黑恶势力犹在,凡属青皮地痞、帮会莠民,概与敌伪分子等同视待,不得授予任何官职。第三,敌伪资产由市党部统一收管,犯此禁者,以夺占敌产罪论处。"

听完吴绍澍的话,杜月笙惊得眼珠子险些掉到地上:"绍澍啊,你这说的是什么话？什么帮会莠民，这句话把你自己摆在什么地方了？"

吴绍澍并不直接回答，只是抱拳道："吴某尚有要事在身，告辞。"说罢，转身走出大门。

杜月笙呆呆地望着空荡荡的门外，满脸绝望、忧伤："绍澍他究竟怎么了？连我这个老师都不认了？"

顾嘉棠在一边笑道："他不认正好，那我们就把他的门生帖翻找出来，贴出来让大家看看他到底是个什么东西！"

杜月笙说："这样不好吧？"

"怎么不好？这样可好了。"顾嘉棠说，"吴绍澍这个小赤佬，公开欺师灭祖，照江湖规矩就该处死。找出他的门生帖来，看我怎么跟他算账！"

不知道杜月笙这辈子出门是不是扛着保险箱走，反正顾嘉棠一声令下，就立即打开杜月笙用来存放门生帖的保险箱，取出一包包大红帖来检视，却是奇怪，上千份门生帖，一份也不少，单单就少了吴绍澍的那一份。

当时杜月笙目瞪口呆，顾嘉棠茫然失措：难道杜月笙的身边出了吃里爬外的内贼不成？

## 有人味就得讲人情

吴绍澍的拜师门生帖于保险箱中不翼而飞，为杜月笙生平遭逢之奇案。

所有人都认为，是吴绍澍安插在杜月笙身边的人秘密盗走了这张门生帖。顾嘉棠对此火冒三丈，扬言要在三天内查出内鬼，杀掉此人。

岂料三天后，查缉一事竟毫无头绪。顾嘉棠脸上挂不住不说，杜月笙身边的人更是人人自危。杜月笙显然知道此事查缉无功，就出面劝阻顾嘉棠，让自己这厢有个台阶下，此事就再也无人细究了。

其实，这件事情杜月笙后来想明白了。明摆着，杜月笙离开上海八年，这只保险箱应该始终放在杜公馆，凡是对杜月笙感兴趣的人，都会想办法弄开保险箱看一看。八年来，保险箱已经不知被多少人偷偷打开过，追究或者不追究，真的没什么意义。

所以，杜月笙说了一番极为奇怪的话，以表明他对吴绍澍的态度："天河洗甲，故土遄归，自维无补时艰，转觉近乡情怯。"

这句话的意思是：玩吧，吴绍澍，你胖你先玩，看你玩到最后能玩出个什么结局。

吴绍澍越战越勇，发传单，贴标语，喊口号，这已经没什么意思了。当时报业没个正经人管着，谁想办报纸就办，于是吴绍澍创办《正言报》，深挖狠批流氓头子杜月笙的真面目。陆京士以《申报》回击，但这种事情，吴绍澍攻，陆京士守，攻方每天都有新的爆料出来，守方竭力解释，反倒越抹越黑，越闹越被动。

就这么折腾了一段时间，戴笠到了上海，开口就向杜月笙要人手。杜月笙推荐了万墨林和陈默。

将万墨林推荐给戴笠，杜月笙给出的理由是万墨林人头熟、地面熟，又是两入日本人大牢的抗日英雄，有功于国，清清白白。实际上，杜月笙心里明白，吴绍澍来势汹汹，是因为他背后站着三青团系太子党的大股人马，上海警备司令宣铁吾力挺吴绍澍，刚入上海就盯上了万墨林。

宣铁吾，浙江人，幼年丧母，由父亲抚养长大。幼读私塾，青年时期加入共产党，后考入黄埔军校，思想开始发生转变。当蒋经国还是个孩子时，宣铁吾已经成了蒋介石的侍卫长。

简单地说，他是蒋经国的人，也是蒋介石的人。

宣铁吾上任之初就高调宣布："接收上海，凡属青帮洪门弟子概不叙用。"

他又说："我是杜月笙的敌人。"

欲下杜月笙，先擒万墨林。

宣铁吾何以对杜月笙看不顺眼呢？

其实，这是由双方观念的冲突造成的。杜月笙这边信奉的是人际逻辑，管你是什么日本鬼子还是狗汉奸，反正你是个人，是人就有人性，有人性就有人味，有人味就得讲人情。我这边的人，重庆特工也好，商业大亨也罢，落在你手中，你得给我捞出来。而对宣铁吾来说，这就是典型的汉奸行为，他信奉的是正统的政治逻辑，你万墨林两入日本宪兵队，没打没杀没用刑，好茶好饭招待着，天底下有这么抗日的吗？你当那些被日本侵略军杀害的中国军民的鲜血是儿戏不成？

他们两个哪个对？其实都对，这要看你在什么位置上了。如果你在前线，那就是宣铁吾对：日本兵冲你开枪开炮呢，你非要跟他讲人性、套交情，你不是找死吗？

如果你在后方，还是宣铁吾对：前线将士在流血搏命，你在后方就要毁家纾难，说什么日本鬼子也有人味，日本鬼子不乐死才怪。

可如果你处在秘密战线——特工战场，那你的观念就会呈现撕裂的状态，就如同杜月笙，他要从香港捞出一批人，这活非找日本人干不成。他要替战场上的军士购置战略物资，还得想办法忽悠日本人卖给他。如果杜月笙持有的是宣铁吾那样的纯正观念，这活就没法干。

**理论上来说，人应该知道变通，正常状态下持正常观念，到了特殊状态下就必须有与狼共舞、与虎谋皮的智慧。但要命的是，绝大多数人不会变，变不了，能变的人，要不就是宣铁吾、吴绍澍，要不就是杜月笙、万墨林。**

战争时期，这两种类型的人可以各派其用、各安其位。但到了胜利后，这两种类型的人一起拥入上海，正要载歌载舞欢庆胜利，第一类人扭头一看，惊叫一声：啊，我身边有一堆汉奸！

于是，新的斗争就开始了。

所以，杜月笙把万墨林弄到戴笠身边，保护起来。

基本情况就是这样。


## ◪ 柿子拣软的捏

1945年10月，戴笠在杜美路70号——原来的杜月笙公馆设立了办事处，并大摆筵席，请杜月笙及其弟子赴宴。

杜月笙心花怒放，率众弟子赴宴。欢场散尽，戴笠把嘴一抹，说："好格，吃也吃好了，喝也喝足了，交人吧。"

杜月笙道："交哪个？"

戴笠说："罗洪义。"

杜月笙道："别这样。"

戴笠说："你是要我，还是要罗洪义？"

杜月笙只好同意。

戴笠不问别人，单究罗洪义，这实际上是卖给杜月笙一个天大的面子，按现代的政治语境来说，就是明目张胆地庇护汉奸！

要知道，当年上海的老特工，不管是哪一路的，处于价值观念与现实完全颠倒的环境中，没有谁敢说自己政治清白。你清白还天天跟鬼子、汉奸出双入对，眉来眼去？你生活在这种特定的人际环境中，不替鬼子、汉奸做事，损害抗日军民的利益，他们会拿你当掏心掏肺的好朋友？你是当鬼子、汉奸白痴，还是当抗日军民眼瞎？

总之，情况就是这么个情况，说不清自己历史的，无法证明自己政治清白的，许多人躲到了杜月笙这里，包括罗洪义。但真要究责，罗洪义是事情最小、历史最容易说清楚的。

正因为如此，戴笠才点名要罗洪义。

罗洪义自己也知道在劫难逃，自打杜月笙回到上海，他就立即跑到杜月笙身边，跟个孩子一样拉住杜月笙的衣角。杜月笙到哪儿，他就跟到哪儿。连杜月笙坐马桶、洗澡，他都寸步不离地跟着。他比任何人都清楚，一旦杜月笙从他的视线中消失，自己面前就是牢房、枪口。

罗洪义的罪名，真要说起来，就是缺心眼。

杜月笙依靠贩运鸦片起家。杜月笙之所以沾手这脏活，是因为自打他从高桥镇一步步走到上海打拼天下，从未有人告诉过他，贩运鸦片是一种不可饶恕的罪恶。于杜月笙而言，那时这就是一桩高风险、高回报的正经营生。但等他日渐做大，进入工商界，能够靠银行和面粉厂赚钱之后，他毫不犹豫地立即关闭了自己名下的赌场和烟土业。

杜月笙退出来了，可是罗洪义自以为发现了蓝海市场，立即插足这个行业。日本人占领上海后，他留下来和日本人合伙贩运鸦片。

这时候他的罪行就严重了，但在上海山头林立的汉奸阵营里，他还排不上号。

正因为他排不上号，所以戴笠非他不抓——抓了他，明正其罪，罪不至死。那么多的大汉奸小汉奸都没杀，凭什么杀他一个鸦片贩子？杜月笙能接受这个结果，向社会各界表明自己不庇护汉奸弟子。戴笠则表明自己铁面无私，纵然是杜月笙的弟子，该抓也要抓。罗洪义自己也能接受，反正不是死罪，进了牢房自有道上的朋友照料，肯定不会吃亏。

当时的情况正是这样。戴笠向杜月笙索要罗洪义，杜月笙立即拿起对讲电话，让罗洪义进来。

罗洪义一进来，小特务们上前，当场将其拿下。于是，报纸大报特报，戴笠有成绩，杜月笙有面子，罗洪义又没有生命危险。

罗洪义在监狱里蹲到1949年，终于获释，跟杜月笙去了香港。

## 上海第一奇案

抓罗洪义，意在吴绍澍。欲擒吴绍澍，先下邵式军。

邵式军又是哪个？他就是新月派诗人邵洵美的二弟，为了当汉奸，竟然下毒毒死了邵家老三邵小如。这起人伦惨变，害得邵洵美在西庙被软禁了两个月。戴笠、杜月笙与邵洵美相逢于西庙，就决定了吴绍澍的命运。

戴笠入上海，将罗洪义下狱之后，就开始为邵洵美报仇，捉拿邵式军。

这时候，报纸开始连篇累牍地报道上海光复以来的第一奇案——邵式军及庞大家产失踪案。

报纸称：上海诸大汉奸中，匿产最多的就是邵式军。他在日本人统治时期捞到的钱无以计数，其他汉奸如周佛海、梅思平，根本没法跟他比。但是，当军统人员走进邵式军的公馆，发现公馆里空空荡荡，邵式军不见了，那庞大的财产也神秘消失了。

于是，"勇敢"的军统特务们开始了辛苦的摸查工作，茶不思，饭不想，深入民间，访贫问苦，终于在一个意想不到的地方发现了一个贫家女子，把这女子的脸扳过来仔细一瞧，正是"踏破铁鞋无觅处，得来全不费功夫"，这女子正是神秘失踪的大汉奸邵式军的妻子。

军统人员严厉地追问邵家资产的数量，邵妻回答说："他家里的财货，多到无法数清楚，不要说古董字画、名贵家具、奇珍异玩、皮草衣饰等这些正常的奢侈品，单是用来存放金银珠宝的大保险箱，就有四只。"

军统人员把纸笔递给邵妻，让她把四只保险箱里的财物列出清单。

据邵妻罗列，第一只保险箱里存放金条若干根，第二只保险箱里存放美钞数万，第三只保险箱装有价值过亿的钻石珠宝，第四只保险箱装着日本老头票和许多日本国家公债。

这么多财物，都是搜刮到的沦陷区人民的血汗。那么，这些财物都到哪儿去了呢？还有邵式军，是谁放跑了他呢？

问到这个问题，邵式军的妻子立即闭紧了嘴巴，一言不发。

不说话不行，邵妻拒绝透露详情，军统人员就耐心地做她的思想工作，循循善诱,晓之以理,动之以情。终于起了效果,邵妻开口了。

她说:"是吴绍澍,他拿走了邵家所有的财产,然后偷偷放跑了邵式军。"

军统人员立即把情况上报给戴笠。

戴笠大怒,立即派出大批忠义救国军,由干员毛森带队,封锁了爱棠路,对上海特别市执行委员会进行搜查。

这个上海特别市执行委员会,就是吴绍澍的办公地点。毛森等忠义救国军在办公室里发现了四只巨大的保险箱,型号、尺寸与邵式军的妻子说的一般无二。其中三只保险箱已经打开,里面空无一物,第四只保险箱仍然牢牢锁住。

军统人员立即拿出邵妻手书的四只保险箱的清单,遍示众人,以示无讹,然后当场打开第四只保险箱,发现里面放的是一沓沓日本老头票与数额巨大的日本公债。清点数目,与邵妻写在纸上的数目分毫不差。

当时的报纸在罗列了上述事件之后,得出结论:以上事实可以证明,是吴绍澍侵吞了大汉奸邵式军那价值过亿的金条、美钞和钻石珠宝。

## 狗血才是正常人生

吴绍澍这件事,怎么看都像一个局。

不是说吴绍澍多么两袖清风、品性高洁,而是事件的诸多细节太过凑巧。在新月派诗人邵洵美被禁西庙,与杜月笙、戴笠相逢之后,偏偏就围绕着邵洵美的二弟邵式军与杜月笙的仇家吴绍澍之间,关联出如此一桩奇案。整个过程,一丝一毫的材料也没有浪费,宛如一部按事先写好的脚本上演的话剧,严重脱离现实逻辑。

现实逻辑就是,由于人性具有感性或理性的一面,现实往往是非逻辑的。现实中的事件往往狗血至极、颠三倒四,让人愁苦、郁闷、顿足、叹息。如朱品三在运输货物途中所遭遇的,周哨长先救他,而后翻脸抢劫,俞主任则狮子大开口,索要自己根本拿不动的巨额金钱,因为他们都是现实中的人,现实中的人做事,往往会犯极其愚蠢的错误。

所以,**狗血才是正常人生,愚蠢才是历史原貌**。

但邵式军奇案丝丝入扣、天衣无缝,见不到半点非理性或不合逻辑的地方。如果说有人栽赃吴绍澍,这种可能也不好断然排除。

真要说此事有什么破绽，只有一个小细节：当时吴绍澍身兼多职，如果他侵吞了邵式军的所有财产，他到哪儿弄不到个藏匿保险箱的地方？把里面的金银珠宝取出来，再把保险箱丢进黄浦江，这样岂不查无实证？

当然，这也有可能是吴绍澍如朱品三遇到的周哨长、俞主任一样，干坏事时脑壳进水，智商直线下降，犯下非理性错误。

总之，疑窦重重。

事发后，吴绍澍去找戴笠——吴绍澍是三青团系的人，戴笠也不好直接抓他。所以，他还可以自由出入，随意往来。他求见戴笠，但戴笠拒绝见他。直到有一天，小特务报告说吴绍澍发飙了，要直飞重庆说理，戴笠才答应见吴绍澍一面。

吴绍澍走进戴笠的办公室，戴笠对他拍桌子，怒斥道："像你这样的人，我为什么不办？！"

吴绍澍回答："那请让我飞回重庆，我上面可是有老板的。"

戴笠听了，环顾左右，说："通知各航空公司，勿许卖票子给他。"

吴绍澍走出戴笠的办公室，有种插翅难飞的感觉，只好静等上面对他的处置。不旬日，处置结果下达。吴绍澍此时身兼数大要职，分别是政治和军事特派员、市党部主任委员、团部干事长、监察院江苏监察使、立法院委员、上海市副市长、代理市长以及社会局局长。

对他的处置结果是：保留政治和军事特派员、市党部主任委员、团部干事长、监察院江苏监察使、立法院委员等职务，把副市长和社会局局长撤掉，这实际上等于他的代理市长也没有了。

被撤掉的这些职务，自然而然落入戴笠之手，戴笠故意气吴绍澍，把这些职务给了吴绍澍的发小、同学、死党兼死对头吴开先。

前面闹得轰轰烈烈，结局却是这样，怎么看都不像惩罚。这意思很明显，在蒋介石眼里，上海闹的这一出不过是争权夺利而已。上面根本不相信戴笠的报告，只是军统这边闹得太凶，不得已轻拍吴绍澍两巴掌，让军统消消气，塞颗糖果而已。

于是，杜月笙重出江湖，继续在上海滩奔走说合，哪儿人多就往哪儿跑。

尽管他已经夕阳西下，但终于在孟小冬北平婚变十多年后和她走到了一起，两个人的人生轨迹开始靠拢。

## ■ 美人如玉剑如虹

1945年，杜月笙58岁。

这一年冬天，上海市市长钱大钧为感谢美军在华协助中国军队接受日本投降，专请梅兰芳到上海，在美琪大戏院演一场堂会，招待魏德迈将军和美军将士。

到了时间，黑压压的中国军人从四面八方拥来，不掏票就直接冲进戏院，占据了所有座位。后面来的美军士兵根本挤不进场，拿着戏票茫然失措。宪兵急忙赶来劝说，惹怒了占到座位的国军士兵，顿时高声大骂不止，摔摔砸砸。

梅兰芳哪见过这阵势？眼见得台下那些凶狠的大兵，顿时吓得嘤嘤哭泣起来。当时上海人嘲笑说梅兰芳胆小，被闹事的大兵吓哭了，但实际上，梅兰芳胆子真的不小，他只是比绝大多数人更聪明。

在这段时间，上海的军警已经失控，随意打人杀人都是常事。就在梅兰芳这场演出后不久，上海的宪兵与警察因为看电影而发生冲突，双方各自出动轻重武器，沿着街道追杀扫射，许多无辜的百姓被流弹击中丧命。

梅兰芳久在戏台，对下面观众的情绪看得清楚明白，他明显意识到了这次演出的危险，才会被吓得掩泪失声。

杜月笙兴高采烈地跑来，他最喜欢在这种场合露脸。尽管当时许多年轻人根本不知道他是谁，但他所拥有的势力仍然不可小觑。

杜月笙一来，先命人在台上宣布："请大家少安毋躁，演出马上开始。"

然后，他去了后台，对梅兰芳说："梅先生，今天这出戏，能不能演好，关系到国家的体面。人家美国兵就在外边看着呢！也关系到整个上海市的秩序，咱中国兵已经冲进来了，再也撑不出去了。你呢，今天该演就演，明天再给美国兵补一场。虽说你的合同上只签了一场演出，但兹事体大，事急从权，你多演一场的开销由我杜月笙承担，你看好格？"

梅兰芳道："杜先生，多演一场没关系，只要演出时不出危险就行。"

杜月笙说："痛快！知道我为啥喜欢你吗？就是因为你办事痛快。"

梅兰芳道："还有，多演一场戏的费用，我自己承担，就算慰问浴血奋战的前线将士好啦。"

杜月笙说："不行，这笔费用一定要由我来承担，这是有原因的。"

梅兰芳道："什么原因？"

杜月笙说："你以后会知道的。"

实际上，梅兰芳对此心知肚明。尽管这时候的报纸仍然在无话找话，炒作他和孟小冬离婚后复合的可能性，但梅兰芳知道，他的大太太福芝芳决不会允许这样的事情发生。

那么，孟小冬怎么办呢？

她去了杜公馆，和姚玉兰成了无话不谈的闺密。当两个女人叽叽喳喳地聊天时，杜月笙就坐在一边，望着孟小冬傻笑。

**他老了。**

**年轻时，他憎恨黄金荣在美貌女人面前的不自重。等他老了，他发现自己变成了第二个黄金荣。**

## 有权任性，自取灭亡

1946年，杜月笙59岁。

这一年，打击接踵而至，如风暴般向他迅猛袭来。继吴绍澍之后，恒社三大弟子之二的朱学范也离他而去。

**戴笠曾品评过杜月笙门下能力最强的三大弟子：朱学范浮而不实，弊过于诡；吴绍澍天生反骨，必须时时留意；陆京士一腔忠义，比较可靠。**

戴笠曾困居于浙西的一家寒酸客栈，幸遇老同学毛人凤指点南下投军，不过一年的光景就咸鱼翻身，时来运转，正是得益于他有一双犀利的识人之眼。他称朱学范浮而不实，弊过于诡，这是否属实，殊难定论。但朱学范以"工运"起家，是个行动派，他想在自己擅长的专业领域做出一番事业来，这情有可原。

1946年2月，朱学范越看蒋介石越不顺眼，于是与名噪天下的"七君子"沈钧儒、邹韬奋、李公朴、章乃器、王造时、史良、沙千里联手，再加上马寅初、马叙伦、黄炎培、刘清扬、曹孟君等各界名流13人，在重庆以中国劳动协会的名义召开各界人民群众代表大会。

国民党人对"代表"这个词相当上火：你谁啊你？凭什么代表别人？至少老子你代表不了！

在当事人看来，"代表"这个词欺骗性过强，不是个严肃的政治表述。正常社会只有具体事件的授权，脱离了这个范畴，就不具合法效力。但"代表"这个词，无异于政治权利的一揽子授权，等同于对他人政治权利的野蛮剥夺，这是相当让人上火的事。

于是，那些不想被朱学范代表的人就冲上来砸场子。当时的情形是，台下两派人马抄棍子往死里打，台上两拨人疯抢麦克风，谁抢到麦克风，谁的声音就获得了物理扩张，俨然就可以代表其他人了。

此次事件过后，朱学范越战越勇，于是买棹东下，转战上海。

他说："谁也甭想拦住我，这个代表，我就是要代到底！"

可是这时候杜月笙根本顾不上他，一个惊天噩耗传来，一下子压垮了杜月笙。

这一年3月17日，戴笠乘坐航委会C-47型222号专机，从青岛飞上海。驾驶员称上海附近气候恶劣，能见度太差，无法飞往。戴笠却有权就任性，非飞不可，结果飞行途中，飞机误触南京东郊板桥镇的岱山，自戴笠以次，17人无一幸存。

听到这个消息，杜月笙如遭雷殛，当时就丧失了机能反应，坐在那里，不动、不看、不说话，也不哭，连眼睛都不眨一下。弟子和家人吓坏了，上前轻轻摇他，摇了好久，才听到他的咽喉里发出一声呜咽，而后悲声大恸，涕泪滂沱。

要说戴笠，对杜月笙实在太好。不说抗战期间，他给了杜月笙一个最喜欢的美差、肥差，专职捞人养士，让杜月笙在那段艰难岁月里过的是富比王侯的快乐生活，就说上海光复以来，戴笠干脆以杜公馆为自己的办公地点，每天不管多么繁忙，必与杜月笙见面晤谈。在戴笠的庇护之下，杜月笙和他的徒子徒孙幸福得宛如米缸里的一窝老鼠，除了幸福地开吃，别无忧心之事。

比杜月笙更伤心的，应该是万墨林。

## 沦陷时上海无正义，胜利后上海无公道

上海光复之初，万墨林曾是吴绍澍系志在必得的目标人物，但杜月笙将他托于戴笠身边，加以保护。此后，世易时移，沦陷时的许多大汉奸都未被追责，万墨林这类于国有功之士，就更不好对他下手了。

于是，万墨林就琢磨着抓住这个机会大干一场。

可是，干什么呢？他的见识有限，懂的东西不多，但像开个店卖货这类低门槛行业还是容易上手的。

于是，万墨林就开了家米铺，而且是全上海最大的米铺。必须承认，万墨林极有眼力。光复之初的上海于废墟中重建，物价飞涨，大米走俏，有时候一天里米价翻十几个跟斗，让万墨林捞得盆满钵满。

他这种行为是典型的囤积居奇，发国难财，自然会引起公众的极大不满——实际上，两次被"76号"和日本宪兵抓捕的万墨林已经不再是个普通人物，他理应高开高走，模仿杜月笙的路数，才符合公众对他的期望。可是，他甘于做一只米耗子，这让人一下子看扁了他。

于是，上海有个艺名叫筱快乐的说唱艺人，每天拿万墨林编排一些段子，说唱给观众听。观众趋之若鹜，筱快乐一炮走红，万墨林却被抹黑到透。

万墨林在杜门弟子和青帮中最有人缘，看到万墨林被筱快乐肆意踩躏，杜门弟子就替万墨林出头，警告筱快乐放老实点，如果再抹黑万墨林，决不客气。

筱快乐正等着万墨林来这手，立即把他遭受威胁的情景编排成新段子，说唱出来，表示自己受到了黑恶势力的威胁。杜门弟子气得半死，冲入筱快乐家中，砸了个稀巴烂。

筱快乐立即报警。

上海警备司令宣铁吾接到报案，立即发布通缉令，捉拿行凶伤人的奸商万墨林。

宣铁吾说："我是为杜月笙而来的。"

见到通缉令，万墨林这才感觉到害怕，急忙去找杜月笙。

杜月笙卧在床上，左边是姚玉兰，右边是孟小冬。两人把瓜子碟放在杜月笙的肚子上，一边嗑着瓜子，一边眉飞色舞地聊天。

杜月笙则流着泪，埋怨道："墨林啊，你一辈子稳重，怎么到了这时候却捅出了如此低级的娄子？戴先生已经不在了，人家正要挑你下手，你可好，自己送上门去，打人伤人。"

万墨林吓坏了，说："爷叔，我没有打人伤人，我根本不知道这些事啊。"

杜月笙道："我知道你没有伤人，你自己也知道，可是别人知道吗？宣铁吾会认可吗？"

万墨林说："爷叔，那我咋办？"

杜月笙道:"墨林,你先说,你到底有事没事?"

万墨林说:"爷叔,你知道我,就是胆子小。胆子大的人谁开米铺啊?我就是怕给爷叔添麻烦,要不然早就去炒逆产,倒金条倒珠宝,以爷叔的势力,我倒腾什么不比辛辛苦苦卖米来钱啊?"

杜月笙道:"那你有没有……通缉令上怎么说来着,垄断市场,操纵米价高涨?"

万墨林差点哭出来,说:"爷叔啊,这么大的上海,我垄断得了市场吗?说我操纵米价走高,这话说着容易,不信爷叔你来操纵一下,根本操纵不动啊。"

"操纵不动就好。"杜月笙道,"你还记得罗洪义吗?我怎么对待罗洪义,就怎么对待你。你和罗洪义不同,如果你自己投案,进了大牢后,上海的米价仍持续高涨,我倒要看看宣铁吾,他凭什么还关着你。"

万墨林郁闷地道:"好吧,爷叔,那我去监狱了。"

万墨林自己收拾行李卷,去警备司令部投案。

杜月笙失望地叹息道:**"沦陷时上海无正义,胜利后上海无公道。"**

万墨林进了监狱,上海市民奔走相告:"这下好咯,'米老鼠'被捉到了,米价肯定会降下来,大家赶紧去买米吧。"

市民拎着布袋到米铺一看,顿时傻了眼:"这……这是怎么回事?怎么米价涨得更怕人了?"

上海的米铺好像存心替万墨林鸣冤,一日之间米价连翻了二十几个跟斗,涨速为上海光复以来之最。而且米铺老板们还有话讲:"米价涨这么快是合理的,因为万墨林被抓了嘛。"

万墨林被抓,米价怎么反倒涨得更高?因为他家开的米铺门面最大,他被抓了,米铺关门,上海总体的米量供应减少,所以价格自然走高。

你看这事弄的,让警备司令宣铁吾说不出来地郁闷。

那万墨林怎么办呢?只能释放。

## 师徒反目成仇人

沈醉来了。

沈醉,军统特务,后被云南省主席卢汉扣押,有关军统的内幕、逸闻,基本上是这位老兄抖出来的。

他来见杜月笙，劈头就说："杜先生，我奉毛人凤局长之命，特来请你停止追杀吴绍澍。"

"追杀哪个？吴绍澍？"杜月笙满脸不悦，道，"沈先生，吴绍澍虽然盗走门生帖，欺师灭祖，但我杜月笙心里始终对他存有一线香火之情。他可以不仁，我终难不义，我不知道沈先生之言追杀是谓何意？"

沈醉笑道："杜先生之为人，我何尝不知？但先生与吴绍澍之争连绵扩大，已构成党内诸势力之争。前者，吴绍澍飞到重庆，行政院院长朱家骅和蒋经国先生为其缓颊。我要提醒杜先生的是，虽然吴绍澍此前是你的门人，但现在他已经改换门庭，如果双方冲突持续加剧，这对杜先生来说极为被动，也是我们军统不愿意看到的。"

杜月笙说："沈先生所言追杀一事，发生在何时？"

沈醉道："就在吴绍澍去重庆回来之后，在返回安福路鹤园时遭到数十名枪手伏击，幸好吴绍澍乘坐的是保险汽车，枪手将汽车打出七个枪洞，吴绍澍安然无虞。"

杜月笙问道："沈先生认为此事是我杜某所为？"

沈醉笑道："杜先生，何妨问一下王兆槐？"

王兆槐，杜月笙的门徒，军统侦察大队大队长。当年上海滩曾发生过一起极其神秘的"怪西人案"，一个金发碧眼的外国人在上海被捕，但此人被捕之后，始终一言不发。军统弄不清此人的国籍、姓名，于是称之为"怪西人"。后来才知道，这个"怪西人"真名叫罗伦斯，出生在立陶宛，是一名老布尔什维克，受苏联红军情报部指派，来中国从事谍报工作。

"怪西人"一案牵连甚广，王兆槐参与逮捕了当时涉案的一位女明星王莹。当时，王莹正在主演影片《自由神》，被突然逮捕。

此后，王莹就被关在侦察大队的楼上，大队长王兆槐每天上楼陪她聊天唱歌。

总之，这个王兆槐是个做事不稳重的人。

听到沈醉提及他的名字，杜月笙的情绪顿时低落下来。

事情明摆着，以王兆槐的轻率，是干得出伏击吴绍澍这种事来的。最要命的是，他伏击吴绍澍，居然冲着保险汽车乱开枪，你真要杀他，等他下车再开枪不行吗？

眼下沈醉找上门来，表面上是劝诫，实则是因为军统内部的权力之争。自戴笠死后，杜月笙的弟子们就很难恃仗杜月笙的名号为所欲为。王兆槐想杀吴绍澍，戴笠活着时他不动手，戴笠死了，一朝天子一朝臣，他却突然不管不顾地折腾起来，这不是找死吗？

知道自己那些脑子不够用的弟子已经很难在军统立足，杜月笙唯有喟然叹息，却无能为力。

王兆槐这事还不知如何处理，朱学范又来了。这是杜月笙最不敢掉以轻心的人，搞不好，这会是第二个吴绍澍。

## ◼ 道不同，分道扬镳

朱学范到上海来见杜月笙，杜月笙对他说："学范啊，**这个做人呢，最要紧的就是不可自作聪明，卖弄奸诈**。不是老师我倚老卖老，说你一句，你跟京士二人同是'工运'巨子，在工人中影响巨大，但你影响再大，也不能把别人该说的话给说了，不能把别人该吃的饭给吃了。学范，你说，是不是这个理？'代表'这个词，咱们尽量不要用，好吗？人家支持你某个行为，自然会有明确的授权，岂有连授权都没有，就硬说自己代他人行使政治权利的？"

朱学范连连点头："老师说得太对了。我就是年轻，好心想做事，又急于求成。说到底，我就是太单纯，太容易轻信别人了。"

杜月笙绝望地摇头："学范啊，老师的话一遍又一遍地说给你听，你就是不肯听。"

朱学范说："老师，学范此心，唯天可表，为什么我这辈子总是遭人误解？为什么？"

杜月笙道："那你的劳动协会驻渝办事处被军警查抄，又是怎么回事？"

朱学范说："这是迫害，是政治迫害。老师啊，你自己不是曾经说过吗，沦陷时上海无正义，胜利后上海无公道。现在你亲眼看到了，他们是怎样对我施以残酷的政治迫害的。"

杜月笙道："那么，他们为何非要迫害你呢？"

朱学范说："老师啊，你看你这话问的，你这辈子，弟子满天下，生平无私怨，可一家家报纸不是照样对你詈骂不休？**在这个世界上，名高遭谤，树高风**

摧，任你如何努力，也挡不住周围的小人之心与明枪暗箭。"

杜月笙道："不对吧，学范？我听人说，你的劳动协会肆意侵占美国援助中国的劳工基金。还有，人们说你的劳动协会中有许多激进派人士。"

朱学范说：**"欲加之罪，何患无辞？匹夫无罪，怀璧其罪。**美国援助中国的劳工基金，本来就应该由我劳动协会接收，我代表中国劳工嘛，凭什么说我侵占？还有，协会中的成员，我敢拿性命担保，他们个个都是温和之士，政治理念持正平和，绝无激进派人士。绝对没有！"

杜月笙道："你确定？"

朱学范说："在老师面前，我是绝不会说半句假话的。"

杜月笙拿起一张报纸，说："可是，学范啊，你看看这个，这可是激进派自己的报纸，参加他们的会议并发言的人，至少有16人都在你的劳动协会中，而且都遭到了当局的逮捕。这事你怎么解释呢？"

朱学范说："老师，你宁肯相信一张纸，也不相信我吗？"

杜月笙道："我相信你，一如我相信罗洪义，一如我相信万墨林。"

朱学范说："老师的意思，是让我学他们两个，自己挟着铺盖卷去警备司令部投案？"

杜月笙道："你问心无愧，怕者何来？何况军警及狱中都是我们自己的人，你还怕老师让你受委屈？"

朱学范说："不是，老师，我跟罗洪义、万墨林可不一样。"

杜月笙道："在老师眼里，你们都是一样的。"

朱学范说："罗洪义说到底不过是个鸦片贩子，万墨林充其量不过是开了家米铺，我遭遇的可是政治迫害啊，他们是想要我的命，我不能自投罗网。"

杜月笙语重心长地说："学范啊，你是担心老师保护不了你？"

朱学范说："我知道老师对我的一片爱护之心，只不过老师你太善良、太天真、太纯情。老师你不知道，这可是你死我活的残酷斗争啊！我若投案，必死无疑。"

杜月笙结语道："好了，学范，你听京士他们跟你说说吧，老师老了，经受不起这样无休无止的疲劳战了。"

那天夜里，陆京士和几个朋友苦苦劝说朱学范，整整劝说了一夜，朱学范却越战越勇，越说越来情绪。他坚持认为他所遭遇的是一场空前黑暗的政治迫害，如果听了杜月笙的劝告主动投案，必然会被政治对手杀掉。

说到最后，谁也无法改变朱学范的决心。他决意逃到香港，临分手时，陆京士最后劝告他道："学范兄，请你千万记住，你再走错一步，就此再无回头之路。"

朱学范失笑道："京士兄放心好了，我心里有数。"

朱学范到了香港，立即宣称：中国劳动协会已经迁到香港，继续办理相关事务。美国或其他诸国援助中国的劳工基金，均由劳协接收。

接下来，朱学范在英文版的《米勒氏评论报》上发表文章，称：中国工人要分裂吗？

这是明确向蒋介石提出挑战，让蒋介石相当上火。

亲手栽培了18年的弟子，公开亮出反蒋的战旗，这让杜月笙既尴尬又别扭，完全不知所措。

接下来，朱学范出招，狠狠地修理了蒋介石。第30届世界劳工大会在日内瓦召开，蒋介石派了一支精干的队伍奔赴日内瓦争取中国的国际地位，不料这支队伍到了之后，却遭受了国际劳工组织的诘问。

国际劳工组织的人问："你们是哪个国家的？"

中国官方派出的队伍，领队叫安辅廷，他回答说："我们是中华民国的代表。"

国际组织的人道："中华民国？不对吧，你们的与会人员早就到了啊。"

安辅廷说："哪有的事？我们才刚刚来报到。"

国际组织的人说："那你们找朱学范去吧，他是国际劳工组织的正式会员，让他给你们安排一下。"

安辅廷说："谁？朱学范？有没有搞错？朱学范是跑单帮的，凑三五个人打小旗满大街乱跑，我们才是官方钦定的、正式的、合法的、唯一的中华民国劳工组织。"

"有这事？不可能。"国际组织的人满怀疑惑，"我们一直和朱先生的劳动协会联系，只承认他的合法性。你们这个新组织，我们不予承认。"

当时这个官方钦定的团体就炸开了锅，大闹日内瓦，两拨人在日内瓦吵成一锅粥。等到登台讲话时，国际劳工组织不得不破例给中国安排了两个名额上去，两家各说各的。

此事闹得沸沸扬扬，杜月笙说不出来地被动，只能让陆京士不停地拍电报、写信，央求朱学范停止。而朱学范的回信，则充满了委屈和眼泪。他不明白，他这个中国劳动协会，人家国际社会已经承认了，怎么中国人自己非要另立组织不承认他呢？

无奈之下，杜月笙只好事先拍了电报给朱学范，亲赴香港。到达后，只见朱学范来机场迎接，杜月笙心下方定，寻思自己果然来对了，只要朱学范还认自己这个老师，事情就好办。

可等到他劝说朱学范时，麻烦事来了。

当时，朱学范是这样说的："老师，现在的政治局势已经完全不同，我回上海，只怕也发挥不了什么作用。而且我有案底在身，贪污情节重大，可以判死刑，老师你说我能回去吗？"

"你贪污？"听朱学范直言承认，杜月笙反倒没主意了。他心里再清楚不过了，自打戴笠死后，他的势力严重缩水，保全弟子再也不像以前那么容易了。如果朱学范没有贪污案底，什么事都好说，可有了这事，后果殊难预料。

这时候的杜月笙，劝也不是，不劝也不是，委实左右为难。最终，朱学范说了一句："请老师回去吧，我没有死的勇气。"

随后，朱学范出门，坐在黄包车上，被一辆汽车自后面撞来，撞得跌下黄包车。此事发生后，朱学范断定这是蒋介石对他下手，于是毅然远走，去了欧洲。

就这样，杜月笙门下三个能力最强的弟子，吴绍澍叛师，朱学范逃欧，只剩下陆京士了。


## ▨ 人不可貌相，海水不可斗量

1947年，杜月笙60岁。

60岁，是中国人最重视的一个年龄。杜月笙也不例外，他召集门下弟子，风风火火大操大办，给自己庆祝60岁大寿。

他的弟子将他一生中最荣耀的职衔罗列出来，发现竟有长长的一大串，正好是个整数——70。其中，董事长有34个，理事长10个，理事2个，余者如参议员、常务监理、创办人等数到人眼花。

这就是他一辈子的成就，几个虚名而已。他不快乐，一点也不快乐。

在为他准备的盛大堂会上，程砚秋被对手丢了炸弹，虽然人完好无损，但吓了个半死，立即收拾行李逃回了北平。

接下来,"小八股党"芮庆荣重病身死,然后是高鑫宝。

高鑫宝是个心眼不太够用的烈性子,他和人家争夺赌场,年纪一大把了,火气却丝毫不减。他在赌场上打得对手落花流水、落荒而逃,然后兴冲冲地去一品香大菜馆吃菜。结果,刚行至菜馆门口,一辆汽车疾速飙至,前后座位上各架出一挺轻机关枪,对准他一通狂扫,当场把个高鑫宝扫成一个肉筛子。

杜月笙哭得气息奄奄、半死不活,只苦了孟小冬,每天在病榻前照顾他这个老头。

这时候的杜月笙,如果说他对这残酷的人世还有什么依恋的话,那就是年轻、充满朝气的新弟子。

恒社已是门庭冷落,年轻的叶闻思成了新锐领袖。

叶闻思,生得文静秀气,皮肤嫩白,大眼睛,长睫毛,姑娘一样地见人就害羞。起初,社中弟子不是太注意他,间或同他开句玩笑。

后来,有些无聊的弟子越来越喜欢撩拨他,拿他当姑娘挑逗。如果只有语言上的戏弄,叶闻思只是脸通红,"哧哧"地笑,并不作声。再后来就有些弟子上前动手动脚,这时叶闻思就用羞怯的声音说:"别,别这样,我怕伤到你。"

"什么?你个美貌小姑娘,还怕伤到我?"动手动脚的弟子更觉好笑,非要抱一抱他。突然大家眼前一花,只看到叶闻思那漂亮的手一晃,犹如扔一团破布,就把上前对他动手动脚的弟子扔到了沙发上。

这个长得像漂亮姑娘的小伙,好像会武功的样子。社中弟子好奇不已,纷纷上前挑战,但见叶闻思手一挥,多强壮的大汉都会被他如掷猫狗般掷到沙发上。

这时候,大家才醒过神来:这个叶闻思不是好像会武功,而是真有一身骇人的武学功夫。

遇到习武之人,大家极易产生兴趣。恒社弟子围拢过来,想让叶闻思再露一手,让大家开开眼。

叶闻思就拿了把筷子,交给同伴们,让他们用力往自己的咽喉上戳。起初大家不敢用力,轻轻戳了几下后,才敢用力。力气大时,只听"咔吧"一声,叶闻思的咽喉竟坚如钢铁,将戳过来的筷子折断,而他却安然无恙。

大家更加好奇,就问他何以练成如此骇人的奇功,师承何人。叶闻思就给大家讲了一段难以置信的故事。

## 技艺再高，只为自保

叶闻思说他的家乡在江南水乡。世道不靖，当地盗匪极多。盗匪们经常干的营生，就是"背娘舅"。

什么叫"背娘舅"呢？就是在荒郊之地，盗匪会独自闲逛，一旦看到行人，就快步追上去，跟在行人身后，亦步亦趋地紧贴着走。走着走着，盗匪会突然把一根细麻绳猛勒在行人的脖颈上，而后突然一转身，背起行人继续走。这时候，行人的咽喉被麻绳死死勒住，又被盗匪反背起来，双手双脚拼命挣扎，却什么也抓不到。片刻工夫，行人就被活生生地勒死，不动弹了。

这时候，盗匪才会将勒死的行人放下来，慢慢搜身，三五个铜板，一块半块大洋，都算是不菲的收获。

只为了三五枚铜板，就不惜勒死一条鲜活的人命。这就是当地盗匪的无耻、狠毒风格。

这种杀人手法，何以会被称为"背娘舅"呢？原来，当地有句俗话，把去当铺称为去娘舅家。因为娘舅是你的长辈，在你遇到饥困时会拿出钱来帮助你，而当铺是人们饥困时第一个要去的地方，所以视去当铺为去娘舅家。

盗匪将勒死的行人视为财源，故称行人为"娘舅"。而倒背勒死行人，就称为"背娘舅"。

叶闻思说，因为他的家乡盗匪数量太多，寻常百姓出门，稍不留神就会被背了娘舅，活蹦乱跳地出去，却只因为三五枚铜板就被盗匪勒成一具冰冷的尸体。所以，当地人为了保命，家家户户都习练咽喉功，用一种很奇特的法子把自己的咽喉练到坚如铁石。这样一来，如果在路上突然遭遇"背娘舅"，纵然盗匪再用力，也勒你不死，你就比别人多了一线逃生的机会。练成这么神奇的武功，不过是为了保命而已。

听了叶闻思的故事，杜月笙长久默默不语。

他感觉叶闻思那一身神奇的武功，宛如一个残酷的寓言，不过是在隐喻他这悲哀的一生。

终其一生，他拥有70个光彩的职衔。但如此多的职衔，不过和叶闻思那一身精湛的武功一样，只是求保命而已。

保命而已。

他想起许多年前，不知是章太炎还是杨度对他讲过的一段故事。

"至圣先师"孔子，身精72门绝艺。有人问他：孔先生啊，你为什么要学这么多的绝艺呢？

孔子回答：只是为了吃饱饭而已。

只是为了吃口饱饭。孔子那个时代，想要填饱肚子太难，纵然学成72门惊人的绝艺，也只不过勉强不让自己饿死。

时光过去2000多年，杜月笙不无悲哀地发现，晚年的他似乎走进了一个远比孔子所遭遇的情况更残酷的时代。

**这是一个土匪为了三五枚铜板，不惜勒死行人的时代；这是一个周哨长因为贪欲而不惜否认自己救过人的时代；这是一个欲望膨胀而智商陡降，俞主任会勒索钱财，多到自己扛都扛不动的时代。**

**这是一个叶闻思练成惊人的武功，只为了遇到盗匪保全性命的时代；这是一个邪恶政客采用阴毒的"背娘舅"话术，让民众无力自保的时代；这是一个杜月笙拥有70个职衔，才让他艰难地活到60岁的时代。**

**这个时代太残酷，似乎每个人都不想给别人留一点点生路。**

杜月笙泪如泉涌，听到自己心里的号啕之声。

# 第十五章
# 用尽智慧渡劫难

政治的意思究竟是什么，你有权定义吗？你定义之后，别人会承认吗？一些人发誓要将你彻底铲除，不正是因为他们根本不同意你的定义吗？

记住，当你轻言别人是垃圾时，你在另外一些人眼里同样是垃圾。所有人都是垃圾，或者是蝗虫！就尊重一下垃圾的生存权利，又如何？

## 最大的对手蒋经国

1948年,杜月笙61岁。他的生命已经所剩无多,但旺盛的精力仍然让他挺立于上海滩,徒劳地想挽回旧日的时光,并迎战他这一生最大的对手——蒋经国。

当年8月,蒋经国来到上海,对俞鸿钧说:"我要两个得力的人手,帮我接掌中央银行的业务。"

俞鸿钧道:"好,我给你金融管理局前任局长李立侠和现任局长林崇墉。"

蒋经国说:"你先叫李立侠来。"

李立侠走进来,开口就道:"蒋先生,我可否冒昧地问一句,你这次亲来上海的具体目的究竟是什么?"

蒋经国一字一句地说:"打——老——虎!"

李立侠道:"哪一只?"

蒋经国说:"你懂的。"

李立侠道:"懂是懂,不过……"

蒋经国说:"没有什么不过,国家的经济都让他们给破坏了!现在,上海的资本家掌握着大部分金融业,在国家危难、急需财政援助的时候,他们却投机倒把、囤积居奇,我一定要让他们都亮亮相。"

李立侠道:"蒋先生的决心,我由衷地佩服。"

蒋经国说:"但很多人并不看好,我想知道你的意见。"

李立侠道:"蒋先生,我的意见很简单,早就应该有个人出来,管教一下上海的这些资本家了。他们并不像有些人所恐惧的那样强大,内心虚弱才是他们的本相。哪怕稍微一点点打击,也会让他们立时暴露出来。"

蒋经国说:"好!那我们就齐心协力,大干一场。"

李立侠道:"蒋先生,我看好你,绝对支持你。"

然后,李立侠出来,去见俞鸿钧。俞鸿钧问他:"小蒋找你干什么?"

李立侠说:"这孩子还嫩,他说他要'打老虎'。"

俞鸿钧道:"谁是'老虎'?"

李立侠说:"你懂的。"

俞鸿钧道:"我懂,你也懂,怕只怕小蒋不懂……算了,时局艰难,我们也不要说风凉话了。小蒋敢这样说,应当是得到了老蒋的授意。不过,这父子俩脑子都有点轴,一遇正事就回不过味来……总之,从今天起,你彻底脱产,陪着小蒋玩吧。"

就在这一天,蒋经国收到了军统发来的重要密报,报告称,杜月笙欲将40万港币转移至香港。

蒋经国命令调查机关:严密监视杜月笙父子。

在蒋经国审阅有关杜月笙的秘密报告时,杜月笙正在自家的床上艰难地坐起身,说:"过来,家里所有的人都过来,我有要事对你们说。"

一家人全过来了。大老婆沈月英早殁,孟小冬与杜月笙有夫妻之实,但无夫妻之名,余者是三个老婆、八个儿子、三个女儿。杜月笙上上下下地看着一家人,半晌才说:"墨林呢?墨林也要过来。"

万墨林就在一边,赶紧轻手轻脚地快步走过来:"爷叔有何吩咐?"

杜月笙说:"叫维藩过来。"

大儿子杜维藩赶紧走到杜月笙身边。只见杜月笙伸手到枕头下面掏了好长时间,掏出一串钥匙来,递给他道:"去华格臬路的家,打开楼下那只保险箱,把里面的大洋全部拿过来。"

听到"大洋"两个字,杜家人的眼睛全都瞪得溜圆。家里到底有多少钱,这是困惑他们一生的问题,这一次可要见真章了,每个人心里都充满了期待。

许多人立即跟在杜维藩身后,跑跑颠颠去了华格臬路的家。打开保险箱,霎时间所有人的心都凉了。仔细清点,只有372块大洋。

如果让杜家人看看蒋经国手中的报表,相信他们一定会油然生出幸福感。

在那张报表上,大数据挖掘显示,青岛人持有港币1000元,杭州人持有港币340元,开封人持有美钞7美元……相比之下,杜家的372块银圆绝对是个大数字。

大家带着这些银圆回家,到杜月笙床边,继续听他说话。

杜月笙吩咐道:"你们大家听着,现在国家有困难,政府出台了《财政经济紧急处分令》,要求所有人把家里的黄金、珠宝、银圆、港币、美钞统统拿出来，换成国家刚刚发行的金圆券。你们每个人的私蓄也要拿出来，帮助国家渡过难关。"

老四杜维新问道："国家怎么了？"

女儿杜美如道："你没有看报纸吗？报上说，现在的物价高得怕人，一粒米的价格相当于战前八粒珍珠的价格。"

杜月笙道："美如说得是，现在真的是时局艰难。中央既然出台了新令，就一定要雷厉风行。我们杜家树大招风，不知有多少人盯着你们，我可把丑话说在前面，如果你们哪个隐瞒自己的私产，万一出了问题，我绝对不管。"

大家一声不响地出了杜月笙的房间，每个人都心事重重，都知道老蒋、小蒋父子正在加印金圆券，强迫大家拿黄金珠宝来换，可再糊涂之人，也知道这金圆券不值钱，值钱还用得着你吆喝着换？

杜维藩和杜维屏走到门前，两人一起停下来。

杜维藩说："你看老头那张脸没有？跟300年没洗的擦脚布一样臭。"

杜维屏道："他啥辰光给过我们好脸色？自打我记事起，他就是这副臭模样。"

杜维藩说："你还好，他至少没打过你。我可是有事三扁担，没事扁担三，有几天他不打我，我都怀疑是不是出什么事了。"

杜维屏道："你是担心老头这次又找机会揍你？"

杜维藩说："那当然，但这次我不会再给他机会了。我打算把开在百乐门的维昌证券先关掉，和同学陶一珊去北平玩一段时间。横竖我不在他眼前，他心情不好，找麻烦也找不到我头上。"

杜维屏道："你要关掉你的维昌证券？那我的宏兴公司要不要也关掉？"

杜维藩说："我看不用。一来，你的宏兴吃饭人多，开张倒没事，关掉说不定反倒会惹麻烦。二来，老头挺宠着你的，只要你小心点，就不会有事。"

杜维屏道："好吧，那你关掉你的维昌好了，我约好了要去看医生。"

杜氏两兄弟告别。

不到两个小时，一份秘密报告就摆在蒋经国的办公桌上：

海上闻人杜月笙于家中召开秘密会议，言事不知。会后其长子杜维藩潜逃北平，次子杜维屏密电宏兴公司，动意不明。

## ■ 打虎总要有人当炮灰

政府执行起新政法令来雷厉风行,只是效果很奇怪,有点让人打不起精神来。

北四川路星记理发店涉嫌哄抬理发价格,警车疾驶而来,当场将正在理发的老板如捉小鸡般扭上警车,留下满脸抹了肥皂沫的客人仰躺在店里目瞪口呆。

陆记文具店老板卖给小朋友的作业本,比规定的价格高了一点,小朋友愤然投诉,警车驶来,将文具店老板当场逮捕。

南市大兴字号百货店被两名女士投诉鞋子价格过高,店主栾仁荣以故意抬高物价罪被送上了法庭。他在法庭上说:"不要得罪女人,真的,就因为那两个女人砍价没砍过我,我竟然要下大狱。蒋经国,你来上海是逗我玩的吗?"

蒋经国浏览着当日呈报上来的经济案件,越看越窝火:浑蛋,这是搞什么搞?理发店老板、文具店老板,还有砍价水平过高的百货店老板,这些严重违反新经济法令的案犯,怎么看都不像"老虎",连"老鼠"都算不上。必须拉只"老虎"出来试试刀,不然的话,我蒋经国上海"打老虎"打的都是些文具店老板、理发馆老板,这让人听了,算什么事嘛!

蒋经国再三思考,终于拿起朱笔,圈定了一个名字——戚再玉。

1948年9月6日,一名案犯自警备司令部看守所提出。他身穿格子短衫裤、白色袜子、黄色皮鞋,脸上挂着一丝忧伤。

行刑人员向他宣读总统电令,案犯唇角绽开一丝笑,说:"我还以为这个国家是有法律的呢。"

行刑人员上前,让他喝下三杯高粱酒,注射一针麻醉剂,而后将其双手反绑,交由特务连押往刑场,拖至草地中央,以三八式步枪击其后脑,发三枪。戚再玉毙命。

淞沪警备司令部门前贴出告示:

> 查本部前第六稽查大队大队长戚再玉勒索财物一案,奉总统三十七年九月二日存字第2777号代电判处死刑,褫夺公权终身。

他是币制改革以来蒋经国杀掉的第一只"老虎"——此后蒋经国终生不言此事。杀掉戚再玉后,他应该马上醒过神来了。

他杀错人了。

其他案犯不好说，但戚再玉之死，是一起地地道道的冤案。

戚再玉，死年43岁，浙江嘉兴人氏。他少读军校，就职于北洋时代的海军，后弃职而走，投入北伐。抗战年间，奉戴笠之命，在上海建立秘密电台，旋即被日本人侦破，只身逃走，妻子被捉到日本宪兵司令部，酷刑折磨一日一夜，挂上刑架前满头青丝，解下来时已白发苍苍。戚再玉的两个儿子和家中的女佣也都遭到刑迫，被折磨得面目全非。

而戚再玉就在长三角一带活动，打游击，杀汉奸，建立情报网。戴笠评价他时，称其"厥功殊伟"。

戚再玉被杀，是因为他被指控收受了被蒋介石通缉的商人徐继庄的五亿法币，故意放走了徐继庄。而实际上，徐继庄是被军统头子毛人凤的妻子向影心放走的，但向影心企图栽赃陶一珊。

可是，陶一珊也非普通人物，向宣铁吾号啕大哭。哭完，宣铁吾就把戚再玉抓了起来。起初，戚再玉自认为手中握有毛人凤的手令，岂料被抓捕后手令神秘消失。戚再玉自知落入杀人罗网，只有坦然受死，不置一词辩解。

当我们说到陶一珊时，就知道蒋经国又要收到有关杜月笙的秘密报告了——前面说过，这个陶一珊是杜月笙大儿子杜维藩的同学，就是他建议杜维藩离开上海，去北平玩。

报告称，就在政府即将宣布实行限价，进行币制改革的当口，上海证券交易所第237号经纪人、杜月笙的儿子杜维屏所主持的宏兴公司突然改做多头为空头，抛出永纱股票3000万股，牟获暴利。

来了，"老虎"终于来了。

蒋经国激动起来，别去想戚再玉了，冤就冤了吧，就当他为国殉职了。现在，这只小"老虎"杜维屏是绝对不会冤枉他的。

立即抓捕！

## ◼ 一击不中，老虎何在？

爆炸性的新闻传遍上海滩，蒋经国动真格的了，杜月笙的末日到来了。如今，杜家大少爷逃往北平，二少爷操纵市场被当场抓捕。当时，这个消息不仅轰动了上海，而且使整个中国都为之振奋，大家都对蒋经国的新政充满了希望。

蒋经国为了扩大影响，让人编了一首歌谣。当时，就连市井街头的小孩子奔走蹦跳之际，都唱着这样一首歌谣：

督导大员蒋经国，
不拍苍蝇老虎捉。
捉罢大虎捉小奸，
誓将奸商一网缚。
笑尔奸商擅作福，
而今但闻一家哭。
安分百姓拍手道，
国泰民安天下乐。

蒋经国信心爆棚，趁热打铁，立审杜维屏。

中华民国币制改革第一案，由庭长梅尔和、审判长沈泉保、推事方祥海主持。

未到开庭时间，法院门里门外早都挤满了人。所有人的目光都注视着一个被法警带上来的身穿灰色派力司长衫、黑色便鞋、白色丝袜的年轻人。

这就是杜家的二少爷杜维屏，之所以要公审他，就是要让天下人看看杜月笙及其家族是如何把上海人拖入苦难深渊的。

审判开始，这份庭审记录至今仍然在当年的老报纸上白纸黑字地保留着。

审判长："你和陶启明是啥关系？"

杜维屏："谁叫陶启明？不晓得咯。"

审判长："陶启明告诉你币制改革的消息，让你抛空牟利，这事你敢否认？"

杜维屏："我压根就没听说过什么陶启明，所谓告诉消息云云，不知从何说起。"

审判长："那你为何要单单挑在8月19日抛出3000万股呢？"

杜维屏："拜托，审判长，不要吓我，我的宏兴公司才多大本钱，哪抛得起3000万股这么大的量？"

审判长："那你抛出多少股？"

杜维屏："我听说是8000股。"

审判长："8000股也是股。我问你，你为何要单单挑在8月19日抛出8000

股呢？"

杜维屏："我那天有病卧床，压根没有出门，不晓得你说的这桩事体。"

审判长："不要开玩笑咯，你是证券公司的老板，抛空3000万股，这么大的事，你岂会不晓得？"

杜维屏："真不晓得。我只是个老板而已，操盘的事由专业人士来做，就是操盘手，我只是吩咐他们不要做场外交易。再者，8月份以来，我因为患湿气，腿上生了疮疖，医生吩咐我卧床休息，并不清楚公司里的具体情形。"

杜维屏的律师立即站起来："法官大人，这是我当事人的医案病历，请查看。"

审判长："你在警察局里的口供称，你曾两日连续抛空160万股。这你如何解释？"

杜维屏："肯定是你弄错了，这根本不是我的口供。"

庭审过后，法官裁决：诉杜维屏获取机密，投机牟利，破坏金融一案，因查无实据，现予当庭释放。

就这么放了？戚再玉不是"老虎"，杜维屏也不是"老虎"，那"老虎"在哪里？在哪里？

杜维屏回家，蒋经国怒不可遏，次日凌晨五时，召集全体戡建队员于黄浦公园。晨光熹微，江水呜咽，蒋经国身着布衣，嘶声恸喊："国民党要亡！中华民国要亡！在这风雨飘摇、民族危在旦夕的时刻，贪官污吏们还在大肆搜刮，囤积居奇。这些人太浑蛋，该死！他们是催命鬼，个个都在挖国民党的墙脚！"

语毕，他站立原地，于寒风中颤抖，脸色像死人一样苍白。

王升宣布：上海10个人民服务站，即日起停止办公，所有人员无限期待命。

蒋经国认输了。杀个戚再玉是冤案，抓个杜维屏是错案，"大老虎"，你究竟在哪里？

## ◪ 无用的旧式政治经济学

币制改革彻底失败，南京有人因为买不到油，砸碎油瓶以玻璃片自杀；上海发生草纸恐慌，被迫实行限购，每人限购三张。结果，不需要草纸的人被迫卷入抢购大战，导致需要草纸的经期妇女无草纸可用。水上警察断炊，买不到米，被迫食用山芋。人们疯狂地抢购所有物品，维持秩序的警察手忙脚乱，枪械走火打死一名抢肉妇女。无锡经济退回原始社会，实行以物易物。乞丐的社会地位上升，推着一车车的钞票到处叫卖。

这就是当时中国的一派世界末日景象。

前几日还称颂蒋经国敢"打老虎"的上海媒体，如今齐齐转向，要求蒋经国还给大家一个上海。蒋经国来上海之前，虽然人们牢骚满腹、怨气冲天，但好歹有米吃，有衣穿，有草纸用。可是，蒋经国只用了一招金圆券，瞬间就将这一切变没了。

还我们的草纸！还我们擦腚的权利与尊严！

蒋经国绝望至极，传万墨林去他的办公室。

万墨林提心吊胆地走进来，眼睛刚刚瞄了一下沙发，蒋经国就怒斥道："你给我站好了！允许你坐下了吗？"

"是是，我站着。"万墨林弄不明白是怎么回事，害怕蒋经国一怒之下杀掉他，只好乖乖站立。蒋经国斥道："万墨林，你涉及的案子太多了，我虽然没追究过你，但一笔一笔都给你记在账上。你现在给我听好了，如果有一天上海断了米，我第一个杀你！"

万墨林一跺脚，号叫起来："那你干脆现在就杀了我好咯！我就是开了家米铺，家里又不产米，上海没米能怪到我头上？"

蒋经国气得哆嗦起来，一指门外："滚！"

万墨林逃出来，正遇到蒋经国的同学王新衡。王新衡实际上是杜月笙的人，此行就是怕万墨林有事，特来营救。

他进来，见蒋经国正抱头痛哭，忍不住叹息道："经国兄，我再三再四告诫过你，叫你不要跳这个火坑。"

蒋经国抬起头来，说："国事不可为。这火坑我不跳，谁来跳？"

王新衡道："经国兄，你可曾想过，这火坑就是人心啊。金圆券搞不好，弄到天下大乱，不是金圆券乱，是人心乱啊。"

蒋经国说："人心？可我声称'打老虎'时，人心可是一片欢呼啊。"

王新衡道："经国兄，是非只是妄念，输赢才是人心。"

蒋经国说："妄念？你说百姓支持我'打老虎'，只不过是个妄念？"

王新衡道："经国兄，你要打的'老虎'真的是人吗？不是的，其实它就是现在上海滩头人们排成长队却仍然买不到的擦屁股草纸！这草纸原来就在这里，家家户户都需要,经期的女人多用两张,不讲卫生的男人少用两张,用得多也好,用得少也罢,它就是这么个现实存在。

"可一旦有这么一天,有个人出来说了,草纸分配要公平,凭什么你女人经期来了,一用就是厚厚一沓?凭什么有的男人,一辈子只能用土坷垃揩腚,见都没见过草纸?难道你家女人的屁股比其他男人的脸面更有尊严吗?还会有人为此写文章、写诗:'朱门草纸臭,路有没擦腚。宁为太平屎,莫为乱世腚。'

"这时候人心就会产生激愤,生出愤愤不平之念。所有蹲在茅坑里的人都感觉自己受到了莫大的委屈。用得少的人,固然要愤怒;用得多的人,同样也不开心,因为他每天都需要擦腚,都需要草纸。每个人都感觉自己受到了委屈,蒙受了不公。

"这时候就要去找原因。为什么?为什么这世道如此不公?这时候就会有人出来,替大家找到一个敌人,不管这个敌人是谁,帝国主义也好,'老虎'也罢,总之都怪他。是他,囤纸居奇,操纵纸价。是他,长期以来压迫那些没有草纸的人。是他,不择手段地掠夺我们的草纸。只要打倒了他,我们大家就都有草纸可用了。

"于是,人们开始打,开始相互杀,这么一打一杀,人们顿时陷入恐慌,都想多藏起几张草纸,万一缺纸,也有的用。你此前一天最多只用两张草纸,可现在你需要200张,还感觉屁股擦得不够干净。

"这样一来,原来市场上的草纸供应,是按照你每天两张纸的需求来提供的,可是突然你的需求提高了100倍,所有人对草纸的需求都提高了100倍,整个市场就呈现出巨大的不足。先不要说根本没有那么多草纸供应,就算有,你的需求也还会进一步飙高,只要你感觉不足,多少也不够。

"于是草纸更加稀缺,人们心中的悲愤日益扩张,众口一词要求'打老虎'。这时候你经国兄出来了,雄心勃勃要打囤纸的'老虎'。你杀了戚再玉,你抓了杜维屏,然后惊讶地发现,他们只是这个无边需求的海洋中的小泡沫,他们自己并没用几张草纸,他们家里的草纸绝不会比隔壁更多。

"这时候,你杀他们,他们冤;你放了他们,你感觉自己冤。这只是因为你所面对的敌人是无形的,它只是一种心态,一种丧失了安全感的偏执妄念。你想用金圆券,把所有人的用纸量拉回同一个起点。

"可这根本无助于化解时局的艰危。相反,人们总是感觉自己需要更多的草纸。你做任何事，都会加重他们的草纸心理恐慌。"

妄念？蒋经国心里一片茫然：是人心妄，还是我妄？现在，我已经弄不清楚了。

王新衡说："经国兄，从古至今，这世上何曾缺过草纸？何止不缺草纸，又何曾缺过米？缺过粮？缺过油？世人心里缺的，只是对时局的希望。"

王新衡说完，与蒋经国相对静默。他们的身影投落在窗棂上，雕塑般一动不动。

遥远地带，炮声隆隆。

这一天，中国人民解放军破保定，入徐州。国共双方120万大军麇集，战于徐蚌。


## 骗子拼的是智商

1949年，杜月笙62岁，前往香港。

大批人带着数不清的钱逃去香港，结果都陷入了坐吃山空的困境。

于是，这些人就两眼迷茫，拿着厚厚的钱包出去找赚钱的门路。香港骗子界的广大人士一个个亢奋至极，纷纷拿出他们的拿手绝活来吃这些"肥猪"。

这时候，能不能守住手里的铜钿，全看每个人的智商了。智商靠不住的人，是抓不住手里的钱的。

一群朋友浩浩荡荡地来找杜月笙："杜先生，有铜钿要赚咯，杜先生有兴趣格？"

杜月笙问道："什么生意啊？"

朋友们回答："猪鬃！"

杜月笙大吃一惊，说："你是说猪毛？这东西也能赚钱？"

"能！"朋友们说，"猪鬃是市场上的抢手货，产量少而价格奇高。四川是猪鬃出产大省，但因为时局变化，当地的收购价已经跌破了成本。我们大家凑了几十万美金，现在还差几十万美金的运费。只要杜先生加入进来，再加上先生的人脉，保证猪鬃到港后，杜先生投进去的几十万就变成了几百万。"

杜月笙道："我没有这么多美金。"

朋友们说："让大家凑一凑啊，现在每个来港的人，谁手里没个十万八万美金，找几个朋友一凑就够了。"

杜月笙道："我不能做这样的事体。"

朋友们说："杜先生，这是帮朋友的好事，你为何拒绝啊？"

杜月笙道："不好意思，我做生意有个原则，横财不发，投机不做。我在上海是这样，到了香港，人生地不熟，更不敢破了规矩。"

这些人不管好说还是歹说，杜月笙就是不掺和，也不肯出面带大家玩众筹。这些人见拿不下杜月笙，就去找顾嘉棠。

顾嘉棠是"小八股党"中最沉稳的，以多智而著称。如今的"小八股党"，芮庆荣病死，高鑫宝遭机关枪打成了筛子，叶焯山感觉自己已经老了，舍不得离开上海，只有顾嘉棠一生一世跟着杜月笙走。可是这次走到香港，他眼看着全家人每天花钱如流水，却没有一文钱进来，早已心神慌乱，六神无主。

听到猪鬃这票生意，顾嘉棠说："我这辈子始终跟着杜先生，只需听从杜先生的吩咐做事就行了，我从来没有自己做过决定，但这一次，我要证明一下自己的判断。

"我判断，现在共产党的军队刚刚攻下巴东，就算共军坐飞机，也不可能这么快飞到成都。此时猪鬃已经全部集中在成都机场，中航的飞机正在装机，只消一时二刻，猪鬃就会运到香港。请问这笔生意，有什么理由不做？干啦！砸30万美金，等这票生意做成，30万就是300万，连杜先生都会羡慕我。就算不成功，也少不了一两百万美金的赚头。"

砸进去30万美金之后，顾嘉棠信心爆棚地打开报纸，定睛一看，叫了声"娘亲"，吐了口血，便向后倒去。

当日消息，中国航空公司与中央航空公司的负责人带了12架飞机，一道飞往北平，两航投共，全国各线空运立时中断。顾嘉棠的老本30万美金连个响声都没听到，就这么没了。

顾嘉棠病倒了。

他说："几根猪毛，蚀脱（损失）我30万美金。"

他说："现在的我跟早年初遇杜先生时一样，又两手空空了。"

他说："我这辈子，没有一次不听杜先生的话，才有了这么大的家业，积攒了30万美金。就这一次，就这一次没听先生的话，结果一下子就被打回原形了。"

顾嘉棠大病一场，掉了不少肉。

他说:"我掉的不是肉,是智商!"

## 📄 垃圾也有生存的权利

杜月笙已经顾不上顾嘉棠了。一个算命术士袁树珊对他说:"杜先生,你应该生病。"

杜月笙说:"啥子?"

袁树珊道:"杜先生,你的身体不是太好,现在生病,此其时也。"

杜月笙说:"谢谢先生提醒,我确实应该病一场了。"

于是,杜月笙在家门上贴了张字条:遵医嘱,碍于病躯,谢绝访客。

此后,他闭门不出,每日与姚玉兰、孟小冬等人在屋子里,吱吱呀呀地唱戏玩。允许进入的客人,无非王新衡与马连良。

就这么过了一段时间,台湾方面派了汪宝瑄来,手拿一张报纸,向杜月笙解释:"杜先生,我们没有骂你。"

杜月笙说:"谁?啥子事?骂我也没关系,我这辈子已经被骂习惯了,不被骂甚至全身不舒服。"

汪宝瑄道:"不是,杜先生,是这样,台湾这家媒体最近的消息中出现了两个新词——'政治垃圾'与'经济蝗虫',有人趁机大做文章,说这是骂你的。我向你担保,绝无此意。"

杜月笙说:"'政治垃圾'?这个词我喜欢,其实我真的是政治垃圾。"

汪宝瑄道:"杜先生,你别这样……"

杜月笙说:"我真的是政治垃圾。说老实话,我活了62年,在我小时候,没有'政治'这个词。那时候人们活得很苦,可是心不累,他们有钱或没钱,多半是在自己身上找原因,找到也好,找不到也好,他们不必为了政治上是否正确这个问题耗费心神。后来北伐年间,'政治'这个词越来越流行。年轻人喜欢这个词,因为他们可以在一夜之间以政治的名义宣判别人有罪,就可以杀掉别人,夺走他们的财产。

"在这世上,还有比政治投机更赚钱的生意吗?我啊,跟随这股潮流很久很久,甚至组织了一万多人的武装力量,动刀动枪。可最后我感觉,人不能总是这样杀来杀去,一个天天杀来杀去的世界,真的好吗?从古到今,人们都是通过做生意的方式，你活我也活，你赚钱我方便。如果不是这样，那就只能大家抱团，先拿刀子杀别人，杀了别人再自相残杀，杀到最后，这个世界还剩下什么呢？与其杀人或者被人杀，我宁愿做与世无争的政治垃圾。

"垃圾有什么不好？它对任何人来说，都没有价值。没有人愿意为了一堆垃圾去拼争，去打斗，去流血，去杀人。如果真的有这么个垃圾世界，那一定是我最需要的。而且我知道，这世上的人，生下来就是杀人高手的，又有几个？即使是杀人高手，他小时候也是垃圾，到他老来，归于垃圾。

"垃圾是所有人的归宿。宝瑄啊，你不要跟我徒劳地解释了，迟早有一天，当你回归垃圾的时候，你会想起今天。那时候的你，才会有能力判断今天的一切究竟是对还是错。"

汪宝瑄道："杜先生，你误解了，'政治'这个词不是这个意思。"

杜月笙不理睬汪宝瑄，走到窗前，继续说下去："至于说到'经济蝗虫'，这就更贴边了。细想一下，人生下来，活下去，死掉，不为人知或者长久名传，离不开的是什么呢？是政治吗？好像不是，至少我年轻时见到的一些人，还有一些外国人，他们从生到死，都不需要理会政治，不需要站在这一边，或者反对另一边；不需要杀掉这一边，或者保护另一边。但不管他是谁，他在哪儿，从出生后他就需要吃，需要喝，需要穿，需要跳舞，需要交媾，需要生孩子，需要养活家人，这都需要钱。哪怕等到他死后，他的葬事也需要钱。

"过去的人，可以一辈子不沾政治，但不能不沾钱。许多洋人真的就是活一辈子不碰政治，但肯定要碰钱。

"一个洋人漂洋过海来到中国，或者一个中国人背井离乡去了海外。他们到了地头，找家饭馆，进去吃饭。人家凭什么让你吃？不是因为你懂政治，是因为你掼出了钞票，是因为你掏了钱！

"你从生到死，分分钟都离不开钱，这就是经济吧？**每个人都需要经济，但不一定需要政治。人是靠经济活着，不是靠政治**。可是，你看现在的世界，人们拿个与自己、与别人的一生没有关系的东西当标准，最终的目的，应该还是赚铜钿吧，还是吃饭吧？所谓的政治垃圾，不就是指那些不肯帮自己赚铜钿的人吗？所谓的经济蝗虫，不就是说别人家里吃饭时，不带上自己吗？

"我这辈子走得多了，见得多了。其实啊，所有人都是一样的。以前，我们在帮的江湖中人，见面要盘海底，这大概也算是政治吧？帮会政治而已。不是自己帮中的兄弟，或者没有来历的侄子，这些人不见得做错了什么，只不过他们闯进了你的地盘捞钱，所以就要杀掉他们。用你们的话来说，这些人就是政治垃圾，就是经济蝗虫了。但实际上，这些人跟现在的我一样，无非为了吃口饭。

"我们江湖道上这样做，那是真的没有办法，因为我们力量太弱，地盘太小，又或者眼力不够，找不到更好的法子。

"这个国家，不只是属于你和你喜欢的人，也同样属于你不喜欢的人。你喜欢的人，要吃饭；你不喜欢的人，也要吃饭。可你不想让你不喜欢的人吃到饭，为此编造出时鲜的骂人话，骂人家是垃圾，是蝗虫，这样真的好吗？"

汪宝瑄道："杜先生，你误解了，'政治'这个词不是这个意思。"

杜月笙说："那它是什么意思？"

汪宝瑄道："它的意思是……"

杜月笙说："政治的意思究竟是什么，你有权定义吗？你定义之后，别人会承认吗？一些人发誓要将你彻底铲除，不正是因为他们根本不同意你的定义吗？

"记住，当你轻言别人是垃圾时，你在另外一些人眼里同样是垃圾。所有人都是垃圾，或者是蝗虫！就尊重一下垃圾的生存权利，又如何？"

汪宝瑄听了，沉默不语。


## 自古名将如美人

汪宝瑄走了，脑子昏昏沉沉，他根本没听懂杜月笙的话，心想：杜月笙若非老糊涂了，就是受刺激太深，神经了。

他走后，章士钊施施然来到杜月笙的坚尼地台私家公馆。

章士钊是杜月笙的老朋友了，算是北洋时代的旧人。他少年时才冠天下，风流自许。革命党领袖孙文先生一见，顿时惊为天人，说："革命得此人，万山皆响。"

于是，孙文派革命党诸同道络绎不绝地游说章士钊，但章士钊不为所动。孙文悲伤地说："吾革命所以不成，都是因君不肯帮助。"

于是，党人下了辣手，将章士钊抓起来，两日两夜不许他睡觉，须得在加入同盟会的文书上签字，才会放他走。但章士钊越战越勇，不让睡就不睡，大不了困死。党人恼火至极，使出必杀技——美人计！

昔日淮军统领吴长庆的孙女、孙文身边美貌的英文翻译吴弱男奉命出马。不旬日，果然大见效果——那吴弱男被章士钊迷得颠三倒四，竟然逃离同盟会，与章士钊一道跑到英国，举办了婚礼。

这正是"孙郎妙计闹革命，赔了夫人又折兵"。年轻时的章士钊就是这么拉风。

自古名将如美人，不许人间见白头；老将一饭三遗屎，年迈不敢言风流。话说章士钊到了北洋时期，需要养活的家口太多，渐渐地变成了一个经济人。到了抗日战争爆发，蒋介石唯恐这些"老人"被日本人所用，杜月笙就把章士钊带到了香港。后来香港沦陷，杜月笙又把章士钊带到了重庆，两家住在一起，一住就是六年。当然，这六年里，章士钊的生活费用都是由杜月笙解决的。

此后，章、杜二人就时不时地爆出点小花絮。

抗战胜利前夕，章士钊劝说杜月笙以恒社弟子为班底，组建一个政党，与蒋介石争天下。章士钊不知道，杜月笙是亲自统率过青帮弟子的，知道什么叫统御力。尤其是他见到蒋介石后，自认为在这方面远不如蒋介石，心里很怵蒋介石。结党与蒋介石相斗？杜月笙才不肯做这种没胜算的事。

杜月笙不肯干，章士钊游说不休。于是，杜月笙眼珠一转，使了一招"以子之矛，攻子之盾"，故意大声说道："章老先生名满天下，德高望重，我建议老先生出面组党，欢迎欢迎！"

章士钊尴尬地笑道："我若组党，你加入不？"

杜月笙说："我肯定第一个加入，为章老先生摇旗呐喊。至于恒社中人是否加入，听凭自愿。"

"组个就咱们俩人的党，这还玩个什么劲啊！"章士钊无奈放弃。

组党事件过去了有段时间，章士钊又来香港找杜月笙。

"回去吧，"章士钊劝说杜月笙，"月笙，跟我一块儿回去吧，干吗要在香港这个小地方委屈自己呢？"

杜月笙问："章老你肯定是不走，对不对？"

章士钊说："对，我不走，你也回去。好朋友就应该在一起，为什么要分开呢？"

杜月笙道："章老，你不走，怎么吃饭呢？"

章士钊说："当然是端起碗来吃了，这还有什么疑问吗？"

杜月笙道："不是，章老，我的意思是，你靠什么营生呢？"

章士钊说："生活其实很简单，该吃饭时，坐下吃饭；该睡觉时，躺下睡觉。月笙，我不是跟你说过吗，人居处于世，犹如置身于荆棘中，心不动，则世界静，你就不会受到伤害；心若动，则世界乱，你就会被荆棘刺伤。"

杜月笙道："不是，章老，我是问你，你留下来，还要靠做律师养家吗？"

章士钊说："做律师？不不不，新世界不需要律师。"

杜月笙道："不做律师，那你做生意？"

章士钊说："新社会也不需要做生意。"

杜月笙道："那章老，律师不做，生意不做，你到底靠什么养家呢？"

章士钊说："新世界，新天地，你说的这些问题，应该不算个事。"

杜月笙道："唉，还是让我再想想吧。"

## 黄金荣的悲惨时代

杜月笙离开上海后，杨虎与吴绍澍自大西路引中国人民解放军入城，吴绍澍亲自把一面红旗插上了市政大楼。

黄金荣留了下来，足不出户，他说："我都82岁了，还能活几天？共产党应该不会难为我，你说是吧？"

最后这句话，是他对二儿子黄源焘说的。黄源焘回答："没错。"

然后，黄源焘瞒着老爹把一大捆步枪扛进家门。这捆步枪有六七十杆，他搬了几次才全部搬进来。这些武器是国民党一个姓戚的潜伏人员存放在黄源焘这里的。而黄源焘自幼锦衣玉食，只是个纨绔子弟，根本不知道外边世界的变化，潜伏人员把枪存放在他那儿，他就傻乎乎地搬回家来了。

可不承想，未及几日，这个案子就被侦破了。共产党干部进了黄家门，把这一大捆步枪搬出来，问黄金荣："黄老先生，你家里藏这么多的枪，是想用来做什么？"

"用来做……"黄金荣目瞪口呆，哑口无言。要知道，黄金荣得势之时，黄公馆里的枪，哪一天能少了六七十杆？他已经习惯了在家里看到这些，突然遭到质问，除了翻白眼，完全无言以对。

政府对他的答复不满意，要求他写份自白书。

黄金荣问："这东西咱没有写过，应该写些什么啊？"

干部说："就从你2岁时写起，写到你82岁，主要是把你的历史问题说清楚，你懂的。"

于是，黄金荣就关起门来写，东一句西一句，能少写就不写，能简单就尽量直白。自白书写好交上去，不久处分下来了，上级认为黄金荣这一生对人民和新政权是有罪的，罚黄老板在自家开的大世界门前扫马路。

那一天，黄金荣面无表情，矮胖的身躯犹如一台报废的老机器，在大世界门前一步一挪地扫地。记者赶来采访拍照，上海各大报都刊登了这张照片。

在香港的杜月笙看到这张照片，表情一开始是震惊，继而是深切的痛苦和悲哀。他脸色惨白，让人把整篇报道念给他听后，他一步一顿地走到沙发边，一下子倒了。

## 杀人偿命，天经地义

人民政府审查证实，黄金荣本人并没有明确的敌意行为，因此他没有被列为被清算、被斗争的对象。

但是，马祥生和叶焯山这两人是有血债的。

中国通商银行的大楼被布置成工人文化宫，里面举行了烈士汪寿华血衣展览。当年杀害汪寿华的现场此时人山人海，马祥生和叶焯山两人被五花大绑，押上了审判台。

主持人喝问道："马祥生、叶焯山，民国十六年三月十日夜里，杀害上海总工会委员长汪寿华的血案，你们两个人是不是有份儿？"

马祥生的胆子其实非常小。早年时，他和杜月笙在黄公馆是同一个寝室的室友。杜月笙成名之后，却不带马祥生玩，说明马祥生资质平庸。事情已经到了今天这个地步，他还在拼命挣扎辩解，说自己当时虽然在现场，但没有亲自动手。

一边的叶焯山其实智商也不见得高多少，他真要是个明白人，就跟顾嘉棠一道跑了。虽然他比顾嘉棠糊涂，但比马祥生明白，于是不耐烦地大声吼道："好咧，祥生哥，大丈夫死就死，多说这些废话有啥用？！"

"好！"主持人大声宣判道，"马祥生、叶焯山二犯已经坦白认罪，执行死刑！"

两人被拖下审判台，"嗒嗒嗒"的枪声响起，双双被枪决。

至此，当年纵横上海滩的"小八股党"中排名最靠前的四位，芮庆荣病死，高鑫宝遭乱枪射杀，叶焯山被执行枪决，只剩下一个脑子最明白的顾嘉棠，此时孤坐香港，因为炒猪鬃而血本无归，他望着自己空空的双手，茫然不知何以自处。

杜月笙听到马祥生、叶焯山被枪决的消息，先是两眼僵直，继而哮喘病发作，青筋暴起，汗出如浆，然后就昏死过去了。

杜家请来无数名医急救，救倒是救回来了，只是总透不出气来，就好像有块大石头压在他的心口，憋得杜月笙整张脸现出怕人的紫色。

所有的医生都束手无策，一脸"我们已经尽力了，请准备后事吧"的表情。幸好这时候香港最有名的西医戚寿南来了，绕着杜月笙转了一圈，说了一句："挂氧气！"

如今，危重患者吸氧已经是医院的常规了。但在1949年的香港，医疗设备还差得远，医院里的氧气瓶巨大而沉重，输氧的过程艰难而复杂，非名家绝干不来这高端活。

大批的氧气瓶运到了杜公馆，杜月笙门外卫兵般地竖立着一排排氧气瓶。现在的杜月笙，最多算是半个活人，不要说出不了门，就连离开床铺都困难。杜月笙躺在床上，口鼻处捂着氧气罩，两只空洞洞的眼睛里，眼泪"哗哗哗"往外流："阿拉没有杀伯仁，伯仁却因阿拉而死。"

当年那些追随他打天下的老兄弟，都死得差不多了。勉强不死的如顾嘉棠，又回到了当年相遇时的贫寒模样。杜月笙感觉自己这一生仿佛在爬一座冰冻的高山，手胼足胝，千辛万苦，终于爬到了顶峰，却无处抓手，"哧溜"一声，又从高处坠落而下。那迅速的坠落虽然带来了眩晕的快感，但细想自己这样的一生，又是多么无聊、可怜。

"叫徐懋棠来。"杜月笙躺在床上艰难地喘息着，吩咐道，"我们欠了别人太多太多的债，已经欠下的，无由赎补，但我不能让这债务持续下去，是时候停止了。"

## 委婉说话，弄巧成拙

徐懋棠是杜月笙所开设的中汇银行的总裁。他的管理水平与经营能力到底怎么样，不是太清楚，但有一点，自打杜月笙把中汇银行交到他手上，他就没给杜月笙赚到钱。

没赚到钱就算了。这次杜月笙叫他来，说道："老徐，你回上海一趟，关闭咱们的中汇银行。"

徐懋棠说："啥子？"

杜月笙道："我们的中汇不可能再办下去。现在上海的情形，许多储户不相信别家银行，都把钱往中汇存。目前，中汇已经吸纳存款7个亿，虽然折合成港币不过3000元，但我杜月笙病成这样，堪称气若游丝，已经不可能再回去打理业务。只能麻烦你走一趟，去把银行关掉。"

徐懋棠说："啥子？"

杜月笙道："现在我们中汇银行真的难以为继了，你和我都在香港，上海那边的总经理也辞职跑路了，只能麻烦你回去一趟。"

徐懋棠说："啥子？"

杜月笙道："我也知道，现在让你回去，太强人所难了。"

徐懋棠说："谢谢杜先生，不让我回去最好，我还真不敢回去。"

见徐懋棠耍滑头，不敢回上海，杜月笙急了，索性拿话挤对他："老徐，你要是不敢回去，我就只能让维藩走一趟了！"

杜月笙说这句话时，试图做到声色俱厉，营造一种紧张气氛，显示徐懋棠不听话，逼到了大少爷出马的地步。一旦徐懋棠内心羞愧，就会自觉自愿、自动自发地把这活接下来。

可不承想，听了杜月笙的话，徐懋棠不但没有被吓到，反而内心大喜，但脸上故露担忧之色，道："哎哟，大少爷回上海要小心，一定要小心啊！"

杜月笙眼前一黑，差点活活气死。原本是打算挤对徐懋棠的，不承想这厮脸皮厚比城墙，只是一记顺水推舟就把杜月笙自己套里面了。

平心而论，杜月笙是真不敢让儿子回上海，所以才百般挤对徐懋棠。可在性命攸关的节骨眼上，徐懋棠宁肯断了与杜月笙多年的交情，也不想拿自己的脑壳去冒险。而且，杜月笙人在香港，此前的青帮势力已经荡然无存，徐懋棠再也不像以前那样畏惧他了。

虎落平阳，龙游浅滩，这时候的杜月笙只能冲儿子耍威风了。

他把杜维藩叫过来，说："你回上海一趟，把中汇银行关掉。还有，顺便看望一下桂生姐，她老了，你要代我在她面前尽孝。"

"好……好格。"杜维藩牙齿打战，应承了下来。

杜维藩出门时，正值1949年年底。他不知道自己将面对什么，也不知道自己能不能再回来。可他是杜月笙的儿子，只能硬着头皮，咬紧牙关，于凛冽的寒风中走向那未知的宿命。

## 不会说话，作茧自缚

1950年，杜月笙63岁，居香港。

年初，杜维藩到了上海，他来到中汇银行，缩头缩脑地向里张望。门里有人正往墙壁上贴"打倒资本家"的标语口号，忽然看到他，顿时大喜："小杜先生回来了，来来来，快进来！老杜先生回来没有？"

"没……"杜维藩满怀紧张地走过去，偷眼瞥对方，见对方一团和气，全无要开他批斗会的样子，心下稍定，说道，"我父亲现在有病，而且他还要在香港办理中汇银行的增资手续，一时半会儿回不来。"

进门就先说增资，是杜维藩回上海之前和杜月笙精心商量过的。当时的情形是，杜月笙怕中汇银行存款太多，而自己又无法保住储户们的存款，对不起这些信任他的储户，所以想让徐懋棠回上海，关闭银行。但徐懋棠不敢回来，无奈之下，只好派儿子杜维藩冒险前来。

可是，任谁都清楚，现在的上海对杜家人来说极为危险。自认为杜维藩既然自投罗网，只怕再也没机会逃回去，所以杜月笙父子二人商量妥当，不妨以进为退，来到上海，就和管理银行的干部们套交情，声称要为银行增资，打动对方，说不定就会有逃回去的机会。

果然，听到"增资"二字，干部们顿时眼睛一亮，急忙问道："怎么个增资法？"

"是这样，"杜维藩解释道，"我父亲现在在香港，手头有一大笔钱，可是香港又没什么生意好做，所以父亲让我来看一看，如果你们欢迎，我回去告诉父亲，让他把钱投过来。"

"好，这是个好消息。"干部们顿时激动起来，"马上叫报社的记者来，把这个好消息告诉他们。我们中汇银行，小杜先生已经回来了，老杜先生很快也会回来，而且还要给中汇银行增资。让他们赶紧报道这个好消息！"

"别……"杜维藩吓傻了，他感觉这次又大不对头，似乎又把自己套进去了。

"为什么别？"干部们不明白，"小杜先生说的是实话，不是骗我们吧？"

杜维藩道："当然是实话……"

干部们说："实话有什么不可以登报的？一定要登报！"

当日，上海各大报纷纷登出消息：小杜归来，中汇增资，杜月笙不日将回上海。

见报之后，上海人头涌动，多家银行的存款顿时被取空，储户们拿着钱跑来中汇，他们相信，杜月笙一定有办法保住他们的钱。没办法，小杜先生回来干什么？中汇又为什么增资？

中汇银行的定期存款猛增，眨眼工夫就从原来的7个亿增长到了170多亿。这可把杜维藩吓坏了，他回来只是为了关闭银行，岂料自作聪明，反倒把自己套进去了。如今这么多的存款，万一日后银行被政府没收，他这趟上海之行岂不成了专门欺骗储户？到时如何跟人家交代？

绝望之际，杜维藩连银行也不要了，只想快点逃回香港，就去找银行的管理干部商量：你看，咱们这消息也登报了，存款也飞速增长了，我是不是可以回香港跟父亲报告这边的情形，让他带着钱回来呢？

"好。"干部们通情达理，"只要你能找到个担保人，就可以回香港了。"

"担保人？"杜维藩倒吸一口凉气，这辰光，谁不知道你走了之后，就再也不会回来，谁又愿意拿自己的性命替你担保？

## ◪ 巾帼英雄成绝响

林桂生故去了。杜维藩登门，替她料理丧事。

这个奇女子生活在一个不可名状的时代，一手托起两个男人。她效仿红拂夜奔，把流浪四方的黄金荣打造成上海滩头第一华捕。她于芸芸众生中慧眼识出杜月笙这个人才，让他接掌自己的衣钵，迅速升到人生的至高位置。但最终，她遭遇了黄金荣无情的背叛，这实则是她难逃的宿命，她只能坦然接受，从此闭门不出，独居于上海城幽深的巷子里。

她的房门只是偶尔被不敢忘恩的杜月笙叩响，再没有第二个人来看望过她。她就这样一个人静静地守护着心里的一片安宁。她从晚清开始，经历了北洋军阀混战、国民革命军北伐、抗日战争、国共内战、新中国诞生，时光如激潮，从她身边疾速卷过，而她岿然不动，始终在这里静静地观看着。

她人生中曾经历了那么多世事，多到令许多龌龊的小男人感到羞愧。她扔掉第一个男人陆捕快，如同踢掉脚上的一只破鞋子。她坐镇于黄公馆，运筹帷幄，指挥手下人去抢夺烟土，这是黄金荣终其一生也不敢干的事。她和"粪界大王"史金秀、"76号"的佘爱珍一样，都是这个自由时代难得的女性豪杰。

如果说她们这一生有什么错失，也不过是活在那暗如锅底的大时代背景下，许多更龌龊、更猥琐的男人也曾在这个时代存活，他们从未受到过责难，谁又有资格责难这些女人？

俱往矣，一个伟大的混沌时代过去了，白相人阿嫂从此成为永恒的绝响。

这世上仍然有杜月笙一样的人物，茫然、孤寂、落寞，于漫长的人生之路上孜孜求索，于黑暗与绝望中等待着他们的引行者。

但再也没有林桂生了，再也没有了。

## 有人脉才能回香港

替林桂生料理了丧事，杜维藩耷拉着脑袋，回到中汇银行。一进门，他就呆住了：大厅里满是黑压压的人头，无数道目光正像火焰一样朝他喷射。

惊慌之下，杜维藩脱口而出一句不熟练的粤语："咩事呀（什么事啊）？"

几名中汇银行的干部走过来，说："小杜先生，我们在等你一道开全体职工大会。"

"哦，开会。"杜维藩道，"那我现在该做什么？"

"现在是人民当家做主，你接受职工们的质询。"干部说。

"质询？"杜维藩紧张起来，"质询什么？"

干部道："群众问你，为什么不给大家派发红利？我们全体职工代表大会已经通过决议,要求派发三个月的红利。"

杜维藩惨笑道:"开什么玩笑?银行一文钱也没有赚到,拿什么派发红利?"

"你胡说!"一个职工愤怒地冲了出来,"杜维藩,你以为我们是那么好蒙骗的吗?告诉你,我们的眼睛是雪亮雪亮的!现在中汇银行的存款节节上升,你凭什么说银行没赚到钱?"

"对啊,对啊!"职工们愤怒地议论起来,"满口胡说,欺负我们不懂业务吗?凭什么说银行没赚到钱?让他给我们解释清楚!"

"哎呀!"杜维藩气得直跺脚,"我说各位大哥、大姐、大叔、大婶,你们都是银行的老员工,怎么会说出这种外行话来?不错,银行的存款是在增加,而且增加得很快,可你们也清楚,银行里的钱是一分也贷不出去啊。存款贷不出去,这就等同于增加负债,因为我们要支付储户利息啊。我们开银行的,是靠吃储户和贷款的利息差来赚钱。如今银行负债累累,收入全无,再拿储户的存款来发放红利,岂不是债上加债,老鼠舔猫咪鼻头,不想活了吗?"

"胡说!"一名职工冲上前来,"你们中汇银行,难道是今天才开门的吗?你们父子躲在香港时,这银行是谁替你们开着?谁替你们吸收存款?谁替你们放贷?你一口一个没有赚钱就不发红利,难道我们的血汗都喂狗了吗?你们这些资本家为什么如此贪婪地剥削我们?"

一声激昂的口号响起:"打倒榨取职工血汗的万恶资本家!"

全体职工齐齐挥起手臂,同声高呼:"打倒榨取职工血汗的万恶资本家!"

口号声此起彼伏,响彻云霄。面对职工高高举起的手臂,杜维藩吓得魂飞天外,颤抖着缩成一团。他终于知道,群众的铁拳不是跟他开玩笑的,分分钟都能砸碎他的头:"好好好,派红利派红利,我答应你们派三个月的红利。"

听到杜维藩的哀鸣,全体职工欢呼起来。

杜维藩"呼哧呼哧"地跑到没人的地方,喘息半晌:不行,我得赶紧逃。要逃,首先得找个担保人,没有担保人就领不到路条,没有路条,连飞机票都没的买。

忽然,他想起一个人来,匆匆找去。

杜维藩要找的这个人姓刘,名寿祺。他的父亲刘春圃是杜月笙的好友,替杜月笙掌管华丰面粉厂。找到刘寿祺后,杜维藩吞吞吐吐地表明了来意。没想到刘寿祺大包大揽,说:"闲话一句,小事体。"

"可是，刘兄……"杜维藩明白地说出自己逃回香港是没胆再回来的，这样的话，就会连累刘寿祺。

刘寿祺却笑道："小事体，实话告诉你，我跟上海劳工局关系好，就算你不回来，我也不会有事。"

那就好。杜维藩松了口气，急忙让刘寿祺担保他，领到路条后，凭路条买了飞机票，径直飞回香港了。

杜维藩走了，再没有回来，替他担保的刘寿祺遭到严厉追责。刘寿祺被逼得走投无路，就爬到九层楼的窗口，"嗖"的一声跳了下去。

在香港，杜月笙脸上捂着氧气罩，严肃地召开了汇丰银行股东大会。

到场的股东，除了杜月笙外，还有返贫的顾嘉棠、低调的金廷荪、滑头的徐懋棠。杜维藩以中汇银行代总经理的身份，向诸位股东做业务报告。

杜维藩说他这次上海之行，绝对是一次失误，而且是严重的失误。他去上海的目的，是关闭中汇银行，以免拖累储户。可是，他去之前，银行的存款不过7个亿，而他去了之后，上海市民疯了一样地拥向中汇存款，使存款总额达到170多亿。结果，这么多的钱，一文放不出去不说，他还被职工大会批斗，被迫发给每个员工3个月的红利。

总之，他要是不回去，也不会凭空添这么多乱子，不会搞得大家这么被动。当然，他回去一趟，也不是一无所获，至少他替林桂生料理了丧事，送走了上海滩最后的白相人阿嫂。

杜维藩又解释说他逃回来，是实在没有办法的事。因为中汇银行的干部职工们正在想办法让他接掌父亲创办的所有企业，像什么华丰面粉厂、民丰造纸厂、华商电气公司，等等。现在这些商业实体，每一个都跟中汇银行一样，充满了变数。

杜维藩报告完毕，顾嘉棠第一个跳起来破口大骂。他在猪鬃上已经把老本蚀尽，就指望着中汇银行这边能有点补益，而如今这个情形，无异于把他身上最后的裤头剥去，沦为赤贫的"美好未来"正向他招手。

只有顾嘉棠一个人骂，金廷荪则不停地叹息，徐懋棠满脸平静，他早知道是这个结果。杜月笙则不停地气喘、咳嗽，他不想接受这个结果，但又毫无办法。

股东会议后，杜月笙病情恶化，昏迷了整整一个月。

每天，他躺在床上，全身不停地出汗，身上的褂衫转眼就被汗水湿透。湿褂衫脱下来，干褂衫还没等穿好，就已经能拧出水来。

这种凶多吉少的状况，带给所有人一种不祥的预感。

杜月笙的心理崩溃了。那种眼见环境一天天恶化却无能为力的脆弱感就这样击垮了他，他越想有所作为，病情就越发严重，除非他放弃。

一个月后，他终于彻底束手，形销骨立，但仍然活着。就这样吧。

老去悲秋强自欢，雄心销尽意阑珊。谁都逃不过这一天，哪怕他是杜月笙。

## 子子孙孙无穷尽

让杜月笙从病床上爬起来的，多半是老伙计王晓籁事件。

王晓籁，早年间是上海赫赫有名的商会会长，当他是"亨"字级别的大人物时，杜月笙还在十六铺坑蒙拐骗，经常到捕房"吃生活"。后来杜月笙崛起，进阶"亨"字辈，成了大亨后左右一看，咦，王晓籁先生怎么还在原地徘徊呢？

说起这王晓籁，委实是一台效率奇高的生产机器，江湖道上传说王晓籁生有百子，但这个数目太夸张了，他其实只有30多个孩子而已。可能过于亢奋的荷尔蒙压抑了他的大脑，他的智商不太高，至少跟他的"亨"字级别有点反差。

王晓籁起家是因为他早年跟对了上海滩赫赫有名的"赤脚财神"虞洽卿。但把他扶到"亨"字级别后，虞洽卿觉得对得起他了，就不带他玩了。王晓籁孤独寂寞，就跟了杜月笙。他为杜月笙提供自己所有的人脉资本，让杜月笙在前面冲杀，他率30多个孩子跟在后面闷头大吃。

就这样一直跟到了香港，杜月笙大病不起，摆出分分钟要咽气的模样。而王晓籁一家30多个孩子，娶媳妇的、嫁老公的，再加上王家上一代人，吃起饭来浩浩荡荡、鲸吞虎咽，那可是地地道道的坐吃山空，吃到王晓籁两眼昏黑，满心绝望。

绝望之际，王晓籁不止一次来找杜月笙，想看看能不能再找几只大食盆，也好养活家人。可他每次来，看到的都是森然林立的一排排氧气瓶，氧气瓶大阵中躺着个半死不活的杜月笙。指望不上杜月笙，王晓籁一咬牙一跺脚：我回去算了，反正我这辈子没杀人没放火，只是闷头生孩子，老实做生意，他们不会为难我吧？

于是，王晓籁一家又浩浩荡荡地回上海了。

上海方面举行了盛大的欢迎会，热烈欢迎民族资本家王晓籁及家人归来。他们全家人都戴上大红花，被请到主席台上就座。台上的人太多，反衬得台下稀稀拉拉。

欢迎大会后，就是坦白大会，请王晓籁登台，老实交代他是如何榨取群众血汗的。坦白会后，就是揭发会，所有认识王晓籁的人纷纷上台，揭露王晓籁狡猾、不老实的嘴脸，剥下他伪善的画皮，戳穿他丑恶的真面目。

揭发会之后是批斗大会，万人会场的口号声震耳欲聋。

整个流程走完，审查结果下来：王晓籁生平无大恶。

王晓籁这光景，看得许多人痛苦犹豫。

就在这一片颓丧的气氛中，杜月笙终于呻吟了一声，慢慢爬起来。

男儿由来轻七尺，没死还要接着吃。他还得让自己的大脑运转起来，也好为那些跟来香港的朋友寻找一只大食盆。

可是，天下之大，哪来的大食盆，能够让你这么多人憨吃呢？

忽然，杜月笙脑子里灵光一闪，想起当年的老朋友范尔迪、甘格林来：要不，大家一道去法国吃，如何？

说吃就吃，杜月笙立即掰着手指，给始终照料他的孟小冬计算：自己一家人，万墨林一家人，顾嘉棠一家人，别人家暂时不考虑，这三家人，需要27张票。

正计算着，孟小冬说了一句："我跟了去，算是丫头呢，还是算你女朋友？"

杜月笙傻眼了，半晌才说："我年轻时啊，浮浪、轻狂，见到喜欢的女人，就掼下铜钿，娶回家里来。我曾娶了四个老婆，不允许她们区分大小，大家都是好老婆，家居生活要平等。我觉得只有这样，才对得起她们每个人。

"我带她们回家，把她们养在深宅大院，让她们免于饥饿和伤害。她们可以怀着小女人的复杂念头，上床安睡，醒来时看到日头悬挂在天边。很长时间以来，我为此自豪，扬扬自得。

"直到有一天，我遇到一位欧洲回来的朋友。他对我说，我这样根本不是爱，许多人养条狗养只猫，也能做到这一点，这只是喜欢而已。

"那么，什么是爱呢？这我说不上来，问别人，别人也是满头雾水。中国人啊，活着就够艰难的了，还有许多人每天绞尽脑汁，编造出花样繁多的罪名，专门用来伤害别人。爱对洋人来说就像日常用品，但对中国人来说，未免太过奢侈。虽然我不知道什么叫爱，但我知道，总有些事情，你必须做！

"设宴，大婚！我不要大操大办，但要请最好的朋友，摆最好的酒菜，就现在。"

1950年年底，杜月笙与孟小冬于香港坚尼地台公馆举办婚宴。

这一年，杜月笙63岁，孟小冬44岁。

大婚之日，一个满脸堆笑的男子走进杜公馆。

看到来人，杜月笙狂喜地叫了起来："新衡，真的是你吗？"

"哈哈，当然是我。"王新衡笑道，"这次我来香港，就不走了。"

王新衡是杜月笙心中最感激的一个人。抗战胜利后，三青团系屡屡对杜月笙发难，全靠王新衡以蒋经国老同学的关系斡旋其中。万墨林也好，杜维屏也罢，实际上都是他替杜月笙捞出来的。当然，以王、杜之为人，杜月笙不会开口请求，王新衡也不需要杜月笙开口，相知交友，该替朋友做什么就做什么，这就是他们之间的交情。

对于下一代人，杜月笙最看重的就是陆京士和王新衡。他视陆京士为比自己儿子还亲的亲人，而对王新衡，他要求家里的孩子喊他"王家伯伯"，以便区分称呼戴笠"戴家伯伯"。

台湾当局派王新衡驻香港，这对杜月笙来说是再好不过的消息。他顿时打消了去法国的念头，包了两万块钱港币送给王新衡。

王新衡拒而不接，如果拿了这钱，以后反倒不好见面了。

## 有惊有险，死里逃生

此后，王新衡居于香港北角渣华街一幢新式公寓的四楼。他是个体育健将，年轻时就是足球运动员，现在虽然从政，但只要香港有足球赛事，他一准到场观看。

这一天，他约了几个朋友到家里聚会，但下午有一场球赛，算计时间，看完球赛恰好回家请客。于是，他先去看比赛，比赛结束后乘车匆匆往回赶，到了家门前，看到老婆站在四楼的阳台上冲他喊："人都到齐了，就差你一个。"

"来了来了。"王新衡疾奔上楼。

飞跑到三楼楼梯处，正见两名陌生男子从楼上走下来，其中一人对另一人说："就是他！"

当时王新衡就知道来了刺客，他是受过训练之人，知道这种情况下千万不能掉头逃，一掉头恰好被对方冲上来打死。他猛冲一步，擦过两人的身子，飞速向楼上冲去，一边冲一边扭过头来，怒视后面追赶之人——这也是训练科目之一，一旦你怒视对方，对方就会心慌，就有可能一枪打不准。

被甩在后面的两人，一人拔枪在手，"砰"的一声，王新衡只觉得屁股上像被什么东西咬了一口，热辣辣地疼痛，那疼痛直入小腹。

不及叫出声来，眼见另一名杀手又掣出半尺长的雪亮西瓜刀，王新衡只有向楼上狂冲。

"砰"！又是一声枪响。这一枪打中了王新衡的右臂，子弹余力未消，又穿入他的肺部。

而第一枪，子弹斜向上穿透他的臀部，直入肾脏。

此时，王家的楼梯上，三人狂奔。王新衡一身血伤，跑在最前面，高举西瓜刀的大汉紧随其后，拿手枪的刺客在最后面。被同伴挡住视线，他找不到机会开枪，只能跟着往前跑。

王新衡冲上三楼，忽听脑后刀风大起，急忙一低头，只觉后背一阵砭骨的剧痛，那柄雪亮的西瓜刀竟然刺入他的后背，在颤颤地晃动。

理论上来说，这时候王新衡中了两枪一刀，肾肺同伤，应该倒地毙命才对头，但他的身体素质不是一般的好，和蒋经国一起读书时，他们就知道这辈子少不了中枪挨刀，曾经强化训练过。所以，这时候王新衡非但没有倒下，反而头也不回，一招"策马奔腾"，向后面踢出一脚。

持刀的刺客正集中注意力，想把刺入王新衡身体里的西瓜刀拔出来接着砍，从未想过这世上还有人会像战马一样尥蹶子，失察之下，被王新衡踢中小腹。他手握拔回来的西瓜刀，惊叫一声，凌空飞起，想用刀猛砸王新衡，没想到正砸中身后冲上来的持枪同伴。同伴也惊叫一声，两人"咕噜咕噜"地顺着楼梯滚了下去。

王新衡趁机冲到家门前，恰好他老婆打开门，他顺势跌扑进去，摔在地上时，溅了一地鲜血。

他老婆吓坏了，惊惶地张着嘴巴望着他，听到他疾速吩咐："快打报警电话，快！"说完这句话，王新衡注意到自己中弹的右臂，担心这条胳膊会因此废掉，就趴在地上认真地观察自己的手指是不是还灵活。

这时候，坐在客厅里的客人醒过神来，急忙打电话报警。而王新衡的老婆则冲到阳台上，披头散发地尖声惨叫起来："杀人啦，救命呀！快来人呀，杀人啦！"

此时楼下，送王新衡回来的车子正要离开，司机王森永听到楼上王新衡妻子的惨叫，又见两名神色慌张的男子从楼道里跑出来，就急忙下车追上去。但那两名男子一出楼道就左右分开，开始狂奔，王森永分身乏术，只好二选一，盯紧了西瓜刀男穷追不舍。

## 死人硬是被气活

狂追到街口，正看到一名警察在溜达，王森永立即大喊："快抓住他！他是杀人凶手，刚刚杀了人！"

警察如临大敌，立即拔枪，将西瓜刀男抓获，然后问："你为什么要杀人？"

西瓜刀男假装若无其事、满脸茫然，否认道："没有啊，我是个善良百姓，怎么可能杀人呢？"

警察问："那你为何手持西瓜刀？"

西瓜刀男说道："我手持西瓜刀有什么不对？难道我不手持，还能用脚趾夹着吗？"

警察无言以对。

西瓜刀男道："没事了吧？没事我走了。"

"他不能走！"王森永急了，"他砍伤了我老板，你做警察的敢放走凶手，你就是渎职！"

警察说："你嚷什么嚷？我做警察的，还用得着你来教？你家老板在哪里？"

王森永道："这个凶手在我老板家的楼道里行凶，你带凶手去现场，看了就知道。"

"真的吗？那咱们过去看看。"于是，警察押着西瓜刀男由王森永带路，寻到了王新衡家里。一进门，只见满地鲜血，王新衡已经被大家抬到床上。

王新衡感觉到安全后，心情放松，精神立即陷入谵妄状态，意识渐渐变得不清。

警察把西瓜刀男推到前面，问："是不是这个人砍的你？"

半晌，王新衡才缓缓睁开眼睛，迷迷糊糊地看了好一会儿，说："不好意思，被砍杀时，我严格按照训练科目的要求，死死地盯着持枪者的眼睛，根本没看旁边那个拿西瓜刀的，弄不清楚是不是他。"

"你看，你看，"西瓜刀男很生气，"我就说嘛，凶手根本不是我。"

警察如释重负，说："那好，这里没你的事了，你走吧。"

西瓜刀男正要走，被王森永上前拦下，说道："凶手就是他，我亲眼看到他和另一个人慌里慌张地从楼道里跑出去。"

警察火了，说道："你这人有完没完？凭什么缠着人家不放？你亲眼看到他杀人砍人了吗？"

王森永回答道："没有。"

警察说："就是啊，你没亲眼看到，凭什么诬赖人家是凶手？真是不可理喻。这位被诬为凶手的先生，您不要生气，我们香港是个开放的大都市，谁也不能拦着那些蛮不讲理的外乡人来是不是？这里没您的事了，请先生慢走。"

西瓜刀男满脸不服、不忿，正要出门，只听王新衡一声怒吼："你个徇私枉法的浑蛋警察，把我这个死人硬是给气活了！你们大家好好看看那家伙，看他身上有没有溅到砍杀我时的血迹，看他衣服上有没有被我踢过的脚印？"

大家定睛一看，齐声惊呼："好悬！不要放走凶手，他的胳膊上沾有斑斑血迹，衣服下摆真的有只鲜明的鞋印。"

王新衡道："这就对了，此人持刀，不过是个喽啰，那持枪之人才是他的上司。只要抓住了他，就能问清楚他同伙的下落。"

警察听了，失笑道："拜托，有没有搞错？这里是香港，负责治安的是我们。这个人究竟是不是凶手，他到底有没有同伙，我们会搞清楚。你们还是送人去医院好吗？不要管得这么宽！"

## 年轻人才是未来

台湾当局的要人王新衡在香港遇刺是轰动一时的大案。杜维藩得知消息后，赶回杜公馆，向家人报告这件事。

姚玉兰听了，立即把杜公馆的司机钟锡良叫来："阿三，你马上把车子开出来，后座位要擦干净。"

钟锡良问："哪个要出门？"

姚玉兰回答："老爷。"

钟锡良失笑道："不可能！老爷他根本起不了床，怎么可能坐车出门？"

姚玉兰说："我没说老爷能不能起床，我只是告诉你为老爷准备车子。"

钟锡良道："是咯，明白了。"

房间里，杜月笙听到王新衡遇刺的消息，顿时号啕大哭道："太欺负人了！光天化日之下，竟敢公然刺杀新衡。我现在就要出门，看他们有没有胆子来刺杀阿拉！"

杜月笙在家里霸道惯了，他的话没人敢违背，但问题是，他一刻也离不了巨大的氧气瓶，他上车出门，这氧气瓶怎么办？

还能怎么办？让司机钟锡良想办法，把火箭筒般的氧气瓶绑在汽车上。这架势极为吓人，似乎只要杜月笙一出门，整个香港就会被炸得灰飞烟灭。

正在街头遛弯的巡警们目睹这么个怪异组合横空杀出，无不吓得肝胆俱裂，立即向所有警员求救："报告报告，不得了了，坚尼地台附近，有人用汽车架起火箭筒，救命啊……"

香港所有的警车疯了一样地往坚尼地台附近冲来，各个路口层层设卡，拦截杜月笙。但见那司机钟锡良抖擞精神，左突右拐，冲破香港警方无数道关卡，成功地把杜月笙送到了医院。

警察们黑压压地追了上来，紧急喊话："不许动！请你们冷静地想一想，这医院里可都是无辜者，请不要用火箭炮轰他们，有什么要求慢慢讲。"

杜月笙坐在车里，苦着脸。他想下车，下车就得扛着氧气瓶走，可跟出来的人，只有姚玉兰和杜维藩，根本扛不动。无奈之下，他让姚玉兰和杜维藩进医院问问王新衡的病情。

这时候的王新衡离死只差一步，两枪一刀，一粒子弹由臀入肾，一粒子弹穿臂入肺，刀伤则几乎贯胸而透。医生有充足的信心把他活着抬上手术台，至于他能不能活着下来，要看他的运气和造化了。

了解情形后，姚玉兰和杜维藩怕杜月笙听到这个消息再引发重病，就商量着隐瞒王新衡的病情。

果然，杜月笙听了王新衡的"病情"，心神大慰，就让钟锡良快点招呼那些提心吊胆的警察，让他们别闹了。

一场乱子结束，警察收工，杜月笙架着氧气瓶回家。

要说这王新衡，身体素质实在是好，他像死人一样被抬上手术台，取出肺、肾中的两粒子弹，只见他眼睛一睁，又跟正常人没太大差别了。

姚玉兰、杜维藩赶紧把这个好消息告诉杜月笙。不承想，杜月笙听了，当即抱住氧气瓶要去医院看望王新衡。

这可把姚玉兰气坏了，心说：这老头，上次差点把香港警察玩死，还没玩够吗？

于是，姚玉兰骗杜月笙说："香港警方怕刺客再来暗杀王新衡，就对医院严加管制，把王新衡安排在四楼，禁止闲人探望。"

实际上，香港警方根本懒得理会这起刺杀案，虽然台湾当局一再要求香港警方抓捕那名持枪杀手，可香港警方磨磨叽叽，就是不想管，对王新衡的保护也根本没那么严。

但是，杜月笙不知道他非要去医院会给别人带来多大的担心。姚玉兰非常清楚，以杜月笙现在的身体，他不可能爬上四楼。劝来劝去，杜月笙终究是杜月笙，自己想出个法子来。

他让司机钟锡良开车，把自己送到医院的病房楼下，然后给王新衡打电话，让王新衡走到阳台上来，自己打开车门，抬头仰望。

王新衡双手撑住阳台栏杆，居高临下地看着这个瘦弱的老人。

**他知道，这个老人体内的生命之火正在渐渐熄灭，所以才如此留恋年轻人身上的那种生命活力。这个老人的时代已然过去，对这个世界上美好的青春生命，他多看一眼，心里就能多获得一分安宁。**

## 第十六章
# 英雄长逝成传奇

　　他老了,而陆京士还站在这里,风华正茂,但那夹杂着浑浊的激荡时代已经永远过去。

　　当他悄然走开,在这个世界上什么也不会留下,除了眼前这个年轻人。

　　希望与青春,等待与静默。这就是一切。

### 岁月如砥人已老

1951年，杜月笙64岁，居香港。

他的话越来越少，举止也有些反常，总是一副忧心忡忡的样子。

有一天招待客人，席间客人拣好听的说，说他变胖了。杜月笙的脸色忽然变了，放下筷子，好长时间才说："这不是胖了，是浮肿。"

他忽然说起来，24岁时，他初到黄公馆，不过是黄金荣的小跟班。有一天，黄金荣单独带着他去逛城隍庙，遇到一个奇怪的僧人，那人给他们两人算命，说黄金荣风云天下，而衣装寒酸的杜月笙未来的人生成就将10倍于黄金荣。

他这辈子，就信这个。

此后，形形色色的江湖术士出入杜公馆，差不多都异口同声，算定杜月笙会活到73岁。

杜月笙听了，果然欢喜不尽，心情好，气色也大好，身体似乎也慢慢恢复。可当夜深人静时，他悄悄地备了自己的生辰八字，秘密托人给一个谁也没听说过的相士送去。

这个相士的名号，叫"六月息主人"。杜家人不知道此人是谁，询问江湖术士，对方也都摇头。这个谁也没听说过的"六月息主人"给杜月笙批了简单的一句话："64岁，岁在辛卯，天克地冲，绝难度过。"

杜月笙把这纸命帖贴身藏起，于平静中等待他的大限到来。

神奇的是，他比那个神秘相士计算的辰日多活了大半天。

### 人之将死，必见最得意弟子

春秋末年，"至圣先师"孔子身体日见衰微。于是，他每天拄杖立在门前，眺望远方的驿道，苦苦等待最心爱的弟子子贡回来。

孔子不知等了多少天，才见驿道上一辆轻车扬起风尘，向他这边疾速行来。

车到近前，子贡跳下车，上前问候老师。

孔子埋怨道："子贡啊子贡，你怎么才回来啊？"

然后，孔子吩咐子贡安排自己的后事，登床阖目而逝。

人之将死，其言也善。2000多年前孔子等候门生子弟，等待自己死期的一幕，在香港杜月笙家里重演。

1951年6月底，杜月笙坐在居室里与客人闲聊，忽然发现自己双足失去知觉，丧失行走能力，站不起来了。

家人将他抬上床，他吩咐家人立即拍电报给身在台湾的陆京士，请他来一趟。

大家商量这电文应该怎么拟，最后确定了四个字："尽速飞港。"

隔了一天，杜月笙再次要求家人发电报，并口述电文："病危速来。"

陆京士接到第二封电报，意识到事情不妙，急忙订了8月1日飞香港的航班，并打电报告诉杜月笙。

可不承想，8月1日那天香港大风暴，航班推迟到次日，躺在病床上的杜月笙听到这消息，说："我知道他今天不会来，我早就知道。"

8月2日早晨，万墨林飞跑过来报告："京士兄已经飞到香港的松山机场，正坐车飞赶过来。"

家人欢呼，杜月笙却满脸害怕，害怕这个消息是假的，喃喃地说："假消息，假消息，这是你们编造出来哄我开心的。"

话虽如此说，可到了饭点，杜月笙不肯吃饭，就这么躺在床上等着陆京士来。

终于，陆京士冲了进来，杜家全家人簇拥着他来到杜月笙的床前。

杜月笙伸出一只干瘦的手，与陆京士的手相握。他握住了一只充满生命活力的手，握住了一只通向未来的手。那一瞬间，无数往事在他眼前掠过，几乎让他泪水横流。

这是他视为儿子的年轻人啊，从旧时代上海的"工运"起，他们两人就走到了一起。

还记得上海南市，距杜月笙家咫尺之遥的抗日血战，陆京士率领年轻的忠义救国军力阻日军，掩护正规军撤退；还记得他向戴笠请求，无论如何都要从战场上救回陆京士；还记得他命青帮弟子尽出，沿江布围，只为了从日军的重重围困中抢回这个他视为希望的年轻人。

他老了，而陆京士还站在这里，风华正茂，但那夹杂着浑浊的激荡时代已经永远过去。

当他悄然走开，在这个世界上什么也不会留下，除了眼前这个年轻人。

希望与青春，等待与静默。这就是一切。

## 生命中最后的希望

陆京士来了，杜月笙开始安排后事，先命人把家中的借据全部焚毁。

他说："我杜月笙的儿子，不可以成为向人讨债之人。"

他说："我打拼了一辈子，全部遗产有11万美金，折合港币60万元。这些钱，分给4个太太、8个儿子、3个女儿。"

然后，他接着说："京士在我这里存有10万港币，你们不要忘了。"

陆京士大骇："先生，没有的事情，我没有钱放在你这里。"

杜月笙否定道："乱讲！怎么没有？你明明有10万港币在我手中嘛。"

陆京士急忙转向杜家人："我大概明白先生的意思了，先生是让我维持恒社的运营，怕没有经费，所以才这样说的。"

杜月笙说："没有的事，我就是把欠你的10万港币还上。"

陆京士劝道："先生，你就不要再为恒社的事操心了。一来，恒社也不需要这么多钱。二来，就算什么时候缺钱，我们也会有办法筹措的。"

杜月笙沉下脸道："这是两码事，你不要搅和在一起好不好？"

陆京士不敢再争辩下去，只好依着他，说："好好好，先生，你别动气，先休息一会儿。"

杜月笙闭上眼睛，睡了一会儿，再睁开眼，突然看到大富豪朱如山正站在他的床前。杜月笙眼睛一亮，说："对了，如山兄手里还有我10万……"

朱如山一听大急，大声道："杜先生，你搞清楚咯，你交给我的是10万港币，是港币，不是美金！"

杜月笙平静地望着朱如山，这时候他脑子里一定想起了香港《罗宾汉报》上连载的小说《朱门丑史》。当时为了阻止报社肆意羞辱朱如山，杜月笙把整部书稿都买了下来。想来那部书稿也会值不少钱吧？当然，这时候杜月笙不可能说这些陈芝麻烂谷子的事，他只是静静地望着朱如山，平静地说道："是港币，当然是港币。"

朱如山立即摸出支票簿，签了张10万港币的支票，递过来道："杜先生，我们的账两清了。"

杜月笙接过支票，招手叫陆京士："京士，你过来，这是欠你的那10万港币。"

陆京士惶急地道："先生，没有这样的事体。"

杜月笙瞪大眼睛，说："京士，你能不能少说两句废话？喏，把支票拿着。"

陆京士无奈，只好接过支票，从房间里退出来，对姚玉兰说："娘娘，你想我怎么可能有10万块钱存在先生这里？根本没有的事嘛。这件事我已经说清楚了，可是先生一定要让我收下。当着先生的面，我如果不收，先生会不依的。现在我把这张支票交还给娘娘，请娘娘代为保管。娘娘也千万不要告诉先生，现在他身体不好，我们凡事先顺着他好了。"

1951年8月11日，杜月笙奄奄一息之际，忽然门外有一人号啕大哭冲进来："月笙老哥哥啊，你好端端的一个大活人，怎么说没就没了呢？我的月笙老哥哥，你死得好惨……"

当时万墨林差点气疯，心说：这人谁啊？人还活着，你就来哭丧。

过去一看，是杜月笙的一位好友，叫江干廷，他不知从哪儿错听了消息，以为杜月笙已死，就跑来哭丧。此时，杜月笙虽然未死，但生命已经进入倒计时。

8月16日下午，时任台湾当局"国民大会"秘书长的洪兰友赶到。

他走进来，杜月笙眼睛一亮，说："好，好，大家有希望了。"

说完这句话，杜月笙合上双眼，与世长辞。

一切归于沉静，紧接着，四周一片哀号。


## ▰ 经济学解读一切

兵戈满地，沧海横流，杜月笙1888年生于上海高桥。风雨如晦，去沪怀乡，杜月笙1951年殁于香港。

他用64年的人生向我们展示了一个奇特的时代。在这个时代里，每个人都在创建规则，寻找自我。

杜月笙并非新规则的开创者，而是传统江湖道义的守护者。未完成教育，迫使他以江湖道义为准绳，引导自己前行。这个道义的规范，在他青年时期得到了很大程度的认可，但当全新的规则崛起，争斗，流血，杜月笙所信奉的这套行为准则随即遭到了边缘化。

支持者称他忠肝义胆、豪侠心肠，憎恨者叱骂他为大流氓、大反动派。其实，这些评价不过是当事人依据自己对世界的认知而给他贴上的标签。他实际上是一个正常的人——一个复杂的人，他终其一生所做的努力，就是拒绝让人这样简化他，也拒绝自己这样简化别人。

他信奉的规则是基于人的，这说起来简单，但极为复杂。这世上的许多人，其实和他一样，生而为人，更多的是具有既简单又复杂的经济属性，而不是政治属性。

他成功地用经济属性解读了自己的一生，而一些无力解读经济简单化属性的人，试图寻求政治复杂化的途径，将他简单化。这个过程一度大行其道，但终究，多数人的生命都会跟他一样，在归于沉静之前，回落于简单的经济单元。

只要去除单面的符号或标签，我们就能注意到，杜月笙的行事风格或者思维模式始终呈现出一种互动态势。简单地说，他始终将任何一个对手视为一个正常人，他能与北洋高官贩鸦片，与军警合谋开赌场，与江湖中人称兄道弟，从"76号"捞出军统特工，让日本人把绝对禁止倒卖的战略物资出售给他，无论双方之间的关系是敌对还是友善，他所做成的事情总是让人震惊。

这仅仅是因为他几乎不相信任何政治阵营，或者说，他仍然沿用旧有的经济法则解读那些政治阵营。

他并没有看透这个世界，只是他信奉的规则让他始终能把事情做对。事情做对了，他自然就成了一个让人尊重的人，一个如愿以偿获得经济自由的人。

他就是那个特定时代追求自由、获得自由而最终没有失去自由的人。

对他的评价或者解读，反映出智商的落差与分野。崇尚经济自由的人，能够在他的一生中获得对人生法则的有益解读；反之，则反之。

事实上，任何一个时代都会有杜月笙这样的人。你是喜欢他还是憎恨他，取决于你对这个世界的解读,是经济上的认知多一些,还是政治上的认知多一些。无论你采用何种方式解读,你总能获得你最需要的经济自由或者其他什么东西。

杜月笙用他一生的历程告诉我们的,不过就是这些。

# 附录一　杜月笙大事年表

| 年份 | 年龄 | 主要活动 |
| --- | --- | --- |
| 1888年8月22日 | 1岁 | 生于上海浦东高桥镇。 |
| 1889年 | 2岁 | 生母朱氏因产后虚弱而死。 |
| 1892年 | 5岁 | 生父杜文卿病死,此后跟随继母张氏生活。 |
| 1895年 | 8岁 | 继母张氏被拐卖,失踪。杜月笙流落街头。 |
| 1902年 | 15岁 | 到上海十六铺鸿元盛水果店当学徒,不久被开除,转到潘源盛水果店当店员。拜陈世昌为师。进入时为上海青帮龙头的黄金荣公馆,此后负责经营法租界的公兴记赌场。 |
| 1911年 | 24岁 | 涉足烟土贩运,得到上海法租界华捕头目、青帮老大黄金荣的赏识。 |
| 1925年7月 | 38岁 | 成立三鑫公司,垄断法租界鸦片贩运。 |
| 1926年6月 | 39岁 | 上海长时间罢工,10余万工人面临严重的生活问题,上海成为一座死城。杜月笙捐出大笔款项,并发动工商界的朋友踊跃捐款。 |
| 1927年4月 | 40岁 | 与黄金荣、张啸林组织中华共进会。<br>同年9月,任法租界公董局临时华董顾问。 |
| 1929年 | 42岁 | 开办中汇银行,涉足上海金融业。任法租界公董局华董。 |
| 1931年 | 44岁 | 举行杜氏祠堂落成典礼和"奉主入祠"仪式。<br>同年9月18日,日本关东军突然进攻沈阳北大营,史称"九一八"事变。 |
| 1932年 | 45岁 | 开始组织恒社。 |
| 1933年2月25日 | 46岁 | 举行恒社成立典礼,自任名誉理事长。 |
| 1934年 | 47岁 | 先后任上海市地方协会会长、中国红十字会副会长、中国通商银行董事长等职。 |

（接续上表）

| 年份 | 年龄 | 主要活动 |
|---|---|---|
| 1937年 | 50岁 | 7月7日，卢沟桥事变爆发，杜月笙积极抗日。淞沪会战期间，动员恒社门生组织别动队抗日，并暗中帮助军统网罗人员、收集情报，策划多次暗杀汉奸活动。杜月笙拒绝日本人的拉拢，上海沦陷后，移居香港。 |
| 1938年春 | 51岁 | 中国红十字会总会理事室迁至香港，杜月笙亲自主持工作，并设立总办事处，以接受海外捐助的物资，同时筹措救护事业的经费。 |
| 1940年 | 53岁 | 组织"人民行动委员会"，成为"中国帮会总龙头"。1941年12月，太平洋战争爆发，迁居重庆，建立恒社总社，向大后方发展势力。开设中华贸易信托公司、通济公司等，与沦陷区交换物资。 |
| 1942年 | 55岁 | 居山城重庆。筹建重庆医院，为当时最先进的战时后方医院，受到舆论的广泛称赞。 |
| 1945年 | 58岁 | 抗日战争胜利以后，返回上海，收聚旧部，重整旗鼓。 |
| 1946年 | 59岁 | 上海市参议会举行选举，杜月笙以最高票当选议长，但因国民党不支持，当选后马上辞职。此后，他向工商、金融、交通、文化、教育、新闻各业发展势力，担任各种董事长、会长、常务董事。 |
| 1948年 | 61岁 | 参加国民政府召开的"行宪国大"，力捧蒋介石当总统。蒋介石为了挽救严重的财政危机，派蒋经国到上海实行币制改革，发行金圆券，要求民间将所持法币、外币及金银一律兑换成金圆券。杜月笙的儿子杜维屏没有完全照办，被蒋经国以投机倒把罪逮捕，后被宣布无罪释放。 |
| 1949年4月 | 62岁 | 蒋介石单独召见杜月笙，希望他能和自己一同前往台湾。中国共产党也通过秘密渠道会见杜月笙，希望杜月笙能留在上海。杜月笙最后决定既不前往台湾，也不留在上海，而选择移居香港。担任新界青山酒店董事、中国航联保险公司香港分公司董事长。 |
| 1950年 | 63岁 | 与京剧名角孟小冬在香港结婚。 |
| 1951年8月16日 | 64岁 | 病逝于香港。 |

# 附录二　杜月笙处世金句

1. 我将来回来，一定要一身光鲜，让我们一家风光！我要起家业，开祠堂。不然，我发誓永远不再踏上这块土地！

2. 不要怕被别人利用，人家利用你，说明你还有用。

3. 吃是实功，赌是对冲，嫖是落空。

4. 花1文钱要收到10文钱的效果，这才是花钱能手。

5. 做事要做到刀切豆腐两面光。

6. 我不做守财奴，我只想交朋友。

7. 英雄不怕出身低，关键要有一个好脑子。

8. 世间有三碗面最是难吃：人面、情面和场面。

9. 对人必须诚恳，即使有人欺瞒我于一时，我总能以"诚"字来感动他，使他心悦诚服。我的处世之道，尽在一个"诚"字，你们举一反三，方始可以谈交友。

10. 看我们今朝的排场，像煞鲤鱼跳过了龙门，化鱼为龙，身价百倍了。但是你要晓得，我跳龙门比你难得多。你好比是条鲤鱼，修满500年道行就可以跳，我是河滨里的一只泥鳅，先要修行1000年才能化身为鲤，再修500年才有跳龙门的资格。因此之故,我无论做任何事体,都是只可成功,不许失败的。譬如说我们两个同时垮下来,你不过还你的鲤鱼之身,我呢,我却又要变回一条泥鳅喽。

11. 头等人,有本事,没脾气;二等人,有本事,有脾气;末等人,没本事,大脾气。

12. 杯中酒常满,桌上无虚席。

13. 蒋介石拿我当夜壶,用过了就塞到床底下。

14. 我是一个中国老百姓,碍于国家民族主义,未敢从命。

15. 沦陷时上海无正义,胜利后上海无公道。

16. 只要事体对双方有利,随时随地彼此密切合作,应该没有啥问题。

17. 人可以不识字,但不能不识人。

18. 挨骂是假的,银子是真的。

19. 小心得天下,大意失荆州。

20. 人活在世上要靠两样东西:胆识和智慧。

21. 锦上添花的事情让别人去做,我只做雪中送炭的事情。

22. 钱财用得完,交情吃不光。所以别人存钱,我存交情。存钱再多不过金山银海,交情用起来好比天地难量!

23. 每月存款折上多几个零不算你有多少钱,花出去多少钱才算你有多少钱。

24. 每个人都有床头金尽的时候。

25. 前半夜想想自己,后半夜想想别人。

26. 事不要做绝,要留有余地。

27. 君子我不怕，蟊贼我不惹。

28. 原来天底下最狠的不是我姓杜的，而是他姓蒋的（蒋介石）。

29. 我进攻的矛头直指五彩缤纷的十里洋场！

30. 如果日本人利用租界打中国人，我杜月笙要在两个小时内把租界全部毁灭！

31. 我就是靠两只手、一身胆闯出来的。

32. 你有希望，大家有希望，中国有希望。

33. 人啊，活在这世上，最好要有点脑子。没脑子的人，别人说什么就信什么，生生被人骗死，自己却浑然不觉。

34. 我杜月笙在上海从一条阴沟里的泥鳅起步，之所以能够泥鳅化鲤，鲤鱼化龙，是因为底层那些苦兄弟托着我。任何时候他们求告到我门前，我只回答他们：闲话一句。

35. 这个做人呢，最要紧的就是不可自作聪明、卖弄奸诈。

36. 每个人都需要经济，但不一定需要政治。人是靠经济活着，不是靠政治。

37. 你喜欢的人，要吃饭；你不喜欢的人，也要吃饭。可你不想让你不喜欢的人吃到饭，为此编造出时鲜的骂人话，骂人家是垃圾，是蝗虫，这样真的好吗？

38. 记住，当你轻言别人是垃圾时，你在另外一些人眼里同样是垃圾。所有人都是垃圾，或者是蝗虫！就尊重一下垃圾的生存权利，又如何？

图书在版编目（CIP）数据

人心至上 / 雾满拦江著. —北京：台海出版社，2016.12
ISBN 978-7-5168-1202-0（第4次印刷）

Ⅰ.①人… Ⅱ.①雾… Ⅲ.①传记文学—中国—当代 Ⅳ.①I25

中国版本图书馆CIP数据核字（2016）第283933号

## 人心至上

| | |
|---|---|
| 著　　者：雾满拦江 | |
| 责任编辑：晋璧东　臧云举 | 封面设计：小徐书装 |
| 版式设计：李　洁 | 责任印制：蔡　旭 |

出版发行：台海出版社
地　　址：北京市朝阳区劲松南路1号　　邮政编码：100021
电　　话：010-64041652（发行，邮购）
传　　真：010-84045799（总编室）
网　　址：http://www.taimeng.org.cn/thcbs/default.htm
E-mail：thcbs@126.com

经　　销：全国各地新华书店
印　　刷：三河市百盛印装有限公司
本书如有破损、缺页、装订错误，请与本社联系调换

| | |
|---|---|
| 开　本：715×995　1/16 | |
| 字　数：553千字 | 印　张：30.5 |
| 版　次：2017年2月第1版 | 印　次：2019年2月第4次印刷 |
| 书　号：ISBN 978-7-5168-1202-0 | |

定　价：49.00元

版权所有　翻印必究